CARL F. W. VON GERBER

GESAMMELTE JURISTISCHE ABHANDLUNGEN

Elibron Classics
www.elibron.com

Elibron Classics series.

ISBN 1-4212-3786-5 (paperback)
ISBN 1-4212-3785-7 (hardcover)

This Elibron Classics Replica Edition is an unabridged facsimile of the edition published by Gustav Fischer, Jena.

GESAMMELTE

JURISTISCHE ABHANDLUNGEN

VON

C. F. v. GERBER.

ZWEITE AUSGABE

IN EINEM BANDE.

JENA

VERLAG VON GUSTAV FISCHER

VORMALS

FRIEDRICH MAUKE.

Vorwort.

In diesem aus zwei Heften bestehenden Bande sind die meisten kleineren juristischen Schriften vereinigt, welche ich während der letzten zwanzig Jahre in verschiedenen Zeitschriften und Programmen veröffentlicht habe. Als ich mich zur Veranstaltung einer solchen Sammlung meiner kleineren Arbeiten entschloss, legte ich mir die Frage vor, ob in derselben nicht auch die zahlreichen akademischen Reden Platz finden sollten, welche ich in diesem Zeitraume gehalten habe; schliesslich glaubte ich mich auf die Aufnahme von drei derartigen Vorträgen beschränken zu sollen, da mir die übrigen zu sehr mit vorübergegangenen Zeitverhältnissen in Verbindung zu stehen schienen. Sehr verlockend und reizend war mir dagegen der Gedanke, die früheren Abhandlungen einer eingreifenden Revision zu unterziehen und dabei meine Stellung zu späteren Untersuchungen Anderer zu bestimmen. Auch hatte ich ursprünglich den Plan, in einem Rückblicke auf die germanistische Literatur der letzten Jahrzehnte eine Schilderung der allgemeinen Bewegung unserer Wissenschaft während dieser Zeit zu versuchen. Auf Beides musste ich indessen zur Zeit verzichten. Immerhin hoffe ich, dass die Sammlung auch in dieser Gestalt bei Denen, welche meine literarische Thätigkeit freundlich beurtheilen, eine wohlwollende Aufnahme finden werde.

Dresden, im Januar 1872.

G.

Inhalt.

I.

Ueber deutsches Recht und deutsche Rechtswissenschaft überhaupt.

I.*)

Es gibt mir eine wohlthuende Empfindung, dass die erste öffentliche Ausübung des mir anvertrauten Amtes in der Verkündigung der Anerkennung bestehen darf, welche den wissenschaftlichen Bestrebungen der diessjährigen Preisbewerber zu Theil wird. Ist Anerkennung überhaupt ein Bedürfniss der sittlichen Natur im Menschen, so ist seine Befriedigung um so wirksamer, wenn es sich um die Aufmunterung jugendlicher Geister bei ihren ersten selbstständigen wissenschaftlichen Versuchen handelt. Denn wie oft sind akademische Preisaufgaben die Aufforderung zum ersten Freimachen des Geistes und unabhängigen Denken gewesen, an das sich eine segensreiche Wirksamkeit auf wissenschaftlichem Gebiete angeschlossen hat. Offenbar war diess auch die Absicht der hohen Königlichen Preisstifter, als sie die Möglichkeit dieses Wettkampfs hervorriefen. Freuen wir uns, dass sie auf unserer Hochschule dankbar erkannt und in ihren wohlthätigen Wirkungen erreicht wird.

*) Die nachfolgende akademische Rede wurde von mir am 6. November 1851 bei meinem Eintritt in das Kanzler-Amt der Uuiversität Tübingen, aus Anlass der feierlichen Vertheilung der akademischen Preise gehalten. Sie ist auch unter dem Titel „zur Charakteristik der deutschen Rechtswissenschaft" Tübingen 1851 gedruckt erschienen.

Es ist eine schöne Einrichtung, dass die Vertheilung der akademischen Preise durch eine Festrede eingeleitet werde. Es zeigt sich darin der alte Zug des akademischen Lebens in Deutschland, in jeder seiner feierlichen Kundgebungen den Geist der Wissenschaft erkennen zu lassen. Freilich ist die festliche Stimmung dieser Stunde nicht frei von der Beimischung schmerzlicher Empfindung. Wir gedenken wohl Alle des Mannes, der vordem diese Stelle einnahm, dessen Andenken sich in unverwischbaren Spuren verdienstvollster Wirksamkeit für alle Zeiten an unserer Hochschule erhalten wird. Möge ihm die gleiche Anerkennung auch dort zu Theil werden, wohin ihn das Schicksal zu einem neuen Wirkungskreise berufen hat! —

Wie mannigfaltig auch die Betrachtungen sein mögen, zu denen wir uns durch die Bedeutung dieses Festes angeregt fühlen, so dürfte mit ihm doch kaum eine andere in so innigem Zusammenhange stehen, als diejenige, welche uns auf das gemeinsame Band verweist, das alle Wissenschaften trotz der Verschiedenheit ihrer Gegenstände zusammenhält. Handelt es sich doch heute um Preisurtheile über Arbeiten aus allen wissenschaftlichen Gebieten, welche an deutschen Hochschulen vertreten werden. Nicht etwa blos der Wissenschaft des Geistes, der Geschichte, nein, auch der Wissenschaft der Natur gelten die Bestrebungen, welche heute der Anerkennung warten. Es gibt eine Betrachtungsweise, welche alle Wissenschaften als Theile des grossen Gesammtgebiets des wissenschaftlichen Denkens auffasst; es ist von älteren und neueren Philosophen genugsam, obschon in sehr abweichender Art nachgewiesen worden, dass alle Zweige des wissenschaftlichen Lebens von *einem* grossen Stamme auslaufen, und diese Betrachtung, so oft und so verschiedenartig sie geltend gemacht wurde, ist niemals ohne den wohlthätigsten und fruchtbringendsten Einfluss gewesen. Sie verhindert die nachtheilige Isolirung und Beschränkung, die den Bearbeiter eines einzelnen

Gebiets von jener höheren, durch das Bewusstsein der Einheit des Besondern mit dem Allgemeinen gegebenen Auffassung eines Gegenstandes entfernt. Ohne diese Anknüpfung des Einzelnen an die allgemeinen Grundlagen alles Wissens und Denkens sinkt das wissenschaftliche Vermögen in seiner Richtung auf ein besonderes, begränztes Gebiet zur handwerksmässigen Fertigkeit herab, und entzieht sich der Einwirkung der belebenden und treibenden Kräfte, die der Geist einer schöpferischen Nation immer von Neuem aus sich erzeugt.

Das eben Bemerkte möchte mehr oder weniger von allen Wissenschaften gelten. Wer wollte die Bedeutung leugnen, welche für die Theologie aus der Einwirkung jenes neuerwachten historischen Sinnes erwachsen ist, der das geschichtlich Gewordene in seinem inneren Wesen zu verstehen und anzuerkennen bemüht ist? Wer wollte die bedeutenden Fortschritte verkennen, welche für die Heilkunde aus ihrer Annäherung an die Naturwissenschaften hervorgegangen sind? Wie sie aus einer dunkeln und räthselhaften Geheimkunst, nachdem sie die Periode der Naturphilosophie überwunden, zu einer Wissenschaft geworden ist, die den grossen Entdeckungen unserer Zeit auf den Gebieten der Physiologie und Chemie eine freie Einwirkung gestattet? Auch auf die Rechtswissenschaft leiden obige Bemerkungen eine unmittelbare Anwendung.

Es ist indessen nicht die Absicht, in dieser Stunde von jener Einheit aller Wissenschaften mit besonderer Hinsicht auf die Jurisprudenz als *einer bestehenden Thatsache* zu reden; vielmehr sei es mir vergönnt, die Aufmerksameit der hochansehnlichen Versammlung auf *die Entwicklung zu richten, welche die Rechtswissenschaft in Deutschland bestehen musste, um überhaupt für die Einflüsse dieses Zusammenwirkens aller wissenschaftlichen Richtungen empfänglich, und der unmittelbaren Einwirkung des deutschen Volksgeistes und deutscher Bildung zugänglich zu werden,* wie sie die gemeinsame Grundlage aller übrigen wissenschaftlichen Gebiete geworden ist.

1*

Es ist allgemein bekannt, dass die wichtigste und folgenreichste Thatsache für die Gestaltung des deutschen Rechtslebens die Aufnahme des römischen Rechts gewesen ist. In jener Zeit des fünfzehnten Jahrhunderts, in der das ältere deutsche Volksleben seinen Kreislauf vollendet hatte, und eine neue Entwicklung in Sprache und Sitte, im öffentlichen und Privatleben, in Kirche und Staat begann, in dieser Zeit frischer und lebendiger Produktivität reihte sich jene wichtige That unmittelbar an die Versuche der Humanisten an, die germanische Welt durch die Einführung der classischen Bildung zu verjüngen. Eine edle und zur Blüthe gekommene Volksindividualität sollte ihr eigenes Leben in der Befruchtung einer späteren Welt überdauern. Ist es einem charaktervollen Volke gelungen, die in ihm liegenden Anlagen zur vollen Entfaltung zu bringen, so ist es die Bedingung seiner *höheren* Entwicklung, dass ihm zu rechter Zeit eine umfassendere Grundlage gegeben werde, dass ihm dann, wenn seine Selbstständigkeit ausser Gefahr ist, fremde verjüngende Kräfte beigemischt werden; denn das Charaktervolle wird ohne Aufnahme allgemeiner Ideen nothwendig zum Beschränkten. Diess ist in der That der allein berechtigte Gesichtspunkt bei der Beurtheilung des Werths der Aufnahme des römischen Rechts. Es ist diess nicht etwa eine Sammlung willkürlicher Gesetze oder äusserlicher Rechtsvorschriften, nicht etwa ein künstlich gemachtes und mit gewöhnlichem Scharfsinne fein ausgesponnenes Werk; nein, es ist ein Produkt unmittelbarer Volkskraft, wirklicher Genialität; es ist der eigentliche römische Geist, dem die Vorsehung eine Offenbarung auf diesem Gebiete beschieden hatte. Nun ist das römische Recht zwar aus dem römischen Volke gewachsen und mit ihm gross geworden, als sein ursprünglichstes, eigenthümlichstes Gut, aber es ist ein Gut, das nicht blos in der Verbindung mit seinem Erzeuger, sondern auch losgerissen von seinen Wurzeln lebendig bleibt. Denn das Recht hat neben seiner nationalen und nothwendigen auch eine *freie* Seite, nach der es etwas absolut Bestimmbares ist, und gerade dem römischen Volke war es beschieden, diese freie Seite des Rechts in vollendeter Weise festzustellen.

Dass aber durch die Aufnahme des römischen Rechts dem deutschen Rechtsleben bei voller Wahrung seiner Selbstständigkeit eine verjüngende und veredelnde Kraft beigemischt werde, war schwer zu erreichen. Der eigentliche Kern, das ewig Werthvolle am römischen Rechte war nicht frei von der Zuthat fremdartigen Stoffs. Die Ideen des römischen Rechts waren zum Theil angeknüpft an die individuellen Schicksale und Zustände des abgestorbenen römischen Volks, sie lagen erstarrt in dieser historischen Verbindung, zum Theil verdorben und verdreht durch willkürliche Einwirkung späterer Gesetzgeber. Mit grosser Anstrengung war jene hohe Ausbildung des Rechts errungen worden; sie war nicht das Ergebniss eines gleich anfangs mit voller Bewusstheit wirkenden Geistes, sondern einer Jahrhunderte hindurch wirksamen Volkskraft, die instinktmässig das Richtige und Wahre fand und in allmäligem Fortschreiten zur Befriedigung des einzelnen Bedürfnisses stückweise hervorbrachte. Und als endlich jene volle freie Herrschaft errungen war, und nach langsamer Bildung ein reiches, harmonisches Ganze vorlag, so wurde ihm immer noch kein Abschluss vergönnt, indem es sich den neuen Wendungen des römischen Staats anbequemen musste. Diese letzten Schicksale des römischen Rechts haben die Reinheit seines ursprünglichen Wesens getrübt, aber es darf nicht unbemerkt bleiben, dass sie doch auch als der erste Versuch zu betrachten sind, ihm eine von seiner nationalen Verbindung unabhängige, allein auf der Macht innerer Vollendung ruhende Existenz zu geben.

So kam das römische Recht nach Deutschland; nicht durch eine willkürliche oder klug berechnete That, nicht durch Zufall oder Irrthum, sondern durch seine providentielle

Mission ward es in diese neue Welt eingeführt. Die Wirksamkeit dieses Kulturelements konnte jedoch seiner Natur nach keine so unmittelbare sein, als die der übrigen Denkmale des classischen Geistes. Während vollendete Werke der Kunst in ihrer einfachen Schönheit und Wahrheit immer in gleicher Ursprünglichkeit wirken, und sich immer von Neuem einen offenen Eingang in empfängliche Gemüther schaffen, so bedarf es einer längeren Vorbereitung, um den fruchtbaren Genuss jener Wahrheit und Schönheit möglich zu machen, welche der genialen Schöpfung auf einem der allgemeinen Betrachtung in gewisser Hinsicht fern liegenden Gebiete inwohnt. Denn die regelmässige Forderung, mit der man seine Ansprüche an das Recht befriedigt erklärt, ist die, dass es eine schützende Macht und als solche den Bedürfnissen entsprechend eingerichtet sei; aber nur Wenige erkennen, dass auch das Recht ein Gebiet ist, auf welchem sich eigentliche Produktivität und wahrhaft schöpferische Kraft offenbaren könne. Und doch war gerade diese Erkenntniss die Voraussetzung für die Erfüllung der Mission des römischen Rechts in Deutschland.

Das deutsche Volk ist nach meiner innigsten Ueberzeugung ein eigentliches Rechtsvolk, d. h. ein Volk, das im Vergleich zu den celtischen, slavischen und romanischen Stämmen sich durch einen hervortretenden Rechtssinn auszeichnet. Diess spricht sich auch unverkennbar aus in den Zeugnissen des deutschen Rechtslebens vor der Zeit der Reception des römischen Rechts. Die Rechtsbücher des Mittelalters, nicht sowohl wissenschaftliche Arbeiten, als ursprüngliche Rechtsoffenbarungen, bezeugen diess Streben und Ringen nach unwandelbarer Feststellung der Rechte und nach Beherrschung des Lebens durch Gerechtigkeit. Aber niemals wird das Gebiet des Rechtes so früh als das der Dichtung zur Niederlegung der feineren und sinnigeren Volkskräfte gewählt werden; noch lange bleibt es eine äussere rohe Satzung, die von den Pulsschlägen des geistigen Lebens selbst, über dem es schützend waltet, nicht unmittelbar berührt wird. In noch viel höherem Maasse musste diese Aeusserlichkeit des Rechtes vorhanden sein, als man seine Satzungen nun nicht mehr aus der eigenen Brust, sondern aus dem geschriebenen Buchstaben eines fremden Rechts erkennen sollte, eines Rechts, das bei einem untergegangenen Volke entstanden nun in einer späteren Welt zu neuer Wirksamkeit berufen ward.

So musste es kommen, dass die Aufnahme des römischen Rechts in Deutschland lange Zeit hindurch nur den *nachtheiligsten* Einfluss ausübte. Statt das geistige Leben der Nation zu heben, wirkte es zunächst zerstörend und hemmend. Statt dazu beizutragen, dass das eigene Recht des deutschen Volks entwickelt und ausgebildet werde, gab es die Veranlassung, dass man sich vom einheimischen Rechte mit Verachtung abwandte, und ihm nur ein kümmerliches Leben in unwürdiger Unterordnung gönnte. Es war keine von den Voraussetzungen vorhanden, unter denen die Aufnahme des römischen Rechts wohlthätig wirken konnte; die gesellschaftliche, wirthschaftliche und staatliche Ordnung, welche dem Rechte des hochgebildeten römischen Volks zu Grunde lag, war ganz verschieden von den Formen des noch unentwickelten Volkslebens in Deutschland; Sitten und Einrichtungen im öffentlichen und Privatleben widersprachen vielfach dem Inhalte des römischen Rechtes, und doch sollten sie rücksichtslos dem Buchstaben des letzteren unterworfen werden.

Das nächste Hemmniss für die wohlthätige Wirksamkeit des römischen Rechts lag in der Schwierigkeit seines Verständnisses. Diess konnte nur erreicht werden, wenn es gelang, die Masse der einzelnen zerstreuten Rechtsaussprüche, wie sie überliefert worden sind, zu einem einheitlichen Ganzen zu vereinen und in einem geistigen Organismus wissenschaftlich zu reproduciren; denn wie die Einheit des Rechts für die Römer in dem nationalen Ursprunge und der thatsächlichen Ausübung gegeben war, so musste sie für uns durch die Wissenschaft künstlich geschaffen werden. Dazu war aber vor Allem nöthig, dass das römische Recht an seinen Quellen aufgesucht, dass der ganze geistige Entwicklungsprocess des römischen Volkes nachgelebt werde, weil sein Recht nur eine einzelne davon unlösbare Erscheinung ist.

Statt dessen war und blieb das römische Recht ein fremdes; man wandte seine einzelnen Rechtssätze knechtisch und ohne geistige Freiheit auf die widerstrebendsten Rechtsverhältnisse an; das Recht musste dadurch aufhören, ein lebendiges, vernunftgemässes Dasein zu haben, es war eine fremdartige, zwingende, willkürliche Macht, deren Kenntniss sogar zur Geheimlehre der Juristen wurde. Auch der grösste Jurist seiner Periode, *Cujacius*, behandelte das römische Recht als einen fremden Stoff, in derselben Art, in der man die sonstigen Kunstwerke des Alterthums auszulegen pflegte; es wurde nicht das eigene Gut seiner Seele und sein wissenschaftliches Vermögen wirkte nur in äusserlicher Weise darauf ein. Und diess Verfahren beschränkte seine nachtheiligen Folgen nicht blos auf die Wirksamkeit des fremden Rechts, sondern erstreckte sich auch auf das einheimische. Man hatte schon längst vergessen, es in seinem geschichtlichen Zusammenhange zu erfassen und aus sich heraus zu entwickeln; man behandelte es in gleich äusserlicher Weise wie das römische, als ein fremd gewordenes Object. Die deutsche Jurisprudenz des siebzehnten und achtzehnten Jahrhunderts war ihrer Aufgabe nicht gewachsen: statt einer geistigen Beherrschung, statt einer freien Gestaltung gab sie eine Auflösung in kümmerliche casuistische Einzelnheiten. So wurde das Recht der Einwirkung nationaler Kräfte entzogen, die Rechtswissenschaft wurde zum Handwerk einer Juristenzunft, die, wie sie sich sonst dem geistigen Leben der Nation entfremdete, ihre Beschränktheit auch in einer barbarischen Rechtssprache kund gab. Zwar fehlt es dieser Jurisprudenz im Einzelnen nicht an Zeichen des Verstandes und Scharfsinns; aber der Verstand als wissenschaftliches Vermögen setzt eine stets lebendige Verbindung mit grossen leitenden Gedanken voraus und vermag, wenn er sich von den höheren seelischen Kräften getrennt hat, nichts Anderes als kleinliche werthlose Künstelei.

Sollen wir es einfach aussprechen, was dieser Wissenschaft fehlte, es war die *Idee der Entwicklung*. Ohne den Gedanken, dass das Recht keine einzelne willkürliche Thatsache im Volke, sondern eine mit dem Kern seines Lebens verbundene Erscheinung, ja dieses Leben selbst sei, von einer besonderen Seite angeschaut, ohne den Gedanken, dass auch das Recht von der allgemeinen Strömung der Kulturmomente ergriffen werde, durch die das Volksleben in Sitte und Sprache, in Kunst und Religion zur Entfaltung gebracht wird, musste der ganze durch Jahrhunderte hindurch aufgehäufte Rechtsstoff nicht wie ein kräftiger Baum erscheinen, der in fruchtbarem Boden wurzelnd seine Wipfel im Winde bewegt, sondern wie ein werthloser Haufen dürren Laubes. Es gab keine Rechtsgeschichte, sondern nur Rechtsantiquitäten, es gab keine Darstellung des allmäligen Wachsens der Rechtsstoffe und der ihrer Entwicklung inwohnenden Ideen, sondern nur eine bunte Sammlung mit gleicher Berechtigung nebeneinander gestellter Notizen vom ältesten und neuesten Datum, es gab kein Bild mit historischer Perspective, sondern nur eine verwirrte Schaustellung lebensvoller und lebloser Elemente, die dem Auge des Anschauenden in gleicher Entfernung entgegenstanden. Daher kein Urtheil, keine Freiheit, keine Herrschaft, sondern knechtische Unterwerfung unter den todten Buchstaben.

War es aber natürlich, dass diese Rechtswissenschaft die Theilnahme des Volks verwirkte, dass sich die edelsten Geister Deutschlands von ihr mit Verachtung abwandten, so kann es auch nicht überraschen, dass man sich ihrer am Ende des vorigen Jahrhunderts auf eine leichtfertige Weise zu entledigen suchte. Unter den Einflüssen jener frivolen Philosophie, welche statt der in der Geschichte geoffenbarten Weissheit das Truggebilde eitler Verstandesreflexion bewunderte, wurde auch das geschichtliche Recht, wie es in der damaligen Wissenschaft dargestellt ward, einem flachen Vernunft- oder Naturrechte geopfert. —

Es ist bekannt, dass die Rechtswissenschaft aus dieser Niedrigkeit durch *Savigny* erhoben worden ist. Seitdem man das römische Recht aus der Entwicklung des römischen Volks und Staats zu erklären und sein Verständniss aus jenen Motiven des alten Volkslebens selbst zu suchen begann, die uns *Niebuhr's* Darstellung zur lebendigen Gegenwart gemacht hat, erhielt die bisher verworrene Masse des römischen Rechtsstoffs ihr helles Licht und ordnete sich vor unseren Augen zu einem reich gegliederten Bau. Nun erst *verstand* man das römische Recht, erst durch die historische Schule wurde ihm ein vernunftgemässes Dasein in Deutschland gegeben. — Für das einheimische Recht ist bekanntlich das gleiche Ziel durch *Eichhorn* erstrebt worden.

Diese Zeit, in der *Niebuhr*, *Savigny* und *Eichhorn* ihre grossen Geschichtswerke schrieben, war denkwürdig durch die lebendige Regsamkeit, mit der das alte Gebiet der Rechtswissenschaft von dem fruchtbarsten Gesichtspunkte aus völlig neu gestaltet wurde. Man sieht in allen diesen Schriften eine Freude des Gelingens und Entdeckens, eine reizende Frische der Darstellung, wie sie nur aus der Freudigkeit jenes Zusammenwirkens grosser Männer hervorgehen konnte; auch lieferte dazu keinen geringen Beitrag die nationale Begeisterung des wiedererwachenden deutschen Volks und die seltene Gunst des Schicksals, das gerade in dieser Zeit die wichtigsten Quellen aus der Verborgenheit hervortreten liess. Es lässt sich nicht aussprechen, welche Bedeutung diese Schriften für die Rechtswissenschaft in Deutschland gehabt haben; man darf frei behaupten, dass sie schon jetzt reconstruirt worden ist, obschon jene Arbeit noch lange nicht vollendet sein wird und auch für die Zukunft eine reiche Ausbeute verspricht. Durch den Gedanken der Entwicklung und des Zusammenhangs der Rechtsgeschichte mit der Entfaltung der sittlichen Kräfte im Volke hatte man den Schlüssel zum Verständniss des römischen und deutschen Rechts gewonnen und der Rechtswissenschaft eine Würde gegeben, wie sie vordem kaum geahnt worden war. Auch in der Form machten diese Arbeiten Epoche; es war in ihnen nicht mehr jene ungeheuerliche Juristensprache, sondern jene reine edle Diction, welche durch Gewinnung des einfachen und wahren Wortes für jeden Gegenstand aus dem Reichthume des deutschen Sprachschatzes gebildet wird.

War die Rechtswissenschaft schon hierdurch auf den Standpunkt erhoben, der sie mit den übrigen historischen Wissenschaften in unmittelbare Verbindung brachte, so bedurfte es doch noch eines weiteren Schrittes, um ihr die wahre — ihrer Idee entsprechende Ausbildung zu geben. Die Natur des Rechtes fordert noch eine andere Behandlung als die historische. Die geschichtliche Darstellung knüpft das Recht an seine erzeugenden Momente in der Vergangenheit an, sie erzählt sein Entstehen und allmäliges Wachsen bis zur gegenwärtigen Erscheinung. Damit ist aber zunächst nur der eine Theil des Bedürfnisses, das *Verständniss* des Rechts befriedigt. Das Recht ist aber nicht blos eine Thatsache, die gewusst, es ist zugleich eine lebendige Macht, von der die Gegenwart beherrscht werden soll. Daher ist es nothwendig, dass die aus der Geschichte gewonnenen Rechtsideen nun wiederum aus ihrer historischen Verbindung gelöst, und nicht blos als folgenreiche Thatsachen äusserlich erzählt und geschildert, sondern als lebendige Glieder eines in unserem eigenen Wollen und Empfinden begründeten Organismus erkannt werden. Diese Thätigkeit ist eine wesentlich productive, sie ist ein vollständiges Wiedererzeugen des Geschichtlichen für die unmittelbare Gegenwart. — Diese letzte That bedurfte sowohl das römische als das deutsche Recht. War auch durch die Resultate der geschichtlichen Schule das Verständniss des römischen Rechts gewonnen, so hatte diess doch dadurch noch nicht aufgehört, für uns ein *fremdes* zu sein, und war noch nicht zu unserem eigenen Fleisch und Blut geworden. Auch das deutsche Recht war in gewisser Beziehung ein fremdes geworden, indem es in der Anknüpfung an die todte Masse des römischen Rechts seine lebensvolle Verwandtschaft zu uns verloren hatte.

Um jenes Ziel zu erreichen, bedurfte es seelischer Kräfte, wie sie nur selten in der Brust eines Menschen vereint sind; es bedurfte Naturen von dichterischem und künstlerischem Vermögen, die das Angeschaute nicht in mechanischer Weise überliefern, sondern als ein neues lebensvolles Gebilde, das bei aller historischen Wahrheit als ein Produkt der individuellen Kraft des Darstellers erscheint. Nicht das blosse Ahnungsvermögen des Geschichtsforschers konnte genügen, der die Thatsachen vergangener Zeiten mit allen ihren Motiven in Verbindung setzt, sondern es war eine neue schöpferische Kraft nothwendig, welche es vermochte, die in geschichtlichem Verbande schlummernden Ideen des römischen Rechts von Neuem zu erwecken und befruchtet mit den Ergebnissen deutscher Bildung und Sitte abermals zu erzeugen.

Wir preisen uns glücklich, dass uns in *Savigny* und *Puchta* vor Allen Männer gegeben worden sind, die den eben angedeuteten Beruf übernehmen und ausführen konnten. Aus ihrer deutschen Individualität, aus der Fülle ihres harmonischen Geistes, „bei dem das wissenschaftliche Vermögen nicht getrennt war vom übrigen Haushalte der Seele", ist das römische Recht als ein neues, als ein deutsches Recht hervorgegangen. Sollen wir die wissenschaftliche Vermittlung dieses Erfolgs analysiren, so müssen wir freilich darauf verzichten, jene unfassbaren geistigen Kräfte zu beschreiben, die überall, wo sie in Wissenschaft und Kunst wirksam sind, als etwas Ursprüngliches, als das eigentlich Productive und Geniale erscheinen; wohl aber darf hingewiesen werden, wie jene Meister es verstanden, die Ideen des römischen Rechts an unsere eigenen Empfindungen anzuknüpfen und in die Strömung unseres eigenen Denkens und Fühlens hineinzuführen, und wie namentlich *Puchta* diesen grossen Sieg des deutschen Geistes durch das eigenthümliche System befestigte, mit dem er das römische Recht durchdrungen hat. Denn gerade dieses System, welches, obschon hervorgegangen aus *unserem* juristischen Denken, doch eine vollständige Beherrschung des römischen Rechtes zuliess, enthält die wahre Vermittlung des deutschen Geistes mit dem Idiom des fremden Rechtes, so dass ein Jurist aus jener classischen Periode der römischen Rechtswissenschaft, wenn er heute wiederkehrte, vor dem Räthsel der historischen Wahrheit und wiederum der völligen Entfremdung seines Rechts erstaunen müsste. So ist die Reception des römischen Rechtes erst in unserem Jahrhunderte vollendet worden, und nur dem deutschen Volke ist dieser Sieg über den Geist des Alterthums vollständig gelungen.

Hiernach kann die Stellung der Bearbeiter des *einheimischen* Rechts nicht zweifelhaft sein. Es handelt sich jetzt nicht mehr um die Abwehr jener gewaltsamen Unterdrückung des deutschen Rechts durch ein unverstandenes, mit roher Willkür aufgedrängtes fremdes Recht, es handelt sich nicht mehr um die zu ihrer Zeit vollständig berechtigte Opposition der Germanisten gegen die Romanisten; sie muss in unsern Tagen eben so sehr verspätet erscheinen, als eine in die Gegenwart verlegte Türkenpredigt. Vielmehr wird die Aufgabe allein die sein, den Schatz jener hohen juristischen Bildung, wie er eben charakterisirt wurde, auch für die Entwicklung des deutschen Rechtes dienstbar zu machen, und die aus unserem eigenen Volksleben hervorgegangenen Rechtsideen in gleicher Weise auszudenken, damit sie zu dem Werthe des Nationalen den Werth der geistigen und wissenschaftlichen Ebenbürtigkeit erwerben.

Ich darf jetzt dahin zurückkehren, wovon ich ausgegangen bin. Ich wollte darstellen, wie in Deutschland auch die Rechtswissenschaft allmälig zu einem Gebiete geworden ist, das gleich den anderen Wissenschaften eine unmittelbare Einwirkung des deutschen Geistes zulässt. Unsere Jurisprudenz ist nicht mehr blos ein *Wissen* des Rechtes, sondern ein juristisches *Vermögen* und *Können*, und zwar auf einer Grundlage, wie sie der eigentlichsten Natur des Rechtes entspricht. Wir haben vom römischen Rechte das specifische *juristische* Denken und *juristische* Construiren gelernt, d. h. das juristische Beherrschen der thatsächlichen Verhältnisse des Lebens, und haben dieses selbst wieder unter den Einfluss aller jener Kräfte gestellt, die in der Fülle des deutschen Volksgeistes enthalten sind. So haben wir nach langem Ringen und Streben eine eigenthümlich *deutsche Rechtswissenschaft* gewonnen, die, wenn sie auch künftig mit Liebe gepflegt wird, der ihr in unseren Tagen so oft versagten Anerkennung nicht entbehren wird.

II.*)

Der Aufforderung in einigen einleitenden Bemerkungen den gegenwärtigen Stand der Wisssenschaft des deutschen Privatrechts zu schildern, und die hauptsächlichsten Richtungen derselben im Laufe der letzten Jahrzehnte zu bezeichnen, glaubte ich mich nicht entziehen zu sollen, obschon ich nicht übersah, wie schwierig der Versuch sei, auf kurzem Raume einen so schwer zu fassenden Stoff zu entwickeln.

Wir beginnen wie billig mit *Eichhorn*. Auf dem Wege des praktischen Bedürfnisses war man im vorigen Jahrhundert zu der Einsicht gekommen, dass es eine Menge von Rechtsverhältnissen gebe, deren Beurtheilung nicht nach römischem Rechte geschehen könne, und zu der Ueberzeugung, dass man es nicht dem Praktiker allein überlassen dürfe, die hier entscheidenden Rechtssätze aus der zahllosen Masse einzelner Landesgesetze, Statuten und Gewohnheitsrechte aufzusuchen, sondern dass sie die Wissenschaft selbst sammeln, ordnen und entwickeln müsse. So entstand die wissenschaftliche Selbstständigkeit des Stoffes, den man als das deutsche Privatrecht bezeichnet. Die Anfänge dieser Darstellungen waren der Form und der Sache nach äusserst unvollkommen. Geschichtliches und Dogmatisches lag in bunter Vermischung neben einander und die älteste Rechtsproduktion ward der jüngsten zur Seite gestellt. Die rasche Aufeinanderfolge erneuter systematischer Versuche verbesserte aber vielfach und schnell, und das vielgebrauchte Buch von *Runde* war schon ein stattliches Werk,

---

*) Zuerst erschienen in Schletters Jahrbüchern der deutschen Rechtswissenschaft und Gesetzgebung. 1. Bd. S. 97 fl. (1855).

das dem Practiker einen mannichfaltigen Stoff darbot und die wissenschaftlichen Lücken mit einer gefügigen „Natur der Sache“ verdeckte.

Allbekannt ist es nun, wie *Eichhorn* dieser Wissenschaft eine ganz neue Grundlage geschaffen hat. Er hat durch seine rechtshistorischen Arbeiten vor Allem bewirkt, dass die bisher zusammenhangslosen Brocken des deutschen Rechts, — halb wirklich Dogmatisches, halb antiquarische Curiosa, — zum Gegenstande wissenschaftlicher Betrachtung umgewandelt wurden, indem er die Natur der deutschen Rechtsinstitute aus ihren Ursprüngen und aus allen jenen entwickelnden Einflüssen verstehen lehrte, welche bei einem schöpferischen und bildungskräftigen Volke auf diese wichtige Seite seines Kulturlebens einzuwirken pflegen. So entstand unter Eichhorn's Händen eine Dogmatik des deutschen Rechts, welche dem praktischen Juristen einen festen Ausgangspunkt zur Beurtheilung seines Particularrechts gewährte. Fast nicht minder verdienstvoll als diess eigene Schaffen, war die allgemeine Anregung, die seine Arbeiten auf Andere ausübten. Wie Vieles ist seitdem für deutsche Rechtsgeschichte geschehen! Die wichtigsten Quellen des Mittelalters sind in neuen vortrefflichen Ausgaben veröffentlicht, eine Reihe von Rechtsinstituten hat man in Rücksicht auf ihre geschichtliche Entwicklung monographisch bearbeitet, und namentlich war es von grosser Bedeutung, dass sich die Forschung zu der Darlegung der örtlichen und particulären Rechtsgeschichte wandte, um das, was Eichhorn und Andere für das grosse Ganze geschildert hatten, in engeren Kreisen und in der Gestalt concreter origineller Rechtsbildung nachzuweisen. So entstand ein immer reicheres historisches Material, und man kann mit Sicherheit behaupten, dass trotzdem der geschichtliche Stoff unseres Rechts noch lange nicht vollständig ausgebeutet ist.

Wie erfreulich und nothwendig nun auch diese erfolgreiche Thätigkeit war, so musste man sich doch gar bald eingestehen, dass ihre Bedeutung für die Praxis in keinem Verhältniss zu ihrem wissenschaftlichen Werthe stand. Die Entwickelung unseres modernen Rechtslebens hatte eine Richtung genommen, welche dem Inhalte jener neu belebten Wissenschaft nichts weniger als günstig war. Das alte deutsche Recht ruhte auf einigen hauptsächlichen Grundlagen, vor allem nenne ich die hervortretende Bedeutung des Grundeigenthums, seine Füllung mit politischen Rechten und seine Einwirkung auf die Gestaltung der gesellschaftlichen Verhältnisse; sodann den eigenthümlichen Zug nach Individualisirung in geschlossenen genossenschaftlichen Verbänden — den Lehensverband, das gutsherrliche Verhältniss, die mannichfaltigen agrarischen Genossenschaften; überall zeigt das mittelalterliche Recht ein Streben nach Gruppirung dinglicher und persönlicher Elemente zu einem eigenthümlichen Ganzen mit selbstständigem psychischen Gehalte. Gerade hiergegen richtete sich nun das neuere Rechtsleben in Deutschland. Das Lehnwesen wurde beharrlich angegriffen und mit allen seinen Wirkungen verfolgt; der gutsherrliche Verband wurde durch die neuere Gesetzgebung vernichtet, die Familienfideicommisse in ihrem Bestande bedroht, die Reste der Markgenossenschaften und die ganze Art der ehemaligen Dorfgemeinschaft durch Theilungsgesetze, Gemeindeordnungen und Separationen zu beseitigen gesucht, und was allenfalls noch übrig blieb von jenen alten Verbindungen des älteren deutschen Rechts, wurde durch die Ablösungsgesetze der neueren und neuesten Zeit völlig gesprengt. Was blieb da noch bestehen von dem einst so reichen Materiale des deutschen Privatrechts? Wollte man aufrichtig sein, so musste man sich gestehen, dass es zum Theil nur noch Bruchstücke waren, abgerissen von ihrem Kern, aus dem sie die Lebenskraft gesogen hatten, und allenfalls noch einige Institute des neueren Rechts, wie das neue Hypotheken-, das Wechsel- und das doch nur theilweise zum deutschen Rechte gehörende Handelsrecht. Je mehr die Individualität des deutschen Rechtslebens, wie es sich seit dem Mittelalter in tausend originellen Bildungen entwickelt hatte, in den neueren socialen und politischen Krisen unterging, desto mehr musste vor der Bedeutung des römischen Rechts der Werth des einheimischen Rechts verschwinden, wie es von Eichhorn und seinen Nachfolgern aufgefasst wurde*). Man gestatte mir den Vergleich: während das System des römischen Rechts den Anblick eines allerorten wohl bestellten Hauses zeigte, musste das System des deutschen Rechtes allmählich den Anblick einer alten Rüstkammer gewähren, darin gar mancherlei seltsame und alterthümliche Schaustücke bewahrt wurden, unter denen sich freilich auch manches noch Brauchbare finden liess.

Diese Thatsache ist von den neueren Germanisten seit Eichhorn nicht unbeachtet geblieben, und es hat nicht an Versuchen gefehlt, die Bedeutung des deutschen Rechts für die Zukunft zu retten. Zunächst kam man auf den Gedanken, ihm damit aufzuhelfen, dass man das römische Recht beseitige. Man griff rüstig an; alte und neue Deklamationen gegen die Unterdrückung der deutschen Nationalität durch das Joch des fremden Rechts sollten das Werkzeug zur Niederwerfung eines Gebäudes sein, das allein den tiefen Schatten verschulde, mit welchem das deutsche Recht bedeckt sei, — und es ist an dieser Stelle lediglich ohne Interesse, die verschiedenen Methoden zu beschreiben, nach denen die Zerstörungsarbeit begonnen wurde, ob man sich bemühte nachzuweisen, dass man im fünfzehnten Jahrhunderte ganz anders über das römische Recht gedacht hatte als nachher die Praxis von dreihundert Jahren, oder ob man ausführte, dass das römische Recht den gegenwärtigen Ansprüchen des Volks nicht mehr genüge. Man hatte dabei übersehen, dass ein kranker Mann nicht dadurch

*) Um sich von der Wahrheit dieser Behauptungen zu überzeugen, braucht man z. B. nur zu vergleichen, wie viel Deutschrechtliches in dem neuen Sächsischen Gesetzentwurf enthalten ist, der doch ein Ausdruck des modernen Rechtsbewusstseins sein soll.

gerettet werden kann, dass ein anderer gesunder Mann geopfert wird; auch hatte man unbeachtet gelassen, dass die Wissenschaft des römischen Rechts seit *Savigny*, *Puchta* und Andern eine ganz neue geworden, dass sie nicht mehr die alte Gelehrsamkeit der Interpreten des Justinianischen „Gesetzbuchs“ war, sondern eine Wissenschaft, die aus den Grundlagen des römischen Rechts die absolute Natur des Rechts mit geistiger Freiheit zu ermitteln strebte, und sich alle Elemente unseres heutigen sittlichen und geistigen Lebens angeeignet hatte. Und dann fragt sich noch: was konnte man denn an die Stelle des weggestossenen römischen Rechtes setzen? Ohne Zweifel nichts Anderes als einen dürren usus modernus pandectarum, der weder wissenschaftlicher, noch zweckmässiger, noch endlich volksthümlicher sein würde als die bisherigen Pandekten. Es ist möglich, dass einmal die Zeit kommt, in der das Privatrecht nicht mehr wie bisher zum grossen Theile aus den römischen Quellen geschöpft wird, indem alsdann durch den täglich fortgesetzten Process des Entwickelns, des Annehmens und Abstossens römischrechtlicher Prinzipien das fremde Recht in einer völlig nationalen Rechtsanschauung aufgegangen ist; ein solches Resultat könnte aber immer nur aus einem geschichtlichen Processe hervorgehen, und unmöglich durch eine theoretische Fiction anticipirt werden.

Ein anderer Weg, der eingeschlagen wurde, ist folgender: Man war von der Beobachtung ausgegangen, dass sich das deutsche Recht, wie es aus dem Mittelalter überliefert worden ist, in Rücksicht auf seine *physiologische* Beschaffenheit in hohem Grade von dem heutigen römischen Rechte unterscheidet. Während das letztere aus einer Summe abstrakter Rechtsregeln besteht, enthalten die deutschen Rechtsquellen verhältnissmässig wenige selbstständig entwickelte Rechts*institute* in principieller Bestimmtheit. Den Hauptbestandtheil bildet vielmehr die Bestimmung einer Summe von Rechts*verhältnissen*, welche aus dem deutschen Volksleben erwachsen sind. Man denke nur an eine der wichtigsten Quellen unseres Rechts, die Weisthümer und Urkunden; die Rechtsverhältnisse, die sie beschreiben, wie sie nach einer in Deutschland verbreiteten Sitte in mehr oder weniger ähnlicher Weise vorkamen, sind der hauptsächlichste Inhalt ihrer Ueberlieferung. Wenn es sich nun die Wissenschaft bloss zur Aufgabe macht, diese Verhältnisse in ihrem gegenwärtigen rechtlichen Bestande zu schildern (wie diess Eichhorn und seine Nachfolger thun), so steht sie auf einem ganz andern Standpunkte als die Wissenschaft des römischen Rechts. Sie enthält nicht ein System von Rechtsinstituten, deren jedes in irgend einer Möglichkeit der menschlichen Willensrichtungen seinen Grund hat, sondern eine systematische Darstellung von Rechtszuständen, welche zum grossen Theile dem Wechsel socialer und politischer Krisen anheim fallen und daher unmöglich die Grundlage einer unabhängigen Wissenschaft sein können. Diese Wissenschaft des deutschen Privatrechts war daher nicht eigentlich ein Theil der juristischen construirenden Dogmatik, sondern vielmehr ein Theil der nur schildernden und das Thatsächliche reproducirenden Geschichte. Nicht, als ob es dem deutschen Rechte an reinen juristischen Principien fehlte; aber sie lagen zum Theil verborgen in der Verkettung faktischer Zustände, und nicht selten würde es sich finden, dass in gar manchem der von der modernen Gesetzgebung zerstörten Rechtsverhältnisse ein juristischer Gedanke enthalten ist, der ein von seiner bisherigen geschichtlichen Erscheinung unabhängiges Leben hat. Es möge beispielsweise auf die Reallasten verwiesen werden; die bisherigen Grundzinsen, Zehnten und Frohnden sind wohl völlig unhaltbar geworden, aber die Idee, welche den Reallasten zu Grunde liegt, das völlig neue Princip einer Erweiterung der Funktion der obligatio in ihrer Anknüpfung an Grund und Boden hat damit seine Berechtigung keineswegs verloren. Wie, wenn es nun gelänge, diese in den deutschen Rechtsverhältnissen schlummernden Ideen aus ihrem geschichtlich-organischen Verbande zu lösen, sie in geläuterte Rechtssätze und Rechtsinstitute zu verwandeln, und so auf dem Wege theoretischer Arbeit für das einheimische Recht die Bildungsformen zu gewinnen, welche dem römischen Rechte von Haus aus eigenthümlich waren? Nur so, will es mir scheinen, ist es möglich, den Inhalt unseres Rechts auch für die Zukunft lebenskräftig zu erhalten, und ihm diejenige Ausbildung zu gewähren, die es bedarf, um als ein dem römischen Rechte ebenbürtiger Theil unseres Privatrechts zu erscheinen; nur so kann nach meiner Ansicht die dereinstige völlige Einheit unseres Privatrechts mit Erfolg angestrebt werden. Es versteht sich aber von selbst, dass die Fundstätte für das Material dieser Arbeit nicht etwa das römische Recht ist, sondern lediglich und allein das in der Rechtsgeschichte ausgesprochene Rechtsbewusstsein des deutschen Volks, — eine Bemerkung, die überhaupt nur denen gegenüber nöthig erschien, welche „juristisch denken" mit „Romanisiren" für gleichbedeutend halten.

Diese Richtung halte ich für die vorzugsweise wissenschaftliche und berechtigte, und ich bin der Ueberzeugung, dass sie sich gegenüber von mannichfachen Vorurtheilen und Missverständnissen Raum verschaffen wird. Ganz besonderen Widerspruch hat sie von jenen gemüthlich-sinnigen Naturen erfahren, die in der Anschauung der unendlichen Mannichfaltigkeit deutscher Rechtsbildungen verloren, in jener Methode mit ihren „kalten logischen Linien" das schöne Bild verschwinden sehen, das ihre dichterische Phantasie vom deutschen Rechte entworfen hat. Das römische Recht sei ein kahler römischer Tempel, das deutsche Recht ein „Dom" mit reicher architektonischer Verzierung; jenes habe sich nach Art der Krystalle, dieses nach Art der Pflanzen entwickelt, — nur Schade, dass diese schönen Bilder nicht viel mehr als Träume sind; denn weder ist das, was man jetzt deutsches Privatrecht nennt, je einem Dome ähnlich gewesen, noch lässt sich seine so viel gestörte und unregelmässige Entwicklung mit der Metamorphose der

Pflanzen vergleichen. Sie verkennen, wie mir scheint, die Funktion des Rechts im Verhältniss zu dem unter ihm pulsirenden organischen Leben; während sie von der Anschauung des letzteren ihre blühenden Worte entlehnen, leben sie in der seltsamen Täuschung, jenes in seinem „geistigen Gehalte“ erfasst zu haben, und octroyiren ihre sentimentale Stimmung dem Rechtsbewusstsein des deutschen Volks.

III.*)

— — Gestatten Sie mir, dass ich Ihre Aufmerksamkeit auf eine Frage hinlenke, die in unsern Tagen brennend hervortritt, und deren Beantwortung über die künftige Gestaltung der Rechtswissenschaft und ihre Behandlung auf Universitäten entscheidend sein wird. Ich meine das Verhalten der Rechtswissenschaft und ihres Studiums auf unsern Hochschulen zu den neuesten Codificationen des Privatrechts.

In diesem Jahre ist in unserm engern Vaterlande ein vollständiges Privatrechtsgesetzbuch publicirt und damit, wie es scheint, für die Entwickelung dieses Rechtstheils eine ganz neue Basis geschaffen worden. Ebenso wird in Baiern eine Codification des Privatrechts vorbereitet, sowie denn auch an einem Theil desselben gegenwärtig der Entwurf einer gemeinrechtlichen Feststellung versucht wird. Schon beim ersten Blick müssen solche Thatsachen den Eindruck hervorbringen, dass sie nicht ohne den bedeutendsten Einfluss auf die Gestaltung des deutschen Rechtsstudiums bleiben können, aber das ist eben die Frage, die ich als eine Lebensfrage bezeichnen muss, ob die bisherige Wissenschaft und ihr Studium im wesentlichen unverändert zu bleiben und diese neuen grossen Erscheinungen nur in sich aufzunehmen habe, oder aber ob umgekehrt unser seitheriges Arbeitsfeld als verödet und unfruchtbar zu verlassen und mit einem völligen Neubruchslande zu vertauschen sei. Es ist zugleich klar, dass diese Frage auch für die Beziehung der Jurisprudenz zu den übrigen akademischen Disciplinen von

*) Aus einer akademischen Rede, welche ich am 31. October 1865 bei der Uebernahme des Rectorats der Universität Leipzig gehalten habe.

entscheidender Bedeutung ist. Je nach dem Ausfall ihrer Beantwortung könnte die weitere Frage aufgeworfen werden, ob die Rechtswissenschaft nun noch als eine ebenbürtige Schwester der übrigen ethischen Wissenschaften betrachtet werden dürfe. Sie würde dies wahrscheinlich nicht sein, wenn sie sich nur noch die Aufgabe zu stellen hätte, das neue Gesetzbuch zu erklären, und ihren gesammten Stoff dem Buchstaben des letztern entnehmen müsste.

Wollen wir den eigentlichen Kern dieser Frage erfassen, so müssen wir uns zunächst über die Ziele verständigen, welche sich die Behandlung der Rechtswissenschaft auf Universitäten zu stellen hat, und über die Wege, auf denen sie diese Ziele erstrebt.

Es hat eine Zeit gegeben, in welcher der Begriff der Rechtswissenschaft im wesentlichen mit dem Begriff der Gesetzkenntniss zusammenfiel. Das grosse römische Gesetzbuch, das seit dem Ausgang des 15. Jahrhunderts in Deutschland zur Geltung gelangt war, betrachtete man wol als eine umfassende Sammlung von Gesetzvorschriften, welche zu lernen und zu präsenter Herrschaft zu bringen die hauptsächliche Aufgabe des Juristen sei. An das Gesetzbuch Justinian's schloss man die päpstliche Gesetzgebung als eine, wie man meinte, gleichartige Arbeit an, und seit dem 18. Jahrhundert wurden auch die deutschen „Gesetze", wie man die deutschrechtlichen Stoffe bezeichnete, als eine einfache Fortsetzung jener berücksichtigt. So hatte man im *usus modernus pandectarum* eine Masse von Gesetzvorschriften der mannichfaltigsten Art, welche, aus den verschiedensten Weltaltern und Völkern hervorgehend, sich wie eine ewige Krankheit forterbten und dem Enkel als eine erdrückende Last erscheinen mussten. Die Rechtswissenschaft stellte sich wol die Aufgabe, den Zugang zu diesem Irrgarten der Gesetze in äusserlicher Führung zu erleichtern, aber Jahrhunderte vergingen, ehe sie zu dem Bewusstsein gelangte, dass nur eine völlig andere Verwerthung dieser Stoffmasse dazu führen könne, ihr eine wissenschaftlich wie praktisch gleich bedeutendere Stellung zu gewähren. Der ganze Stoff der Jurisprudenz erschien wie eine kaum zu umfassende und geistig zu begreifende Menge von Recepten, mit denen das Rechtsleben behandelt oder wol auch mishandelt wurde, und gewiss musste es schon als ein hohes Ziel des angehenden Juristen erscheinen, einen möglichst grossen Theil derselben zu erlernen. Denn die Anwendung erschien als einfache Mechanik; man octroyirte dem einzelnen Falle des Rechtslebens die erlernte Gesetzvorschrift, wenn ihre thatsächliche Voraussetzung sich auch nur einigermassen als ähnlich zu erweisen schien.

Es war natürlich, dass auch das Rechtsgebiet von den energischen Strebungen ergriffen wurde, welche seit der Mitte des vorigen Jahrhunderts auf allen Gebieten des geistigen Lebens hervortraten. Auch die Jurisprudenz hat ihre Periode der Aufklärung und, wenn ich so sagen darf, der Naturphilosophie gehabt. Indem man in dem geschichtlich gewordenen Rechte nichts anderes als eine Menge von Willkürregeln zu erblicken vermochte, strebte man danach, sich dieses Ballastes so gründlich als möglich zu entledigen und das Heil in der subjectivistischen Betrachtung des Naturrechts und seiner Schöpfungen zu suchen. Ein völliger Neubau, der auf die Forderungen des gesunden Menschenverstandes gegründet sei, könne allein aus der allgemeinen Verwirrung helfen. Man meinte, dass man das Recht nach freier subjectiver Entschliessung machen, dass man der Zeit willkürlich befehlen könne, was sie für recht halten solle. Daher charakterisirt diese Periode eine ausserordentliche Geringschätzung alles Positiven, das man sich wol in einem wenig schmeichelhaften Gegensatze zum Recht der Vernunft vorstellte. Es ist bekannt, wie gering der Erfolg dieser Strebungen gewesen ist und mit welcher vollendeten Verflachung die Jurisprudenz schliesslich aus dieser Periode hervorging.

Und doch hat auch sie in der Entwickelung unserer

Wissenschaft ihren unleugbaren Werth gehabt. Es bedurfte dieser Verirrung, damit der grosse Umschlag vorbereitet werde, durch welchen die Jurisprudenz auf ihr allein richtiges Princip, nämlich die geschichtliche Basis, gestellt wurde, auf der man sie als einen Theil der Wissenschaft vom Volksgeiste zu begreifen hat. Die geschichtliche Betrachtung des Rechts sieht in der Masse der auf uns gekommenen Rechtssätze nicht die Summe der Producte einer individuellen und isolirten Willkür, sondern das Resultat der Rechtstriebe des Volksgeistes, wie sie sich aus den bedingenden Momenten wechselnder sittlicher Anlagen, ökonomischer Einflüsse und sonst massgebender Situationen herausbilden, den Niederschlag einer mehrtausendjährigen Volksvernunft, welche sich in der Gestaltung des Rechtslebens durch Schwierigkeiten und Hindernisse der mannichfachsten Art Bahn zu brechen sucht. Die geschichtliche Auffassung des Rechts hat es nicht mit der blossen Erklärung von Gesetzen zu thun, sondern sie stellt sich die Aufgabe, den Rechtssatz als das letzte äussere Product eines im innersten Volksgeist stattfindenden Processes begreifen zu lehren; sie versucht es, jedes Zeitalter aus sich heraus mit seinen eigenthümlichen Mitteln juristisch denken zu lassen, und bringt somit die Verbindung des Rechts mit dem sittlichen Leben des Volks zur Anschauung. Eine natürliche Folge dieses Princips musste für die deutsche Rechtswissenschaft die Vertheilung des Stoffs in die zwei grossen Massen des römischen und des deutschen Rechts bleiben, weil nur in dieser Trennung die Auffassung des Zusammenhangs der Nationalität mit dem Rechte zur vollen Geltung gebracht werden kann.

Welche Erfolge das geschichtliche Princip auf die Ausbildung unserer Wissenschaft gehabt hat, ist allbekannt. Zunächst ist die richtige Erkenntniss des wirklich bestehenden Rechts unendlich gefördert worden. Sodann aber hat sich diese Erkenntniss in einer kaum geahnten Weise vertiefen lassen, da sie nicht blos in formeller Begrenzung von Begriffen und Sätzen ausläuft, sondern auch die Auffassung der letzten materiellen Motive einschliesst. Aber auch die Praktikabilität des Rechts hat gewonnen, da jede tiefere geschichliche Erkenntniss des Rechts zugleich eine grössere Freiheit und Sicherheit der Beurtheilung seiner gegenwärtigen Anwendbarkeit darbietet. Besonders hat die Wissenschaft des deutschen Rechts, da sie über eine ausserordentliche Fülle einheimischer Rechtsproductionen gebietet, einen Höhepunct eingenommen, von dem aus jede einzelne Erscheinung des particulären Rechts erst die zu ihrer Erkenntniss nothwendige Beleuchtung empfängt. Durch alles dieses charakterisirt sich die deutsche Jurisprudenz gegenüber der Rechtswissenschaft der übrigen Culturvölker der Gegenwart. Im Vergleich mit der englischen Gesetz- und Präjudizienkenntniss ist sie eine wahre Wissenschaft im höchsten Sinne des Worts, indem sie unausgesetzt an den beiden grossen Zielen arbeitet, den Reichthum geschichtlichen Werdens zu begreifen und den im geschichtlichen Stoffe ruhenden Gedanken zu einer die Gegenwart beherrschenden Macht zu gestalten.

So hat sich die deutsche Rechtswissenschaft nach langem Ringen in einer auf diese Grundlagen gestützten Systematik gefunden, und in der Anknüpfung daran eine reiche Literatur geschaffen, welche sich getrost den Arbeiten des deutschen Geistes auf allen andern Gebieten an die Seite stellen mag. In der Stufenfolge der römischen und deutschen Privatrechtswissenschaft gibt sie dem Jünger der Jurisprudenz eine reiche historische Perspective; jedes Institut, jeder Rechtssatz der heutigen Welt erscheint ihm als der letzte Ausdruck eines Gedankens, den er durch alle seine Verhüllungen bis zum ersten schattenhaften Auftreten verfolgen mag, und er findet in dieser rückwärts gehenden Betrachtung zugleich den leitenden Gesichtspunkt zur Formulirung seines dogmatischen Princips. Je tiefer er in dieses geschichtliche Reich des juristischen Denkens einzudringen vermag, je mehr wird seine Seele durch die Vorstellung der sittlichen Macht dieses Theils der Weltordnung gesättigt werden und sein geistiges Vermögen jene Feinheit, Freiheit und Sicherheit erlangen, wie sie der Beruf eines gebildeten Juristen fordert. In der neuesten Gesetzesbestimmung wird er zwar auch die zuletzt entscheidende Fassung des Rechtssatzes erblicken, aber nicht nur wird sein Verständniss ein richtigeres werden, sondern auch seine Fähigkeit der Anwendung eine ungleich höhere sein, da er darin nicht das isolirte Gebot einer unerklärten Willkür, sondern nur die dermalige Erscheinungsform eines in andern Gestaltungen schon längst bekannten Gedankens erblickt. Seine Gesetzeskenntniss ist mit Einem Worte zugleich wissenschaftliche Erkenntniss. Endlich darf ich mir gestatten, auch auf das didaktische Moment hinzuweisen, das in jener Aufeinanderfolge des Römischen und Deutschen Rechts liegt; denn wenn die Gegensätze dieser beiden Rechte in Einer Beziehung dahin bestimmt werden dürfen, dass jenes die voraussetzungslose und absolute Herrschaft des juristischen Gedankens, das reine Rechnen mit Begriffen, dieses aber das juristische Operiren in dem Rahmen bedingender historischer Voraussetzungen darstellt, wenn demnach auch didaktisch betrachtet sich beide Systeme so wunderbar ergänzen, so liegt auch hierin ein Beweis, dass diese Gestaltung des Rechtsstudiums auf deutschen Universitäten die richtige, und dass diese Führung des angehenden Juristen eine wohlbegründete ist.

Wenn nun nach dem bisherigen Stande der Dinge dies unsere Ueberzeugung von der richtigen Art des wissenschaftlichen Rechtsstudiums auf Universitäten sein durfte, so fragt sich nunmehr, ob sie es auch noch ferner bleiben darf, nachdem durch die umfassenden Codificationen der Gegenwart der Zustand des Rechts selbst eine wesentliche Veränderung erfahren hat?

Unsere neuen Gesetzbücher, nämlich das preussische und österreichische Landrecht, das auch in einem Theile Deutschlands geltende französische Civilgesetzbuch, denen sich nun nach seiner principiellen Anlage unser sächsisches Civilgesetzbuch anschliesst, unterscheiden sich sehr wesentlich von den ältern deutschen Gesetzgebungen, den sogenannten Landrechten, Constitutionen und Reformationen des 16. und 17. Jahrhunderts. Bei diesen ging man davon aus, dass nur insoweit und nur da etwas bestimmt werden solle, wo das Bedürfniss einer Disposition vorzuliegen schien. Daher erstrecken sich diese Gesetzbücher niemals über den gesammten Stoff, den ein wissenschaftliches System des Privatrechts aufweist, ja selbst eine einzelne Lehre, ein einzelnes Rechtsinstitut wird selten vollständig und nach allen seinen Beziehungen normirt. So blieb der Wissenschaft neben dem Gesetzbuche ein bedeutendes Feld übrig. Sie hatte nicht blos die Aufgabe, das gesetzlich nicht bestimmte Recht aus der Menge der übrigen Rechtsquellen nachzuweisen, sondern auch für die im Gesetzbuche wirklich bestimmten Institute die höhern leitenden Ideen zu finden. Insbesondere fiel ihr daneben die praktisch so ausserordentlich bedeutende Wirksamkeit zu, welche für jede dogmatische Aufgabe aus der Begründung eines wissenschaftlichen Systems hervorgeht.

Ganz anders unsere neuern Gesetzbücher. Sie haben die engere Aufgabe, nur da zu disponiren, wo die Zweifelhaftigkeit des Rechts es fordert, verlassen, und stellen sich das ganz andere Ziel, den gesammten Inhalt des privatrechtlichen Stoffs in principieller Vollständigkeit zu erschöpfen. Ausser den Paragraphen des neuen Gesetzcodex soll es überhaupt keinen Rechtssatz geben; in ihnen soll alles Recht allein und ausschliesslich enthalten sein. Solche Strebungen nach Gesammtcodificationen liegen in dem plastischen Triebe des Jahrhunderts. Was man bisher der Wissenschaft und der wissenschaftlichen Praxis der Gerichte zu überlassen pflegte, soll nun in Gesetzesparagraphen fixirt werden. Selbst Definitionen und elementare Begriffe werden in die Form einer Gesetzdisposition gebracht. Auch die systematische Aufgabe der Wissenschaft wird nun vom Gesetzbuche übernommen, da es den Stoff nach einem Gesammtplane vertheilt und dem Umstande, dass eine Lehre hierher und nicht anderswohin gestellt sei, eine entscheidende praktische Bedeutung beilegt. Man kann für diese Richtung der Zeit nicht wohl ein charakteristischeres Symptom anführen als die Thatsache, dass in diesem Augenblick die Aufgabe zu lösen versucht wird, einen grossen und umfassenden Privatrechtsstoff gemeinrechtlich zu codificiren, dessen Einheit nicht sowol in einem praktischen Princip als darin besteht, dass er einen Abschnitt aus dem wissenschaftlichen System des Pandektenrechts darstellt. [Die damaligen Obligationenrechtsconferenzen].

Ist dies nun in Wahrheit die Richtung unserer modernen Gesetzbücher, so ist allerdings die Frage möglich, ob nicht damit der eigentliche Beruf der bisherigen Rechtswissenschaft erfüllt und somit auch ihr ferneres Studium bedeutungslos geworden sei. Allerdings könnte man fragen, welchen praktischen Werth eine Wissenschaft noch haben könne, die im besten Falle auf langem und ermüdendem Wege zu demselben Ergebnisse gelangt, das nun ein Gesetzesparagraph in der kürzesten und einfachsten Form fertig entgegenträgt? Wozu noch ein tiefeingehendes Studium der Quellen des fremden und der Quellen des ältern einheimischen Rechts, da das neue Gesetzbach alles wirklich Geltende in vollendeter Verbindung fremden und deutschen Rechts zu greifbaren und fasslichen Sätzen formulirt hat? Wozu noch eine auf dem Gegensatz des Römischen und Deutschen Rechts beruhende Wissenschaft, da diese Gegensätze im neuen Codex ihre endliche Versöhnung gefunden haben? Muss nun für den praktischen Zweck des juristischen Unterrichts nicht ein Erlernen der Vorschriften des Gesetzbuchs und eine Erklärung derselben genügen? Könnte man nicht jetzt sagen, dass für diesen Zweck etwa eine Einleitungsvorlesung zur Kenntniss des vorangegangenen Rechtszustandes ausreiche, dass aber für die Erhaltung der grossen selbststänständigen Wissenschaften des römischen und deutschen Privatrechts in ihrem seitherigen Bestande jedes praktische Bedürfniss fehle? Und würde man sich bei diesem Raisonnement schliesslich nicht darauf berufen können, dass das Studium der Rechtswissenschaft einen vorzugsweise praktischen Zweck habe, mit dem sich eine auf blos spirituelle Anschauungen basirte Gestaltung ihrer Disciplinen nicht vertrage?

Eine Ansicht, wie sie in solchen Fragen ausgesprochen ist, würde genau zu demselben Standpunkt zurückschreiten, den in langem Ringen und Arbeiten überwunden zu haben ein grosses Verdienst unsers Jahrhunderts gewesen ist, ich meine zu dem Standpunkt der Verwechselung von Gesetzkenntniss und Rechtswissenschaft. Eine juristische Lehrweise, welche ihren alleinigen Ausgangspunkt in der Formel moderner Gesetze nimmt, wird nie den Erfolg haben, Juristen zu bilden. Zum Juristen wird niemand durch das Erlernen eines Gesetzbuchs. Kenntniss der bestehenden Rechtssätze, insbesondere der gerade geltenden Gesetze ist selbstverständlich ein unabweislicher Anspruch, der an jeden Juristen gestellt wird, aber was mehr bedeutet als diese, was sich nicht nur durch Anwendung sehr äusserlicher Kräfte erreichen lässt, das ist die innere juristische Befähigung, die Fähigkeit, juristisch zu denken. Dieses Vermögen, von dem keines, auch nicht das beste Gesetzbuch zu dispensiren vermag, wird niemals durch blosses Erlernen von Gesetzen erworben werden, sondern nur durch eine langjährige darauf gerichtete geistige Gymnastik und durch eine Vertiefung in den unerschöpflichen Fonds juristischen Denkens, wie ihn die obengeschilderten grossen juristischen Disciplinen darbieten. Ich wiederhole, die wirkliche Erkenntniss des Rechts kann immer nur theilweise aus der Bestimmung eines Gesetzes gewonnen werden; jedes Gesetz, auch das beste, ist eine unvollkommene und nur partielle Fassung des Rechtsstoffs; in seiner ganzen Fülle kann es allein von Dem erfasst werden, der auf dem Wege geschichtlicher Erkenntniss gelernt hat, die Naturgrundlagen jeder Rechtsbildung im Geist und im Bedürfnisse des Volkes aufzusuchen.

Aber noch mehr: eine Lehre, welche ihren alleinigen Ausgangspunkt in einem modernen Gesetzbuch nähme, würde sich damit die natürlichen Quellen, den lebendigen Brunnen abgraben, aus dem allein sie Erfrischung und Befruchtung erwarten kann; sie würde mit demselben Ungrunde prätendiren, eine Wissenschaft zu heissen, mit dem ein Gemälde ohne Hintergrund den Namen eines Kunstwerks in Anspruch nähme. Es ist zuzugeben, dass auch eine auf blosse Wortinterpretation des Gesetzes gestützte Lehre mit Aufwand grossen Scharfsinns ausgebildet sein kann, aber Scharfsinn allein macht keine Wissenschaft; er ist ein unentbehrliches Werkzeug des Juristen, aber ein Werkzeug, das einer höhern Macht zu dienen bestimmt ist. Ein von der Leitung höherer stofflicher Anschauungen abgelöster Scharfsinn führt zu naturwidriger Verkünstlichung und zu dürrer Spitzfindigkeit. Gerade das ist die grösste Gefahr der Uebereignung eines Gesetzbuchs an unwissenschaftliche Richter, dieser dürre Scharfsinn, der in leerer Wortklauberei aus dem Buchstaben des Gesetzes Zerrbilder herausinterpretirt, vor denen allein die wissenschaftliche Erkenntniss des Rechts behütet.

Und dann: wie wenig würde eine allein auf die Gesetzinterpretation beschränkte Lehre für die Befähigung zur Anwendung des Gesetzes genügen. Kein Verständiger theilt jetzt noch die Vorstellung, ein Gesetzbuch könne so vollständig angelegt und so richtig formulirt sein, dass das ganze Rechtsleben in der unendlichen Fülle und Mannichfaltigkeit seiner Gestaltungen darin gedeckt sei. Ein in diesem Sinne vollendetes Gesetzbuch kann und wird es nicht geben; das Leben lässt sich nicht vollständig in Formeln bannen, und jeder Versuch einer Gesammtcodification erscheint schliesslich doch nur als ein Zeitbild des gegenwärtigen Rechtszustandes, das, um im Wechsel der Zeit wahr zu bleiben, der steten Ergänzung und

Fortbildung durch die bildende Kunst des Juristen bedarf. Aber woher soll der Jurist die Fähigkeit zu dieser wahren und doch freieren Auffassung des Gesetzbuchs nehmen, wenn seine ganze Bildung mit dem Buchstaben des Gesetzes begonnen hat, und den Umkreis dieses Buchstaben nicht überschreitet? Woher soll ihm die Selbständigkeit des Urtheils kommen, um zu erkennen, dass der Gesetzgeber an dieser Stelle zu eng, an jener zu weit gesprochen hat? Denn kein menschlicher Verstand vermag jederzeit die ganze zukünftige Wirkung einer Gesetzesformel zu ermessen; was uns in diesem Augenblicke abschliessend und treffend zu sein scheint, wird eine nachkommende Generation auf der Grundlage neuer Thatsachen für schief und einseitig erklären.

Es ist klar, wenn ein Volk zu dem Punkte gelangt, sein gesammtes Recht in einer Codification zum Ausdruck zu bringen, so ist dies unter allen Umständen ein für sein Rechtsleben entscheidender Vorgang. Aber doch bedeutet er nicht dies, dass nun seine Welt von dem Datum dieses Vorgangs von neuem anhebt, — es ist eine grosse und wichtige Thatsache, aber doch nur ein einzelnes Glied in der ungebrochenen Kette geschichtlicher Erscheinungen, dessen Bedeutung und Wirksamkeit seine fortdauernde Verbindung mit den übrigen Gliedern dieser Kette voraussetzt. In der Codification will ein Volk alle einzelnen Grössen seiner Rechtsbildung summiren, aber diese Summirung soll fort und fort aus ihren unverwischten Factoren verstanden werden. Und so ist es, denke ich, kaum mehr zweifelhaft, dass auch zukünftig der Lehrgang unserer jungen Juristen durch das reiche Feld unserer bisherigen wissenschaftlichen Disciplinen hindurchführen muss, wenn anders noch ein Interesse daran bestehen bleibt, dass die Anwendung unserer Gesetzbücher eine richtige und dem Bedürfnisse des Rechtslebens wahrhaft entsprechende sein soll.

Dass dem so sein wird, kann auch in der That insolange nicht zweifelhaft sein, als unsere neueren Codificationen sich nur innerhalb der Grenzen particulärer Rechtsgebiete halten. Denn von jeher haben die deutschen Juristenfacultäten den Beruf ergriffen, über der Fülle der particularrechtlichen Mannichfaltigkeit eine Wissenschaft des gemeinen Rechts auszubilden, in welcher das locale Recht nur als die dialektische Spielart des einheitlichen deutschen Grundstoffs zur Verwerthung gelangt. In dieser Wissenschaft haben die deutschen Rechtsfacultäten ihr gemeinsames Arbeitsfeld gefunden; auf diesem ist von jeher der Wettstreit der Männer unserer Wissenschaft ausgefochten, hier sind die Früchte unserer geistigen Gesammtarbeit niedergelegt worden. Diese Wissenschaft ist für das Particularrecht von jeher der belebende Quell gewesen, aus dem es immer neue Erfrischung geschöpft hat und vor dem Versiegen in seinem trockenen und engen Bette bewahrt worden ist. Diesen Beruf wird jene Wissenschaft auch zukünftig zum Segen des Rechts in allen Gauen des deutschen Gesammtvaterlandes festhalten; sie wird namentlich der unentbehrliche Regulator bleiben, der die einzelne Particulargesetzgebung vor Entartung und Ablösung aus der grossen deutschen Rechtsgemeinschaft bewahrt, und für die Beurtheilung jeder legislatorischen Entwickelung im einzelnen Staate den kritischen Massstab gewährt. Von der Theilnahme an dieser Aufgabe wird sich keine deutsche Juristenfacultät lossagen. Sie würde sonst das Band zerreissen, das die deutschen Universitäten seit Jahrhunderten vereinigt, sie würde sich isoliren und aus der Gemeinschaft heraustreten, die oft genug und mit Recht als eins der höchsten Güter des deutschen Geisteslebens gerühmt wird. Vor allem aber würde sie damit ihre Pflicht gegen das engere Vaterland selbst verletzen; denn ich denke, es sei keine ihrer geringsten Aufgaben, dahin zu wirken, dass unsere jungen Juristen von dem Bewusstsein erfüllt werden, das Rechtsleben ihres Staats, dem sie zu dienen berufen sind, könne nur in dem Schatten des grossen Baumes gedeihen, der seine Wurzeln unmittelbar in das Herz des deutschen Volks hineinführt

So möge sich denn das neue Gesetzbuch, in dessen Schöpfung wir mit Freuden einen Fortschritt unseres Rechtslebens und die erneute Sicherung des altbewährten sächsischen Rechtsschatzes erblicken, auch dem akademischen Studium und unserer Wissenschaft gegenüber als ein freundliches Geschenk erweisen! So wie sie es gern als eine glückliche Vermehrung ihres Stoffes in sich aufnehmen und pflegen wird, so möge hinwiederum aus ihm eine Stärkung des Bedürfnisses wissenschaftlicher Erkenntniss des Rechts hervorgehen!

II.

Ueber den Begriff der Autonomie.

I.*)

Der Begriff der Autonomie wird auch noch heutzutage in ausserordentlich verschiedenartiger Weise aufgefasst. Immerhin aber sind es doch im Wesentlichen nur zwei Grundansichten, auf welche die Meinungen der Rechtslehrer mehr oder weniger hinausgehen.

1) Manche verstehen unter Autonomie die natürliche Freiheit des Menschen, seine Rechtsverhältnisse durch selbstständige Willensacte zu ordnen, insbesondere die Befugniss, durch Rechtsgeschäfte für einzelne Rechtsverhältnisse eine andere Norm festzustellen, als die Vorschrift des sogenannten Dispositivgesetzes**). Bei dieser Auffassung des Wortes ist der Begriff der Autonomie ein rechtswissenschaftlich unbedeutender; er ist nur eine überflüssige *Bezeichnung* für den Begriff der Handlungsfähigkeit (resp. Dispositionsfähigkeit) der Personen, mit Beziehung auf den ihr durch die Gesetzgebung gelassenen Spielraum. Es fehlt ihm alsdann an einem eigenen specifischen Inhalte, da der Gegenstand desselben, die Mög-

---

*) Die nachfolgende Abhandlung erschien zuerst im Jahre 1854 im 37. Bande des Archivs für civilistische Praxis S. 35 ff.

**) Diese Auffassung beherrscht das unvollendete und verwirrte Buch von *Majer*, Autonomie vornemlich des Fürsten- und übrigen unmittelbaren Adelstandes im deutschen Reiche. Tübingen 1782. Darauf geht auch hinaus die Untersuchung von *Wilda* im Rechtslexikon von Weiske.

lichkeit der Aeusserung eines rechtlichen Willens nach Massgabe der bestehenden Rechtssätze, die Grundlage des ganzen Privatrechtsystems bildet, und nicht als die selbstständige Füllung eines Rechtsinstituts von der unendlichen Summe von Rechtssätzen abgelöst werden kann, durch die er im Laufe jenes Systems seine Modalitäten erhält. Die Autonomie in diesem Sinne wird nach der Verschiedenheit persönlicher und sachlicher Zustände bald eine grössere, bald eine geringere Ausdehnung haben, aber die Gründe dieser Verschiedenheit lassen sich nicht aus und an dem abstracten Begriffe der Autonomie, sondern nur in Verbindung mit speciellen Rechtsinstituten und Rechtssätzen nachweisen.

Wer von diesem Begriffe der Autonomie ausgeht, muss dann mit *Wilda* zu der Ansicht gelangen, dass sie nichts dem deutschen Rechte Eigenthümliches ist, sondern sich in dem Rechte jedes Volkes vorfindet. Die Autonomie des Adels muss ihm als nichts Besonderes, Singuläres erscheinen, und die Autonomie der Gemeinden und Genossenschaften nur insofern, als ihre innere Natur zu einer Unterscheidung von der Autonomie der Individuen hindrängt — nicht aber wegen der Eigenthümlichkeit der deutschen Rechtsverfassung.

2) Eine ganz andere Begriffsbestimmung der Autonomie findet sich bei *Puchta* *). „Es gibt Rechtssätze", so äussert er sich, „welche durch keine der drei regelmässigen Rechtsquellen (Volk, Gesetzgebung, Wissenschaft) entstanden sind. Sie haben das mit dem gesetzlichen Rechte gemein, dass sie durch einen sie festsetzenden Act hervorgebracht, aber ihre Entstehung kann nicht einer gesetzgebenden Gewalt zugeschrieben werden. So können Behörden die Befugniss haben, in ihrer Sphäre über gewisse Punkte Festsetzungen mit der Wirkung eigentlicher Rechtssätze zu machen, ferner Corporationen über ihre innern Angelegenheiten, endlich kann einzelnen

---

*) *Puchta*, Gewohnheitsrecht II. S. 106.

Privatpersonen unter gewissen Voraussetzungen die Befugniss zustehen, durch ihre Privatdispositionen, letztwillige oder Verträge, dergleichen Bestimmungen zu treffen.“ Eine solche Autonomie kann nach ihm auch stillschweigend ausgeübt werden, in welchem Falle dann die Uebung das Erkenntnissmittel ist (Observanz).

Es leuchtet ein, dass nur bei dieser Begriffsbestimmung die Autonomie etwas Selbstständiges und Originelles ist. Sie ist hiernach eine wirkliche *Rechtsquelle*, welche, obschon der Umfang ihrer Wirksamkeit ein beschränkter ist, doch den übrigen Entstehungsgründen des Rechts gleichsteht. Zugleich muss sie alsdann als eine der *deutschen* Rechtsverfassung eigenthümliche Erscheinung angesehen werden und aus der besonderen Geschichte derselben ihre Erklärung finden.

In diesem Sinne ist die Autonomie auch von mir bisher im §. 29 meines deutschen Privatrechts aufgefasst worden. Ebenso in der neuesten Zeit von *Thöl* *), indem er sagt: durch sie (die Autonomie) entstehen wirkliche Rechtssätze, welche auch dritte Personen, von denen sie nicht ausgegangen sind, binden. Die gleiche Ansicht hat *Beseler* **).

Eine Verschiedenheit findet indessen bei diesen Schriftstellern statt in Betreff der Bestimmung der Subjecte, welchen die Autonomie beigelegt werden soll. Während *Puchta* sie auf den hohen Adel, die Corporationen und Behörden beschränkt, gewährt sie *Beseler* ***) auch den Corporationen in

*) *Thöl*, Einleitung in das deutsche Privatrecht §. 49.

**) *Beseler*, System des deutschen Privatrechts §. 26—28.

***) Es mag hier nur nebenbei bemerkt werden, dass der Gebrauch des Wortes Autonomie nicht erst, wie Beseler S. 96, Note 1 glaubt, bei Schilter, sondern schon bei viel älteren Schriftstellern zu finden ist. So führt *Majer* in seiner Schrift über Autonomie S. 239 einen Tractatus *de Autonomia* (München 1539, 4) an, den ich freilich nicht habe zu Gesicht bekommen können. Darin heisst es Blatt 135: „das Wort Freystellung ist ein newes, unsern gottseligen Vorfordern unbekanndt Wort, welches in lateinischer Sprach kein besonder eigentlich Wort hat, bei den *Graecis* aber ganz wohl jenem weiteren Sinne des Wortes, nach welchem dieser Schriftsteller bekanntlich eine Reihe genossenschaftlicher Verhältnisse in jenen Begriff aufnimmt, denen nach der Ansicht Anderer eine solche Bedeutung nicht zukommt.

Bei dieser Lage der Sache erscheint ein Versuch gerechtfertigt, die auf die Feststellung des Begriffs der Autonomie einwirkenden Momente einer nochmaligen Prüfung zu unterwerfen. — —

I. Autonomie beim hohen Adel (resp. der ehemals reichsunmittelbaren Ritterschaft).

Das Recht, von welchem der freie Grundbesitzer im Mittelalter in seinen privatrechtlichen Verhältnissen beherrscht wurde, war zum grössten Theile ein ungeschriebenes. Gerade die privatrechtliche Seite ist bekanntlich die mangelhafteste bei den meisten germanischen Volksrechten, und selbst das wenige, was sie enthielten, verlor seit dem elften Jahrhundert allmählig seine gesetzliche Autorität.

Ueberhaupt ist im Mittelalter nur ein schwacher Zug nach *Formulirung* des Rechts zu abstracten Sätzen erkennbar. Das Recht jener Zeit war noch innig verbunden mit der Sitte, und offenbarte sich zumeist nur in einzelnen freien Handlungen. Allerdings waren diese Rechtshandlungen ebensowenig die Producte einer unvermittelten Willkür, als diess die übrigen (das rechtliche Gebiet nicht berührenden) Geschäfte eines Menschen zu sein pflegen, der das sittliche Bewusstsein seiner Zeit in sich

und füglich *αὐτονομία* genannt wird, und eigentlich, in unser Materie davon zu reden, anders nichts ist, als eine freye Willkür und Macht seines selbstgefallens zu leben und zu handeln, wie solches denn dieses griechischen Wörtleins Art und Aigenschaft mitbringt, dann es zusammen gesetzt ist *ex αὐτος et νόμος quasi lex ipsimet ipsi.* Daher auch die Griechen eine Statt, niemand underworfen, und ihr eigen Gesetz und Regiment hat, oder ein Menschen, der kein regierenden Herrn hat, *αὐτονομον* oder *αὐτονομούμενον* nennen, nit anders die Teutschen im Sprichwort, wenn einer seines Kopfs ist, unnd auf niemandt nichts geben will, zu sagen pflegen: er ist für sich selbst wie ein kleines Reichsstättlin."

trägt und wirksam werden lässt. Aber der Inhalt derselben war meistens doch nicht insofern ein rechtlicher, als er lediglich die Natur der Ausführung eines bestehenden und der willkürlichen Gestaltung entzogenen Rechtsinstituts gehabt hätte, sondern er war noch jene flüssige Substanz, die sich höchstens als ein in den socialen und sittlichen Zuständen der Zeit liegendes Motiv erfassen lässt, und seine juristische Form immer erst durch die Fixirung in einem einzelnen urkundlichen Rechtsgeschäfte erwartet.

Es ist diess ein Theil der Charakteristik des Rechts des Mittelalters überhaupt. Betrachten wir z. B. die Entwickelung der Gutsverhältnisse des Adels und des Bauernstandes — wie wenig Begriffliches, Regelmässiges erblicken wir da, wie ist da Alles das Product freier That und Anordnung! Diese Anordnung selbst ist nun zwar überall eine gleiche, oder wenigstens ähnliche, aber die Aehnlichkeit führt nicht sowohl auf die Gemeinsamkeit eines entwickelten Rechtsbewusstseins, als vielmehr nur auf eine Uebereinstimmung in der Sitte und in den socialen Grundlagen des Lebens. Daher kommt es, dass im Mittelalter ein so besonderes Gewicht auf die *Urkunde* gelegt wird; sie ist nicht bloss das bequeme und sichernde Beweismittel, sondern sie ist in der That die alleinige *Lex* des fraglichen Verhältnisses. Die unzähligen *traditiones* und Leihebriefe, die uns aus dem Mittelalter überliefert sind, haben ebendaher für uns fast eine gleiche Bedeutung zur Erkenntniss des Rechts als die Rechtsbücher. Es sei mir erlaubt, hierbei an die Forschung *Homeyer's* über das Handgemal zu erinnern; wie bedeutend ist dieser juristische Thatbestand, und doch war es unmöglich, ihn anders zu gewinnen, als durch eine Ausgrabung desselben aus den nichtjuristischen, bloss das sittliche Leben der Zeit beurkundenden Zeugnissen des Mittelalters.

Dass bei dieser Lage der Dinge eine Disposition, die ein begüterter Freier über seine Liegenschaften vornahm, weit unbeschränkter sein konnte, als bei uns, liegt in der Natur der Sache.

Fast nirgends war es eine abstrakte Regel, die seine Verfügungsgewalt formell begränzte: während bei uns jedes Rechtsgeschäft in einem schon bestehenden Rechtsinstitute seine formellen und materiellen Bedingungen findet, so konnte man im Mittelalter mit voller Freiheit Stoffe und Beziehungen des öffentlichen und Privatlebens herausgreifen, und ihnen durch Einkleidung in eine Urkunde die rechtliche Gestalt und Sicherung geben. Wie wenig wiegen gegenüber dieser Freiheit die spärlichen Beschränkungen, wie z. B. das Einspruchsrecht der Blutsfreunde und die Formvorschriften für die gerichtliche Auflassung!

Diese Betrachtung ist noch lange nicht in dem Masse gewürdigt worden, als sie in Wahrheit es verdient. In einem zweifachen Sinne ist sie für die Beurtheilung des deutschen Privatrechts von Bedeutung. Auf der einen Seite führt sie zu der richtigen Erkenntniss der *Bildungsformen* unseres einheimischen Rechts, indem in dieser Form des Rechtslebens die wirkliche Rechtsproduction des Mittelalters auftritt *). Auf der andern Seite gibt sie zugleich bisweilen den allein richtigen Massstab zur Beurtheilung der Rechtsstoffe selbst. In jener Freiheit und Ursprünglichkeit der Festsetzung rechtlicher Zustände lag nämlich die Möglichkeit, dass nicht bloss der eigentlich juristische, sondern auch der nur dem sittlichen Leben angehörende Thatbestand in die Beurkundung aufge-

*) Ich habe schon in der zweiten Vorrede meines deutschen Privatrechts auf diesen Punkt hingewiesen, der mir zur Charakteristik des gegensätzlichen Verhältnisses zwischen deutschem und römischem Rechte weit ergiebiger erscheint, als der Sittlichkeitsmassstab, den ein neuerer Schriftsteller mit subjektiver Willkür an beide Gebiete anlegt. Die Wichtigkeit jener Beobachtung leuchtet ein, sobald man sich die Bedeutung der entgegengesetzten Bildungsformen des römischen Rechts klar macht, ich meine vor allem das abstrakte Moment, das in der Gewohnheit liegt, jede Fortbildung des Rechtsstoffs sich nur in der Gestalt einer Entwicklung der Klagformel zu denken, also die ganze Fortbildung des Rechts an dem abstrakten Prozess zur Erscheinung kommen zu lassen.

nommen wurde, der dem Laien nicht selten geradezu als das Bedeutendere erscheint. Unsere Aufgabe besteht nun darin, die wirkliche Rechtsproduction in Urkundenform von der unjuristischen Zuthat zu sondern; die Vernachlässigung dieses Gesichtspunkts ist häufig der Grund gewesen, dass dem deutschen Rechte mit Unrecht die Erzeugung monströser Rechtsbildungen beigemessen werden konnte*).

Die so eben geschilderte Eigenthümlichkeit des mittelalterlichen Rechtslebens blieb ziemlich unverändert bestehen bis zur Aufnahme des römischen Rechts. Zwar findet sich in den Rechtsbüchern schon der Anfang einer Fixirung des flüssigen Elements zu bestimmten Regeln, Rechtssätzen und (wenn man diess bei einer so ursprünglichen Rechtsaufzeichnung sagen darf) zu Rechtsinstituten, aber es war immer nur ein Anfang, neben dem jene fast unbeschränkte Freiheit der Disposition fortdauerte**). Der allodiale Grundeigenthümer verfügte durch Vergabungen, Theilungen, Schenkungen über seine Güter, und befriedigte jedes, auch das individuellste Interesse durch entsprechende Formulirung des urkundlichen Rechtsgeschäfts; es findet da kein Unterschied statt zwischen Adel und Nichtadel im Sinne dieser Zeit. *Von einer besonderen Autonomie des Adels kann also für diese Periode keine Rede sein.*

Wo ist nun der Begriff der Autonomie des Adels zu finden? Der Gang der ferneren Entwicklung ist nach meiner Ansicht folgender.

Je weiter die Rechtsbildung fortschreitet, desto mehr tritt das Recht aus der Sitte und ihrer freien Uebung heraus, um diejenige Selbstständigkeit und Form anzunehmen, welche für

*) Vergl. mein deutsches Privatrecht §. 77, Note 19.

**) Eine Freiheit, die ihre Schranke nicht in einem bestehenden Rechtsinstitute und seinen Consequenzen, sondern in dem Zwecke, dem sittlichen Geist und den socialen Zuständen der Zeit findet, ist weit entfernt von jener Art Freiheit, welche oft als Ausgangspunkt der Autonomie aufgeführt, und von *Wilda* a. a. O. mit Recht verworfen wird.

jedes Recht das nothwendige Ziel ist — die Form des objektiven Rechtssatzes. So sehen wir, wie schon bemerkt wurde, auch in Deutschland in den Rechtsbüchern (namentlich in den späteren mehr theoretisirenden und in den städtischen Statuten) den Anfang jener Thätigkeit, welche aus der in der freien Gestaltung der Lebensverhältnisse aufgehenden rechtlichen Substanz das feste und objektive Moment zu gewinnen sucht*). Als aber zuletzt das römische Recht aufgenommen wurde, so sah man sich mit einem Male in den Besitz einer solchen Summe bereits abgeklärter und fertiger Rechtsregeln gesetzt, dass dadurch der grösste Theil des Rechtslebens gedeckt wurde; diess führte von selbst zu einer Beseitigung jener alten Form der Rechtsbildung und gab dem rechtlichen Verkehr einen völlig verschiedenen Charakter. Für jedes denkbare Rechtsgeschäft war nun bereits die Regel ausgesprochen, nach der sein Inhalt beurtheilt werden konnte; das juristisch Wichtigste war jetzt nicht mehr, wie vordem, die *Form*, die *Urkunde*, sondern der *Inhalt* selbst war nun ein juristischer geworden, indem er jetzt als der Ausdruck eines nach allen Richtungen bereits festgestellten Rechtsinstituts angesehen wurde, das ihm von vornherein eine sichernde Stätte gewährte.

Wenn so durch diese Veränderung im Laufe des vierzehnten und fünfzehnten Jahrhunderts jene oben geschilderte Freiheit des Handelns aus dem allgemeinen Rechtsleben verschwinden musste, so gab es doch einzelne engere Kreise und Rechtsgebiete, welche von den Einflüssen der nunmehrigen Formulirung des Rechts unberührt blieben, vor Allem der Adel.

Das mittelalterliche Landrecht, welches im Sachsenspiegel beschrieben ist, war in der That ein allgemeines Recht. Es setzt zwar überall die Verhältnisse des schöffenbaren Grundeigenthümers voraus und berücksichtigt die Lage der andern

*) Der sprechendste Beleg für den oben angedeuteten Bildungsgang ist das *Lehnrecht,* welches zugleich am frühesten eine Formulirung als objektives Recht erfahren hat.

Stände mehr nur nebenbei; aber es erschöpfte auch jene Klasse fast ganz die damals allein berechtigte Gesellschaft. Einen Theil derselben nun bildete der eigentliche deutsche Adel (Herrenstand), dessen privatrechtliche Verhältnisse und Interessen von denen der gewöhnlichen Ritterbürtigen keineswegs so principiell verschieden waren, dass aus der Formulirung des Rechts im Sachsenspiegel für ihn ein Gegensatz hätte erwachsen können. Ganz anders wurde dies, als jener Formulirungsprozess (namentlich in den städtischen Rechtsbüchern) ein Object ergriff, das fast ebensosehr von allem Zusammenhang mit nationaler und socialer Individualität entfernt war als der Inhalt des römischen Rechts. Gegenüber diesem nun entwickelten Rechte des Bürgerstandes trat das Recht des Adels, und zwar sowohl des alten Herrenstandes als der Ritterbürtigen, in einen entschiedenen Gegensatz. Es würde unrichtig sein, diese Opposition im Adelsrechte und dem neu formulirten allgemeinen Rechte etwa so zu bezeichnen, dass jenes als ein historisches Residuum, dieses dagegen als das fortschreitende und durch das römische Recht mit seiner universellen Natur fortgebildete Recht des Lebens zu betrachten sei. Vielmehr war der Adel in jener Zeit ein in hohem Grade lebensvoller Stand, der im vierzehnten und fünfzehnten Jahrhunderte eine ausserordentlich bedeutsame Entwicklung auf Grund eigener Bildungstriebe erfahren hat, wie sie sich denn auch wirklich in einem modernen Adelsrechte darstellt, welches von dem älteren Ritterrechte des Sachsenspiegels vielfach verschieden ist.*)

Jener Gegensatz soll nun aber genauer bestimmt werden.

---

*) Beispiele: Entstehung des sogenannten adeligen Stammguts — consequenter Ausschluss der Frauen von der Succession in die Stammgüter — ausgedehntere Unveräusserlichkeit derselben — allmähliche Einführung von Individualsuccessionen gegenüber dem alten deutschen Theilbarkeitsprincip — Gesammtformulirung aller dieser Momente in dem neuen Institute des Familienfideikommisses mit dem Princip der Erhaltung des Namens und Glanzes der Familie.

Die Objektivirung des Rechts, oder m. a. W. die Formulirung desselben zu allgemeinen Rechtssätzen, die wir als eine schon in den mittelalterlichen Rechtsaufzeichnungen sichtbare, aber erst mit der Aufnahme des römischen Rechts vollendete Thatsache in der deutschen Rechtsgeschichte betrachten, bezog sich lediglich auf die Institute, deren Voraussetzung die allgemein menschlichen Verhältnisse sind. Die Rechtsverhältnisse des Adels wurden von diesem Bildungsprozesse nicht ergriffen und blieben deshalb als ungleichartige Masse von der Theilnahme an dem neu gebildeten Systeme objektiver Rechtsprincipien ausgeschlossen. Das Recht des Adels erhielt keine Formulirung zur objektiven Rechtsnorm, und die Rechtsgeschäfte desselben, in welchen er namentlich den von mir als neueres Adelsrecht bezeichneten Rechtsstoff niederlegte (S. 44, N.), behielten ganz und gar den Charakter jener Freiheit der Disposition, welche ich oben als die Eigenthümlichkeit der älteren Bildungsform des Rechtes hervorgehoben habe.

Es kommt nun vor Allem darauf an, zu bestimmen, welche Stellung gegenüber dieser Erscheinung die neuere Rechtswissenschaft einnahm. Sobald das Recht eines Volks bis zum Objektivirungsprozesse gelangt ist, bildet sich im Bewusstsein der Rechtskundigen ein *System*, d. h. ein Ganzes von ineinander greifenden und sich gegenseitig bestimmenden Sätzen. Ein solches System übt eine eigenthümliche Gewalt auf das Recht aus und ist stets bemüht, die Gegenstände seines Gebiets der Fügung seiner logischen Gewalt zu beugen; wo diess als unmöglich erscheint, tritt es in eine feindselige Opposition, oder lässt sich höchstens zur Anerkennung einer Abnormität und eines Ausnahmezustandes herbei. Wir wollen nun nachweisen, wie sich diess in unserem Fall bestätigt.

Zunächst kam es wohl vor, dass man sich über die nach dem damaligen Stande der Wissenschaft unsystematische Natur des Adelsrechts täuschte, und für seine Formulirung wirkliche Anknüpfungspunkte in dem Systeme jener Zeit zu besitzen vermeinte. Wenn es galt, Dispositionen zu schützen, durch welche ein Gut für unveräusserlich erklärt und zur Erhaltung des Namens und Glanzes der Familie ausschliesslich dem Mannsstamm gesichert werden sollte, so übersah man den materiellen Inhalt solcher Verfügungen und hielt sich lediglich an die Form, die man durch irgend eine unpassende Analogisirung römischer Rechtssätze zu halten suchte; da mussten die Privilegien der Soldaten *), die Verzichte, die Substitutionen, oder endlich die mechanischen Kräfte geschworener Eide und kaiserlicher Privilegien, Alles in der Form künstlicher Cautelarcomposition, zur Erreichung des Zwecks mitwirken. Allein allmählich gab man diese Versuche einer Construction des Adelsrechts mit den Mitteln des römischen Systems auf, und es errang sich dafür *eine* Ansicht allgemeine Anerkennung, welche die eigentliche Grundlage der Autonomie geworden ist. Der Erfolg derselben war, dass man das Adelsrecht ganz und gar aus dem formulirten Rechte hinauswies und es einem eigenen, alle Schwierigkeit einer juristischen Construction beseitigenden Principe unterstellte.

Man kam nämlich auf den Gedanken, die Rechtsgeschäfte des Adels, durch welche er in einer von dem regelmässigen Rechte abweichenden Art über seine Güter zur Erhaltung des Namens und Glanzes der Familie disponirte, nicht sowohl für *Rechtsgeschäfte*, also Anwendungen schon bestehender Rechtsinstitute, sondern für *Akte einer gesetzgebenden Gewalt* zu erklären. In der That fehlte es diesem Gedanken nicht an einer scheinbaren Unterstützung. Die Mehrzahl jener Verfügungen des Adels hatte die Eigenthümlichkeit, dass ihre Wirksamkeit in keiner bestimmbaren Zeit- und Personengränze erschöpft war, sondern vielmehr eine unbestimmte Zahl zukünftiger Subjekte verpflichten sollte — eine Eigenthümlichkeit, die ihnen bei äusserlicher Betrachtung den Schein einer Gesetzes-

*) *Gail. observ. pract. II,* 127.

wirksamkeit verschaffen konnte. Dazu kam aber noch der besondere Umstand, dass die Personen, von denen solche gesetzähnliche Dispositionen ausgingen, sich zufällig grösstentheils im Besitze einer wirklichen gesetzgebenden Gewalt befanden. So lag es nahe, auch diese Verfügungen nicht sowohl als Rechtsgeschäfte, denn als legislative Akte zu betrachten, eine Ansicht, die durch die Form der adeligen Hausverträge praktisch vielfach unterstützt wurde.

Zum Belege dafür genügt wohl die Hinweisung auf einen Schriftsteller, der in dieser Lehre der erfolgreichste und massgebendste genannt werden muss, nämlich *Betsius**). Das *condere statuta* stellt er als eine Art der Gesetzgebung hin, welche denen zukomme, welchen die *jurisdictio* gebühre. „*Nec obstat*", sagt er im ersten Kapitel, „*quod haec statuta (sicuti et consuetudines) conventiones interdum in jure appellentur et a consensu originem ducere dicantur — quia illud non sic accipiendum est, ac si in mera conventionum natura consisterent, sed quia jurisdictio et potestas condendarum legum ab universitatibus, collegiis et familiis in statutis condendis, collective sine conventione et consensu eorum, qui sub hujusmodi collectivis nominibus comprehenduntur, nullo modo exerceri possit.*" Zu den Berechtigten werden gezählt: *principes, comites, barones, civitates, status imperii omnes et nobiles immediate imperio subjecti* und zwar *pro modo et ratione jurisdictionis eis competentis.*

Für unsere Untersuchung ist es nun von keinem weiteren Interesse, die vielen Wiederholungen dieser Ansicht in der späteren Literatur und die damit zusammenhängenden Controversen an diesem Orte anzuführen (z. B. ob eine kaiserliche Bestätigung nothwendig sei oder nicht). Für den Gang dieser Darstellung

*) *Betsius, tractatus de statutis, consuetudinibus et pactis successionis familiarum illustrium et nobilium. Frankf.* 1661. *Cap.* 1 *et* 2. Am ausführlichsten ist diese Lehre vertheidigt in der (angeblich von Bodmann herrührenden) Schrift von *Hersemeyer, diss. de pactis gentilitiis familiarum illustrium atque nobilium germaniae. Moguntiae* 1788.

genügt die Nachweisung, dass man das System des objektiven Rechts mit dem gemeinen römischen Rechte abschloss, und die damit im Widerspruch stehenden Rechtsgeschäfte des hohen Adels in eine isolirte Ausnahmsstellung verwies, welche in der Annahme einer Gesetzgebungsbefugniss ihre Rechtfertigung erhielt. Im vorigen Jahrhunderte wurde dafür auch der Name *Autonomie* gebräuchlich, ohne dass dieser gerade die Natur eines technischen gehabt hätte. Da die damalige Jurisprudenz noch keine Ahnung von der Theorie der Rechtserzeugung hatte, welche heutzutage als die richtige erkannt wird, da man z. B. die *praescriptio* als eine analoge Rechtsquelle neben die *consuetudo* stellte, so konnte auch jene Ansicht nicht in dem Masse als Anomalie erscheinen, als diess heutzutage nothwendig der Fall sein muss.

Eine Veränderung erlitt diess Verhältniss zunächst mit der Entstehung einer selbstständigen Behandlung des deutschen Privatrechts. So unvollkommen diese auch anfangs war, so hatte sie doch das Verdienst, den bisher fast nur auf das römische Recht (und den ihm verwandten Rechtsstoff) beschränkten Formulirungsprocess auch einem anderen Gebiete des Privatrechts zuzuwenden. Eine Menge von Rechtsinstituten, die bisher als unorganische Anhängsel des römischen Rechtssystems gegolten hatten, erhielten nunmehr eine bestimmte juristische Heimath. Auch die eigenthümlichen Rechtsinstitute, namentlich die Successionsrechte des Adels waren in dieses neue System eingeschlossen, und schon *Ludolf* *) will sie interpretirt wissen *ad normam juris communis, non quidem Romani, sed patrii, quo familiae illustres utuntur.* Vor allem aber führte *Pütter* **)

*) *Ludolf de jure feminar. illustr. p.* 2, *cap.* 1. §. 18 (citirt bei Putter in der Note 13 genannter Schrift). Denselben Gedanken hatte schon J. H. Böhmer wiederholt ausgesprochen.

**) Pütter, Beiträge zum deutschen Staats- und Fürstenrecht, II. S. 110 ff. und dessen Erörterungen und Beispiele des deutschen Staats- und Fürstenrechts I, S. 133 ff.

mit Energie und Consequenz den Gedanken durch, dass die Rechtsverhältnisse des hohen Adels durch ein ebenso wirksames Rechtssystem geschützt seien, als die unter der Entscheidung des römischen Rechts stehenden Rechtsverhältnisse, nämlich das System des ebenso berechtigten deutschen Rechts (resp. eines Theiles davon: des sogenannten deutschen Privatfürstenrechts). Hierbei ist es eine blosse Nebensache, dass sich Pütter insofern in einem Irrthum befand, als er die Eigenthümlichkeit des Adelsrechts schon im ältesten deutschen Rechte erkennen wollte, während sie vielmehr in einer neueren aber darum nicht minder berechtigten vaterländischen Rechtserzeugung wurzelten.

Wenn ich nun das Resultat dieser Erörterung mit einem Male aussprechen soll, so kann diess nicht anders als in folgender Weise geschehen. Die Rechte des deutschen Adels waren, weil sie nicht in das System des allgemeinen Rechtes passten, bis in das vorige Jahrhundert ohne Formulirung zum objectiven Rechte geblieben; sie hatten daher noch immer den Charakter jener freien Geschäfte des älteren deutschen Rechtslebens, deren formelle Sanction die neuere Jurisprudenz in ihrer Auffassung als gesetzgeberischer Akte fand. Als nun aber von *Pütter* u. A. der Anfang gemacht wurde, in verspäteter Fortsetzung jenes Formulirungsprozesses auch für diese Rechtsgeschäfte ein objectives Recht zu gründen — ein Unternehmen, dem im vorigen Jahrhunderte noch die grosse Schwierigkeit entgegenstand, dass der hohe Adel überall zugleich wirklicher Gesetzgeber war — so hätte consequent der Begriff einer besonderen *Autonomie* verschwinden, und die Hausverträge und Familienverfügungen des hohen Adels zu der Bedeutung gewöhnlicher *Rechtsgeschäfte* herabsteigen müssen. Dass diess aber nicht geschah, dass man vielmehr angesichts des heutigen Standpunkts des deutschen Privatrechts dem Begriffe der Autonomie sogar eine neue selbstständige Stellung anweisen konnte, erklärt sich lediglich aus einem Verkennen jenes eigenthümlichen Ganges der formalen Entwicklung unseres einheimischen Rechtes *). — —

Es soll nun nach dieser Ausführung im Folgenden erwiesen werden, dass die Idee der Autonomie als einer *Selbstgesetzgebung*, selbst abgesehen von ihrer Grundlosigkeit nach der bisherigen Darstellung, auch im heutigen Rechte durchaus unhaltbar ist. Vor allem muss jedoch bemerkt werden, dass diese Erörterung auf die sogenannten Hausgesetze der deutschen *Souveraine* keine Beziehung hat; diess sind theilweise wirkliche Gesetze, und betreffen sogar Gegenstände, welche einen wesentlichen Theil der Staatsverfassung ausmachen. Es handelt sich im Folgenden nur von den neuen Familienstatuten des mediatisirten hohen Adels und der ehemaligen Reichsritterschaft.

Die Dispositionen, um deren Erklärung es sich hier handelt, beziehen sich hauptsächlich auf das Grundeigenthum als Familien- und Stammgut. Die Idee des Adels: Erhaltung bewusster Familienindividualität in der Geschichte, bedarf nothwendig einer realen Grundlage, ja ich möchte sagen: einer heimathlichen Stätte. Das Familiengut in seiner Unwandelbarkeit gibt jenem innerlichen und rein geistigen Principe die unentbehrliche Verkörperung; in ihm erhält sich für die kommenden Geschlechter trotz aller Wechselfälle der Zeit das Bewusstsein der Einheit, und das Verhältniss der Familie zum Gute ist wohl zu vergleichen der Verbindung des immer wechselnden und sich immer erneuernden Laubs mit dem Stamme. Die Familie wird hierbei als eine Einheit, ein ideales Ganze gedacht, und da die Glieder der Familie, gegenwärtige wie künftige, nur als die Träger dieser Einheit in Anrechnung kommen, also schon jetzt nach einer wesentlichen Seite ihrer Persönlichkeit hin bestimmt sind, so wird es möglich, sie sich jetzt schon als wirkend und gegenwärtig zu denken. Wie sehr

*) Sehr abweichend von der gegebenen Darstellung ist die Auffassung dieser Verhältnisse bei *Beseler*, Erbvert. Bd. II, Abtheil. 2, §.15—17.

auch dieser Gedanke ein rechtlich bedeutsamer genannt werden muss (auf ihm beruht z. B. das successive Erbrecht), so wird man sich dennoch hüten müssen, jene Einheit der Familie für etwas Anderes als ein *sittliches* und *sociales* Moment zu halten, und gewiss befinden sich diejenigen in einem erheblichen Irrthume, welche sie ohne Weiteres den für die Construction *juristischer* Einheiten geschaffenen Rechtsformen (Corporation, Gesellschaft) unterstellen *).

Welche Rechtsgeschäfte gebraucht nun der Adel, um diesen eigenthümlichen Standesinteressen Genüge zu leisten? Es sind folgende:

1) Der adelige Eigenthümer eines veräusserlichen Allodialguts, das bisher nach gemeinrechtlicher Erbfolge vererbt wurde, verwandelt diess in ein *Familienfideikommiss*, so dass von jetzt an nur der Mannsstamm, und zwar nur immer ein einziges Glied der Familie (Primogenitur, Majorat u. s. w.) nachfolge; oder er verwandelt mit Zustimmung der bisherigen Berechtigten die bereits bestehende Individualsuccessionsordnung in eine andere. An diesen Thatbestand kann nun eine ganze Reihe weiterer Bestimmungen angeknüpft werden: der Stifter kann für alle künftigen Nachfolger bindend bestimmen, welche Schulden ihrer Vorfahren sie als Fideikommisssuccessoren übernehmen müssen, welche Verpflichtungen sie haben gegen nachgeborene Brüder, gegen Schwestern, Wittwen u. s. w.; ebenso können Bedingungen der Successionsfähigkeit festgesetzt werden, z. B. Geburt aus ebenbürtiger Ehe, Bekenntniss einer bestimmten Religion. Endlich kann auch für Streitigkeiten, welche das Fideikommiss und die damit zusammenhängenden Rechtsverhältnisse betreffen, ein besonderes Verfahren vorgeschrieben werden, dem sich die Interessenten pflichtmässig zu unterwerfen haben **).

*) S. mein deutsches Privatrecht §. 222, Note 1.

**) Es mag hier nur nebenbei bemerkt werden, dass diese und ähnliche Dispositionen nicht nothwendig den Charakter von *Verträgen* (daher in

2) Eine solche Verfügung kann auch möglicherweise eine beschränktere sein und nicht den vollen Inhalt des Familienfideikommisses erschöpfen wollen, z. B., wenn sie nur denjenigen juristischen Thatbestand herbeizuführen bestimmt ist, den wir heutzutage mit dem Namen des *Stammguts* im engeren Sinne des Wortes bezeichnen.

3) Eine Familie des hohen Adels kann endlich eine *Erbverbrüderung* eingehen.

Betrachten wir diese Gruppe von Verfügungen näher — in der That sind es die charakteristischen Dispositionen des sogenannten Adelsrechts — so ergibt sich unzweifelhaft, dass sie nicht die Natur von rechtserzeugenden Akten, sondern lediglich die von Rechtsgeschäften haben. Durch keine derselben wird ein *Rechtssatz* hervorgebracht, sondern immer nur ein *Rechtsverhältniss*, für welches die heutige Theorie des deutschen Privatrechts auch schon das entsprechende *Rechtsinstitut* kennt. Während man Jahrhunderte hindurch bei jeder einzelnen Errichtung eines Familienfideikommisses die trübselige Kunst ausübte, mit absurden Mitteln eine Rechtfertigung für die Bestimmung der Unveräusserlichkeit, des Ausschlusses der Frauen, der Primogenitur u. s. w. zu finden, so hat sich die heutige Rechtswissenschaft dazu emporgeschwungen, das Institut, durch welches dem Namen und Glanz der Familie eine reale Grundlage erhalten werden soll, als Ganzes anzuerkennen und zu sagen: es ist erlaubt in einer für die Zukunft bindenden Weise so zu verfügen. Ebenso gestattet es eine Disposition, welche den Inhalt des Instituts, das den Namen *Stammgut* führt, im einzelnen Falle verwirklicht; auch ist es

---

der Regel: *pacta gentilicia*) zu haben brauchen, von denen man gewöhnlich spricht. Das Vertragselement ist hier ganz gleichgültig; wenn es sich nicht zufällig um die Veränderung schon bestehender Rechte der Agnaten oder sonst betheiligter Personen handelt, so bedarf es keinen Vertrag, sondern es genügt eine einseitige Disposition; freilich ist jenes bei älteren Adelsfamilien jetzt in der Regel der Fall.

heutzutage nicht mehr nothwendig, nach Gründen zur Rechtfertigung einer Erbverbrüderung zu suchen, da die Schwierigkeit in der Construction der Berechtigung eines individuell noch gar nicht bestimmbaren Subjects (s. mein deutsches Pr.-R. §. 263) gegenwärtig dadurch gehoben ist, dass unser heutiges Rechtssystem das *Institut* der Erbverbrüderung und mit ihm die Möglichkeit einer solchen Verfügung anerkennt. Dieser Standpunkt unserer Wissenschaft wird immer entschiedener und reiner hervortreten, je mehr ihre Bearbeiter sich bestreben, die angeführten Rechtsinstitute als lebendige und organische Grössen und nicht als todte historische Körper zu betrachten.

Die schon oben hervorgehobene Eigenthümlichkeit dieser Dispositionen, welche ihnen den Schein gesetzlicher Normen gibt, dass sie nämlich eine Menge von noch ganz unbestimmbaren Subjecten zukünftig binden sollen, kann an ihrem Charakter als Rechtsgeschäfte Nichts ändern. Ist doch schon das Testament eine derartige, obschon beschränkter wirkende Verfügung, in deren Zulassung wenigstens principiell das römische Recht die juristische Möglichkeit der Fortwirkung eines Einzelwillens über den Tod hinaus anerkennt. Was nun das römische Recht nicht anerkannt und bloss als „*nudum praeceptum*" des Testators angesehen haben würde *), das lässt das deutsche Recht zu: *es erweitert die Möglichkeit, Willensakte mit bindender Kraft für die Zukunft vorzunehmen, insofern dadurch die erst der neueren germanischen Welt mit dieser Energie bekannte Neigung zur Erhaltung der Familienindividualität in der Geschichte eine Befriedigung empfangen soll.*

Wenn es schon nach dem Gesagten wohl nicht füglich bezweifelt werden kann, dass die in den angeführten Rechtsgeschäften kund gegebene Verfügungsgewalt des Adels (die übrigens zum Theil auch dem Bürgerstande zukommt) nicht als eine gesetzgeberische betrachtet werden kann, so lässt sich

*) *Fein*, in der Fortsetz. v. Glücks Pandekten B. 44, S. 3.

die Unzulässigkeit dieses Begriffs der Adelsautonomie auch noch in anderer Art erweisen. Wäre diese Annahme richtig, so müssten wir jede derartige Disposition als etwas individuell Selbstständiges ansehen, als eine willkürliche Schöpfung, die lediglich auf dem Belieben ihres gesetzgeberischen Urhebers beruht und nicht auf eine schon bestehende allgemeine Regel zurückgeführt werden kann. Wo ist nun die Gränze für die Wirksamkeit eines solchen gesetzgeberischen Willens? Denn eine wirklich legislative Kraft hat die Möglichkeit auch der willkürlichsten Gestaltung des Rechtsstoffs. Und doch lässt es sich schwerlich denken, dass es ein Gerichtshof anerkennen würde, wenn heute ein Mitglied des hohen Adels für die Zukunft die Geltung des Notherbenrechts*) in seiner Familie ausschliessen, wenn er seinen Nachkommen ganz allgemein und für alle Zeiten ein abweichendes Allodialerbrecht vorschreiben, wenn er innerhalb der Rechte seiner Familienglieder für immer jede Verjährung aufheben, wenn er den Volljährigkeitstermin für letztere willkürlich auf das achtzehnte Jahr

---

*) Ich meine in Bezug auf alles künftige Allodialvermögen; denn dass gegenüber einer schon bestehenden Fideikommissberechtigung kein Notherbenanspruch geltend gemacht werden kann, versteht sich von selbst. — Im Zusammenhange hiermit steht die andere Frage, ob der *Adel* bei erstmaliger Begründung eines Familienfideikommisses, oder bei Einführung einer Primogeniturordnung an die Berücksichtigung des Notherbenrechts gebunden ist? Es kann sein, dass das Landesgesetz (z. B. die merkwürdige Preuss. Verordnung v. 21. Januar 1837, abgedr. bei Beseler, Erbvertr. II, 2, S. 59) oder ein Gewohnheitsrecht den singulären Rechtssatz enthält, dass der Adel sich in dem angeführten Falle darüber hinwegsetzen dürfe; damit ist demselben freilich noch entfernt keine gesetzgebende Gewalt verliehen, sondern nur ein begünstigender singulärer Rechtssatz für ihn geschaffen. Wenn aber keine solche ausdrückliche Norm vorhanden ist, so würde ich keinen Anstand nehmen, die obige Frage zu *bejahen*. Anders mussten jedenfalls diese Fragen bei Streitigkeiten darüber in landesherrlichen Familien beurtheilt werden, wo als bedeutendes Moment das öffentliche Staatsinteresse ins Gewicht fiel. S. Moser, Familienstaatsrecht I, S. 476 ff.

feststellen *), oder allen Nachfolgern verbieten wollte, testamentarisch über die Vormundschaft zu bestimmen. Man sieht, das ist keine rechtserzeugende Kraft, die auf die Nachkommen nur denjenigen Einfluss zu äussern vermag, der in dem Begriffe eines jener oben hervorgehobenen Rechtsinstitute liegt. Noch weniger aber kann man, wie in der Regel mit Berufung auf eine Abhandlung von *Jaup* **) geschieht, der Autonomie des Adels die Kraft beilegen, dass sie auch Dritte verbinde; denn diese Wirkung auf Dritte ist keine andere, als diejenige, welche aus jedem nach der Norm eines bestimmten Rechtsinstituts perfekt gewordenen Rechtsverhältnisse hervorgeht, z. B. dass der Käufer eines widerrechtlich veräusserten Fideikommisses sich dessen Revocation gefallen lassen muss, dass der Hypothekargläubiger sich nur an die Früchte des Guts halten kann u. s. w. — und auch Jaup nimmt nur diess in Anspruch, indem er jedes sonstige Präjudiciren gegen die Rechte Dritter ausdrücklich zurückweist. — Mit einem Worte, alle Verfügungen des Adels über Güter- und Familienverhältnisse, welche auf eine unbegränzte Zukunft wirken sollen, haben einen rechtlichen Bestand nur unter der Voraussetzung, dass sie die Realisirung eines der oben genannten Institute enthalten, oder eine an diesen Thatbestand anschliessbare Modalität betreffen.

Das eben gewonnene Resultat wird nun auch durch die Quellen bestätigt, die überall nur von Rechtsgeschäften in dem ausgeführten Sinne reden. Die Königl. Bayr. Declaration vom

*) In neuester Zeit wird eine solche Befugniss des hohen Adels merkwürdiger Weise von verschiedenen Seiten als bestehend behauptet, im Widerspruch mit der Praxis der Particularstaaten und des deutschen Reichs, wie man sich sofort aus *Moser's* persönlichem Staatsrechte §. 27, *Häberlin's* deutsch. Staatsrechte III, S. 536 und *Pütter inst. jur. publ.* §. 458 überzeugen kann. Es beweisst hiergegen wohl Nichts, wenn hier und da eine einzelne Regierung derartige statutarische Verfügungen aus Mangel an sicheren Principien hat passiren lassen.

**) *Jaup de valore et efficacia pactorum seu statutor. familiar. illustr. et nobil. intuitu tertii. Giessae* 1802.

19. März 1807 bestimmt unter A 14: „ihre *Familienverträge* und eingeführten *Successionsordnungen* müssen Uns zur Bestätigung vorgelegt werden.“ Der Art. 14 der Bundes-Akte sichert den Mediatisirten nur die Befugniss zu: „*über ihre Güter und Familienverhältnisse verbindliche Verfügungen zu treffen.*“ In den Particulargesetzgebungen wird diese Bestimmung in der Regel wörtlich wiederholt, z. B. in der Königl. Preuss. Instruction vom 30. Mai 1820 (wegen Ausführung des Edikts vom 21. Juni 1815) §. 21, an welcher Stelle noch ausdrücklich hervorgehoben wird, dass jene Verfügungen den *Landesgesetzen* nicht entgegen sein dürfen, die bekanntlich in Preussen die Institute des Adelsstandes schon berücksichtigen (vergl. überhaupt die Stellen bei Heffter, Beitr. zum deutschen Staats- und Fürstenrecht S. 93 ff.) *). Wie wenig mit jenen Ausdrücken der B. A. eine rechtserzeugende Gewalt, sondern vielmehr nur die Befugniss zur Vornahme der dem Princip des Adels entsprechenden *Rechtsgeschäfte* gemeint sei, wird am besten aus einem Rückblick auf diejenigen Gewaltmassregeln der Rheinbundsfürsten erkannt, gegen welche der Artikel 14 hauptsächlich gerichtet war. Beispielshalber führe ich das Königl. Württembergische Gesetz vom 22. April 1808 an, nach welchem die im Württembergischen *Landrechte* enthaltenen Bestimmungen über Erbfolge auch für die einzigen Entscheidungsregeln in den Verhältnissen der Fürsten, Grafen und Herren erklärt und alle dagegen streitenden Familienverträge aufgehoben wurden; man wollte mit anderen Worten nur die Familienfideikommisse aufheben und ihre fernere Errichtung verbieten, wie diess auch die V. O. vom 26. April 1812 geradezu aussprach **).

---

*) Sollte auch hie und da das Wort „Familien- oder Hausgesetz“ gebraucht sein, so ist diess doch schwerlich mit bewusster Anerkennung des Begriffes „Gesetz“ im e. S. d. W. geschehen.

**) Es möge hier noch die Bemerkung Raum finden, dass auch das Bestätigungsrecht des Regenten, welches particularrechtlich besteht, an dem obigen Resultate Nichts ändert. Diess ist nicht aufzufassen als eine landes-

Schliesslich ist hier noch ein Begriff zu beleuchten, welcher in der Regel mit der Autonomie als einer Rechtserzeugung in Verbindung gebracht wird — die *Observanz*. Sie soll nach der regelmässigen Ansicht die sich in der Uebung offenbarende Autonomie sein, entsprechend dem Gewohnheitsrechte im System des allgemeinen Rechts. Man muss hier zweierlei unterscheiden. 1) Es kommt vor, dass für den Adel einer ganzen Provinz eigenthümliche ungeschriebene Rechte bestehen, z. B. Retrakt, Morgengabsverpflichtung, Dotalitium, überhaupt besondere eheliche Güterrechte u. s. w. Solche Observanzen fallen ganz unter den Begriff des Gewohnheitsrechts. 2) In manchen Familien gilt eine eigenthümliche Stammgutserbfolge, oder ein bestimmtes Princip der Apanagirung, ohne dass eine ausdrückliche Festsetzung nachgewiesen werden kann. Eine solche Observanz ist kein Rechtssatz, sondern ein Theil des gesammten Stammguts v e r h ä l t n i s s e s; denn nicht jedes Rechtsverhältniss hat seinen Ursprung in einem einzelnen ausdrücklichen Rechtsgeschäfte, seine Stiftung kann vielmehr auch auf dem in fortgesetzter Uebung stillschweigend offenbarten Willen der Vorfahren beruhen, und namentlich werden Rechtsverhältnisse, deren Dauer auf Jahrhunderte berechnet ist, solchen Einflüssen immer in hohem Grade ausgesetzt sein.

Die Autonomie des hohen Adels in Deutschland ist also keine rechtserzeugende Kraft. Würden durch Familienbeschlüsse heutzutage*) Bestimmungen getroffen, welche den

---

herrliche Rechtserzeugung, oder als Ertheilung eines Privilegiums, sondern es soll damit nur dem Bedürfniss nach dem grössten Masse der Oeffentlichkeit und einer besonders genauen Abwägung der bei solchen Rechtsgeschäften in Frage stehenden Interessen entsprochen werden.

*) Diess Resultat ist übrigens nur ein dogmatisches, für das *heutige* Recht geltendes, wobei von der Möglichkeit abgesehen wird, dass aus der früheren Stellung der Mediatisirten als Gesetzgebungsberechtigten wirkliche Rechtssätze in Bezug auf Familienverhältnisse in unsere Zeit hinübergetragen worden sind.

Charakter von *Rechtssätzen* hätten, so könnte ihnen zwar Pietät und ein kräftiges Familienbewusstsein durch Jahrhunderte hindurch Anerkennung und Nachachtung verschaffen, aber eine juristische Wirksamkeit hätten sie nicht.

II. Autonomie bei Gemeinden und anderen Corporationen.

Es ist allgemein bekannt, dass die Städte, reichsunmittelbare wie landsässige, vordem in Deutschland eine wirkliche gesetzgebende Gewalt ausübten; in einem geringeren Masse galt diess sogar von den Dorfgemeinden, insoweit hier nicht besondere Verhältnisse, wie z. B. der Gutsverband beschränkend einwirkten. Wie die grosse Menge städtischer Statuten beweist, bezog sich diese Gesetzgebung nicht bloss auf die Verfassung, sondern sie umfasste auch das gesammte Privat- und Criminalrecht. Es erklärt sich diese Erscheinung aus der eigenthümlichen politischen Entwickelung Deutschlands. Lange, bevor die Landeshoheit sich als wahre Staatsgewalt fühlte, hatte sich in den engeren Kreisen der städtischen Corporationen ein politisches Gemeinwesen gebildet. Je ausgebildeter dieses individuelle Gemeinleben war im Verhältniss zu den spärlichen Zeichen politischer Kraftentwickelung im Staate, um so näher lag es, dass ihm einstweilen in engerer Sphäre der Beruf des Gesammtstaats zufiel. In der Bestätigung der städtischen Statuten durch den Landesherrn war in der Regel die ganze Betheiligung des Staats an der Rechtserzeugung der Gemeinde ausgesprochen.

Ebenso ist bekannt, dass sich dieser Zustand seit dem sechzehnten Jahrhundert allmählich geändert hat. Mit der Erstarkung der Landeshoheit war von selbst die Richtung nach einer Unterwerfung dieser kleinen politischen Gewalten vorgezeichnet. Die gesetzgebende Gewalt des Staates duldete fortan keine andere neben sich*).

*) Ein reiches Material für diese Sätze findet sich in *Riccius* zuverlässigem Entwurf von Stadtgesetzen u. s. w., so wenig es auch von Riccius selbst verstanden wird.

Heutzutage ist darüber durchaus kein Zweifel, dass im modernen Staate keiner Stadt die Befugniss zusteht, für sich etwa ein eheliches Güter- oder Erbrecht, oder einen Criminalcodex zu schaffen. Ja nicht einmal an der Verfassung kann die Gemeinde einseitig ändern, weil die Organisation derselben jetzt überall als ein Theil jener Staatsangelegenheiten angesehen wird, deren Bestimmung allein der gesetzgebenden Gewalt des Staates zukommt. Sonach muss der Gemeinde heutzutage die Autonomie als rechtserzeugende Gewalt durchaus abgesprochen werden.

Zwar haben die neueren Gemeindeordnungen die Richtung, den Gemeinden eine möglichst grosse Freiheit der Selbstverwaltung zu gewähren. Insbesondere wird ihnen die Ausübung der Polizei übertragen und die Verwaltung ihres Vermögens von der Aufsicht der Staatsbehörden mehr und mehr befreit, und gerade *diese* Selbstständigkeit wird in der Regel mit dem Namen *Autonomie* bezeichnet. Allein weder die Thätigkeit des Magistrats als Polizeibehörde, in welcher er z. B. für Uebertretungen der Polizeiordnung Geldstrafen androht, noch die Thätigkeit desselben in der Verwaltung des Gemeindevermögens (Abschluss von Kauf- und Pachtverträgen, Lieferungs- und Bauakkorden, Beschlüsse über Allmendbenutzung und Allmendtheilungen, Aufnahme von Darlehen mit und ohne Verpfändung u. s. w.), und in der Anordnung sonstiger Gemeindeangelegenheiten (Aufnahme neuer Bürger, Organisation des Armenwesens, Umlegung von Gemeindesteuern), noch endlich die von der Corporation oder ihren einzelnen Gliedern geübten Wahlrechte — haben irgendwie den Charakter einer *Rechtserzeugung*. Man durchlaufe den ganzen Kreis der in den neueren Gemeindeordnungen gewährten Befugnisse; nirgends wird man der Gewalt begegnen, *Rechtssätze* hervorzubringen, sondern überall nur einer mehr oder weniger unabhängigen Befugniss zum Abschluss von *Rechtsgeschäften*, und einer bald mehr bald weniger selbstständigen Stellung des Magistrats als localen Administrativorgans des Staates. Gleichgültig ist natürlich dabei, ob die innerhalb der beschriebenen Sphäre erlassenen Anordnungen eine dauernde oder nur eine vorübergehende Geltung haben *).

Noch weniger aber kann die Rede sein von einer rechtserzeugenden Kraft der Privatcorporationen und Gesellschaften. Jede corporative Einigung bedarf einer Anordnung, durch welche das ihr verliehene Geschenk der Persönlichkeit realisirt wird. Diese Anordnung ist bald mehr bald weniger complicirt; bisweilen begründet sie eine sehr umfassende Organisation mit reicher Gliederung der verschiedenen Verwaltungszweige. Nun wird entweder gleich bei der Stiftung, oder durch spätere Beschlüsse der berechtigten Organe festgestellt, in welcher Art die Aemter besetzt werden sollen, durch welche die Corporation handelt, welches die Bedingungen der Mitgliedschaft, wie die Vertheilung der Vortheile und Lasten geschieht. Aehnliches gilt von Actiengesellschaften, Assekuranzvereinen, Casinos etc. Alle jene Verfügungen sind aber durchaus keine Akte der Rechtserzeugung, sondern lediglich Rechtsgeschäfte. Zwar haben auch sie die Eigenthümlichkeit, dass ihre Wirksamkeit nicht mit einem einzigen raschen Erfolge abgeschlossen ist, sondern sich auf eine unbestimmte Zukunft und auf eine unbestimmte Zahl von Subjecten, die immer von Neuem in das Rechtsverhältniss eintreten, ausdehnen soll; aber diess ändert an ihrer Bedeutung als Rechtsgeschäfte Nichts, da es sich hierbei nur um die Verwirklichung eines schon im Institute selbst enthaltenen Momentes handelt. Auch ändert hieran der Umstand Nichts, dass solche Verfügungen durch Majoritätsbeschlüsse gültig festgestellt werden können, denn auch diess liegt innerhalb der Möglichkeit vertragsmässiger Disposition, dass eine Gesammtheit von Personen die Majorität als Organ

*) Auch die in den Gemeindeordnungen unter Voraussetzung besonderer Regierungserlaubniss nachgelassene Befugniss zur Errichtung von Localstatuten enthält nur die Ermächtigung zur Vornahme von Vollziehungen des Gesetzes.

ihres Willens für eine bestimmt abgegränzte Sphäre im Voraus anerkennt *).

Es scheint, als wenn die entgegengesetzte Meinung bisweilen durch eine unrichtige Auffassung des Wortes „Statut" veranlasst worden wäre. Corporationen und Gesellschaften pflegen die Gesammtheit aller ihrer Rechtsverhältnisse in einer allgemeinen Urkunde aufzuzeichnen, welche ihr Statut genannt wird. Auf den ersten Anblick scheint ein solches eine gewisse Aehnlichkeit mit Gesetzen zu haben, da es ebenfalls in imperativischer Form abgefasst ist. Bei genauerer Betrachtung verschwindet aber dieser Schein, und die gesetzesähnliche Gesammturkunde stellt sich lediglich als eine systematische Composition einer Menge unter einander sehr verschiedenartiger juristischer Erklärungen über ein complicirtes Rechtsverhältniss heraus **). Ohne diese Analyse und bei einem blossen Beharren auf der oberflächlichen Betrachtung der imperativischen Form des Ganzen, kann man leicht dahin kommen, die Befugniss „Statuten zu machen" zu einem eigenen Begriffe zu erheben, die äussere Form mit dem Inhalt verwechselnd.

III. Autonomie bei Behörden.

Es versteht sich von selbst, dass, wenn von einer Autonomie öffentlicher Behörden die Rede ist, in keiner Weise damit die Thätigkeit derselben gemeint sein kann, nach welcher sie als Organe des Staats und mit ausdrücklicher Vollmacht hiezu ausgerüstet, Anordnungen treffen, durch welche die in ihrem Sprengel lebenden Personen gebunden werden, z. B. Verfügungen einer Regierungsbehörde zur Erzielung gewisser polizeilicher Zwecke. Ebensowenig kann es Autonomie der Gerichtsbehörden genannt werden, was man sonst mit dem

*) *S. Schmid* im Archiv für civil. Praxis Bd. 36, S. 147 ff.

**) Ein grosser Theil solcher Bestimmungen enthält z. B. nichts Anderes als die Vertragsbedingungen, unter welchen eine Gesellschaft die Eingehung bestimmter Rechtsgeschäfte anbietet.

Namen *Gerichtspraxis* bezeichnet. Denn hier handelt es sich bekanntlich entweder um ein wirkliches Gewohnheitsrecht, dem das Gericht in wiederholten Entscheidungen nur einen bestimmten Ausdruck gibt, oder um das Ergebniss jener Thätigkeit, in welcher das Gericht mit rationeller Untersuchung der Quellen eine zweifelhafte Rechtsfrage entscheidet und diese Entscheidung unter Vorbehalt besserer Ueberzeugung festhält (sogenanntes Juristenrecht, oder Recht der Wissenschaft). Diess sind die sogenannten *Präjudicien*, denen bisweilen (wie z. B. den Gemeinbescheiden des Reichskammergerichts im Reichsabschied von 1570, §. 77) eine noch weiter gehende, ausserordentliche Wirksamkeit beigelegt worden ist.

Wirklich versteht auch *Puchta* *) unter der Autonomie der Behörden nur den sogenannten *stylus curiae*, und beschränkt ihre Wirksamkeit auf die „Form der Verhandlungen und den Geschäftsgang". Offenbar kann es sich hier nur um ein Geschäftsregulativ handeln, welches die regelmässige äussere Ordnung der Thätigkeit einer Behörde feststellt, z. B. die Zahl der wöchentlichen Sitzungen, die Zeit ihres Beginns, die Vertheilung der Arbeiten, die Art des Vortrags, ob schriftlich oder mündlich; es kann ferner eine Behörde anordnen, wie sie es bei besonderen Feierlichkeiten, z. B. bei Begräbnissen von Mitgliedern des Collegiums, will gehalten wissen. Niemals aber wird sie sich einfallen lassen, durch Collegialbeschluss die Apellationssumme zu erhöhen, oder ein neues Präjudiz für die Versäumniss von Fristen aufzustellen.

Allein kann man wohl jene administrativen Anordnungen wirklich als Rechtssätze bezeichnen? Gewiss nicht! Vielmehr sind es Akte, die dem eigentlichen Rechtsgebiete überhaupt gar nicht angehören.

---

*) *Puchta*, Gewohnheitsrecht Bd. 2, S. 108, Note 150. — Gar nicht hierher gehört das sogenannte *jus curiae feudalis*, das freilich ebensowenig auf einer gesetzgebenden Gewalt beruht.

Das Resultat dieser Untersuchung ist demnach diess: dass der Begriff der Autonomie als einer besonderen *Rechtsquelle* nicht begründet ist.

Autonomie ist vielmehr nur ein Ausdruck für die grössere oder geringere Handlungs- und Dispositionsbefugniss gewisser Personen und Genossenschaften in Rücksicht auf den durch das bestehende Recht nachgelassenen Spielraum — ein Ausdruck, der zur Vermeidung von Unklarheiten und Missverständnissen in der Rechtssprache besser vermieden würde.

II.*)

Im Jahre 1854 habe ich im 37. Bande des Archivs für civilistische Praxis eine Abhandlung über Autonomie veröffentlicht. Der wesentliche Inhalt derselben besteht in dem Versuche des Nachweises, dass der Begriff der Autonomie als der gewissen Personen oder Körperschaften beigelegten Befugniss einer besonderen *Rechtserzeugung* für das *heutige* Recht unhaltbar sei.

Was zunächst die Bedeutung dieser Frage in Bezug auf die Dispositionen von *Behörden* und *Gemeinden* betrifft, so habe ich nichts Weiteres zu dem dort Ausgeführten hinzuzufügen. Es ist von mir anerkannt worden, dass die Gemeinden, insbesondere die Stadtgemeinden, früher eine wirkliche gesetzgebende Gewalt besassen. Dagegen wurde ausgeführt, dass sie diese heutzutage verloren haben, indem die den Organen der Gemeinden jetzt noch zustehenden Dispositionsrechte, welche man auch heute noch oft unter dem Namen der Autonomie zusammenfasst, nichts Anderes seien als entweder die Befugniss freier Vermögensverwaltung durch Vornahme aller hierbei nothwendigen Rechtsgeschäfte, oder das Recht zu obrigkeitlichen Verfügungen und Anordnungen, welche die Gemeindebehörden als locale Verwaltungsstellen auf der Grundlage der bestehenden Staatsverfassung vorzunehmen das Recht und die Pflicht haben. Der Charakter dieser Thätigkeit der Gemeindebehörden wird am deutlichsten erkannt durch die Gegenüberstellung der eigenthümlichen Rechte einer Stadt, welche,

*) Diese Abhandlung erschien zuerst in Gerber's und Jhering's Jahrbüchern III, S. 411 flg. im Jahre 1859.

obschon sie einem grösseren Staatsorganismus einverleibt ist, sich doch eine wirkliche Gesetzgebungsgewalt erhalten hat, ich meine die Stadt *Rostock*. Ich werde kaum auf einen Widerspruch stossen, wenn ich behaupte, dass die staatsrechtliche Stellung dieser Stadt im Vergleich der Schicksale der Stadtgemeinden in den übrigen deutschen Staaten im jetzigen Jahrhunderte als eine Anomalie zu betrachten sei.

Bezüglich sodann der sogenannten Autonomie der *Corporationen* und *Aktiengesellschaften* bleibe ich nach wie vor bei meiner Behauptung, dass ihre Statuten nichts Anderes als Dispositionen sind, welche bestehende Rechtsinstitute und Rechtssätze zur Anwendung bringen, nicht aber Verfügungen, welche selbst Rechtssätze erzeugen. Die Statuten solcher Gesellschaften erscheinen nur dem Auge des Laien als ein aus einem Gusse geschaffenes Ganze, als eine legislatorische Schöpfung; dem prüfenden Juristen stellt sich sofort die äussere Einheit als eine nur scheinbare und formelle dar, vor seinem Blicke löst sich das Ganze in eine Summe einzelner vertragsmässiger Bestimmungen von ganz verschiedenem Charakter auf*) Die abstrakte Form der einzelnen Positionen, deren praktischer Grund so nahe liegt, dass er kaum ausgesprochen zu werden braucht, kann über die wahre Natur derselben keinen Augenblick täuschen. Was hiergegen von *Hermann* in der Schrift: Der Rechtscharakter der Aktienvereine, Leipzig 1858, S. 61 flg. vorgebracht wird, widerlegt diess nicht im Mindesten. Ich behalte mir vor, diess in Bezug

*) Hierher gehören insbesondere auch die Transportreglements der Eisenbahngesellschaften. *Koch* (Deutschlands Eisenbahnen u. s. w. Marburg 1858. 2. Bd., S. 144) sagt darüber: „ist der Vertrag zwischen dem betreffenden Eisenbahnbeamten und dem Transportaten abgeschlossen, so sind die Bestimmungen des betreffenden öffentlich bekannt gemachten Reglements als die *Bedingungen* anzusehen, *unter welchen die Eisenbahnverwaltung zu contrahiren bereit war, und welche als stillschweigend unter den Parteien verabredet gelten müssen.*“

auf Aktiengesellschaften an einem anderen Orte zu erweisen. Schon hier mag indessen die Bemerkung Platz finden, dass jeder Schein dieser Auffassung verschwinden wird, wenn wir erst einmal ein allgemeines Gesetz über Aktiengesellschaften bekommen haben, indem dann die Sätze solcher Statuten, welche zur Zeit noch als anomale erscheinen und wegen Mangels einer unbestrittenen objektivrechtlichen Basis in den Statuten ausdrücklich ausgesprochen werden müssen, aufs Klarste als blosse Anwendungssätze bestehenden Rechtes hervortreten werden *).

Was mich zu den nachfolgenden ergänzenden Bemerkungen veranlasst, ist die sogenannte Autonomie des *hohen* und des ehemals *reichsunmittelbaren niederen Adels*. Die Summe meiner Betrachtungen war hier folgende.

Die eigenthümlichen socialen und politischen Verhältnisse des Adels haben in Deutschland die Entstehung einer Reihe von Rechtsinstituten veranlasst, in deren Anwendung die besonderen Interessen dieses Standes ihre Befriedigung finden — Stammgüter, Familienfideikommisse, Familienstiftungen, Primogenitur u. s. w. Die frühere Jurisprudenz befand sich in Bezug auf die Behandlung derselben in grosser Verlegenheit; in dem objektiv formulirten Rechte hatten dieselben keine Basis, und doch forderte das Leben die Anerkennung ihrer Berechtigung. Nach längerem Schwanken kam man nun auf den Ausweg, die Zulässigkeit jener Dispositionen durch Statuirung einer gesetzgebenden Gewalt des deutschen Reichsadels zu rechtfertigen. Ob und wie weit diese Annahme im 17. und 18. Jahrhunderte eine an sich zulässige war, kann hier dahin gestellt bleiben.

*) Dahin gehören insbesondere die Sätze: „in der Generalversammlung entscheidet die Majorität“, und: „Eide in Processen der Gesellschaft schwört der Direktor“ u. s. w. [Was im Jahre 1859 noch als blosse Erwartung ausgesprochen werden konnte, hat sich nun durch das D. Handels-Gesetzbuch II, 3 verwirklicht.]

Heutzutage aber stellt sich die Sache wesentlich anders. Die Jurisprudenz hat seit mehr als hundert Jahren die Arbeit übernommen und theilweise vollendet, den Formulirungsprocess des Rechts auch auf die damals in den Kreis des objektiven Rechts noch nicht aufgenommenen Institute des deutschen Rechts auszudehnen; jetzt sind auch das Familienfideikommiss, das Stammgut u. s. w. objektiv bestehende und anerkannte Rechtsinstitute. Nunmehr hat die Fortdauer jener Verlegenheitsaushülfe keinen Grund mehr und die Dispositionen des hohen Adels, seine sogenannten Hausgesetze, sind jetzt nichts mehr und nichts weniger als die Anwendung jener dem Adel eigenthümlichen Rechtsinstitute, deren fortdauernde Geltung für den ehemals unmittelbaren Reichsadel bundesgesetzlich garantirt ist. Dass diese Anschauung in der That auch schon der bisherigen Praxis in der Gesetzgebung vorgeschwebt hat, dafür lassen sich viele Belege beibringen. Freilich bedienen sich die Gesetze in der Regel solcher Ausdrücke, welche die grosse Unklarheit und Unsicherheit der Theorie wiederspiegeln. Es sei mir vergönnt, hier beispielsweise auf einige Artikel der Königl. Württembergischen Declaration vom 8. Dezember 1821 aufmerksam zu machen: „§. 13. Alle *Familieninstitute* der Ritterschaft, als Primogenitur, Majorate, Seniorate, Fideikommisse, Vererbungen in Stammgutsweise werden erhalten. — — §. 15. Macht ein Mitglied der Ritterschaft in Zukunft von dem Rechte der Autonomie Gebrauch, so wird zur Gültigkeit solcher neuen Familiengesetze und Stiftungen erfordert, dass sie der zuständigen richterlichen Stelle — — zur Cognition vorgelegt werden.“ Der Ausdruck „Autonomie“ und „Familiengesetze“ bezieht sich hier offenbar auf den allgemeinen Satz des §. 13, in welchem die Rechtsinstitute aufgezählt werden, in deren Anwendung die Autonomie bestehe.

Die Wahrheit dieser Auffassung ist nach meiner Ueberzeugung erwiesen, wenn es sich als richtig herausstellt, dass die Wissenschaft die angeführten Institute wirklich vollständig ergriffen hat. Es bleibt alsdann für die Befugniss einer sich in jedem einzelnen Falle wiederholenden Rechtserzeugung kein rechtfertigender Grund übrig. Einräumen muss ich freilich, dass diese Arbeit der Jurisprudenz, wie sie oben bezeichnet wurde, noch keineswegs vollständig abgeschlossen ist; aber die Aufgabe ihrer Thätigkeit ist offenbar klar gestellt.

Es möge mir erlaubt sein, die Bedeutung dieser Ausführungen für die Rechtswissenschaft und die Praxis mit ein paar Worten zu bezeichnen. Soll die Wissenschaft des deutschen Privatrechts gedeihen, so ist es nothwendig, dass die geschichtlichen Stoffe des deutschen Rechts geistig durchdrungen und zu selbstständigen begrifflichen Existenzen gefördert werden. Vor Allem ist es erforderlich, aus diesen Stoffen, soweit diess überhaupt thunlich, selbstständige Rechtsinstitute zu bilden, die, wie *Jhering* trefflich sagt, nicht blosse Conglomerate von einzelnen Rechtssätzen sind, sondern Existenzen, logische Individualitäten, juristische Wesen, an denen sich die bildnerische Kraft der Wissenschaft versucht, indem sie ihr eigenthümliches Leben erkennt und zur Entfaltung bringt. Die Auffassung, welche den gesammten Stoff des Adelsrechts nur in der Form anerkennt, wie sie durch das willkürliche Belieben der vielen angeblichen Gesetzgeber gestaltet wird, verzichtet darauf, der Wissenschaft selbst hierbei einen productiven Beruf beizulegen, und überlässt sich dem unklaren Flusse individueller Willkür. Von diesem Gesichtspunkte aus mag es gewürdigt werden, wenn *Maurer* meiner Ausführung den wenig bedachten Spott entgegensetzt, sie empfehle sich vom Standpunkte „der Bequemlichkeit“ aus; nein, im Gegentheil! die Bequemlichkeit liegt vielmehr auf der anderen Seite. Gewiss ist es bequemer, die Autonomie mit dem Worte abzuschliessen: „der hohe Adel kann innerhalb gewisser Schranken Gesetze machen“; damit ist Alles gethan, das Einzelne bedarf nun keiner besonderen Construction und Entwickelung, der Gesetzgeber hat es so gewollt, und folglich ist nun Alles Sache der Interpretation seines Willens. Gewiss ist diess bequemer, als der Versuch, Institute wie das Familienfideikommiss selbstständig zu construiren, die Grundregeln ihres inneren Baues und ihre Lebensbedingungen zu entwickeln. Mit der von mir vertheidigten Anschauung wird also der Wissenschaft eine bedeutende Aufgabe *gesichert*, welche ihr die entgegengesetzte Anschauung *entzieht*. — Für die *Praxis* aber gewährt unsere Ansicht den wichtigen Vortheil, dass sie allein bei der Beurtheilung solcher Hausgesetze einen festen und sicheren Boden bietet. Denn wer wollte es läugnen, dass eine klare und befriedigende Lösung praktischer Schwierigkeiten nur da möglich ist, wo bei der Beurtheilung solcher Dispositionen an die Regeln bestehender Rechtsinstitute angeknüpft werden kann, nicht aber dann, wenn man sich hierbei einer mass- und gestaltlosen Willkür preisgeben muss? Ob es aber auch bei der Beurtheilung eines einzelnen bestimmten Hausgesetzes bequemer ist, jeden einzelnen Paragraphen als ein „Gesetz" hinzunehmen, oder ihn der imperativen Form zu entkleiden und seine Rechtsbeständigkeit und Bedeutung nach den Normen des objektiven Rechts zu prüfen, das stelle ich der Entscheidung jedes Unbefangenen anheim.

Meine Ausführungen haben nun von verschiedenen Seiten Widerspruch erfahren. Zunächst von *Maurer* im zweiten Bande der kritischen Ueberschau der deutschen Gesetzgebung und Rechtswissenschaft. Hierauf besonders zu antworten, lag anfangs nicht in meinem Plane. Da indessen in jüngster Zeit meine Abhandlung unter Bezugnahme auf die Schrift von *Maurer* auch von Anderen mehrfach angegriffen worden ist (insbesondere von *Jolly* aus Veranlassung einer Beurtheilung des Giech'schen Hausgesetzes im sechsten Bande derselben Zeitschrift), so hielt ich es für meine Pflicht, mich über die gegen mich vorgebrachten Gründe auszusprechen.

Es ist in der That schwer, die *Maurer*'sche Schrift zu widerlegen. Nicht als ob die Deduction derselben durch das

Gewicht ihrer Gründe eine überzeugende Kraft ausübte, sondern deshalb, weil sie des strengen wissenschaftlichen Zusammenhangs entbehrt und in ihrem polemischen Theile nur ein Gewebe von Missverständnissen ist, verbunden mit einer Reihe von Mittheilungen und Betrachtungen, welche die Sache selbst nicht entscheiden können. Ich will einige der mir gemachten Vorwürfe näher beleuchten.

Ich hatte in meiner Abhandlung, wie auch schon früher an anderen Orten, die Bemerkung gemacht, dass das ältere deutsche Recht grossentheils noch in jenem Zustande der Entwickelung befangen sei, in welchem sich die Scheidung zwischen Recht und Sitte noch nicht vollzogen habe. Diese Bemerkung ist nun von *Maurer* in einer Weise missverstanden worden, welche kaum erwartet werden durfte; was er aber vielleicht in sich hätte finden können, nämlich „einen durchgreifenden Mangel an Klarheit", macht er unmuthig zum Vorwurfe einer nicht verstandenen Arbeit. Statt jeder weiteren Rechtfertigung verweise ich jetzt auf die Ausführungen *Jhering's* im 2. Bande des Geistes des römischen Rechts S. 24 flg., welche ich für den, der einen Commentar meiner Worte braucht, als solchen empfehle. — Einen weiteren Beleg für dieses Verhältniss Maurer's zu meiner Abhandlung giebt Folgendes. Ich hatte darin auf eine Eigenthümlichkeit des Entwickelungsprocesses des deutschen Rechts aufmerksam gemacht, welche ich die „Rechtsproduction in Urkundenform" genannt habe. Ein Kundiger, der jene Worte im Zusammenhange liest, kann sich über den wahren Sinn derselben kaum täuschen; ich kann ihn nicht kürzer bezeichnen, als wiederum mit den Worten *Jhering's* a. a. O. S. 314: „aus den Atomen der einzelnen concreten Rechtsgeschäfte, die sich im wesentlichen stets in derselben Form und mit demselben Inhalte wiederholten, bildete sich ein abstracter Niederschlag — der Begriff des bestimmten Rechtsgeschäfts u. s. w." Ich wollte damit andeuten, dass es in der Entwickelung eines Rechts

Perioden giebt, in denen die Urkunde eine grössere Bedeutung hat, als die, das blosse Zeugniss für einen concreten rechtlichen Thatbestand zu sein, indem bei dem Mangel eines genügend fixirten Rechts der Einzelne genöthigt ist, alle entscheidenden Normen bei jedem einzelnen Rechtsfalle in der Urkunde auszusprechen, dass mithin die Gesammtheit solcher Urkunden über einzelne Rechtsfälle ein wirkliches Erkenntnissmittel des im Bewusstsein der Zeitgenossen herrschenden Rechts solcher Zeiten selbst sei. Gerade für einen Germanisten konnte diese Bemerkung nichts Ueberraschendes haben, da die Wissenschaft des deutschen Rechts seit langer Zeit den Urkundenschatz des Mittelalters von diesem Gesichtspunkte aus benutzt hat. Wer sollte es nun für möglich halten, dass *Maurer* hierbei mir die Belehrung zu geben für nothwendig erachtet, dass Urkunden nur Beweismittel für Rechtsgeschäfte seien! Wer durch meine Bemerkung zu einer solchen Belehrung veranlasst sein konnte, mit dem kann ich nicht rechten, wenn er mich des „höchsten Grads der Begriffsverwirrung“ zeiht; verbergen kann ich aber freilich nicht, dass ich bei solchen Missverständnissen den Beruf zu einer Kritik meiner Schrift bezweifeln muss.

In dem weiteren Räsonnement *Maurer's* findet sich nun Vieles, was ich vollständig anerkenne und niemals bezweifelt habe, — aber Nichts, was nach meinem Dafürhalten im Stande wäre, meine Ausführungen zu widerlegen. Um diess mit Erfolg zu thun, wäre es nothwendig gewesen, nachzuweisen, dass die Hausgesetze auch jetzt noch Bestimmungen enthielten und *enthalten müssten*, welche unter keinen Umständen auf das bestehende objektive Recht zurückgeführt werden könnten, zu dem ich freilich auch das Recht des Familienfideikommisses, des Stammguts, des Majorats u. s. w. zähle. Wenn er auf S. 251 solche Punkte aufführt, so vergisst er, dass ich das Verhältniss dieser Dispositionen gegenüber dem Privatrecht des *siebzehnten* und *achtzehnten* Jahrhunderts im Wesentlichen gar nicht anders als er selbst auffasse *), dass ich aber gerade dieses Verhältniss *heutzutage* bei der Entwickelung des deutschen Privatrechts für geändert halte. Nur auf S. 262 findet sich der freilich nicht gelungene Versuch, jenen Weg für das heutige Recht, also das eigentliche Gebiet meiner Erörterung, zu betreten, indem dort die Meinung aufgestellt wird, dass auch noch jetzt eine vom gemeinen Landrechte abweichende Bestimmung des Volljährigkeitstermins gelten müsse **), — was ich entschieden bestreite —, und dass in den Hausgesetzen alle testamentarischen Verfügungen über Vormundschaften ausgeschlossen werden dürften, — über diesen Punkt werde ich mich unten näher aussprechen.

Wenn endlich *Maurer* am Schlusse seiner Kritik die schwersten Vorwürfe aufführt, so ist wiederum kaum zu begreifen, was ihn *mir* gegenüber zu diesem unnützen Kraftaufwand bewegen konnte. Mit grossem Pathos vertheidigt er das individuelle Leben genossenschaftlicher Kreise in Deutschland gegen eine nivellirende und verflachende Centralisationswuth; — er muss wohl in der gehobenen Stimmung, aus welcher jene Worte flossen, übersehen haben, dass ich das Recht dieser „organischen Verbindungen" nicht weniger als er, ja noch mehr gewahrt wissen will, indem ich es sogar dem objektiven Recht vindicire ***). Ich gestehe, dass mich dieses

*) Insbesondere können die hausgesetzlichen Vorschriften ausdrücklicher Erbverzichte der Töchter in früheren Jahrhunderten nicht gegen mich angeführt werden. Diese sind eben Beispiele einer mit allen möglichen Mitteln erstrebten Begründung der im allgemeinen Rechte jener Zeit nicht anerkannten Adelsinstitute. Jetzt sind diese Mittel überflüssig geworden, da das Erstrebte schon in den Begriff des Instituts aufgenommen ist.

**) Eine solche Bestimmung würde sogar zur Zeit des Reichs Genehmigung des Kaisers erfordert haben. — Vgl. auch das Gräflich Giech'sche Hausgesetz §. 95, und oben S. 55, Note.

***) *Maurer* hat in seiner Abhandlung auch Gelegenheit genommen, sich gegen meine Auffassung der mittelalterlichen Rechtsentwickelung überhaupt auszusprechen. Ohne im Mindesten dadurch von der Unrichtig-

Wort ebenso wenig getroffen hat, als der gegen eine Abhandlung, welche das Verhältniss der Begriffe Rechtserzeugung und Rechtsanwendung in einer früher nicht gekannten Schärfe und durch eine vorher nicht bekannte Combination geschichtlicher Fügungen *aufzuklären* bestimmt ist, schliesslich ausgespielte Trumpf, sie enthalte eine *Rückkehr* zu der glücklich überwundenen Unklarheit über den Unterschied der Rechtserzeugung und der Rechtsanwendung. Denn das kann doch füglich nicht behauptet werden, dass Klarheit nur dann herrsche, wenn man die Autonomie durchweg für eine gesetzgebende Gewalt erklärt*). Ich könnte diess lediglich für einen klaren Irrthum halten. —

Ich wende mich zu einem anderen Schriftsteller, welcher sich vor Kurzem über die Autonomie geäussert hat, nämlich *Zöpfl* in seinem Staatsrechte (4. Aufl.) Bd. 2, §. 313 flg. *Zöpfl* schildert die Autonomie des reichsständischen Adels zur Zeit des deutschen Reichs im Ganzen gewiss richtig; ich bin der Ansicht, dass man vom Standpunkte der Jurisprudenz des vorigen Jahrhunderts gegen die in dem angeführten §. 313 gegebenen Ausführungen kaum eine begründete Einwendung erheben könnte. Namentlich kann auch ich den Gesichtspunkt bereitwillig anerkennen, dass das Eigenthümliche der autonomen Gewalt des hohen Adels im Reiche in der Anerkennung eines *Sonderrechtsprivilegiums* dieses Standes gelegen habe, — ein Gesichtspunkt, der vollständig in die Plastik des

---

keit meiner Ansichten überzeugt worden zu sein, fühle ich doch hier keine Veranlassung, auf jenen Angriff zu antworten.

*) Das Verdienst *Puchta's* (Gewohnheitsrecht Bd. 2, S. 106) für diese Lehre besteht darin, dass er überhaupt zum ersten Male die Frage über die rechtliche Natur der Hausgesetze vom Standpunkt einer scharfen Unterscheidung zwischen Rechtsgeschäft und Rechtserzeugung stellte. Diess war gegenüber der früheren unklaren Vermischung dieser Begriffe entschieden ein Verdienst, auch wenn die Antwort, die *Puchta* auf Grund sehr ungenügender Ausführungen giebt, unrichtig ist. Der bekannte Aufsatz *Wilda's* in Weiske's Rechtslexikon leidet dagegen wieder an einer grossen Unsicherheit in Bezug auf die Auseinanderhaltung jener Gegensätze.

Reichsrechtes passt. Nur muss ich freilich bestreiten, dass in der Annahme eines solchen Rechtsprivilegiums an sich schon ein unsere Frage entscheidendes Moment liege. Denn es kommt ja immer erst auf die Untersuchung des eigentlichen Inhalts eines solchen Privilegiums an, und es ist nicht weniger ein Sonderrechtsprivilegium zu nennen, wenn einem Stande die Befugniss der *Anwendung* gewisser dem gemeinen Landrechte widerstrebender *Rechtsinstitute* garantirt, als es ein Privilegium ist, wenn diesem Stande das Recht einer selbstständigen Erzeugung von Rechtssätzen gewährt wird. Ebensowenig kann ich *Zöpfl* beistimmen, wenn er meine Aufstellungen mit folgender Bemerkung widerlegt zu haben glaubt (S. 297): „Hiernach könnte es recht wohl geschehen, dass die Autonomie der reichsständischen Häuser in manchen Beziehungen, der praktischen Aeusserung nach (scheinbar) nur noch den Charakter einer blossen *Dispositionsbefugniss* und der Gründung subjektiver Rechte und Befugnisse, im *Gegensatze* von *Rechtssätzen*, zeigte, weil letztere da nicht erst durch schöpferische Willkür erfunden zu werden brauchten, wo sie bereits in irgend einer Rechtsgestaltung historisch entwickelt vorlagen. Nichtsdestoweniger war doch hiermit der Charakter der Autonomie als *Gründung* eines *Sonderrechts durch eigene Willkür* dem *Wesen* nach nicht aufgegeben, sondern es äussert sich diese *Willkür* eben in der *Freiheit* der *Wahl* des *Sonderrechtes*, d. h. in der Wahl unter den vorhandenen besonderen Rechtsgrundsätzen als Normen für die beabsichtigten Rechtsgeschäfte; geradeso, wie auch ein Souverain dadurch einen Akt der Gesetzgebung vornimmt, wenn er ein bereits *vorhandenes* provinzielles oder auch ein fremdes Gesetzbuch als Landrecht einführt.“ Vielleicht wird *Zöpfl* bei näherer Erwägung selbst finden, dass diese Argumentation nicht passt*). Denn mit demselben Rechte

*) Eine ganz ähnliche Argumentation *Maurer's* mag hier nebenbei berührt werden. Auf S. 253 sagt er, meine Bemerkung, dass jetzt in Folge des Abschlusses eines objektiven Privatrechtssystems der wahre Charakter

würde das Rechtsgeschäft mit einem Akte der Gesetzgebung verglichen werden können, durch welches Jemand in einem Lande, in welchem die Gütergemeinschaft als Regel gilt, für seine Ehe ein System der Gütertrennung einführt. Wie wenig entscheidend diese ganze Argumentation ist, möge auch aus folgender Mittheilung erkannt werden. Im Jahre 1494 erbat sich die Stadt Frankfurt vom Kaiser Maximilian ein Privilegium des Inhalts, dass ihren Bürgern gestattet werde, mit vollkommener Rechtsverbindlichkeit das Institut der Einkindschaft anzuwenden, ein Institut, welches damals insbesondere gegenüber den Angriffen der Romanisten noch keinen gesicherten Bestand hatte. Gewiss war diess im Sinne jener Zeit ein Sonderrechtsprivilegium, deshalb aber keineswegs ein Privilegium zum Gebrauch einer gesetzgebenden Gewalt. Es ist diess überhaupt ein Vorgang, der zur Beleuchtung dieser ganzen Frage dienen kann.

Geht also aus dieser Darstellung *Zöpfl's* über die Autonomie des hohen Adels zur Zeit des Reichs kein entscheiden-

---

der Hausgesetze des hohen Adels erkannt sei, habe genau denselben Sinn, „wie wenn man behaupten wolle, dass die Particulargesetzgebungen der einzelnen deutschen Länder durch die Entdeckung, dass deren Inhalt grossentheils nicht willkürlich erfunden, sondern nur aufgezeichnetes gemeines deutsches Gewohnheitsrecht sei, sofort ihre Geltung als gesetzliches Recht verloren hätten". Ich weiss nicht, für welches Publikum diese Deduction berechnet ist. Die sogenannten Hausgesetze des hohen Adels sind Verfügungen, die ihrer Natur nach sofort die Auffassung als Rechtsgeschäfte zulassen und von jeher (als „Familienverträge" u. s. w.) auch gefunden haben, nur dass man zu Zeiten ihre Construction nicht anders zu bewerkstelligen wusste, als durch Erborgung einer legislatorischen Autorität. Wenn nun Jemand meint, es sei jetzt die Zeit gekommen, wo man diesen Nothbehelf nicht mehr bedürfe und jene Verfügungen als das erkenne, was sie ihrer eigentlichen Natur nach sind, und von anderer Seite diese Ansicht mit der absurden Behauptung auf eine Linie gestellt wird, eine Landesgesetzgebung könne einmal aufhören, eine Gesetzgebung zu sein, — so gebe ich es der Beurtheilung Anderer anheim, ob der, welcher diesen Vergleich erfunden hat, oder der, gegen welchen er gebraucht wird, der Getroffene sei.

des Moment gegen die von mir aufgestellte Ansicht hervor, so fragt es sich, ob ein solches in seiner weiteren Ausführung enthalten sei. Wir stimmen beide darin überein, dass die Bundesakte jene Autonomie in demselben Umfange hat erhalten wollen, als er zur Zeit des Reichs bestand. Aber in der Form der juristischen Auffassung gehen wir wieder auseinander. *Zöpfl* will noch heutzutage den Gesichtspunkt eines Privilegiums zur Rechts e r z e u g u n g gelten lassen, während ich der Ansicht bin, dass diese Auffassung nur ein Product des Standpunkts der früheren deutschen Rechtswissenschaft war, welche zur Sicherung jener Dispositionen aus dem Kreise des Privatrechtssystems keine Mittel darbot und daher zur Aufsuchung einer anomalen Stütze ausserhalb des Systems nöthigte, dass mithin jetzt, nachdem sich der Charakter unseres Privatrechts in der angegebenen Hinsicht vollständig geändert hat, jeder Grund zur Festhaltung jener Anomalie beseitigt ist*). Diess wäre jedoch nur eine Verschiedenheit in der *formellen* Behandlung. Nun aber besteht auch eine wesentliche Verschiedenheit zwischen uns in Bezug auf die Bestimmung des *materiellen* Umfangs der Adelsautonomie im heutigen Rechte.

Zöpfl ist nämlich der Ansicht, dass die Bundesakte diese Autonomie nicht nur in keinem geringeren, sondern sogar in einem weit grösseren Umfange als zur Zeit des deutschen Reichs gewähre. Diess soll bewiesen werden 1) durch Hinweisung auf den Umstand, dass statt der früher

---

*) Das *staatsrechtliche* Element der ganzen Frage finde ich allein darin, dass das öffentliche Recht, nämlich der Art. 14 der D. B.-A., den Standes- und Grundherrn die *Möglichkeit* solcher Verfügungen gegenüber den Landesgesetzgebungen (durch welche die Institute des Familienfideikommisses u. s. w. abgeschafft werden können) garantirt; wie diese Verfügungen aber juristisch zu *construiren* seien, das ist lediglich eine Frage der *Privatrechtswissenschaft.* Damit stimmt denn auch der im Art. 14 gebrauchte Ausdruck vollständig überein.

nothwendigen*) kaiserlichen *Bestätigung* heutzutage nicht etwa auch eine landesherrliche *Bestätigung*, sondern nur eine *Vorlegung* vor den Souverain angeordnet sei. Ich will zunächst davon absehen, dass dieser Satz der Bundesakte in mehreren Staaten eine Ausführung erhalten hat, wonach die „Vorlegung" in eine „Bestätigung" verwandelt worden ist**). Sodann aber ergiebt eine nähere Betrachtung alsbald, dass diese „Vorlegung", damit darauf eine öffentliche Bekanntmachung der Statuten erfolge, im Grunde nur eine mildere Form für die Bestätigung ist und praktisch in der Hauptsache auf dasselbe hinausläuft. Findet ein Souverain wirkliche Anstände, so hat er es in der Hand, vor der officiellen Bekanntmachung auf eine Beseitigung derselben hinzuwirken; dass dieser Weg praktisch wirklich betreten wird, kann Niemand leugnen, der mit einigen der Publication solcher Hausgesetze vorangegangenen Verhandlungen einigermassen bekannt ist. Aber auch abgesehen hiervon würde ich nicht der Ansicht sein, dass in der Zulassung solcher Dispositionen ohne vorhergehende Bestätigung den Grundsätzen des Privatrechts die Befugniss zur

*) Uebrigens war diese kaiserliche Bestätigung nicht einmal so absolut nothwendig. S. *Moser's* Familienstaatsrecht derer Teutschen Reichsstände II, S. 1058.

**) Eine richtige Darstellung des Sachverhaltes, insbesondere der Stellung der Gerichte zu solchen vom Landesherrn bestätigten Hausgesetzen, findet sich bei *Roth* und *v. Meibom*, Kurhessisches Privatrecht 1. Bd. S. 184. — In der Königl. Preuss. Instruction vom 30. Mai 1830 heisst es: — „Jene Hausverträge und Verfügungen (nämlich die im Art. 14 der B.-A. genannten) bedürfen jedoch, ehe sie eine vor den Gerichten verbindliche Kraft erhalten, Unsere Genehmigung, welche Wir ihnen — — nicht versagen werden, *sofern weder gegen die Rechte dritter Personen, noch gegen die Landesgesetze etwas darin enthalten ist*". Ebenso die Königl. Hannov. Verordn. vom 9. Mai 1826 Art. 14: „— welche (Familienverträge) jedoch Uns vorgelegt werden müssen, worauf sie, soweit sie nichts gegen die bestehenden Landesgesetze und *jura quaesita* Dritter enthalten, von Uns bestätigt werden sollen".

Stellung der Frage entzogen sei, ob jene von ihrem Standpunkt aus für correct und rechtsbeständig gelten können. Jene Ansicht soll 2) aus dem „leitenden Gedanken bei der Abfassung der Bundesakte" hervorgehen. Hierbei wird auf die Note 2 des §. 311 verwiesen, wo die Bemerkung zu lesen ist, auf dem Wiener Congress habe besonders Preussen darauf gedrungen, „dass die Rechte der Standesherrn so vortheilhaft und billig, als es die Umstände erlaubten," bestimmt werden möchten. Ich muss mir mein Urtheil über diesen Punkt vorbehalten, bis mir als „leitender Gedanke" nicht ein so allgemein gefasstes Motiv, sondern ein ganz präcises Moment nachgewiesen wird. Weiter soll die Ansicht *Zöpfl's* dadurch bewiesen werden, dass 3) den Standesherrn das völlig gleiche Standesrecht und die Ebenbürtigkeit mit den souverainen Fürsten eingeräumt sei. *Daher* sollen die Standesherrn ganz das gleiche Recht der Autonomie als die Souveraine haben. Ich muss diese Schlussziehung als unzutreffend bezeichnen. Sodann aber ist Folgendes zu bedenken. Trotz jener Gleichheit der Standesrechte und trotz jener Ebenbürtigkeit besteht der ungeheure Unterschied, dass die souverainen Fürsten *Staatsoberhäupter*, die Standesherrn aber *Unterthanen* sind. Die politische Stellung einer Regentenfamilie bietet Momente zur Rechtfertigung privatrechtlicher Anomalieen, wie sie die Stellung eines Standesherrn, wenn man sie auch noch so sehr würdigt, niemals bieten kann. Die Stellung derselben als Unterthanen ist die zunächst normgebende Basis ihres Rechtsstandes; auf dieser Basis erheben sich dann ihre einzelnen sie auszeichnenden Privilegien, — nicht umgekehrt. Wenn daher *Zöpfl* bloss aus jenen Gründen den Standesherrn heutzutage das Recht einräumt*),

*) Das Reichsrecht war in Bezug auf diese Fragen schwankend und unklar. *Moser*, Persönl. Staatsr. S. 4 sagt: „— — Wobei aber wiederum vorausgesetzt wird, dass die Familienverträge u. s. w. so beschaffen seyen, dass weder der Kayser und die höchsten Reichsgerichte Bedenken haben müssen, darnach zu sprechen, noch auch deren Gültigkeit, Application und

in ihren Häusern vermöge Rechtssatzes das Notherbenrecht, insbesondere das Pflichttheilsrecht, sodann das allodiale Intestaterbrecht der Töchter ganz allgemein abzuschaffen, so kann ich darin nichts als Behauptungen erblicken, welche ich bis zur Erbringung besseren Nachweises ablehnen muss. Um die für die Standesinteressen des hohen Adels erforderlichen Grundlagen zu erhalten, stehen ihm die bekannten Institute zu Gebote, vor Allem das Familienfideikommiss. Sofern es sich nun um deren erstmalige Errichtung handelt, wüsste ich keinen Grund zu entdecken für die Befugniss, das Notherbenrecht zu verletzen. Sind sie einmal errichtet, — und diess ist ja in den meisten dieser Familien seit Jahrhunderten der Fall, — so ist damit von selbst in den folgenden Generationen die Einwirkung des gemeinen Allodialerbrechts auf diesen Stamm beseitigt. Soll eine noch weitergehende Ausschliessung des gemeinen Erbrechts beliebt werden, so fehlt es auch hierzu nicht an zulässigen Mitteln, z. B. wenn in der Stiftung des Familienfideikommisses dem künftigen Nachfolger aufgegeben wird, Ehen nur unter Abschluss eines vorgeschriebenen, für den Stamm des Fideikommisses günstigen Ehevertrags einzugehen, — aber eine solche Disposition ist von der Aufstellung eines Rechtssatzes weit entfernt.

Immer muss als das normale Verhältniss in diesen Kreisen dasjenige angesehen werden, welches auf der Unterscheidung des Vermögens in gebundenes Stammgut mit seinen

---

Gebrauch von denen Interessenten angefochten werde oder werden könne" u. s. w. Immer aber sind zwei nicht genug hervorzuhebende Umstände für jene Zeit ins Auge zu fassen, welche jetzt wesentlich geändert sind: einmal der Umstand, dass unter den Reichsständen damals auch die mächtigsten Fürsten waren, deren legislatorische Vollgewalt nicht angezweifelt wurde und daher manche Bedenken deckte, sodann der Umstand, dass eine vollständige Klarheit zu einer Zeit gar nicht erreicht werden konnte, in der das deutsche Recht genöthigt war, in den verschiedensten und anomalsten Formen die Stützen seiner Existenz zu suchen.

Pertinenzen und in freies Allodialvermögen beruht. Es ist mir wohl bekannt, dass es lokale Gewohnheitsrechte giebt, welche auch in Bezug auf das letztere eine Bevorzugung der Agnaten statuiren. Wo diess aber nicht der Fall ist, kann durch einen autonomischen Rechtssatz nimmermehr den nachgeborenen Söhnen und Töchtern das Recht genommen werden, das jedem Menschen so nachdrücklich garantirt ist. Das Recht soll und kann keine Mittel gewähren, bloss zur glänzenderen Dotation des erstgebornen Repräsentanten die übrigen Mitglieder der Familie rechtlos zu machen und eine völlige Erstarrung alles in den Umkreis jener Familien tretenden Vermögens einzuführen. Solche Tendenzen können nicht bis in's Unermessliche, sondern nur innerhalb gewisser Gränzen anerkannt werden. Die bekannten Stammgutsinstitute dienen zur vollen Genüge, um jenen Interessen ihre ausreichende Befriedigung zu gewähren, ohne die Möglichkeit eines daneben bestehenden freien Vermögensverkehrs abzuschneiden; ein darüber hinausgehendes System der Vermögenseinsaugung aber in der Form von *Rechtssätzen* jener oben angeführten Art wäre eine ebenso ungerechte als grauenhafte Erneuerung der todten Hand. —

Einen anderen Weg zur Widerlegung meiner Ansichten betritt *Jolly* in der oben angeführten Abhandlung*). Er referirt dort über den Inhalt des von mir herausgegebenen Hausgesetzes der Grafen von Giech, und benutzt diese Gelegenheit, um theils in allgemeinem Räsonnement, theils bei der Prüfung einzelner Bestimmungen die Unzulässigkeit meiner Ansicht zu erweisen. Dieser Weg der Besprechung einer solchen Angelegenheit ist richtig gewählt, indem er auf concrete einzelne Fragen führt, — aber das Ziel desselben ist, wie ich glaube, nicht dasjenige, bei welchem *Jolly* ankommt. Ich begrüsse jedenfalls mit besonderem Interesse die Veranlassung, mich

*) *Jolly* in der Münchner kritisch. Ueberschau Bd. 6, S. 330 flg.

über den juristischen Charakter dieses in seiner Art einzigen Werkes auszusprechen. Ich habe seine einzelnen Bestimmungen gewiss ebenso genau wie *Jolly* erwogen, habe aber nicht gefunden, dass sie mich thatsächlich widerlegen. Hierbei muss ich mich jedoch gleich von vorn herein gegen ein Präjudiz verwahren, welches ich nicht anerkenne. *Jolly* betrachtet es nämlich als ein sehr gewichtiges Moment, welches die Lösung der Frage wesentlich erleichtere, dass sich das „Hausgesetz“ selbst, theils in der ganzen Form der einzelnen Aufstellungen, theils durch ausdrücklichen Ausspruch in den Motiven auf die von ihm vertheidigte Seite stelle. Ich vermag hierin nichts Anderes als die Aeusserung einer einzelnen, wenn gleich sehr beachtenswerthen Stimme über die Lösung einer Frage der Wissenschaft zu erblicken. Eine wirklich entscheidende Bedeutung könnte ich dem Vorgange eines einzelnen „Hausgesetzes“ nur dann beilegen, wenn es Bestimmungen enthielte, welche mit meiner Theorie praktisch geradezu unvereinbar wären, obschon ich ihre Geltung und Rechtsbeständigkeit nicht anzufechten vermöchte. Denn dass nicht Alles, was in einem solchen Hausgesetze *steht*, *bloss weil es darin steht*, als *rechtsbeständig* gelten müsse, nimmt selbst *Jolly* an, indem er an mehreren Stellen seiner Ausführung (S. 353 und S. 355) — und hier noch dazu theilweise ohne genügenden Grund — die Geltung einzelner Bestimmungen sogar vom Standpunkte der „Hausgesetzgebung“ aus bezweifelt.

Folgen wir *Jolly* zunächst in seinen allgemeinen Betrachtungen. Nichts sei (S. 383) natürlicher, als dass ein zu bevorzugter politischer Stellung berufenes Geschlecht seine inneren diese Stellung bedingenden Verhältnisse durch „Selbstgesetzgebung“ regulire; es erfülle damit seinen Beruf, bleibe sich immer bewusst, wie seine innere Organisation nur Mittel für seine äusseren Zwecke sei. Darin stimme ich dem Verfasser vollkommen bei, nur dass ich den Begriff, welchen er in dem Worte „Selbstgesetzgebung“ ausdrückt, in Bezug auf die angeführten Tendenzen für unwesentlich halte *). Um so weniger stimme ich dagegen mit ihm in Bezug auf die nun folgende angebliche Gegensätzlichkeit des Instituts des Familienfideikommisses überein. Dieses beruhe auf dem durchaus *unpolitischen* Gedanken, dass einem Geschlechte eine *politische* Stellung durch einen Akt blossen *Privatwillens* geschaffen werden solle. Ich muss annehmen, dass *Jolly* diese Aeusserung nicht gehörig überdacht habe; denn dass das Privatrecht Mittel und Formen darbiete, welche in ihrem *Effekte* auf politische Verhältnisse reagiren, ist eine so anerkannte Thatsache, dass ich fürchten müsste, etwas absolut Ueberflüssiges zu thun, wollte ich den Beweis derselben antreten. Wenn er aber weiter fortfährt, die Selbstständigkeit der Späteren, die Voraussetzung ihrer politischen Thätigkeit, werde durch das Familienfideikommiss geradezu negirt, ihr Blick ausschliesslich an die für sie allein entscheidende Vergangenheit gefesselt, indem sie das zu unbehülflicher Unbeweglichkeit verurtheilte Institut nicht als ein Mittel zu benutzen vermöchten, das, selbst veränderlich, den sich verändernden Zwecken sich fügen könne, — so beruht diese Aeusserung, wie ich glaube, auf mehrfachen irrigen Voraussetzungen. Einmal ist die „Fesselung des Blicks der Späteren an die für sie allein massgebende Vergangenheit“ bei den „Hausgesetzen“ in seinem Sinne nicht minder vorhanden, als bei den Dispositionen, wie ich sie im Auge habe. Alle künftigen Successoren leiten ihr Recht auch dort von der Disposition des Stifters ab, auch dort gilt die *successio ex pacto et providentia majorum*, welche ihrer Natur nach die Blicke immer rückwärts wenden lässt. Auf der anderen Seite widerstreitet es der Natur des Familienfideikommisses durchaus nicht, dass spätere Veränderungen durch den Willen der

*) Nebenbei mag mir hierbei die Hinweisung erlaubt sein, dass die grossen politischen Geschlechter Englands dieser „Selbstgesetzgebung“ keineswegs bedürfen, sondern mit den „Rechtsgeschäften“ des englischen Rechts auskommen.

Interessenten beliebt werden; einmal kann bekanntlich der Stifter selbst die Wege, auf denen solche bewirkt werden können, vorzeichnen, andererseits bestimmen ältere und neuere Gesetze (z. B. die Herzogl. Braunschweigischen und Grossherzogl. Hessischen Gesetze über Familienfideikommisse von 1857 und 1858) ausdrücklich, dass ein Familienfideikommiss durch Beschluss der Betheiligten verändert oder gar aufgehoben werden könne. Diese Gegensätze sind also in Wahrheit nicht vorhanden. Es ist unrichtig, zu sagen: „während die Autonomie eine reichere und mannichfaltigere Entwickelung des Rechtslebens ermöglicht und hervorruft, werden durch das Familienfideikommiss zu Gunsten eines einmal zu unmässiger Höhe gesteigerten Privatwillens alle kommenden Generationen zu starrer Stabilität verurtheilt," — ich sage, diese Aeusserung sei unrichtig, weil sie auf einer willkürlichen Verzerrung des Instituts des Familienfideikommisses beruht, und auf einem Uebersehen der auch in ihm liegenden Elemente einer freien Bewegung.

Jolly zeigt sich überhaupt als einen Gegner der Familienfideikommisse. Gegen seine subjectiven Antipathieen will ich nicht streiten; ich stelle ihnen meine subjectiven Sympathieen gegenüber. Nur die Aeusserung dieses Schriftstellers will ich noch einen Augenblick beleuchten, dass das Familienfideikommiss wesentlich nur „eine Nachahmung der durch Abstraction gewonnenen Bestimmungen der Hausgesetze sei, welche zu einem Rechtsinstitute condensirt worden wären"; soll in dieser Aeusserung eine geringschätzende Beurtheilung des Instituts liegen, weil es auf diesem Wege entstanden und entwickelt worden sei, so verkennt *Jolly* ganz und gar den eigentlich productiven Beruf der germanistischen Rechtswissenschaft, der sich nirgends entschiedener und klarer bewährt, als gerade hier.

Die Autonomie im Sinne *Jolly's* bietet nach diesem Schriftsteller sehr verschiedene Vortheile. Vor Allem sei es einfacher, und man vermeide Schwierigkeiten und Gezwungenheiten, wenn man die einzelnen Bestimmungen eines Hausgesetzes als Gesetze der Genossenschaft des Hauses auffasse, — gegenüber dem Verfahren, welches dieselben juristisch prüfe und in ihrer selbstständigen privatrechtlichen Natur bestimme. Ob jenes einfacher sei, kommt hierbei gar nicht in Frage, wo es sich nicht um die Wahl zwischen zwei offenstehenden Wegen handelt. Ob das letztere Verfahren gewaltsam und künstlich sei, das ist eine Frage, die ich eher von einem Laien, als von einem Juristen erwarten möchte. Denn „dass der Jurist da, wo der Laie nur *einen* Akt bemerkt, deren *zwei* annimmt, oder da, wo jener überall keinen Akt wahrnimmt, einen oder gar mehrere statuirt, und umgekehrt da, wo ein äusserer Akt in der That vorliegt, denselben *nicht* sieht, oder ihn in ganz anderer Weise auffasst, als er äusserlich erscheint; dass er Geschäfte, die sich durchaus gleichsehen, ganz verschieden behandelt; — alles das wird dem Laien *unnatürlich* erscheinen" (*Jhering*, Geist des R. R. II, S. 327)*). Vor Allem aber, und das ist die Hauptsache, ist hervorzuheben, dass es nach meiner vollen Ueberzeugung gar keinen anderen Weg, als den von mir eingeschlagenen giebt, um die *Grenzen* der sogenannten Autonomie, die Tragweite und die Wirkungen derselben, insbesondere auf Dritte zu bestimmen. Was *Jolly* (S. 337 flg.) und Andere über diese Grenzen sagen, erscheint mir höchst vag und unhaltbar. Die Autonomie sei nur „Rechtserzeugung für Familienzwecke, also nur hinsichtlich des Familienguts und der Familienglieder als solcher, nicht in ihrer Eigenschaft als selbstständiger Individuen", — wo ist die genaue Grenze zwischen den Eigenschaften der Menschen als Familienglieder und als Individuen zu finden? Muss nicht *Jolly* S. 371 selbst gegen die Möglichkeit dieser Grenzscheidung Bedenken em-

---

*) S. auch schon meine Bemerkungen in der Zeitschr. f. Civilr. u. Process. N. F. Bd. 12, S. 200 flg.

pfinden, wenn er sich fragt, ob das Hausgesetz mit Recht auch Bestimmungen über das Heirathsgut der angeheiratheten Gemahlinnen treffe? Und nun vollends die Rechte Dritter! Dass Dritten erworbene Rechte nicht verkürzt werden können, versteht sich von selbst; aber für die Frage, in welchem Umfange Dritten im rechtlichen Verkehr mit Familiengliedern das für diese gesetzte hausgesetzliche, vom allgemeinen Rechte abweichende Recht aufgedrungen werden könne, dafür fehlt es nach meinem Ermessen bei der jenseitigen Aufstellung an allem und jedem leitenden Gedanken. Denn mit der Bemerkung *Jolly's:* auf Dritte wirke die Hausgesetzgebung nur mittelbar, „insofern sie anzuerkennen haben, dass die Familienglieder dadurch allerdings in ihrem rechtlichen Thun und Lassen beherrscht werden," ist doch die Frage gewiss nicht erledigt. Diese Anregung führt mich aber nunmehr dazu, meine eigene positive Ansicht über die Bedeutung eines sogenannten Hausgesetzes in der Kürze auszusprechen.

Ein Hausgesetz soll sein die rechtliche Grundlage für ein standesherrliches Haus, d. h. eine Familie, welche durch ihre erbliche Auszeichnung sich von anderen Familien abschliesst, auf der Basis einer bedeutenden geschichtlichen Vergangenheit eine besondere politische und sociale Mission in der Zukunft zu erfüllen hat, und hierin durch eine Reihe der wichtigsten Privilegien gesichert ist. Ein solches Haus ist trotz des Wechsels seiner einzelnen Glieder ein unwandelbares Gesammtindividuum *). Die historische Mission ist dem Geschlechte

*) Die Einheit der Glieder einer Familie des hohen Adels im Begriffe des „Hauses" beruht auf einer Menge der verschiedenartigsten Motive. Ein Theil derselben fällt dem Rechte zu, ein anderer ist lediglich geschichtlicher und sittlicher Art. Jene Einheit in Vergangenheit und Zukunft, wie sie durch rechtliche Grundlagen (Stammgut u. s. w.) gestützt und gesichert wird, ist aber ein Erfolg, der in seiner Totalität nicht selbst einen Rechtsbegriff darstellt. Er führt an sich weder zur Annahme einer juristischen Person, noch überhaupt *nothwendig* (obschon regelmässig) zu einer gewissen

als solchem vorgesteckt, das einzelne Glied desselben ist zunächst nur ihr jeweiliger Träger. Um diese Stellung der Familie als „Haus" im angeführten Sinne zu sichern, um alle zukünftigen Geschlechtsfolger an die einheitliche Fügung ihrer Aufgaben zu binden, sich der Uebereinstimmung ihres Handelns im Geiste des Hauses zu vergewissern, bedarf es der Feststellung gewisser Grundlagen und Garantieen. Vor Allem muss für eine fixirte örtliche Stätte gesorgt werden, sodann für die Erhaltung eines für die Erfüllung jener Aufgaben und die Befriedigung der Standesstellung genügenden Vermögens, und es können sich hieran noch andere jene Zwecke verfolgenden Vorsehungen anschliessen.

Zur Erreichung aller dieser Zwecke bietet nun das Recht eine Menge von Geschäftsformen — das Familienfideikommiss mit der Möglichkeit mannichfaltiger Nebenbestimmungen, welche sich in der verschiedensten Richtung damit verbinden lassen, sodann die Familienstiftung u. s. w. *). Es kann keinem Zweifel unterliegen, dass jene Zwecke vollständig erfüllt werden können durch Rechtsgeschäfte, welche die oben berührten Institute in zweckmässiger Weise und mit einem dem individuellen Interesse eines besonderen Geschlechts entsprechenden Apparate in Scene setzen. Und wirklich sind es solche Rechtsgeschäfte,

---

Genossenschaftlichkeit. Diess würde sich dann noch klarer herausstellen, wenn in Deutschland die englische Einrichtung angenommen würde, nach welcher nur der Erstgeborne der Träger des Geschlechts, d. h. wahrer Agnat ist, während die übrigen Familienglieder mehr nur wie eine Art Cognaten (in diesem Sinne) erscheinen. Hier kann von einer simultanen Genossenschaftlichkeit nicht wohl die Rede sein. — Incorrekt und ungenau ist es daher auch, zu sagen, die Autonomie stehe der standesherrlichen *Familie* zu; die Frage, wer aus der Familie eine der hierher gehörigen Bestimmungen rechtsverbindlich treffen könne, ob allein oder nur mit Zustimmung Anderer, kann nur nach ganz concreten Verhältnissen beantwortet werden.

*) Familienstiftungen in dem Sinne, wie ich sie in diesen Jahrbüchern Bd. 2, S. 351 flg. dargestellt habe.

welche derartigen Dispositionen zu Grunde liegen. Aber in welcher Form treten sie in der Regel auf? Etwa in der Form einer einfachen, die Thatsache der Disposition beglaubigenden Urkunde? Nein, sondern meistens in der Form abstrakter Regeln, in der Form von Rechtsvorschriften, von *Gesetzen*. Als Muster hierfür wollen wir das Hausgesetz der Grafen von Giech annehmen. Beantworten wir uns zunächst die Frage, welches der Grund und die eigenthümliche Bedeutung dieser *Form* sei.

Die Vortheile derselben für die Abfassung der Grundbestimmungen eines standesherrlichen Hauses liegen auf der Hand. Statt einer unzusammenhängenden Beglaubigung einzelner neben einander gestellter Rechtsgeschäfte wird hier ein abgerundetes, schönes Ganzes geliefert. Während bei der blossen Beurkundung der nackten Disposition der Effekt, die Einheit des Hauses zu begründen, in der Regel nur als Wirkung, nur als letzter Erfolg hervortritt, vermag die Codificirung im Hausgesetze viel leichter und plastischer schon durch die Form der Verfügung selbst jenem schönen Motive einen gebührenden Ausdruck zu verleihen. Dazu kommt, dass der Mann, der sich berufen fühlt, für eine lange Reihe zukünftig wirkender Familienglieder sorgend, ermahnend, warnend zu reden, gar Manches auf dem Herzen hat, was zwar nicht in die Gestalt eines Rechtsgeschäfts gebracht, wohl aber in die Form eines Gesetzesparagraphen gegossen werden kann. Es ist nicht zu läugnen, dass der hohe und ernste Rhythmus der Gesetzessprache einen viel würdigeren Eindruck hervorbringen und weit bedeutender und unmittelbarer wirken muss, als der blosse Urkundenstil in der Aufzeichnung eines Rechtsgeschäfts *). Jene Form bietet zugleich den Vortheil grösserer Klarheit,

*) Das Bedenkliche dieser Form liegt nur darin, dass Derjenige, welcher sie nicht mit einem sehr bestimmten Bewusstsein ihrer Bedeutung anwendet, leicht in Gefahr ist, sich mit dem Ton des Gesetzgebers auch seine Rechte beizulegen.

Uebersichtlichkeit und Anschaulichkeit; denn da sich die Vertheilung der Stoffe nicht an den Gang einzelner Rechtsgeschäfte anschliesst, so kann die Systematik mit voller Freiheit auf den sinnlichen Eindruck der thatsächlichen Erscheinung einer solchen Organisation gestützt werden, und die einzelnen Artikel vereinen die doppelte Function der *Festsetzung* und der *Darstellung*. Ueberhaupt aber wird dem Laien das, was er zu thun hat, fasslicher, wenn es ihm ein direktes Gebot oder Verbot ausspricht, als wenn er es sich erst aus den Consequenzen eines Rechtsverhältnisses ermitteln soll. Diese Vortheile liegen so nahe, dass sie nicht erst durch Abstraction gefunden werden; es besteht ein instinktmässiges Bewusstsein derselben, das wir auch sonst im praktischen Leben vielfach wirken sehen. Wer sollte nicht schon die Neigung beobachtet haben, Verträge über Rechtsverhältnisse von nur irgend längerer Dauer in die Form abstrakter Imperativsätze zu bringen? Diese Neigung ist natürlich am begreiflichsten da, wo die Vertragsbestimmungen als auf viele Personen wirkend gedacht werden müssen (z. B. Assekuranz- und Transportpläne); ganz besonders nahe liegt aber die künstliche Gesetzesform hier, wo es sich um Dispositionen handelt, die schon als blosse Rechtsgeschäfte (Stiftungsakte der verschiedensten Art) darin mit Gesetzen übereinstimmen, dass sie eine Wirkung auf eine unbestimmte Zukunft und auf eine unbestimmte Reihe von Subjekten äussern.

Ist nun aber diese Form als solche eine juristisch bedeutsame? Diese Frage muss entschieden verneint werden. Sie ist eine uneigentliche Form, die aus Gründen der Zweckmässigkeit der Sphäre der wirklichen Gesetzgebung nur *entlehnt* ist. Die Aufgabe des Juristen gegenüber einem solchen Werke ist nothwendig die, dass er das abgerundete Ganze wieder zerstückeln und eine Rückübersetzung in die eigentlich juristische Sprache vornehmen muss; er kann sich der Pflicht nicht entziehen, jeden einzelnen scheinbaren Gesetzesartikel darüber zu befragen, was er privatrechtlich wolle, und muss die einzelnen Rechtsgeschäfte mit ihren Nebenbestimmungen wieder zu gewinnen suchen, welche die verschmelzende und harmonische Gesetzesform verdeckt hat. Nur auf diesem Wege ist ein sicherer Erfolg, eine wirklich juristische Beurtheilung möglich.

Immer aber setzt diese ganze Auffassung voraus, dass das „Rechtsgeschäft" wirklich ausreiche, um die berechtigten Beliebungen dieser Art wiederzugeben. Dass diess der Fall sei, wird von Dem nicht in Abrede gestellt werden, der die Natur der Hauptinstitute des hohen Adels richtig erkannt hat, und mit den Hülfsmitteln, welche sie darbieten, zu operiren versteht. Von vorn herein mag aber die Bemerkung Raum finden, dass überall da, wo es sich nicht um die Entziehung von Rechten handelt, eine besondere Aengstlichkeit bei jener Prüfung nicht am Platze sein würde. Das Hausgesetz spricht zunächst zu den Familiengliedern, welche durch einen starken Familiensinn und ein kräftiges Gefühl der Pietät verbunden sind; nicht Alles, was juristisch nicht erzwingbar ist, ist daher als *wirkungslos* zu betrachten, indem jene rein sittlichen Antriebe oft eine mindestens eben so starke Garantie der Nachachtung geben, als der juristische Zwang.

Mit dieser Auffassung ist nun meiner Ansicht nach das Giech'sche Hausgesetz ganz conform, und sowie *Jolly* dieselbe in ihrer Anwendung auf dieses Werk für eine gewaltsame und gezwungene erklärt, so bin ich der Ueberzeugung, dass sie vielmehr für einen Juristen sich bei unbefangener Betrachtung von selbst als die richtige ergeben muss. Die ganze Masse des Stoffs sondert sich in drei Hauptgruppen, deren einzelne Elemente aber bei dem System des Hausgesetzes nicht immer zusammengestellt sind. Die *erste* Gruppe bildet die *Familienfideikommissstiftung*. Ihr gehören vor Allem die §§. 1—20 an. Alle diese Festsetzungen — die Begrenzung des Hauptobjekts mit seinen Pertinenzen, die Erklärung der Untheilbarkeit und Unveräusserlichkeit, die Festsetzung über die Möglichkeit einer

Belastung mit Schulden — unterscheiden sich in Nichts von allen anderen unzweifelhaft privatrechtlichen Verfügungen dieser Gattung. Auf einzelne Anstände werde ich unten zurückkommen. Es gehören zu dieser Gruppe ferner die §§. 71—94, in welchen die Erfolge, die Stellung des Familienhaupts und der Anwärter bestimmt sind. — Eine *zweite* Hauptgruppe bildet die *Geschlechtsstiftung*, die ich als eine dem Familienfideikommiss angefügte juristische Person auffasse. Der Umstand, den *Jolly* S. 368 hiergegen anführt, dass das Vermögen der Stiftung nur ein besonders berechneter Theil des Hausvermögens sei, steht jener Annahme durchaus nicht entgegen. Alle einzelnen Bestimmungen über die Grösse, die Bedingungen, die Modalitäten der aus der Geschlechtsstiftung zu gewährenden Reichnisse, weichen wiederum in keiner Weise von den Bestimmungen anderer derartiger Privatstiftungen ab, und überschreiten sicher nicht das Gebiet der privatrechtlichen Disposition. Wo man auf einen scheinbar absoluten Rechtssatz stösst, wird man bei näherer Prüfung ein privatrechtliches Präjudiz entdecken, das ihn als Bedingung des Genusses der Stiftungen oder als eine damit verbundene Auflage erscheinen lässt. Wenn so die Eingehung einer Ehe ohne Genehmigung des Familienhauptes verboten wird, so wird eine solche Ehe nicht für nichtig oder auch nur für der bürgerlichen Wirkungen entbehrend erklärt, sondern die Folge ist nur die, dass Derjenige, welcher diese Bestimmung verletzt, von der Succession in das Stammgut ausgeschlossen ist (§. 75). So wird festgesetzt, dass Bestimmungen in Eheverträgen, welche den Anordnungen des Hausgesetzes zuwiderlaufen, gegenüber dem Stammgute und der Geschlechtsstiftung nichtig sein sollen (§. 75); damit ist lediglich diess ausgesprochen, dass Jeder, der auf die Succession und den Genuss der Geschlechtsstiftung Anspruch machen will, bei Eingehung einer Ehe den in dem Hausgesetze vorgeschriebenen Normalehevertrag zur Ausführung bringen muss, und dass er, indem er die Vortheile jener Anstalten in Anspruch nimmt, zugleich seine Verpflichtungen gegen dieselben anerkannt hat. Ueberdiess spricht der §. 30 ausdrücklich die Cautel aus, dass die Verlobten in allen Eheverträgen die Berechtigung der Geschlechtsstiftung noch besonders anerkennen müssen. Alle dem Familienhaupte und den Anwärtern auferlegten Pflichten und zugeschriebenen Rechte sind durchweg nur Ausführungen der in dem Institute des Familienfideikommisses liegenden Elemente *). Viele Sätze wollen lediglich eine declarative Wiederholung der an und für sich geltenden Rechtssätze sein, welche das bestehende Recht von selbst ergänzt haben würde; manche Sätze wollen offenbar eine bestimmte Materie nur begrifflich abschliessen, wie der §. 19, der (wie *Jolly* richtig bemerkt) nicht correkt formulirt ist, aber, wie aus den Motiven hervorgeht, auch nicht eine selbstständige Festsetzung sein, sondern nur die Function einer Begriffsabgrenzung der Stammgutsschulden vollziehen soll. Endlich laufen zwischen hindurch mehrfache Bestimmungen, die weder ein Rechtsgeschäft noch ein Gesetz ausdrücken sollen, sondern einfache Ermahnungen und Erwartungen aussprechen.

Hierzu kommt endlich eine *dritte* Gruppe, über welche eine nähere Erörterung nothwendig erscheint: die Bestellung der *Familienämter*. Ich rechne dahin ganz besonders das Amt des Familienhauptes, verschiedene den Anwärtern beigelegte Aemter, die Curatel der Geschlechtsstiftung, den Geschlechtsrath, das Schiedsgericht. Die verschiedenen Festsetzungen eines Hausgesetzes gehören nach ihrer allgemeinen juristischen Natur dem Begriffe der Stiftung an. Sowie nun Jeder, der ein der Zukunft angehörendes, einem bestimmten Plane und Zwecke dienendes, einer besonderen Verwaltung bedürftiges Institut in's Leben ruft — Stiftungen i. e. S., Corporationen, Familien-

*) Ich verweise auf *meine* Abhandlung in diesen Jahrbüchern Bd. 1, S. 81 flg.

fideikommisse —, zugleich das Recht hat, die Formen zu bestimmen, in welchen jene Verwaltung und Fürsorge für die Aufrechterhaltung des Stiftungsplans vollzogen werden soll, — ganz ebenso ist es bei Demjenigen, der durch ein Hausgesetz, wie das vorliegende, die zukünftigen Generationen einer Familie zu einer eigenthümlichen Gemeinschaft verbindet. In der Festsetzung solcher Organe, Aemter u. s. w. liegt aber kein Akt der Rechtserzeugung. Es handelt sich vielmehr allein um Verwaltungsvorschriften, welche dem Stiftungsakt als Nebenbestimmungen beigefügt sind; die Einrichtung fixirter *Aemter* ist nur eine besonders plastische Form derselben. So ist bekanntlich bei der Stiftung von juristischen Personen, Actiengesellschaften u. s. w. die Einrichtung der Formen ihrer Vertretung nur eine Ausführung der Stiftungsdisposition, eine Inscenesetzung des Instituts, in dessen Begriff schon an sich die Nothwendigkeit solcher Vertretungsformen enthalten ist. Es war diess hauptsächlich das Gebiet des in der früheren Doktrin üblichen Begriffs der *statuta conventionalia*.

Zu diesen *Familienämtern* rechne ich nun auch die *Vormundschaft* über minderjährige Geschlechtsfolger, und bin der Ansicht, dass ein Hausgesetz, welches darüber Bestimmungen giebt, ganz nach der eben gegebenen juristischen Construction behandelt werden muss. Derartige Verfügungen sind ohne Zweifel vollkommen wirksam, und zwar nach der doppelten Richtung, dass weder die zur Vormundschaft berufenen Anwärter sich dem angetragenen Amte willkürlich entziehen, noch die obervormundschaftlichen Behörden dieselben ohne höhere Gründe ablehnen können. Dass solche Vormundschaften in den Familien des hohen Adels nicht durchweg nach den Grundsätzen des allgemeinen Rechts beurtheilt werden können, bedarf wohl keines besonderen Beweises. Ihrer inneren Natur nach sind sie keineswegs blosse Vermögensvertretungen für Minderjährige, sondern zugleich interimistische Repräsentationen des ganzen Hauses nach Massgabe der Anordnungen des Hausgesetzes, — eine Art Standesvormundschaft nach Analogie der deutschen Lehnsvormundschaft *). Daher passt für sie auch nicht die Delationsreihe des gemeinen Rechts, sondern — abgesehen von der jetzt auch in diesen Sphären anerkannten Berechtigung der Mutter — nur das Princip des älteren deutschen Rechts, welches die *Agnaten* zu diesem Amte beruft. Weil sich nun in dieser Hinsicht noch kein allgemeines objektives Standesrecht fixirt hat, wird eine ausdrückliche Festsetzung im Hausgesetze nothwendig **). Solche Festsetzungen sind mithin zwar keineswegs (wie *Rudorff*, Recht der Vormundschaft 1. Bd., S. 336 annimmt) als blosse Wiederholungen eines schon existirenden objektiven Rechts anzusehen, aber auch ebensowenig (wie *Kraut*, Vormundschaft 1. Bd. S. 267 behauptet) als eigentliche Gesetze, sondern sie sind ihrem juristischen Charakter nach lediglich als Anordnungen der Familienämter in dem eben ausgeführten Sinne zu beurtheilen. Von selbst versteht sich dabei, dass solche Anordnungen mit dem politischen Theile des Vormundschaftsrechts nicht im Widerspruch stehen dürfen, und weder die Rechte noch die Verantwortlichkeit der Obervormundschaft beseitigen können. —

Ist nun nach diesen Ausführungen die Ansicht *Jolly's* als unrichtig erwiesen, dass das Giech'sche Hausgesetz eine thatsächliche Widerlegung meiner Auffassung des Begriffs der Autonomie enthalte, so bedarf es schliesslich noch der Beleuch-

---

*) Diess ist auch das innere Motiv dafür, dass neuere Gesetze, z. B. die Beilage IV der Bayr. Verf.-Urkunde §. 10, dem Familienhaupte als solchem das Recht der Ernennung der Vormünder für vormundschaftsbedürftige Familienglieder beilegen.

**) Das lässt sich aber ohne Zweifel als schon bestehendes Recht deduciren, dass Derjenige, welcher den Inbegriff der zur Gründung eines standesherrlichen Hauses erforderlichen Rechtsgeschäfte vornehmen darf, auch die im Begriff eines solchen Hauses liegenden Aemter und die Art ihrer Bestellung anordnen kann. Zu diesen gehört aber die Vormundschaft über das minderjährige Familienhaupt.

tung einiger von diesem Schriftsteller hervorgehobener Punkte, welche mit meiner Theorie im Widerspruche stehen sollen.

Zunächst wird dahin die Formvorschrift des §. 2 Abs. 2 gerechnet, wonach Bestandtheile des Privatvermögens nur dann in das Hausvermögen übergehen sollen, wenn die Zuwendung vor zwei Zeugen oder in einer schriftlichen Urkunde geschehen ist. Diese Bestimmung hat offenbar den guten praktischen Zweck, Unklarheiten und Unsicherheiten in Bezug auf den Umfang des Stammguts vorzubeugen. Juristisch ist sie aufzufassen als ein Theil der Disposition des Stifters über den Umfang des gestifteten Objekts. Sowie ein solcher Stifter das Recht hat, zu sagen, das gestiftete Objekt soll sich überhaupt gar nicht vergrössern, so kann er auch sagen, es soll sich nur unter der oder jener Bedingung, nur in der oder jener Form vermehren. Die Bestimmung ist also dahin zu übersetzen: der Stifter hat nicht nur für die Gegenwart die Grenze des Hausvermögens bezeichnet, sondern auch für die Zukunft die Kriterien angegeben, durch welche nach seinem Willen entschieden werden soll, ob Etwas Theil *seiner* Stiftung sei oder nicht. Die *Fassung* ist mithin zwar die eines abstrakten Rechtssatzes über die Form einer Vermögenszuwendung, der Sache nach handelt es sich aber um eine gewöhnliche Nebenbestimmung der Stiftung.

Sodann wird der §. 6 Abs. 3 angeführt. Dieser spricht aus, dass, wenn sich im Nachlass eines *Familienhauptes* Gegenstände der Art vorfänden, wie sie das Stammgutsregister und das Kataster nur im Allgemeinen und ohne specielle Bezeichnung der einzelnen Stücke aufführt (z. B. altes Porzellan, alte Rüstungen, Wäsche, Betten u. s. w.), die Vermuthung für die Stammgutseigenschaft sprechen solle. Dieser Satz regulirt also die Frage über die Beweislast. Er würde unzweifelhaft als ein Rechtssatz aufzufassen, — alsdann aber seine Wirksamkeit bedeutend in Frage zu stellen sein, wenn seine Geltung nicht durch die jedesmalige ausdrückliche Anerkennung des Familienhauptes gegenüber den sämmtlichen Interessenten, wie sie in dem Antritt der Succession und zum Ueberfluss in der Ableistung des im §. 108 vorgeschriebenen Eides liegt, genügend gestützt wäre. Diese Anerkennung wirkt natürlich auch gegenüber den Erben. Eine gleiche Bewandtniss hat es mit der Geltung der ebenfalls hervorgehobenen Bestimmung des §. 73, 2.

Der weiter angeführte Satz §. 15, 2, wonach ein Anwärter, der nach erhaltener Anzeige drei Monate schweigt, als in die projektirte Veräusserung einwilligend angesehen werden soll, ist entschieden kein Rechtssatz. Der Stifter kann den Grad der Unveräusserlichkeit des Stammguts und seiner Theile bestimmen; er kann sie strenger oder weniger streng festsetzen; er kann die Bedingungen, unter denen ausnahmsweise eine Veräusserung zulässig sein soll, aussprechen, und die Rechte der Anwärter hiernach formuliren.

Der ferner angeführte Abs. 7 des §. 18 ist keine Rechtserzeugung, sondern wiederholt nur einen an und für sich geltenden Rechtssatz. Ist einmal dem Nachfolger die Verpflichtung auferlegt, gewisse terminliche Schuldposten aus den von ihm zu ziehenden Früchten des Stammguts (also aus seinem Privatvermögen) zu zahlen, so haftet für eine Nichterfüllung dieser Pflicht offenbar auch dessen ferneres Privatvermögen.

Wenn sodann die Sätze, welche die Berufung zur Vormundschaft, zur Curatel der Geschlechtsstiftung, zum Amte eines Stammgutscurators als „unzweifelhafte Rechtssätze" angeführt werden, so darf in dieser Beziehung auf die oben gegebenen Ausführungen verwiesen werden.

Warum der Satz des §. 83, Abs. 2, dass der Nachfolger ohne besondere Erbschaftsantretung succedirt, eine Rechtserzeugung und nicht vielmehr nur die Wiederholung eines an sich bestehenden Rechtssatzes sein soll, ist mir nicht klar geworden.

Aus welchen Gründen will nun aber *Jolly* dem §. 91, der

eventuellen Vorschrift der Errichtung einer Geschlechtsstiftung, von seinem Standpunkte aus den Charakter eines Rechtssatzes nehmen? Ueberhaupt ist die Auffassung, dass das Hausgesetz eine Composition von Rechtssätzen und Rechtsgeschäften sei, die bedenklichste; das Hausgesetz würde alsdann zwei entgegengesetzten Gesichtspunkten unterstellt werden, welche unter sich schwer abzugrenzen sind und eine stete Unsicherheit in der rechtlichen Beurtheilung zur Folge hätten. Während man von der allein richtigen Ansicht ausginge, dass das ganze Hausgesetz der Ausfluss eines einheitlichen Stiftungswillens sei, — denn das Bewusstsein eines doppelten Thuns ist in der Seele des Stifters sicher nicht zu finden —, müsste man im Widerspruch damit die Producte jenes Willens hinterher auf ganz verschiedene Kräfte zurückführen.

Schwer vereinbar mit meiner Theorie, freilich aber auch mit jeder andern, finde ich in dem ganzen Hausgesetze nur *einen* Satz, nämlich den Abs. 2 des §. 17. In diesem wird im Falle einer durch das Familienhaupt vorgenommenen verbotswidrigen, also nichtigen Veräusserung den Anwärtern ein sofortiges Vindicationsrecht eingeräumt, während das geltende Recht ihnen als sofort zustehendes Rechtsmittel nur die Einlegung einer *Verwahrung*, ein *Vindicationsrecht* aber erst im Augenblicke des an sie geschehenen Anfalls der Succession beilegt. Diese Bestimmung würde nur dann leicht erklärlich sein, wenn man als die Eigenthümerin des Vermögens eine juristische Person ansehen könnte, was das Hausgesetz, wie *Jolly* richtig ausführt, entschieden nicht will. Abgesehen hiervon würde es dem klagenden Anwärter an einem Klagegrunde bei dieser sogenannten Vindication mangeln; der Käufer würde ihm einwenden: eine Vindication setzt einen Eigenthümer voraus, Du bist nicht Eigenthümer, warte bis Du es geworden bist, ein blosses *Interesse* ist noch kein *Recht*. Auch die Vertheidiger der Autonomie als „Gesetzgebung" werden kaum so weit gehen, dass sie dem Dritten die Anerkennung eines

Klagerechts ohne Klagegrund durch den blossen Machtspruch eines Hausgesetzes aufnöthigen lassen wollen. Ich vermag diese Bestimmung nur unter der Voraussetzung aufrecht zu erhalten, dass ich darin die Anordnung einer den Anwärtern ertheilten Vollmacht zur Vertretung des Familienhauptes erblicken darf. Aber auch bei dieser Annahme werden nicht alle Schwierigkeiten beseitigt. Selbst der praktische Werth der Festsetzung möchte nur ein geringer sein. Der Anwärter verschafft das mit Unrecht veräusserte Stück dem Familienhaupte gegen dessen Willen zurück; dieses hat sich verpflichtet, dem Dritten das *habere licere* zu gewähren; unter Umständen kann darin wenigstens die Verbindlichkeit der Ueberlassung während der Dauer seines Rechtes liegen; alsdann könnte ein endloser Kreislauf die Folge sein.

Noch andere Anstände *Jolly's* haben schon oben ihre Würdigung erfahren, insbesondere die ganz unbegründete Ansicht, dass die Zulassung von Veränderungen und späteren Modificationen der Stammgutsstiftung durch den Willen der Interessenten nur vom Standpunkte der Privatgesetzgebung aus denkbar sei. Vielmehr steht ihrer Vereinbarlichkeit mit dem Institute des Familienfideikommisses, *wenn der Stifter dieselbe selbst angeordnet hat*, nicht das Mindeste entgegen *).

Ergiebt sich nun aus diesen Ausführungen, dass selbst ein Hausgesetz, dessen Ausarbeitung nicht mit dem Bewusstsein der scharfen Grenzlinien jener Dispositionsformen geschah, der Anwendung meiner Theorie keine erheblichen Schwierigkeiten entgegenstellt, so erkenne ich darin gern eine weitere Probe ihrer Richtigkeit. Sicher aber lässt sich erwarten, dass derartige Arbeiten in Zukunft, ohne dass der Dispositionskreis die mindeste Beschränkung zu erfahren braucht, eine

---

*) Meine Ausführungen im 1. Bande meiner Jahrbücher S. 94 flg. behandeln nur den Fall, wo eine solche Anordnung vom Stifter *nicht* gemacht ist.

Correktheit in der Fassung erhalten werden, welche auch die strengeren Anforderungen der Wissenschaft befriedigt *).

---

*) Erst jetzt, indem ich den Druck dieses letzten Bogens revidire, erhalte ich noch eine neue gegen meine Auffassung der Autonomie gerichtete Schrift: *De Autonomia juris germanici fonte Diss. auct. Rob. Hermann. Jenae* 1859. Was der Verf. zunächst über die Adelsautonomie sagt, kommt auf das von *Jolly* Angeführte hinaus. Daher mögen hier nur noch einige Bemerkungen über die in Bezug auf die Autonomie der *Corporationen* geäusserten Ansichten Platz finden. Vor Allem lehne ich die Beweiskraft von Aussprüchen ab, wie folgende: Verbände dieser oder jener Art haben das Recht, „Statuten zu machen", oder „der Begriff der Autonomie ist einfach mit dem Begriffe der Corporation gegeben", oder der Ausdruck „*lex collegii*", „Grundgesetz des Vereins" u. s. w. Ebensowenig liegt ein in dieser Frage entscheidendes Moment in der schimmernden Vorstellung eines „Herrschaftsverhältnisses" der Corporation zu ihren Mitgliedern; diese Vorstellung ist juristisch nur bei denjenigen Corporationen gerechtfertigt, deren Spitze obrigkeitliche Functionen ausübt, bei anderen Corporationen würde sie nicht als ein juristisches Princip gelten können, sondern nur als die Berücksichtigung hie und da wahrnehmbarer nebensächlicher Erscheinungen, welche in ganz anderen rechtlichen Ausgangspunkten ihre Erklärung finden. — Es ist allerdings richtig, dass die Bestimmung des juristischen Charakters von Corporationsstatuten ganz besondere Schwierigkeiten hat. Die Festsetzungen, welche sich auf die Präcisirung der juristischen Person, des Terrains ihrer zukünftigen Wirksamkeit, der Bestimmung ihrer vertretenden und verwaltenden Organe, der Formen ihrer Lebensäusserungen beziehen, haben etwas höchst Eigenthümliches. Ihrer äusseren Erscheinung nach treten sie in der Form abstrakter Sätze auf; auch beziehen sie sich in der Regel nicht auf bestimmte individuelle Personen, sondern wenden sich an das ganze Publikum, — in beiden Beziehungen erzeugen sie denselben Eindruck wie Gesetze. Und doch sind diese Akte nicht als Rechtserzeugungen aufzufassen; immer handelt es sich nur um die Herstellung eines concreten rechtlichen Thatbestands aus den Mitteln eines bestehenden Rechtsinstituts, in dessen Begriff alle jene Bestimmungen schon als abstrakte Möglichkeiten gegeben sind. Der juristische Charakter jener Festsetzungen — einerlei, ob es sich um die erstmalige Gründung, oder um spätere ergänzende Beschlüsse handelt — wird immer so erfasst werden müssen, dass es *Rechtsgeschäfte* sind; freilich in der Regel keine solchen, welche einen den Handelnden gegenüber subjektiv wirksamen Thatbestand hervorbringen, sondern (wenn der Ausdruck erlaubt ist) uneigennützige Productionen, die

Erzeugung eines Rechtssubjekts und die Modellirung seiner juristischen Physiognomie. Dass das Product solcher Handlungen, einmal erschaffen, als eine selbstständige abstrakte Macht gegenüber dem gesammten Publikum fortwirkt, erklärt sich aus der Nothwendigkeit der anstaltlichen Fixirung des für die juristische Person erforderlichen Lebensapparats, und die Aehnlichkeit der Wirkungen der Gesetze ist nur eine ganz äusserliche. Am richtigsten wird man jene Geschäfte, wie schon oben bemerkt wurde, der Classe der *Stiftungsgeschäfte* zuweisen. Ganz dieselbe Auffassung gilt natürlich auch für die Festsetzungen, welche sich auf die Bedingungen des Eintritts, des Austritts und des Verhaltens der Mitglieder im Verbande beziehen. Immer aber bleibt es auch hier richtig, dass man die Statuten von Corporationen nicht im *Ganzen* juristisch charakterisiren kann, sondern jede einzelne Bestimmung nach ihrer besonderen Natur fragen muss.

Freilich kommt die ganze Frage bei Privatcorporationen mehr nur auf einen Wortstreit hinaus. Praktisch sehr wichtig könnte sie dagegen bei der Bestimmung der Rechte der *Gemeinden* werden, wenn nicht fast überall durch Gemeindeordnungen der Umfang der Befugnisse der Gemeindevertretung genau bestimmt wäre. Dass nun die Gemeindebehörden auch heutzutage einen bedeutenden Theil ihrer ehemaligen politischen Gewalt bewahrt haben, ist von mir nie in Abrede gestellt worden. Dass aber in diesem Reste ihrer obrigkeitlichen Befugnisse das Recht der Privatrechtsgesetzgebung nicht mehr enthalten sei, wird man mir nicht abstreiten. In keinem Falle kann hiergegen aus dem Besteuerungsrechte der Gemeinden, oder der ihnen hie und da nachgelassenen Befugniss einer lokalen Ergänzung der Verfassung durch Ortsstatuten ein wirksames Argument entnommen werden.

III.

Beiträge zur Lehre vom deutschen Familienfideikommiss *).

1.

Das Institut des deutschen Familienfideikommisses gehört ohne Zweifel zu den interessanteren Erscheinungen, welche das neuere deutsche, oder besser germanische Rechtsleben hervorgebracht hat. Sein Reiz liegt vor Allem darin, dass es einen höchst eigenthümlichen Gedanken von sittlicher und gesellschaftlicher Berechtigung zur Geltung bringt; sodann aber auch in der Art und Weise, *wie* es jenen Gedanken durch eine völlig entsprechende Structur zu realisiren weiss.

Enthält schon die Befugniss des römischen Rechts, durch ein Testament über das Leben hinaus zu verfügen, eine ungemeine Steigerung der Persönlichkeit, so liegt eine solche in noch weit höherem Grade in der Anerkennung des Rechts zu Dispositionen, wie sie im deutschen Familienfideikommisse gestattet sind. Während es sich dort in der Hauptsache nur um die Feststellung des nächsten Schicksals eines Vermögens beim Eintritte des Todes handelt, so wird hier der Bestand eines solchen für eine unbegrenzte Zukunft mit unantastbarer Rechtsverbindlichkeit angeordnet. Es verlohnt sich wohl, nach der eigentlichen Idee zu fragen, welche dieser Erweiterung

---

*) Zuerst veröffentlicht in Gerber's und Jhering's Jahrbüchern Bd. 1 (1857), S. 53 flg.

der Möglichkeit, Willensakte mit einer über den Tod hinaus wirkenden Kraft vorzunehmen, zu Grunde liegt.

Sprechen wir es gleich von vorn herein aus, es erscheint uns das Recht des Familienfideikommisses als eine Forderung der privatrechtlichen Freiheit, nicht in ihrer abstrakten Erscheinung, sondern so wie sie sich als der Ausdruck des sittlichen Denkens der neueren germanischen Welt kund giebt. Es hat Jemand ein Vermögen erworben, er hat es mit Mühen und Sorgen zusammengebracht, an allen Theilen desselben haften die Spuren redlichster Arbeit und verdienstvollen Wirkens; er betrachtet dieses Vermögen als den realen Ausdruck seiner Persönlichkeit, und so wie ihm diese selbst werthvoll erscheint, so wünscht er auch jenes in seiner Bedeutung zu erhalten; er will, dass es nicht schon in der übernächsten Generation zerstreut sei, dass nicht gar bald die einzelnen Stücke desselben ohne Erinnerung ihrer Herkunft besessen werden, sondern Alle, denen es zufällt, sollen gedenken, dass sie in diesen Gütern die irdische Summe der Thätigkeit ihres wohlwollend stiftenden Ahnherrn übernommen haben; er selbst will gewissermassen nach vollbrachter Arbeit, das Mass der menschlichen Zeitgrenze überschreitend, mit allen zukünftigen Gliedern seiner Familie in unmittelbaren Verkehr treten, sie die Ungeborenen rufen, so dass seine Stimme nach Jahrhunderten noch in ihrer Ursprünglichkeit vernommen wird.

Dass die Möglichkeit, so zu verfügen, für Menschen von reicher Willensanlage ein inneres Bedürfniss sein kann, wird schwerlich in Abrede gezogen werden dürfen. Es ist die Sehnsucht, inmitten des ewigen Wechsels der Dinge die Wirkung seines Einzeldaseins durch einen Akt der Liebe auch für kommende Geschlechter bedeutungsvoll zu erhalten. Beruht doch nicht selten auf dieser Empfindung die Stiftung für Zwecke allgemeiner Wohlthätigkeit, und das Familienfideikommiss trägt den Gedanken der Stiftung in sich. Das genugthuende Gefühl, seine Persönlichkeit so auch in der Zukunft anerkannt zu wissen, darf nicht schon an und für sich in das Bereich von Antrieben tadelnswerther Eitelkeit verlegt werden, sondern kann als der Ausdruck eines sittlichen Selbstgefühls seine volle Berechtigung haben.

Aber immerhin würde diese der rein subjectiven Empfindung zugewandte Betrachtung nicht genügen können, um ein Institut zu rechtfertigen, das der privatrechtlichen Freiheit einen so unbegrenzten Spielraum gewährt, wenn nicht seine praktischen Wirkungen selbst ihre volle objektive Rechtfertigung in sich trügen. Wäre diess nicht der Fall, so könnte man leicht zu der Ansicht kommen, dass jene Steigerung der Persönlichkeit am Ende doch nur einem individuellen Gelüste zu Gute käme.

Ich weiss nicht, ob irgend Jemand schon die Bedeutung besprochen hat, welche für die Erhaltung und Fortsetzung nationaler Kultur bei einem lebenskräftigen Volke in den architektonischen Denkmälern des vaterländischen Bodens liegt. In diesen Monumenten, wie sie aus älterer und neuerer Zeit mit der eigenthümlichen Physiognomie ihrer Periode in die Gegenwart hineinragen, wird dem Geiste der künftigen Geschlechter von vorn herein eine geschichtliche Perspektive eröffnet, die das allmähliche Werden und Entwickeln in leicht zu deutenden Marksteinen anschaulich macht. Ohne diese sichtbaren Spuren einer uns angehörenden Vergangenheit würde die Tradition früherer Kulturbestrebungen auf sehr unsicherer Grundlage beruhen, und das so wünschenswerthe Bewusstsein eines Zusammenhangs der Gegenwart mit der Arbeit unserer Vorfahren würde schwerlich im Volke lebendig bleiben. So ist das Vaterland mit allen seinen äusseren Denkzeichen gewissermassen selbst ein grosses Fideikommiss, gestiftet und immer fortgesetzt für die Gesammtfamilie des Volkes. Eine ganz ähnliche Betrachtung veranlasst die erfahrungsmässige Bewährung der Idee des Familienfideikommisses. Wenn es ein sittlicher Vortheil ist, dass die wechselnden Generationen einer Familie sich ihres Zusammenhangs im Denken und Handeln bewusst sind, so kann dieser durch Nichts besser als durch unser Institut erreicht werden.

Ein grösseres ländliches Grundstück mit den erforderlichen Baulichkeiten ist gestiftet; jeder Nachfolger, der es geniesst, weiss, welchem Ahnherrn er es verdankt; noch nach Jahrhunderten kehrt der Enkel einer abgezweigten Linie zu dieser Heimath der Stammfamilie zurück, welche die Merkmale des Wirkens und Schaffens so manchen Geschlechts an sich trägt. Er schliesst sich einer Reihe von Vorfahren an, die in guten und bösen Tagen hier ausharrten, er erkennt darin eine sittliche Steigerung seiner Persönlichkeit. Es ist die Individualität der Familie in der Geschichte, welche durch das Familienfideikommiss getragen wird. So wie sich der Nachfolger bewusst ist, dass er nicht ein ihm plötzlich zugefallenes Vermögen erworben hat, sondern das seit Jahrhunderten gepflegte Erbe seiner Vorfahren, so ist er sich andererseits auch bewusst, dass er das gestiftete Vermögen nicht seinem individuellen Belieben opfern darf, dass er es im Geiste seiner Vorfahren gebrauchen und nützen soll, und dass sein Genuss fortwährend durch jene höhere Fügung begrenzt wird, welche ihn auch den kommenden Geschlechtern erhalten will. Er hat mit dem Besitze auch eine Summe sittlicher Pflichten übernommen; sein Besitz ist in Wahrheit zugleich *Beruf*. Jeder Nachfolger findet eine fertige Basis, die zur Fortsetzung des Werks auffordert, und die Function des Stammguts deutet zugleich auf besondere Pflichten der Mässigung und Selbstbeschränkung. So kann und soll unser Institut im Leben wirken; es repräsentirt eine eigenthümliche Form des in unserer Zeit so wichtig befundenen Princips der *Socialität, es organisirt die ergänzende Gemeinschaft der Generationen einer Familie.* Gewiss bedarf es für Denjenigen kein weiteres Wort der Rechtfertigung, der überhaupt in der Lage war, den Werth der festen Begründung einer ununterbrochenen Verbindung von Individualexistenzen in der allgemeinen Fluth menschlicher Dinge zu beobachten. —

Es ist oben die Verwandtschaft des Familienfideikommisses mit der *Stiftung* hervorgehoben worden. Beiden Instituten ist der Gedanke gemeinschaftlich, dass ein Vermögen für unangreifbar erklärt und der Befriedigung bestimmter Interessen der Zukunft gewidmet wird. Aber auf der anderen Seite findet zwischen beiden eine erhebliche Verschiedenheit statt, deren Erkenntniss zur Charakteristik des Familienfideikommisses ungemein dienlich ist. Bei der *Familienstiftung* wird eine juristische Person geschaffen; ihr gehört das Vermögen, die Bedachten sind nur Gläubiger, denen ein fremdes Subject gewisse Leistungen zu machen verbunden ist. Bei dem *Familienfideikommiss* sind die Nachfolger selbst die Eigenthümer des gestifteten Guts, und jeder von ihnen fühlt sich als wirklichen Herrn desselben. Indem der Nachfolger das Fideikommissgut in seine vollständige persönliche Herrschaft aufnimmt, wird er jener volleren Befriedigung theilhaftig, welche das Bewusstsein des Rechts zu selbstständigem Schalten und Walten gewährt, und vermag, was bei dem blossen Genuss der aus fremder Stiftungsverwaltung fliessenden Renten so nicht möglich ist, zugleich jenem natürlichen und berechtigten Triebe Genüge zu leisten, auch seinerseits eine wirkungsreiche Thätigkeit auf die Verbesserung des Guts zu verwenden, die bei den kommenden Geschlechtern eine dankbare Erinnerung sichert. So ist das Familiengut keine todte Masse, die, einmal geschaffen, immer dieselbe bleibt, sondern ein lebendiger Baum, der unter der sorgsamen Pflege der Nachfolger fort und fort mit der Familie wächst und gedeiht. Allerdings ist nun diese individuelle Herrschaft jedes Nachfolgers eine durch die höhere Fügung der nothwendigen Erhaltung des Fideikommisses gebundene; aber diese Beschränkung ist keine drückende, sondern in dem gesteigerten Familienbewusstsein selbst gegebene. — Dieser bedeutende innere Unterschied des Familienfideikommisses und der Stiftung ist oftmals übersehen worden; eine einzelne Form dieser Vermischung war unter Anderem die Ansicht, welche das Eigenthum oder das sogenannte Obereigenthum an jenem der Familie als juristischer Person beilegen, und dem Inhaber nur einen Niessbrauch oder ein sogenanntes Nutzeigenthum gewähren wollte, — eine Ansicht, die, abgesehen von ihrer sonstigen Unhaltbarkeit, den inneren geistigen Gehalt des Instituts in einer der wichtigsten Beziehungen unberücksichtigt lässt.

In der Regel fasst man die Idee des Familienfideikommisses so auf, dass man als Zweck desselben „die Erhaltung des Namens und Glanzes der Familie“ bezeichnet. Diese Auffassung ist eine einseitige und äusserliche. Jener Rücksicht würde ebenso gut auch durch eine Familien*stiftung* genügt werden. Der viel tiefere Gedanke einer Schöpfung, die, wie sie das Gepräge der Persönlichkeit des Stifters an sich trägt, so auch die Zeichen einer fortgesetzten individuellen Thätigkeit nachfolgender Inhaber, einer Schöpfung, die von vorn herein als der Boden einer Familiengeschichte gemeint ist und den Zusammenhang vergangener und künftiger Geschlechter in der sichtbarsten Weise vermitteln soll, — dieser Gedanke wird bei jener äusserlichen Betrachtung unberücksichtigt gelassen. Noch weniger wird das Wesen des Instituts begriffen, wenn man, von jenem tendenziösen Momente abstrahirend, nur die Unveräusserlichkeit des Gütercomplexes hervorhebt. Diese will nur ein anderes selbstständiges Ziel vermitteln, so wie sie denn überhaupt auch in ganz verschiedenen Verbindungen vorkommt und ganz anderen Zwecken dienen kann.

In dem Umstande, dass die Idee des Familienfideikommisses bisher selten richtig erfasst worden ist, darf auch wohl einer der Gründe für die vielfachen Anfechtungen gefunden werden, welche das Institut namentlich in neuerer Zeit zu erleiden hatte. Ich übergehe hier ganz den Angriff, der aus dem demokratischen Streben auf Vernichtung des Adels und seiner Grundlagen hervorgeht, und in der französischen Gesetzgebung seinen Vorgang hat. Es möge hier nur die Bemerkung Raum finden, dass zwar die Idee des Instituts ohne Zweifel das Lebensprincip des Adels einschliesst, dass aber, wie die obige Darstellung zeigt, seine Bedeutung keineswegs in dem Dienste für die Interessen dieses *einen* Standes erschöpft wird, indem es vielmehr einen Gedanken von allgemein menschlicher Berechtigung zur Geltung bringt. In der Aufhebung des Familienfideikommisses liegt vor Allem eine Verminderung des Rechtsstoffs, mithin eine Schmälerung der privatrechtlichen Freiheit, nicht bloss ein Angriff gegen den Adel. Ebenso übergehe ich die Anfechtungen Derer, welche die grösstmögliche Güterzertrümmerung als das Ideal agrarischer Zustände und mithin die Gebundenheit des fideikommissarischen Grundeigenthums als volkswirthschaftlich nachtheilig betrachten; von selbst versteht es sich übrigens, dass die Gesetzgebung allerdings Ursache haben kann, einer Ueberschreitung des natürlichen Masses in diesem Abschluss des Grund und Bodens (durch Festsetzung eines Minimum und Maximum) zu begegnen.

Weit gewichtiger erscheint uns von unserem Standpunkte aus der Einwand, der von der objektiven Freiheit des Eigenthums genommen wird. Während das römische Recht dem Testator nur die Befugniss gewähre, über *sein* Recht zu disponiren, führe das Familienfideikommiss zu der Macht, den absoluten Inhalt des Eigenthums für alle Zeiten zu schwächen, das Grundeigenthum in eine völlige Erstarrung zu versetzen und der Zukunft für alle Zeiten eine unnatürliche Fessel anzulegen*). Dieser Einwand würde in vollem Masse begründet sein, wenn die Befugniss, Familienfideikommisse zu errichten,

---

*) *Jhering*, Geist des röm. Rechts, 2. Bd., S. 238.

ohne alle Beschränkung in der Art und Grösse des zu bindenden Vermögens frei gestellt wäre; diess ist aber bekanntlich nicht der Fall. Sodann wird jener Vorwurf, wie mir scheint, durch die Betrachtung entkräftet, dass die Unveräusserlichkeit, wie sie das Familienfideikommiss will, nicht als eine inhaltlose, bloss bevormundende Beschränkung aufgefasst werden darf, da sie vielmehr nur die Form eines wahrhaft positiven Gedankens ist, der Erhaltung der Continuität des Familienbewusstseins, und so lange nicht als drückende Fessel wird empfunden werden, als dieser Gedanke in den nachfolgenden Generationen lebendig bleibt. Auch hat das Grundeigenthum in Deutschland niemals als ein Recht von schrankenloser Freiheit gegolten, es ist von je her durch einen Zusatz politischer oder sittlicher Pflichten besonderer Art gebunden gewesen; es hatte nicht bloss den Charakter eines ausschliesslichen Rechts, sondern mehr noch den eines Amts. Es ist das eine der wirksamsten Grundideen des deutschen Rechts, die sich durch den ganzen Verlauf seiner Entwicklung verfolgen lässt und bei der Construction unseres heutigen Rechts nicht übersehen werden darf.

Man hat wohl das *englische* Familienfideikommissrecht, wie es sich in der neuesten Zeit gestaltet hat*), aus eben dem Grunde gerühmt, dass hier die Freiheit der künftigen Generationen nicht gebunden werde; man weiss, dass in England ein Fideikommiss nur auf die Lebenszeit des Stifters, bez. die Volljährigkeit des Nachfolgers wirkt, dass es daher, damit es in seiner Fortdauer gesichert sei, immer von Neuem durch eine höchst künstliche Manipulation regulirt werden muss. Man kann zugeben, dass diese Einrichtung den Vortheil hat, die Berücksichtigung der vom Stifter nicht vorausgesehenen zufälligen Wechselfälle der Verhältnisse offen zu lassen. Aber

*) S. *Helferich* in der Tüb. Zeitschr. f. Staatswissensch. Jahrg. 1854. S. 123 flg.

auf der anderen Seite scheint mir bei der Willkürlichkeit in dieser steten Erneuerung der Stiftung eins der wesentlichsten Elemente der Idee des Familienfideikommisses, die wirkliche Continuität der Succession und das Bewusstsein davon verloren zu gehen. Auch darf bei einem Vergleiche des englischen Instituts mit dem deutschen nicht vergessen werden, dass jenes in dem *allgemeinen gesetzlichen Alleinerbrechte des Erstgeborenen am Grundeigenthume* eine sehr bedeutende, dem deutschen Rechte fehlende Ergänzung findet.

2.

Wir haben uns in dem Bisherigen auf einen Standpunkt gestellt, der das Institut als ein der Gegenwart angehörendes erscheinen lässt, wie es eine der verschiedenen Möglichkeiten des privatrechtlichen Wollens realisirt. Es soll nun aber auch ein Blick auf die geschichtliche Entwickelung desselben geworfen werden.. Hierbei wird eine doppelte Betrachtung nothwendig: auf der einen Seite in Bezug auf die Frage, wann und unter welchen Umständen die *Neigung* entstanden sei, dasjenige zu verwirklichen, was wir als die Idee des Instituts hingestellt haben, auf der andern Seite in Bezug auf die Frage, wann und unter welchen Umständen man das Familienfideikommiss als die *Rechtsform* jenes Wollens ausgebildet habe. Nicht selten hat man diese verschiedenen Seiten der Untersuchung vermischt oder die letztere in überwiegendem Masse in den Vordergrund gestellt.

Im deutschen, wie in den meisten Rechten germanischen Ursprungs bestand bekanntlich der Rechtssatz, dass ohne Einwilligung der nächsten Erben eine Veräusserung des Grundeigenthums unzulässig sei; sie wurde für nichtig erklärt und zwar mit der Wirkung, dass der nächste Erbe sich des Veräusserten sofort unterwinden durfte. Es ist bekannt, welche Rolle dieser Satz, den man als das Stammgutsprincip bezeichnet, in dem gesammten Güterrechte des Mittelalters spielt, wie er in alle Richtungen des Vermögensrechts hineingreift. An diesen Rechtssatz hat man in der Regel auch angeknüpft, wenn man den Ursprung des Familienfideikommisses darlegen wollte.

Wie man nun auch immerhin über das Alter und den Umfang dieses sogenannten Stamm- oder Erbgutsprincips denken möge, darin wird man allgemein übereinstimmen können, dass im älteren deutschen Rechte die Idee einer Gesammtberechtigung der Familie am Grundeigenthum vorhanden war. Es ist der Gedanke, dass eine Familie, um als solche mit voller öffentlicher Berechtigung in der Volksgenossenschaft zu gelten, nothwendig eine gemeinsame heimathliche Stätte, einen Stammsitz haben müsse; denn Antheil am Grund und Boden, Landaktie, ist die Bedingung politischen Rechts. Die Art, wie nun das deutsche Recht diesen Gedanken ausführt, ist eigenthümlich; während das *slavische* Recht ein wirkliches Gemeineigenthum der Familie in allen ihren Gliedern, also ein Nebeneinander der Familienrechte festsetzt, unterscheidet das *deutsche* Recht nach dem Charakter seines Individualitätsprincips zwischen dem gegenwärtigen wirklichen Eigenthümer und den nur zuwartenden Erben. Auch für diese ist das Gut die gemeinsame Stätte, der sie sich zuschreiben, aber ihr Recht wirkt zunächst nicht in der Form des Miteigenthums, sondern in der der eventuellen Befugniss. Allein auch ohne die geniessenden Eigenthümer zu sein, haben sie schon unmittelbar gegenwärtige Vortheile; sie dürfen sich als die Glieder einer auf Grundeigenthum wohl fundirten Familienverbindung fühlen, und dieser Vortheil soll nicht durch die Willkür des jetzt besitzenden Eigenthümers können verloren werden. In der Natur der Verhältnisse liegt es aber, dass in diesem Gedankenkreise als Familieneigenthum vorzüglich das *ererbte* im Gegensatze des neu erworbenen angesehen wird, und ebenso, dass jene Rechte vor Allem den *männlichen* Mitgliedern der Familie zukommen.

Am meisten ausgeprägt finden sich diese Ideen in der Rechtssphäre der vollfreien Geschlechter, z. B. in dem Institute des Handgemals, wie es *Homeyer* so anschaulich geschildert hat. Sie haben sich ferner in fast vollständiger Ursprünglichkeit erhalten in dem späteren adeligen Stammgute im engeren Sinne des Wortes. Selbst die Besitzrechte, welche den Charakter der Leihe hatten, vor Allem das Lehen, wurden im Laufe der Zeit von jenen Ideen ergriffen und mit allmählicher Schwächung der Dispositionsrechte des Verleihers in eigentliches Familiengut verwandelt. So finden wir vor dem Eindringen des römischen Rechts überall in Deutschland das Grundeigenthum durch Familienrechte mehr oder weniger gebunden; ganz allgemein herrschte die Idee der Nothwendigkeit einer unverbrüchlichen Fortdauer des angestammten Grundbesitzes bei der Familie im Bewusstsein des Volkes. Und diess ist in Wahrheit der Stoff, aus dem sich das spätere Institut des Familienfideikommisses entwickelte, freilich nicht unmittelbar, sondern in allmählichem Uebergange.

Um diesen Uebergang in voller Klarheit zu erfassen, muss man sich die alle Verhältnisse ergreifende Umwandlung des deutschen Lebens vergegenwärtigen, welche mit dem Ende des dreizehnten Jahrhunderts beginnt und sich mehrere Jahrhunderte hindurch fortsetzt. Ich meine vor Allem die Zerstörung des socialen und politischen Standes der Schöffenbarfreien, als des eigentlichen Mittelpunktes des älteren deutschen Rechts; seine Zersprengung in höchst verschiedenartige Elemente und sein allmähliches Verschwinden hinter den neuen Bildungen geschlossener Stände, vor Allem des niederen Adels und des eigentlichen Bürgerstandes. Sowie früher die Verhältnisse der Schöffenbarfreien, so sollten nun die Verhältnisse des Bürgerstandes das eigentliche Territorium für die Normalverhältnisse des Privatrechtes abgeben. Aber gerade in der eigenthümlichen Idee dieses Standes entwickelte sich ein Gegensatz zu den Voraussetzungen, aus welchen früher jene

Gebundenheit des Grundbesitzes im Interesse der Familienglieder hervorgegangen war; was ehedem der Zusammenhang mit einer auf uraltem Erbgute wurzelnden Familiengenossenschaft bedeutet hatte, gewährte dem städtischen Bürger der allgemeine corporative Verband der Stadtgemeinde, und indem in ihm nach und nach das Bewusstsein der rechtlich wirksamen Anrechte der Familie auf den angestammten Grund und Boden erlosch, verschwand jenes alte Rechtsprincip überhaupt aus dem gemeinen Rechte der Zeit. Anders war es bei dem Adel, als demjenigen Stande, der im Wesentlichen die Traditionen der alten Schöffenbarkeit bewahrt hat. Sein ganzes inneres Wesen schloss auch jetzt noch die Idee einer Einheit der Familie in dem gemeinsamen Stammgute ein. Wo dieses nun, wie in den meisten Fällen, Lehen war, ergab sich aus dessen Natur von selbst eine Befriedigung jener Idee, wo es aber Allod war, schien mit der Erschütterung des ganzen Zusammenhangs jener alten socialen Verhältnisse, aus denen das Erbgutsprincip hervorgegangen war, in dem Rechte selbst eine Garantie der Erhaltung für die Familie nicht mehr gegeben, und das Leben jener Zeit bestätigte diess durch zahllose Fälle der rücksichtslosesten Veräusserungen und damit der Vernichtung der Grundlagen, auf denen bisher der Bestand ritterbürtiger Familien geruht hatte. Eine Reaction war hier natürlich; das Lehen in seiner Gebundenheit erschien nun als das normale Gutsverhältniss des Adels, und das Allod wurde ihm durch ausdrückliche Festsetzung als unveräusserliches Stammgut nachgebildet.

Man sieht, es handelt sich hier um das Einlenken in eine schon halb verlassene Bahn. Aber zwischen diesem neuen Rechtszustande und jenem alten herrschte ein bedeutender Unterschied. Während ehedem die Gebundenheit des Familienguts in naiver Ursprünglichkeit als ein von selbst aus der ganzen Art des gesellschaftlichen Organismus hervorgegangenes Ergebniss bestand, war es jetzt das Product einer *Absichtlichkeit*, deren Beweggründe damals zu einem grossen Theile nur noch in den besonderen Interessen bestimmter Stände lagen. Voran gingen die fürstlichen Familien, denen aber gar bald auch Familien des niederen Adels folgten. Unverkennbar ist es aber immer, dass dieses neue Binden des Grundeigenthums kein improvisirtes war, kein Gedanke von bloss rationellem Ursprunge, sondern eine alte Fügung, die nur durch eine von den veränderten Zeitverhältnissen gebotene Energie erneuert wurde. —

Fragen wir nun, in welchen rechtlichen *Formen* dieser Wille geltend gemacht wurde, so würde freilich die Antwort weit von der Wahrheit abirren, welche schon die Geschäfte jener Art aus dem vierzehnten und fünfzehnten Jahrhundert dem Institute des Familienfideikommisses unterstellen wollte. Wir finden in den meisten Fällen eine Willenserklärung des Inhalts, dass gewisse Güter unveräusserlich bleiben und auf den Mannsstamm vererbt werden sollen; bald ist es ein Testament, in welchem die Disposition ausgesprochen wird, bald eine Urkunde über die vertragsmässige Einigung mehrerer Agnaten, unterstützt durch weibliche Erbverzichte. Ein Bedürfniss, Dispositionen über das gegenwärtige oder künftige Schicksal eines Vermögens nach den objektiven Regeln bestehender Rechtsinstitute einzurichten, ist in dieser älteren Periode des deutschen Rechtslebens noch wenig vorhanden. Es ist erst die Eigenthümlichkeit einer neueren Zeit, das rechtliche Handeln als die praktische Verwirklichung objektiver Rechtsnormen zu betrachten, in denen der Massstab für die Gültigkeit jenes gefunden wird. Damals handelte es sich überall noch um jene freien Dispositionen, die, wie *Zasius* bemerkt, *nec sunt testamentum*, *nec codicillus*, *nec plane pactum*, *sed voluntas in genere*, beruhend auf der einzigen Grundlage einer allgemeinen, noch nicht zum Rechte consolidirten Sitte*).

---

*) S. Archiv f. civ. Pr. Bd. 36, S. 39 flg.

Die Jurisprudenz jener Zeit stellte sich zunächst gar nicht die Aufgabe, für die verschiedenen Rechtsgeschäfte dieser Art einen gemeinsamen Begriff aufzusuchen; sie bestrebte sich nur, jene so häufig formlosen Dispositionen als einzelne je nach der Besonderheit des Falls gegen etwaige aus dem römischen Rechte entstehende Schwierigkeiten aufrecht zu erhalten. Die Mittel hiefür nahm man bald aus der Testaments-, bald aus der Vertragslehre, bald aus der besonderen Stellung illüstrer Disponenten, bald aus der Wirkung des Eides oder dem Einfluss kaiserlicher Bestätigung.

Inzwischen ward die eigentliche Form für jene Dispositionen bald gefunden. Bei den italienischen Schriftstellern des sechzehnten Jahrhunderts (z. B. *Peregrinus*, *Antonius de Petra*) über das römische Fideikommiss wird auch das *fideicommissum familiae* des gemeinen Rechts behandelt, und die Bestimmung eines Guts als ewig unveräusserliches Stammgut mit Vorzug des Mannsstamms wird daselbst lediglich als eine Anwendung dieser fideikommissarischen Disposition erörtert; das Besondere, was darin lag, schien leicht ausgeglichen werden zu können, da man den Willen des Stifters als unbedingt massgebend betrachtete. Auch die Analogie des Lehens wird in jenen Schriften vielfach benutzt. Diese Auffassung, die sich gleichzeitig bei spanischen und französischen Juristen findet, ist wohl schnell zu allgemeiner Geltung gekommen; in Deutschland ist sie zuerst und ausführlich von *Knipschild* vertreten worden.

Bei dem Rechtszustande Deutschlands im sechzehnten Jahrhunderte war diese Anknüpfung der deutschen Dispositionen an das Institut des römischen Rechts ganz natürlich. Man kann auch nicht läugnen, dass eine grosse äussere Verwandtschaft vorhanden ist. Beiden Arten der Verfügung gemeinschaftlich ist ein Veräusserungsverbot mit Berufung künftiger Familienglieder in successiver Folge. Es gilt auch hier, was im deutschen Rechte so oft beobachtet werden kann: ein durchaus selbstständiger Gedanke des letzteren stimmt insoweit mit einem Gedanken des römischen Rechts zusammen, dass die äusseren juristischen Linien für beide gleich angemessen erscheinen. Werden alsdann diese letzteren dem fremden Rechte gewissermassen als architektonisches Mittel entlehnt, aber dem inwohnenden Wesen eine durchaus freie und selbstständige Existenz gegönnt, so kann man nicht von einer knechtischen Unterwerfung deutschen Rechtsstoffs unter den Zwang des fremden Rechtes reden. Schon bei *Knipschild* bemerkt man, wie die Anknüpfung an das römische Familienfideikommiss nur noch eine ganz äusserliche ist, wie das deutsche Institut aus dieser Form mit Freiheit herauswächst, wie vom römischen Rechte bald nur noch die Form und gesicherte Wirkung der *Stiftung* übrig bleibt, während sich in dem *Resultate* des Aktes das alte deutsche *Stammgut* mit Vorzug des Mannsstamms darstellt, woran sich zur Construction des Uebergangs von einem Besitzer auf den anderen die neue, aber den Gedanken der Disposition ganz richtig ausdrückende *successio ex pacto et providentia majorum* des Lehnrechts anschliesst.

So hat sich unser Institut in seiner eigenthümlichen Form im Laufe des siebzehnten Jahrhunderts ausgebildet. Eine weitere Periode seiner Geschichte kann seit dieser Zeit nicht unterschieden werden. Die Aufgabe war und ist noch heutzutage, die in jenen Grundlagen gegebenen Ideen zur vollen juristischen Klarheit zu bringen. Dass aber jene Grundlagen gegenwärtig wirklich bestehen und auf Anerkennung Anspruch machen, kann nicht wohl bestritten werden. Es ist zwar richtig, dass die Idee der *successio ex pacto et prov. maj.* nicht ausdrücklich im longobardischen Lehnrechte ausgesprochen ist; aber schon in der nächsten Zeit nach Abfassung desselben ist sie als eine im Wesen des Lehens liegende erkannt und zu einem in der Lehnrechtswissenschaft herrschenden Elemente erhoben worden, aus der sie die Doktrin und Praxis mit Bewusstsein auf das Familienfideikommiss übertragen hat. Es ist ferner richtig, dass man anfangs nicht gehörig unterschied, dass man sich nicht darauf beschränkte, jenes Princip als die *dogmatische* Grundlage eines selbstständigen und, wenn man will, *neuen* Instituts hinzustellen, sondern aus ihm zugleich jene älteren Stammgutsverhältnisse, Veräusserungsverbote und Beschränkungen der weiblichen Succession erklären wollte, in welchen ein mit Bewusstsein erstmals stiftender Wille — die Voraussetzung des Familienfideikommisses — überhaupt nicht vorlag; es ist ganz richtig, dass man in irriger Generalisirung dazu gelangte, die faktischen Voraussetzungen des Instituts da, wo sie nicht vorhanden waren, grundlos zu fingiren. Aber aus allem Diesem kann ein Einwand gegen die *dogmatische* Berechtigung des *neuen* Instituts nicht gezogen werden. Man würde sonst über einem Irrthum in der *Rechtsanwendung* jener Zeit übersehen, dass es sich zugleich um eine *Rechtsbildung* handelte, aus welcher ein neues Institut für das heutige Rechtsleben hervorgehen sollte, das einen Anspruch auf wissenschaftliche Entwickelung macht.

3.

Das römische Familienfideikommiss unterscheidet sich in so vielen Punkten von dem deutschen Institute, dass nichts leichter zu sein scheint als die Bestimmung dieses Gegensatzes. Dem römischen Institute fehlt jede Spur des Gedankens, den wir oben als die Idee des deutschen Familienfideikommisses entwickelten; es ist überhaupt völlig unausgebildet geblieben. Man hat in der Regel gesagt, sein Zweck sei die Erhaltung des Wohlstandes der *ganzen* Familie, einschliesslich der Cognaten, im Gegensatz der Richtung des deutschen Instituts auf die Namens- und Stammesgenossen; aber selbst diese Auffassung ist schwerlich richtig, sie legt dem römischen Recht immerhin einen allgemeinen positiven Gedanken unter, während ein solcher überhaupt gar nicht vorhanden ist. In manchen der hierher gehörenden Dispositionen ist es offenbar nicht sowohl eine Fürsorge für die *Familie*, welche zur Befestigung des Besitzes eines Gegenstandes veranlasste, sondern vielmehr eine Rücksicht auf die *Sache*, welcher der Disponent die Pflege zuverlässiger Personen zu sichern wünscht *). Das Institut ist nicht über die kahle Vorschrift hinausgekommen, dass es mit *erbrechtlichen* Mitteln möglich sei, einen Gegenstand auf mehrere Generationen hin vor Veräusserungen zu bewahren. Am entscheidendsten wird sich die Eigenthümlichkeit des deutschen Familienfideikommisses gegenüber diesem unentwickelten Institute des römischen Rechts darlegen, wenn wir, wie nunmehr geschehen soll, versuchen, es juristisch zu construiren. —

Wir haben gesehen, wie das deutsche Familienfideikommiss aus einer Combination sehr verschiedenartiger Elemente hervorgegangen ist. Es kommt nun darauf an, das innere Verhältniss der letzteren zu bestimmen, und zu untersuchen, ob sie zu einem wirklich einheitlichen Ganzen verwachsen sind, sowie festzustellen, wo der eigentliche Schwerpunkt des Instituts zu suchen sei. Vor Allem ist es nothwendig, jene einzelnen Elemente für sich zu betrachten.

1) Das Familienfideikommiss hat eine grosse Aehnlichkeit mit der *Stiftung* im engeren Sinne des Worts. Die Eigenthümlichkeit derselben besteht bekanntlich darin, dass ein Güterwerth dauernd als für einen bestimmten Zweck dienstbar erklärt wird, und dass dieser Zweck gewissermassen als die Seele einer idealen Person gedacht wird, der das Eigenthum jener Güter gehört. Alle Diejenigen, welche stiftungsmässig zum Genusse des Vermögens berufen werden, stehen mit der juristischen Person in einem obligatorischen Verhältnisse, in Folge dessen die letztere die bestimmten Vortheile zu gewähren hat. So wird auch beim Familienfideikommisse

*) S. vorzüglich *Huschke progr.: Flavii Syntrophi donationis instrum. inedit. Vratislav.* 1838.

für alle zukünftig Berufenen der stiftende Wille immer als gegenwärtig gedacht, der bei jedem Falle des Eintritts eines neuen Berechtigten als unmittelbar wirkend erscheint. Auch hier ist ferner das Genussrecht ein durch jene höhere Fügung fortwährend gebundenes, und kein Berechtigter kann es anders als nach Massgabe der Stiftung ausbeuten. Aber es besteht der bedeutende Unterschied, dass hier der stiftende und berufende Wille nicht ein eigenes Rechtssubjekt ausser der Person des Geniessenden darstellt; er hat beim Familienfideikommiss nur das abstrakte Dasein einer rechtlich geschützten und immerfort wirksamen Kraft, und erscheint als Bestandtheil des Genussrechts selbst, d. h. des durch die Wirksamkeit dieser Kraft innerlich beschränkten Eigenthums des Berufenen. Man muss unterscheiden die Stiftung als jenes besondere Rechtsinstitut, und die Stiftung als das rechtliche *Motiv* eines auf lange Dauer begründeten Rechtsverhältnisses; in diesem letzteren Sinne wohnt auch dem Familienfideikommisse die Idee der Stiftung inne. Sie tritt hervor als äusserst wirksames materielles Motiv, aber sie bildet nicht den Kernpunkt der formellen juristischen Construction.

2) Wir haben gesehen, dass die frühere Jurisprudenz das Familienfideikommiss als eine Art des *successiven Vermächtnisses* auffasste, als ein Vermächtniss mit unbegrenzter Substitution. Darin ist der ganz richtige, aber noch besser durch die Formel der *successio ex pacto et providentia majorum* ausgedrückte Gedanke ausgesprochen, dass jeder zukünftig Berufene seinen Genuss aus der Hand des stiftenden Ahnherrn empfängt. Ist nun mit dieser Rechtsform das Wesen unseres Instituts wirklich charakterisirt? Die älteren Schriftsteller bejahen diese Frage, die neueren umgehen ihre direkte Beantwortung, scheinen sie aber mittelbar zu verneinen. Und doch bedarf sie einer direkten Antwort; denn hier ist der Punkt, auf dem die Feststellung der Natur des deutschen Familienfideikommisses erwartet werden kann. Ich stehe nicht an,

jene Frage bestimmt zu verneinen; die Anlehnung des modernen Stammguts an das successive Vermächtniss war ein Moment in der Entwickelungsgeschichte des Instituts, das ihm seine Anerkennung sicherte, seine Befestigung in der Praxis ermöglichte; aber es hat sich nach meiner Ueberzeugung von dieser Anlehnung, nachdem ihr Zweck erreicht war, wieder frei gemacht und einen durchaus neuen und selbstständigen Charakter gewonnen. Das Recht, welches durch das *successive Vermächtniss* gegeben wird, bleibt fort und fort ein *erbrechtliches;* die Befugnisse, welche die Geniessenden an der Sache haben, finden ihren Schwerpunkt nicht sowohl in der Natur eines objektiv feststehenden sachenrechtlichen Instituts, als in dem Willen des Erblassers; das Recht des Berufenen erscheint immer nur mehr als eine aus dem Willen des Stifters hervorgehende Forderung gegen den Onerirten, es wird niemals eigentlich selbstständig, kommt nie zu sich selbst, gewinnt niemals einen eigenen Ruhepunkt in sich. Das *deutsche Familienfideikommiss* ist nach meiner Ueberzeugung kein *erbrechtliches*, sondern ein *sachenrechtliches* Institut. Der Wille des Stifters bleibt freilich immer das belebende Princip des Verhältnisses, aber er ist nicht die einzige Quelle, aus welcher es seine Bestimmungsgründe schöpft, vielmehr ruht es, wenn die Stiftung vollzogen ist, auf der Basis eines selbstständigen Begriffs des Sachenrechts; dieser erhält durch die Stiftung sein Lebensprincip, seine Subjektivirung, aber er wird durch sie nicht jedesmal neu geschaffen, er ist schon an sich vorhanden, und nimmt nur die Intentionen des Stifters als Modificationen in sich auf. Dieser Begriff des Sachenrechts ist meiner Ansicht nach die Basis des Instituts: es ist der Begriff des deutschen *Stammguts.*

3) Das deutsche *Stammgut* gab, wie wir oben gesehen haben, das leitende Motiv der neuen Bildung des Familienfideikommisses, und es hat den Gedanken desselben in der That im Wesentlichen festgehalten. Betrachten wir das soge-

nannte adelige Stammgut im engeren Sinne des Worts *). Das Gut gehört hierbei der Familie, d. h. der Gesammtheit der Agnaten. Diese wird nicht als eine juristische Person gedacht, sondern als eine natürliche, sittliche Einheit; man unterscheidet dabei die wirklichen Eigenthümer und die bloss zuwartenden Agnaten, welche durch ihr Einspruchs- und Vindicationsrecht das Verbleiben des Stammguts in der Familie sichern Im Wesentlichen ist diess auch der Charakter des Familienfideikommisses. Auch hier findet diese Selbstständigkeit des Rechts am Gute, das wirkliche Eigenthum daran statt; aber die Successionsrechte der Agnaten sind hier nicht nur durch einen objektiven Rechtssatz, sondern durch die Fügung einer ausdrücklichen Stiftung gesichert. Und eben wegen des Einflusses dieser Stiftung ist hier der Uebergang des Rechts auf den Nachfolger ein anderer als beim einfachen Stammgute; bei letzterem handelt es sich um den gewöhnlichen, obschon rechtlich geschützten erbrechtlichen Uebergang eines Guts aus dem Vermögen des verstorbenen Blutsfreunds als Theils von dessen Nachlasse, beim Familienfideikommisse dagegen um den berufenen Eintritt in die gestiftete Rechtssphäre eines ursprünglichen Ahnherrn. Dieses tendenziöse Moment der Stiftung durchdringt das ganze Institut, aber der materielle Grundstoff bleibt das altdeutsche Stammgut.

Die richtige Construction des Familienfideikommisses wird demnach aus einer Verbindung dieser verschiedenen Elemente zu gewinnen sein. Es ist ein *sachenrechtliches* Institut, eine Art des Eigenthums. Ist schon das Stammgutseigenthum ein durch besondere Rechte der Familie modificirtes, so tritt beim Familienfideikommiss noch ein besonderes Element hinzu, wodurch sein Eigenthum in individueller Weise charakterisirt wird, — die Abhängigkeit von jener höheren, als ununterbrochen wirksam gedachten Stiftung. Dieses subjektive Ele-

*) *Gerber*, Syst. des deutschen Privatr. §. 82 und §. 84, 1.

ment wird von dem Begriffe des Stammgutseigenthums aufgenommen, so dass es mit ihm eine einheitlich verbundene Substanz in der Form eines objektiven Rechtsinstituts bildet — das *Familienfideikommisseigenthum.* In dem Rechtskreise nun, welchen der Stifter geschaffen hat, bildet dieses den Mittelpunkt, und es wird auf den Nachfolger in Verbindung mit der ganzen Summe von Obligationen, die sich darin weiter entwickeln, als Theil eines abgeschlossenen durch die Persönlichkeit des Stifters geeinten Vermögens mittelst der *successio ex pacto et providentia majorum* übertragen.

Dass es überhaupt möglich sei, subjektive Momente, wie sie die Idee des Familienfideikommisses einschliesst, in den Begriff des Eigenthums aufzunehmen, kann füglich nicht geläugnet werden. Von jeher hat das deutsche Recht beim Grundeigenthum eine Verbindung des Sachenrechts mit persönlichen Motiven der verschiedensten Art zugelassen, und zwar ist diese Verbindung keine nur äusserliche geblieben, bei welcher die einzelnen Elemente ihre besondere Natur bewahrten, sondern es handelte sich um eine wirkliche Verschmelzung mit dem Eigenthumsbegriff*). Ja, man darf behaupten, dass in gewissen Perioden der reine und abstrakte Begriff der privatrechtlichen Eigenthumsherrschaft in Bezug auf Grund und Boden in Deutschland die Ausnahme gewesen ist. Immerhin soll jedoch nicht geläugnet werden, dass die Aufnahme der Stiftungsidee in den Eigenthumsbegriff selbst, so dass er nach allen Richtungen von ihr beherrscht und durchzogen wird, wohl als die äusserste Grenze der Möglichkeit solcher Erweiterungen betrachtet werden darf**).

*) *Gerber,* Deutsch. Priv.-R. §. 78. 80, 1.

**) Aus dem römischen Rechte schwebt mir als ein ähnlicher Fall der Füllung des Eigenthums mit subjektiven Momenten das Dotaleigenthum des Ehemanns vor. — Ganz analog ist die höchst sinnreiche Entwickelung *Jhering's* Geist des r. R. Bd 2, S. 176, Note 236, wo er zeigt, wie die Römer, um einen gewi sen Erfolg zu sichern, die Nothwendigkeit des

Für die Wahrheit dieser Anschauung gibt der ganze Inhalt des Rechts der Fideikommissfolger Zeugniss. Wäre diess nur ein gewöhnliches Eigenthum an einer unveräusserlichen Sache, oder ein gewöhnlicher Niessbrauch, dann würde es sich bloss um die unverbundene Aufeinanderfolge des völlig abgeschlossenen Genusses jedes einzelnen Anwärters handeln. Ganz anders, wenn der positive Charakter des Fideikommissrechts in Anrechnung gebracht wird. Alsdann handelt es sich nicht bloss um die nackte Negation von Verfügungen, welche dem berufenen Nachfolger den gleichen Genuss entziehen würden, sondern es entsteht daraus zugleich eine Summe eigenthümlicher Rechte und Pflichten, deren Ursprung in einem Keime des Begriffs des Fideikommisseigenthums selbst liegt, ganz einerlei, ob sie in der Stiftungsurkunde besonders ausgesprochen sind oder nicht. In jedem Genussberechtigten soll die Idee der Stiftung lebendig sein; er soll nicht bloss dafür sorgen, dass das Gut in der Integrität, welche bei Abwesenheit grober Verschuldung und Böswilligkeit statt findet, den Nachkommen überantwortet werde, sondern er soll positiv dafür thätig sein, dass es so, wie es der Stifter begründete, je nach den wechselnden Ansprüchen der Zeit erhalten werde, und in dieser Richtung gibt ihm die Stiftung eine Vollmacht, den Stifter zu repräsentiren, indem er unter Umständen den Nachfolgern eine Schuld mit derselben Wirkung auflegen darf, als wäre sie vom ersten Stifter in das Bereich des gestifteten Ver-

Eintritts des letzteren zu einer Eigenschaft der Sache niederschlugen. Diess Letztere, dass die subjektiven Tendenzen Eigenschaften der *Sache* würden, ist freilich bei unserem Institute nicht anzunehmen; hier handelt es sich nicht um absolute und unvertilgbare rechtliche Qualitäten der Sache, sondern um eigenthümliche Befugnisse und Schranken für eine Reihe individuell bestimmter Subjekte. Die Unveräusserlichkeit des Familienfideikommissgutes darf nicht so aufgefasst werden, dass diess gewissermassen eine *res extra commercium* geworden sei, sondern dem Rechte daran fehlt die Veräusserungsb fugniss, was aber keine blosse Negation ist, sondern die Folge einer höchst positiven Tendenz, mit welcher jenes geschwängert ist.

mögens aufgenommen worden. Mit andern Worten: jeder Nachfolger im Genusse des Familienfideikommisses ist, wenn die materiellen Voraussetzungen vorhanden sind, berufen und verpflichtet zu *Nachstiftungen.* Es lässt sich nicht läugnen, dass hierdurch ein Theil jener Function erfüllt wird, welche wir oben dem ganzen Institute beilegten, eine Continuität der wechselnden Generationen durch monumentale Arbeit für die Erhaltung der Stammesheimat zu verwirklichen *).

Diese Natur des Instituts macht sich endlich auch beim Erlöschen des Familienfideikommisses geltend. Wenn ausser dem jetzigen Besitzer Niemand mehr vorhanden ist, der zu den durch die Stiftung bedachten Personen gehört — was freilich erst bei seinem Tode gewiss wird —, so verwandelt sich das Fideikommiss von selbst in freies Eigenthum. Diese Verwandlung hat nicht den Charakter eines besonderen Rechtserwerbes von Seiten des Besitzers, er erhält kein neues Recht, denn er war bereits Eigenthümer. Aber der tendenziöse Inhalt dieses Eigenthums, die Idee der Stiftung, von der es beherrscht war, zieht sich zurück, und es bleibt nur das einfache und absolute Recht übrig. Würde der jeweilige Besitzer nur als Niessbräucher oder als sogenannter Nutzeigenthümer gedacht, so bedürfte dieser Erfolg der Vermittlung eines besonderen Uebergangs des bisher fremden Eigenthums, nicht ohne Hülfe einer höchst künstlichen Construction.

Es mag hier schliesslich nur in aller Kürze angedeutet werden, dass die Verkennung der so eben geschilderten Natur des Instituts zur Aufstellung mehrerer, wie ich glaube, unrichtiger Ansichten mitgewirkt hat. Das Bedürfniss, die Tendenz der Stiftung gegenüber dem Genussrecht des Einzelnen zu sichern, hat häufig dahin geführt, ein bestimmtes Subjekt zu statuiren, welchem jene Garantie als besondere Aufgabe zugeschrieben wurde. So die gesammte Familie „als Obereigen-

*) S. Zeitschrift f. Civilr. und Process. N. F. Bd. 11, S. 197 flg.

thümerin"; nach *Pfeifer* *) soll sogar der Staat der Eigenthümer und Träger jener Function sein.

4.

Es ist eine besondere Eigenthümlichkeit des Instituts, dass es die grösste *Mannigfaltigkeit* in der *Gestaltung* und *Anordnung* jener leitenden Idee zulässt. Die Basis bleibt immer das gestiftete Fideikommissgut, aber diess ist nicht der gesammte Inhalt des Rechtskreises, für den der Stifter die Agnaten beruft; umgeben von einer Menge angeknüpfter Rechte, Verpflichtungen und Auflagen erscheint es wie ein Stamm, bestimmt, eine Fülle fruchttragender Zweige im Interesse der Familie zu treiben.

Allgemeine Voraussetzungen für jedes wahre Familienfideikommiss in dem hier gemeinten Sinne sind nach meiner Ansicht folgende: 1) dass das Objekt der Stiftung ein grösseres ländliches *Grundstück* **), 2) dass nur der *Mannsstamm* zur Succession berufen ist. Die Zulassung von Geldcapitalien als Objekt des Fideikommisses betrachte ich als der Idee desselben nicht ganz entsprechend; die ausschliessliche Berechtigung des Mannsstamms scheint mir so wesentlich zu sein, dass ich in ihr ein specifisches Kennzeichen unseres Instituts erblicke. Diess gilt sowohl von den Geschlechtsfideikommissen des Adels als des Bürgerstandes. Ein Fideikommiss, das als solches auch auf die Frauen und Cognaten übergeht, kann nicht die Bestimmung haben, die Basis für die Continuität des Familienbewusstseins zu bilden; es kann irgend ein sonstiges Rechtsverhältniss begründen — römisches Familienfideikommiss, Familienstiftung —, aber ein deutsches Familienfideikommiss in unserem Sinne ist es nicht.

Die in Deutschland häufigste Gestaltung ist die, bei

*) Vermischte Aufsätze über Gegenst. des teutschen und röm. Privatr. Marburg 1803, S. 7.

**) Nach Umständen wohl auch ein blosses Gebäude.

welcher alle dem Grade nach gleich Berechtigten zur Succession berufen sind. Das Theilungsprincip kann sogar so weit ausgedehnt sein, dass ohne alle Rücksicht auf Gradesnähe alle volljährigen Agnaten zugleich zur Succession berufen sind*). Die Mehrheit der Berechtigten befriedigt alsdann ihr Interesse durch eine Theilung der Nutzungen, da reelle Theilungen in der Regel durch die Stiftung verboten und überhaupt, weil dem Wesen des Instituts widerstrebend, im Zweifel als unzulässig zu betrachten sind. Im Gegensatze hierzu stehen dann die Fideikommisse mit Individualsuccession, Primogenitur-, Majorat-, Senioratordnung. Obschon es ausser dem Plane der Darstellung liegt, auf diesen Gegenstand näher einzugehen, so kann ich doch die Bemerkung nicht unterdrücken, dass mir die Anordnung solcher Individualsuccessionsordnungen dem Wesen des Instituts, wie es oben charakterisirt worden ist, weitaus am Meisten zu entsprechen scheint.

Wie bereits bemerkt worden ist, kann der Wille des Stifters die Richtung nehmen, an den Genuss des Fideikommisses eine Reihe von Pflichten anzuknüpfen, in deren Feststellung sich recht eigentlich die individuelle Fürsorge des Stifters für die Familie offenbart. Jene Verpflichtungen können sich unmittelbar auf das äussere Interesse der Familie beziehen, — Auszahlung von Wittthum, Apanagen, Aussteuer, Unterstützung hülfsbedürftiger Verwandter. Sodann können sie aber auch einen allgemeineren Charakter haben, indem der Stifter beabsichtigt, seiner Familie eine eigenthümliche Richtung und Stellung im religiösen, sittlichen, politischen und socialen Leben zu sichern. Dahin gehören allerlei Bedingungen und Auflagen, welche der Stifter für den Genussberechtigten vorschreibt, z. B. makellose Ehrenhaftigkeit, Beschränkungen in der Wahl der Ehefrau, Bekenntniss einer bestimmten Religion,

---

*) Ein Beispiel s. in der Zeitschr. für Civilr. und Process. N. F. Bd. 12, S. 200 flg.

das Bereisen wichtiger Städte, Aufzeichnung gemachter Erfahrungen und gehabter Erlebnisse u. s. w. So kann er ferner vorschreiben, dass der Besitzer des Fideikommisses in bestimmten wiederkehrenden Zeiten die zerstreuten Glieder der Familie bei sich versammle, gewisse Erinnerungsfeste feiere. Manche dieser Vorschriften werden vielleicht nicht in streng juristischer Form, sondern als Ermahnungen und Bitten ausgesprochen werden, aber ihre Beobachtung wird dessenungeachtet durch das Pietätsgefühl der Nachfolger gesichert sein. Insbesondere wird ferner der Stifter in der angegebenen Richtung häufig durch Schöpfung besonderer Stiftungspertinenzen wirken können, deren Erhaltung und Vermehrung er dem Besitzer zur Pflicht macht, z. B. Familienkleinodien, Kunst- und Büchersammlungen. Auch können Stiftungen mit allerlei Zwecken als eigene juristische Personen äusserlich an das Familiengut in der Weise annectirt werden, dass der jedesmalige Besitzer der Verwalter ist, und dass das Stiftungsvermögen mit dem Familienfideikommiss im Fall der Auflösung der Stiftung wieder zusammenfällt.

Es fragt sich nun, wie sich diese Einrichtungen, die sich je nach dem individuellen Belieben des Stifters in der mannigfaltigsten Weise denken lassen, um den Mittelpunkt, das Familienfideikommisseigenthum, juristisch gruppiren?

Einen Theil und zwar den Grundbestandtheil der subjektiven Tendenzen der Stiftung nimmt, wie wir oben gesehen haben, der Begriff des Familienfideikommisseigenthums selbst in sich auf. Diese sind hier genauer zu bestimmen. Vor Allem gehört dahin die *Unveräusserlichkeit:* Keiner der successiven Eigenthümer hat das Recht der Veräusserung. Eine Veräusserung ist absolut und *ipso jure* nichtig; jeder Nachfolger, auch der Descendent *) des Veräusserers hat das Revoca-

*) S. das Nähere in meinem D. Pr.-R. §. 84, N. 12.

tionsrecht, ja der Veräusserer selbst kann vindiciren, sofern ihm nicht die Einrede entgegensteht, dass seine Veräusserung nach den Grundsätzen der Conversion der Rechtsgeschäfte wenigstens die zeitliche Ueberlassung des Genusses auf die Dauer seines persönlichen Rechts einschliesse. Diese Unveräusserlichkeit ist aber nicht als eine allgemeine gedacht, sondern sogleich in Verbindung mit der positiven Richtung auf das Interesse der Stammesfamilie, welcher das Gut erhalten werden soll; die Verpflichtung zur Conservirung der Substanz im Geiste der Stiftung ist daher ein fernerer Theil des Inhalts des Fideikommisseigenthums, ist nur die positive Seite der Unveräusserlichkeit. Alles diess darf nicht als Obligation construirt werden, welche an das Eigenthum nur äusserlich angeknüpft ist, sondern es handelt sich um Momente des Eigenthumsbegriffs selber.

Um aber die Stiftung praktisch zu verwirklichen, die successive Uebertragung des Fideikommisseigenthums in der vom Stifter gewollten Intention zu ermöglichen, bedarf es eines eigenthümlichen erbrechtlichen Princips, welches gewissermassen als die zweite Hälfte des Instituts erscheint: die *successio ex pacto et providentia majorum.* Dieses Erbrechtsprincip wird in jeder Fideikommissstiftung zur Anwendung gebracht; der Stifter beruft in successiver Folge die sämmtlichen zukünftigen Geschlechtsfolger zu Erben für den von ihm gegründeten Rechtskreis, sei es mit oder ohne eine besondere Successionsordnung. Ein grosser Theil der oben genannten Verpflichtungen, namentlich die, welche mehr der Ausdruck individueller Neigungen des Stifters sind, hat den Charakter von *Bedingungen* und *Auflagen* (*modus*), unter welchen die Erbberufung statt findet. Dieses successive Erbrecht ferner ist es, welches den Uebergang der vom Stifter selbst in das Stiftungsvermögen aufgenommenen Schulden vermittelt, sowie der Passiva, welche durch Nachstiftungen der Fideikommissfolger begründet werden. Denn wenn auch die allgemeine Berechtigung und Verpflichtung zu dieser nachstiftenden Thätigkeit schon einen Theil des objektiven Familienfideikommisseigenthums bildet, so sind doch die daraus entstandenen Schuldverhältnisse ein selbstständiger juristischer Thatbestand in dem gesammten Rechtskreise, in welchen der Nachfolger eintritt. Man sieht, die *successio ex pacto et providentia majorum* hat ihre besondere und selbstständige Function; sie ist die Form, in welcher sich der Wille des Stifters vollzieht; aber das Recht des Berufenen an der Sache gewinnt sofort eine selbstständige Basis in dem objektiven und unwandelbaren, durch den einzelnen Stiftungsakt nicht erst erfundenen, sondern nur angewandten Begriffe des Fideikommisseigenthums, wie wir ihn oben als den Inhalt eines eigenthümlichen Privatrechtsinstituts geschildert haben.

Endlich ist es auch nicht unmöglich, mancherlei Leistungen als Zustandsobligationen, nach Art der Reallasten, zu begründen.

So tritt der Nachfolger im Familienfideikommiss in ein nach allen Richtungen abgeschlossenes Gebäude ein, das, obschon mit verschiedenen architektonischen Mitteln errichtet, doch im Ganzen eine wirkliche Einheit darstellt. Dem Laien wird die Mannigfaltigkeit in der Structur verborgen bleiben, er wird sich an die Totalität der praktischen Wirkung halten, aber der Jurist darf sich der Erkenntniss des Einzelnen in jener Gesammtordnung nicht entziehen.

5.

Hat nun der Begriff des Familienfideikommisses im gemeinen Rechte wirklich Realität? Ist er in einem anerkannten Rechtsinstitute ausgeprägt? In welcher Form kann er alsdann zur Anwendung gebracht werden?

Die Geschichte des Familienfideikommisses beruht nicht auf *gesetzlichen* Festsetzungen. Ein gemeinrechtliches Gesetz darüber existirt überhaupt nicht. Die neueren Particulargesetze setzen das Institut als ein bereits fertig gewordenes voraus, können also bei der Beantwortung der Frage über die allgemeine rechtliche Grundlage des Instituts nicht mit in Anrechnung gebracht werden.

Das Familienfideikommiss beruht auf einem *gemeinen Gewohnheitsrechte*, in Verbindung mit einer tiefeingreifenden Wirksamkeit der *Doctrin.* Der Drang, Dispositionen in der Richtung dieses Instituts zu machen, war, wie oben gezeigt wurde, seit dem sechzehnten Jahrhundert in gewissen Kreisen der Gesellschaft ganz allgemein, und es kann nicht bezweifelt werden, dass ihm die Ueberzeugung von der Rechtmässigkeit solcher Verfügungen zur Seite stand. Es war eine wirkliche in gewissen Sphären allgemeine Rechtsüberzeugung vorhanden, die sich in einer Menge von Uebungsfällen bekundete. Eine territoriale Begrenzung wüsste ich dafür nicht festzustellen. Solche Dispositionen fanden und finden sich in ganz Deutschland, in dem einen Lande mehr, im anderen weniger häufig, jenachdem die socialen Voraussetzungen und die entsprechende Sitte mehr oder weniger entwickelt ist. Die Doctrin behandelte sie zum Theil nicht als völlig neue Rechtsschöpfungen, sondern glaubte sie mit den vorhandenen Mitteln des gemeinen Rechts construiren zu können. Nur zur Aushülfe griff man zur Idee der Autonomie des Adels, um die Lücken ausfüllen zu können, die sich bei der Anwendung des gemeinen Rechts auf diese Dispositionen allenfalls noch zeigten. Unwillkürlich aber und unbewusst gelangte so die Doctrin zu einem wirklich neuen Institute, für dessen gemeinrechtliche Existenz die vieljährige Anerkennung durch die Praxis der Gerichtshöfe sprach, dessen innere Entwickelung aber bis auf die neueste Zeit als eine freie Aufgabe der Wissenschaft betrachtet wurde.

Ich vermag hiernach nicht abzusehen, wie manche Neuere *) dazu gelangen können, die Befugniss der Errichtung

*) *Walter*, Deutsch. Pr.-Recht §. 470, 4, unter Berufung auf *Maurenbrecher,* Deutsch. Pr.-R. I. §. 218, 18.

eines Familienfideikommisses von der Voraussetzung eines ausdrücklich gestattenden Particulargesetzes abhängig zu machen. Der Gedankengang *Walter's* ist folgender: „in der Stiftung „eines Familienfideikommisses erhebe sich der Privatwille zu „einem *Gesetze*, welches einer Nachkommenschaft bis in die „entferntesten Zeiten auferlegt werde; *daher* sei die Errichtung „derselben nur da zuzulassen, wo das positive Recht sie aus- „drücklich gestatte, was in Betreff der durch den Art. 14 der „Bundesakte mit der Autonomie Bedachten ganz allgemein der „Fall sei." Correkter und deutlicher hätte diese Ansicht so formulirt werden sollen: es genügt nicht, dass die gemeinrechtliche Praxis und Wissenschaft das Institut kennt, und dass in einem bestimmten Staate kein besonderes Verbot seiner Anwendung besteht, sondern es bedarf einer ausdrücklichen Erklärung der gesetzgebenden Gewalt jedes einzelnen Staats, dass sie die Befugniss zur Errichtung von Familienfideikommissen *nachlasse*; eine solche Erklärung wäre dann als ein Verzicht auf die Ausschliesslichkeit der gesetzgebenden Gewalt anzusehen, indem den Privaten in einer gewissen Richtung das Recht eingeräumt würde, selbst Gesetze zu erlassen. Es ist diess die frühere Auffassung, welche die sogenannte Autonomie als eine auf bestimmte Sphären beschränkte gesetzgebende Gewalt betrachtete. Ich kann diese Ansicht unter keinen Umständen für berechtigt halten.

Vielmehr ist das deutsche Familienfideikommiss ein wirkliches Rechtsinstitut, d. h. eine aus einzelnen Rechtssätzen bestehende juristische Grösse, welche die Gesammtansicht einer bestimmten einzelnen Möglichkeit des privatrechtlichen Wollens darbietet. Sie hat ihre eigene Gliederung, und die Gesetze eigenen inneren Lebens. Wer das Institut zur Anwendung bringt, ist genöthigt, diese Gesetze zu befolgen, und verwirklicht die abstrakten Regeln, indem er sie seinem Willen unterlegt und in einem concreten Verhältniss zur Geltung bringt. Die eigenthümliche Wirkung solcher Dispositionen, nämlich die Unbegrenztheit ihrer Dauer und die Unbestimmtheit der dadurch getroffenen Personen, ist eben die Besonderheit dieses Instituts; sie ist an sich nichts der Idee eines Privatrechtsinstituts Feindseliges, was jeder juristischen Form widerstrebte und nur durch Voraussetzung eines Akts der Rechtserzeugung erklärt werden könnte. Mit demselben Rechte würde man sonst dem Testamente, dem successiven Vermächtnisse und dem ja auch schon vom römischen Rechte unter Umständen anerkannten testamentarischen Veräusserungsverbote den Charakter der Objektivrechtlichkeit bestreiten und hier überall von „Gesetzen“ reden müssen.

Erst bei dieser Annahme wird eine juristische Construction des Familienfideikommisses möglich, d. h. eine Bestimmung seiner inneren Natur und Bedingungen. Setzt man dagegen bei Dispositionen solcher Art eine wahre gesetzgebende Gewalt voraus, so ist eine feste Regel, eine Analyse der dauernden Elemente des juristischen Thatbestandes gar nicht denkbar. Das Juristische schrumpft dann in dem formalen Princip zusammen: es kann Jemand unter gewissen Voraussetzungen einen sein Vermögen betreffenden Willen äussern, der von allen Nachkommen als Gesetz anerkannt werden muss; welchen Inhalt aber dieser Wille haben müsse, das lässt sich, abgesehen von gewissen nur äusserlichen Schranken (z. B. dass die Staatsverfassung, absolut ge- oder verbietende Vorschriften nicht angetastet werden dürfen), gar nicht sagen, da ja Alles hier in das ganz individuelle Belieben des Gesetzgebers gestellt ist.

Dass aber das Interesse der hierbei am meisten betheiligten Stände durch die Annahme des Familienfideikommisses als eines objektiven Rechtsinstituts nicht verletzt werde, bedürfte an und für sich kaum einer Bemerkung. Dadurch wird namentlich dem Adel an seinem Rechte, seine Güter- und persönlichen Verhältnisse im Kreise seiner Familien in der selbstständigsten Weise zu ordnen, nicht das Mindeste geraubt.

Es handelt sich ja vielmehr nur um die Gewinnung der rechtlichen *Form*, in welcher diess zu geschehen habe, und es leuchtet wohl ein, dass diese viel mehr garantirt ist, wenn sie als die Anwendung eines *Rechtsinstituts*, d. h. als Rechtsgeschäft, charakterisirt werden kann, als wenn man sie in einem vagen, völlig unbestimmbaren Gesetzgebungsrechte suchen müsste. Eine solche Bemerkung war überhaupt nur nöthig, um dem seltsamen Missverständnisse zu begegnen, als solle mit dieser Auffassung der Autonomie des Adels dessen individueller Rechtskreis materiell verletzt werden.

Ist also die Ansicht richtig, dass das Familienfideikommiss als ein Rechtsinstitut objektiv besteht, so kann auch der Akt, durch welchen es im einzelnen Falle begründet wird, kein anderer als ein einfaches Rechtsgeschäft, eine einfache Disposition sein. Es fragt sich aber, wie die Natur dieser Disposition näher bestimmt werden muss? Die Beantwortung dieser Frage kann nur durch eine Betrachtung der einzelnen juristischen Erfolge erlangt werden, welche hervorgebracht werden sollen.

Der Constituent will

1) ein bestimmtes Grundstück, über das er zu disponiren befugt ist, für *unveräusserlich* erklären, mit der bestimmten Tendenz, dass es einer gewissen Familie, bezüglich deren agnatischen Gliedern als *gestiftetes Stammgut* erhalten bleibe. Wir haben oben gesehen, dass es sich hier um eine Modification des Eigenthumsbegriffs handelt, welche das objektive Recht als Inhalt des „Familienfideikommisseigenthums" anerkennt; sie ist, formell betrachtet, eine Minderung des allgemeinen Inhalts des Eigenthums, eine Reduction desselben auf engere Grenzen, deren Vornahme dem Eigenthümer nach einem bestehenden Rechtssatze mit unbeschränkter Wirkung auf die Zukunft für einen gewissen Kreis von Subjekten offen steht. Zu dieser Disposition bedarf es nun einer ausdrücklichen Erklärung, welche bald dahin lauten kann, dass jene Umwand-

lung des Eigenthums erst in der Hand des ersten Berufenen eintreten solle, so dass der Constituent unbeschränkter Eigenthümer mit dem Rechte des Widerrufs bleibt, — bald dahin, dass jene Umwandlung sogleich wirksam sein solle, so dass er, der Stifter, selbst schon der erste Fideikommisseigenthümer werde. Diess ist ein Akt, der lediglich auf die unmittelbare Erreichung eines sachenrechtlichen Erfolgs gerichtet ist.

2) Dieser sachenrechtliche Akt genügt aber nicht, um dem Willen des Stifters einen vollen rechtlichen Ausdruck zu verleihen. Es ist ein fernerer Akt erforderlich, durch welchen das Anrecht auf dieses so begründete Eigenthum subjektiv formulirt wird. Diess ist eine Berufung der Nachkommen in einer bestimmten Ordnung zur *Succession* in das gestiftete *Vermögen*, zu welchem, wie oben gezeigt wurde, nicht bloss das mit besonderen rechtlichen Qualitäten versehene Eigenthum am Grundstücke nebst Pertinenzen, sondern in der Regel auch anderweite Rechte und Verbindlichkeiten gehören. Dieser Akt setzt einen wahren Rechts k r e i s voraus, in welchem zwar das Stammgut praktisch die Hauptsache bildet, aber juristisch doch nur als Theil einer in der Person des Stifters bei der Gründung vereinten Vermögensmacht erscheint. Erst hierdurch wird das geistige Band hergestellt, das die Nachfolger mit dem Stifter verbindet und sie zu immerwährenden Trägern der Stiftungsidee macht. — An diesen zweiten Akt schliessen sich dann jene mannichfachen Modalitäten an, die wir oben als Auflagen erkannt haben, welche den berufenen Nachfolger bald als Bedingung, bald als Modus binden.

Wenn man von der Errichtung eines Familienfideikommisses spricht, so pflegt man diese beiden sich ergänzenden, aber ihrer inneren Natur nach wesentlich verschiedenartigen Akte zu vermischen. Allerdings gehören beide zusammen, aber die Einheit besteht nur in der zur Erreichung eines bestimmten Ziels nothwendigen Verbindung zweier selbstständiger Handlungen.

Es fragt sich nun, ob der Errichtungsakt eines Familienfideikommisses in seiner Richtung auf die Berufung der Nachfolger ein Geschäft unter Lebenden oder von Todes wegen sei? Für das Letztere scheint der Umstand zu sprechen, dass der Stifter eine Erbeinsetzung vornimmt. Und doch liegt darin gewiss nur eine scheinbare Begründung dieser Ansicht. Die regelmässige Erbeinsetzung setzt eine Erbschaft, d. h. ein Vermögen voraus, das durch den Tod des bisher Berechtigten sein individuelles Subjekt verloren hat. Hier handelt es sich aber um ein Vermögen, das nicht durch jenes natürliche Ereigniss für die Succession eröffnet wird, sondern durch eine künstliche, vom Stifter selbst vollzogene, willkürliche Vorbereitung seinen Charakter als Successionsmasse empfängt. Es lässt sich recht wohl denken, dass der Stifter schon bei seinen Lebzeiten diese Ablösung des gestifteten Vermögens vornimmt, schon während seines Lebens das Familienfideikommiss in Wirksamkeit treten lässt. Das abgelöste Vermögen ist trotzdem ein abgerundeter Rechtskreis, in welchem sich die Persönlichkeit des Stifters kraft eines willkürlichen Entschlusses substantiirt.

An und für sich ist also die Errichtung eines Familienfideikommisses nicht nothwendig ein Geschäft von Todes wegen. Eine Erklärung, dass die Existenz des Fideikommisses sogleich beginnen solle, muss als zureichend betrachtet werden. Aber das Geschäft *kann*, und das ist das praktisch Regelmässige, in die Form einer letztwilligen Verfügung — Testament oder Erbvertrag — eingekleidet werden. Es ist alsdann zu unterscheiden, ob das ganze Vermögen zum Familienfideikommiss erhoben wird, oder nur ein einzelner Theil desselben, ein einzelner Gutscomplex. In jenem Falle ist formell betrachtet die rechtmässige Einsetzung eines Universalsuccessors vorhanden; denn die in der Stiftungsidee begründeten materiellen Momente, durch welche das Recht der Erben qualificirt wird, ändern daran nichts. In letzterem Falle liegt eine gewöhnliche Erbeinsetzung vor, *neben* welcher in Bezug auf einen abgerundeten Theil des Vermögens ein besonderes Rechtsverhältniss begründet wird, das nur äusserlich an den essentiellen Inhalt der testamentarischen Verfügung angeknüpft ist.

Ganz ohne alle specifische Form ist indessen die zur Errichtung eines Familienfideikommisses — in Rücksicht auf den *sachenrechtlichen* Erfolg — erforderliche Willenserklärung nicht. Vielmehr ist ihr eine besondere *Oeffentlichkeit* eigenthümlich. Diese besteht nicht bloss darin, dass die Constituirung des Fideikommisses etwa gerichtlich verlautbart und nach vorgängiger Untersuchung (der Dispositionsbefugniss des Stifters, der subjektiven und objektiven Bedingungen der Errichtung, der allenfalls collidirenden Rechte Dritter) gerichtlich bestätigt, auch wohl als solches in die öffentlichen Grundbücher eingetragen werde, — sondern noch insbesondere darin, dass die geschehene Errichtung durch die competente Gerichtsbehörde öffentlich bekannt gemacht werde. Eine solche Publication ist nothwendig und innerlich angezeigt, damit das Publikum auf die Natur des beschränkten Eigenthums der Inhaber des Guts aufmerksam gemacht werde, wonach dieses als unveräusserlich und mit dauernden Lasten nicht beschwerbar erscheint. Nur diess ist ihr Grund und nicht etwa der Gedanke, dass es sich hier um eine autonomische „Gesetzgebung“ handle, für welche dieselben Publicationsformen eintreten müssten, welche für sonstige Gesetze gelten. Indessen kann nicht geläugnet werden, dass dieser letztere Gedanke in den Particularrechten mehrfach wirksam gewesen ist, wenn sie eine Bestätigung durch den Monarchen, als Inhaber der gesetzgebenden Gewalt und eine Publication nach der bei Gesetzen üblichen Form vorschreiben.

Es ist bisher ausgeführt worden, dass die Errichtung eines Familienfideikommisses ein in der Dispositionsfähigkeit des Stifters begründeter einfacher Willensakt sei. Damit ist von selbst ausgesprochen, dass dies nicht nothwendig ein *Vertrag* zu sein braucht. Ein solcher ist insbesondere nicht erforderlich, um etwa ein Accept der Berufenen herzustellen, so wenig als eine einseitige Erbeinsetzung im Testamente erst dadurch zu einer wirklichen Erbeinsetzung wird, dass der Berufene die Annahme erklärt habe. Ein *Vertrag* aber, der nur die Aufgabe hat, etwaige Rechte Dritter (z. B. der Lehnsagnaten, des Lehnsherrn, der Miteigenthümer, der Hypothekengläubiger), deren Dasein der Entstehung des Fideikommisses im Wege steht, vorher zu beseitigen, würde nur als ein vorbereitendes Geschäft in Frage kommen, nicht aber als das auf die Begründung bezügliche. Ferner ist der Vertrag, durch welchen sich mehrere Mitberechtigte zur gemeinschaftlichen Errichtung eines Familienfideikommisses einigen, wohl zu unterscheiden von dem Errichtungsakte selbst. — Ebensowenig wird man nach den hier gegebenen Voraussetzungen auf die Nothwendigkeit eines „Familienbeschlusses" als Begründungsform kommen. Denn die Disposition selbst steht dem Familiengliede und nur diesem zu, welches das Eigenthum am fraglichen Gute hat; die Dauer und Anerkennung derselben in der Zukunft hingegen wird durch einen objektiven Rechtssatz garantirt, bedarf also nicht des Schutzes eines Familienbeschlusses. Wo dies Erforderniss particularrechtlich aufgestellt wird, beruht es offenbar wiederum auf der Vorstellung einer „Familiengesetzgebung".

Jedenfalls endlich leuchtet es ein, dass das Familienfideikommiss einen bestimmten Stiftungsakt voraussetzt, und nicht stillschweigend, oder, wie man sich ausdrückte, durch Observanz entstehen kann. *Stammgüter* (in jener bekannten technischen Bedeutung) können durch Gewohnheitsrecht begründet werden, indem in einer bestimmten Gegend die Familien eines besonderen Standes, z. B. der Reichsritterschaft, in fortgesetzter, oft ausdrücklich bestätigter Uebung an der Ueberzeugung der Unveräusserlichkeit ihrer ererbten Güter und der Ausschliesslichkeit des Successionsrechts des Mannsstamms festhalten;

aber Familienfideikommisse sind das nicht, da ihnen die durch alle Generationen hindurchgehende, Pflichten wie Rechte austheilende Idee der Stiftung mangelt. Man kam auf jenen Gedanken überhaupt nur durch den Irrthum, dass nun alle die Stammgüter des Adels, welche man vorfand, ohne Unterscheidung unter die neue Theorie des Familienfideikommisses zu stellen seien. Man hatte zwar ein eigenthümliches und berechtigtes Institut gefunden, aber man unterliess es, seinen specifischen Charakter zu ermitteln und diesen mit genauer Ausscheidung des nur scheinbar Gleichartigen zur Geltung zu bringen.

6.

Müssen wir nun annehmen, dass das Familienfideikommiss im gemeinen Rechte seinen Bestand als selbstständiges Rechtsinstitut habe, so fragt sich weiter, ob die Befugniss, es zu gebrauchen, eine allgemein zuständige, oder auf einen bestimmten gesellschaftlichen Kreis, den Adel, beschränkte sei?

Dass die Verhältnisse des Adels der Boden sind, auf dem das Familienfideikommiss erwachsen ist, kann keinem Zweifel unterworfen werden, wie es denn auch oben ausdrücklich anerkannt wurde. Aus dieser geschichtlichen Thatsache allein kann aber kein rechtlicher Grund dafür gewonnen werden, dass auch noch jetzt als die praktische Sphäre des Instituts ausschliesslich die des Adels betrachtet würde. Dies würde nur dann der Fall sein, wenn die Interessen, welche das Familienfideikommiss befriedigen soll, entweder thatsächlich nur beim Adel möglich, oder nur bei ihm rechtlich erlaubt wären. Die Behauptung eines jeden dieser Sätze wäre unrichtig.

Das Erstere, dass die dem Familienfideikommiss entsprechenden Interessen nur beim Adel statt finden, ist schon in den diese Abhandlung einleitenden Bemerkungen abgewiesen worden, in denen wir das geistige Wesen des Instituts zu bestimmen suchten. Dieses ruht, wie dort gezeigt wurde, auf einem allgemeinen sittlichen Gedanken. Es kann und soll natürlich nicht geläugnet werden, dass es in ganz vorzüglichem Masse dem äusserlichen, politischen Zwecke der Erhaltung einer kraftvollen Aristokratie recht eigentlich dient, und dass dieser Grund seiner Anwendung weitaus der häufigste ist, aber gewiss ist er nicht der ausschliessliche. Was den Familien des Adels allgemein ist: die Erhaltung der Familienindividualität in der Geschichte auf der Grundlage des Stammguts, — kann auch bei nichtadeligen Familien gewollt und erstrebt werden. Wer diess läugnen wollte, würde der grossen Mehrzahl der Familien im Staate ganz willkürlich ein Gebiet der allgemeinen sittlichen Freiheit verschliessen. Der rein *factische* Unterschied wird freilich bleiben, dass bei Fideikommissen des Adels der besondere Charakter als *Familienfideikommiss des deutschen Rechts* mit ausschliesslicher Berechtigung des Mannsstamms *vermuthet* wird, während bei dergleichen Dispositionen Nichtadeliger für die Annahme dieses besonderen Verhältnisses der Nachweis eines hierauf speciell gerichteten Willens erforderlich ist.

Noch weniger aber wüsste ich eine *rechtliche* Schranke zu finden. Denn wenn es auch nicht geläugnet werden kann, dass eine bürgerliche Familie, in welcher ein ausschliesslich auf den Mannsstamm vererbliches Familienfideikommiss besteht, das innere Wesen des Adels in sich aufgenommen hat, so liegt doch darin natürlich entfernt keine unberechtigte *Anmassung* des Letzteren. Dieser Ansicht steht auch das positive Recht nicht entgegen. Gesetzliche Beschränkungen der Befugniss zur Errichtung von Familienfideikommissen auf Personen des Adelstandes bestehen nur particularrechtlich. Im gemeinen Rechte hat das Institut überhaupt keine gesetzliche Grundlage. Wahre deutsche Familienfideikommisse des Bürgerstandes sind aber, obschon vereinzelt, von jeher vorgekommen und anerkannt worden.

7.

Aus dem ganzen Zusammenhange des Instituts folgt der jetzt ziemlich allgemein anerkannte Satz, dass eine *Aufhebung* des Familienfideikommisses durch blosse Verfügung der Interessenten nicht denkbar ist. Ihr Recht ist ja ein von seinem Ursprung an beschränktes, seine Eigenthümlichkeit besteht ja gerade in dem Ausschluss der Dispositionsbefugniss im Interesse der Stiftungsidee; jenseits seiner Schranken existirt für sie gar kein Recht über das Gut. Eine Auflösung des Fideikommisses durch einen Willkürakt würde nur in der Weise denkbar sein, dass man im Stande wäre, auf einmal die Summe aller Verzichte Derjenigen herzustellen, welche jemals zum Genusse gelangen können; aber auch dann könnte man nicht von einer direkten Aufhebung des Fideikommisses durch einen Akt reden, dessen negative Wirkung der positiven der Begründung homogen wäre, sondern die Aufhebung würde auf einem Umwege erreicht werden, — dadurch, dass jedes denkbare Subjekt des Genusses hinweggeräumt, und somit vorzeitig die Wirksamkeit der Stiftung erschöpft würde. Da nun solche Verzichte, wenigstens der noch Ungebornen nicht in der Gegenwart herzustellen sind, so hat man zu allerhand künstlichen Mitteln seine Zuflucht genommen. Manche haben durch einen *curator nasciturorum* helfen zu können gemeint, Andere durch landesherrliche Dispensation, noch Andere lassen die Ungebornen bei Seite liegen, weil man nicht von einem Rechte Jemandes reden könne, der noch nicht einmal concipirt sei. Man vergisst dabei nur, dass es sich hierbei nicht sowohl um das Recht der *nascituri*, als um das Recht des *Stifters* handelt, die unverbrüchliche Fortdauer seiner Anordnung vom Rechte geschützt zu wissen

Trotzdem nun haben manche neuere Particulargesetze die Möglichkeit eröffnet, das Familienfideikommiss willkürlich aufzulösen. Bald wird dabei ein sogenannter Familienschluss, bald eine Uebereinstimmung aller lebenden Interessenten und der etwa erforderlichen Curatoren verlangt. Bald wird eine solche Auflösung sofort gestattet, bald erst nach Ablauf einer gewissen Zeit, z. B. erst nach mehreren Generationen. Solche Bestimmungen sollten juristisch eigentlich nicht so aufgefasst werden, dass damit eine dem Stiftungswillen entgegenstehende Macht der Zerstörung des Gestifteten constituirt wäre; vielmehr sollte diese Möglichkeit der Endschaft als ein von vorn herein die Dauer der Stiftung bedingendes Moment betrachtet werden. Es läge dann in solchen Bestimmungen nichts dem juristischen Charakter des Instituts formell Widersprechendes, sondern nur der Satz: das Recht schützt die Dauer einer Familienfideikommissstiftung nur auf so lange, als die berufenen Interessenten diess wollen. Die Fortdauer der Stiftung würde dann in den nachstiftenden Willen der successiv eintretenden Familienglieder verlegt; sie hätte keine bloss abstrakte Existenz durch einen Rechtssatz, sondern beruhte lediglich auf der Homogenität des Willens der nachfolgenden Geschlechter. Diesen würde die Macht gegeben, das beschränkte Fideikommisseigenthum jederzeit durch Entbindung von seinem tendenziösen Inhalte in freies Eigenthum zu verwandeln.

Vom Standpunkte der Gesetzgebungspolitik lässt sich der Gedanke nicht unbedingt verwerfen, dass das Familienfideikommiss dem Einflusse der im Wechsel der Zeiten stattfindenden Bewegung der Familie und ihrer Interessen einigermassen zugänglich sein müsse. Eine Vorschrift, welche die blosse *Veränderung* des Familienfideikommisses gestattet, wird daher eher zu billigen sein, als eine Vorschrift, welche die *Auflösung* zulässt. Solche Veränderungen werden sich namentlich auf die Successionsordnung beziehen, z. B. Einführung der Primogenitur. Ob eine solche indessen auch ohne einen positiven Rechtssatz erlaubt sei, wird nicht allgemein, sondern nur nach Beschaffenheit der concreten Stiftungsurkunde bestimmt werden können, wobei zu prüfen ist, ob der Stifter in jener Beziehung mehr oder weniger freie Hand gelassen hat. Hat er z. B. über die Successionsordnung gar Nichts bestimmt, so dass sie alsdann nicht in dem Stiftungswillen, sondern nur in der Anwendung der gemeinrechtlichen Simultanerbfolgeordnung beruht, so wird eine Disposition der Interessenten, welche die Primogenitur einführt, unter Umständen sogar als dem Willen des Stifters entsprechend gefunden und daher geschützt werden müssen, wenn nämlich die Verhältnisse der Art sind, dass nur so der Gedanke der Stiftung aufrecht erhalten werden kann.

8.

Die vorstehende Erörterung sollte die juristische Natur der Familienfideikommisse nach ihren innerlichen Momenten construiren. Werfen wir am Schlusse noch einen Blick auf die neueren Particulargesetzgebungen, so finden wir, dass sie unsere Auffassung in manchen wichtigen Punkten bestätigen, während sie freilich auf der anderen Seite in erheblicher Weise abweichen. Diese Abweichungen sind jedoch nicht von der Art, dass sie die rechtswissenschaftliche Bedeutung irgend einer unserer Aufstellungen zu beschränken vermöchten. Denn die particularrechtlichen Festsetzungen der neuesten Zeit haben an und für sich für die Wissenschaft des gemeinen Rechts keine grössere Auctorität, als die theoretischen Meinungen der Schriftsteller, auf welche sie sich wesentlich stützen; man kann in ihnen nichts Anderes erblicken, als Versuche, die zweifelhaften Fragen der Lehre für das praktische Bedürfniss zu beantworten.

Im Ganzen wollen sie dieselben materiellen Resultate, welche wir für unser Institut gewonnen haben. Charakteristisch aber ist für sie, dass sie diese nicht als die Consequenzen eines innerlich selbstständigen, auf eigenthümlichem Boden stehenden, geschlossenen Ganzen hinstellen, sondern durch die mechanische Hülfe fremder und nur äusserlich herbeigezogener

Kräfte zu erzielen streben. In diesem Bestreben geht die einfache juristische Natur des Instituts verloren; es wird zu einer künstlichen Composition der verschiedensten Mittel, die freilich in ihrer Gesammtheit demselben Zwecke dienen.

Vor Allem zeigt sich dies in der Bestimmung der Garantie der durch die Stiftung berufenen Anwärter gegen willkürliche Ueberschreitung der Rechtsgrenze des Inhabers. Statt diese in einer eigenthümlich gearteten Natur des Eigenthums selbst zu suchen, zerlegen sie mechanisch das Recht des Inhabers und der Anwärter in zwei selbstständige Grössen: jener hat nur einen Niessbrauch, oder ein Nutzeigenthum, diese haben das Eigenthum oder ein Obereigenthum. So das *preussische* *), *österreichische* **), *bayrische* ***) Recht. Im Ganzen kommt man damit nach äusserer Anschauung freilich ziemlich ebensoweit als mit unserer Construction; aber ganz abgesehen davon, dass, wie wir oben gezeigt haben, ein wesentlicher Theil des geistigen Gehalts des Instituts dabei unberührt bleibt, kann doch überhaupt diese Methode höheren wissenschaftlichen Ansprüchen nicht genügen. Statt in den Kern der Sache einzudringen, und diesen in entsprechender Weise auszubilden, schleicht sie rings um ihn herum und behilft sich mit mehr beschreibenden als entscheidenden Begriffen, die dann willkürlich bald in dieser, bald in jener Richtung modificirt werden können. Was ist denn der Begriff eines abstracten Nutzungsrechts und des Obereigenthums anders als ein doctrinärer Nothbehelf? Kann man denn wirklich sagen, dass er eine wissenschaftliche Wahrheit und Ursprünglichkeit in sich trage?

In noch auffallenderer Weise machen sich jene Gesichtspunkte geltend bei der Festsetzung des Rechts des Inhabers, die Nachfolger als solche mit einer Schuld zu belasten.

*) *Bornemann*, Preussisches Civilrecht. 2. Aufl. 6. Bd. 1844. S. 372 flg.

**) *Zeiller*, Commentar über das österr. Gesetzb. zum Artikel 629.

***) Auch der neue *bayrische* Entwurf über Familienfideikommisse von 1854, Art. 8 und 9 hat diesen Grundsatz des älteren Rechts festgehalten.

Dass die Particularrechte den Gedanken der *Nachstiftung* mehr oder weniger klar haben und wirklich zur Geltung bringen, ist unzweifelhaft. So bestimmt das königl. *hannover*'sche Gesetz über die Errichtung von Familienfideikommissen vom 13. April 1836 im §. 35: „nur in dem Falle, wenn die Erhaltung der Majoratsgüter selbst einen ausserordentlichen Aufwand erfordert, und der Fideikommissinhaber auf andere Weise Rath zu schaffen nicht im Stande ist, soll unser Ministerium behuf Bestreitung eines solchen Aufwands die Einwilligung zu einer dann auch die Nachfolger bindenden Anleihe zu ertheilen befugt sein. Allein diese Einwilligung darf nur auf gewisse Jahre und unter der Bedingung ertheilt werden, dass in dieser Zeit die Schuld aus den Einkünften des Majorats abgetragen werde." Ferner das *braunschweigische* Gesetz, die Errichtung von Familienfideikommissen betreffend vom 28. März 1837 im §. 22: „in dem einen Falle, wenn die Erhaltung oder nachhaltige Verbesserung des Stammguts selbst einen ausserordentlichen Aufwand erfordert, und der Gutsinhaber andere Mittel zur Befriedigung dieser Bedürfnisse nicht herbei zu schaffen vermag, kann derselbe, jedoch nur mit landesherrlicher Einwilligung, und wenn er keine zunächst zur Succession berufene Descendenten hat, zugleich mit Zustimmung des in der nächsten Seitenlinie zunächst berufenen Stammgutsnachfolgers, ein auch die Nachfolger verbindendes Anlehen aufnehmen."

Aber anstatt die Berechtigung zu dieser Obligirung der Nachfolger, sowie die Voraussetzungen und Grenzen derselben in der materiellen Natur des Instituts selbst zu suchen und nach inneren Momenten festzusetzen, wird hier eine fremde Macht aufgestellt und in ihrem mechanischen Eingriffe die formelle Legalisirung gefunden. Die praktische Nützlichkeit einer solchen gesetzlichen Bestimmung verkenne ich keineswegs; nach meiner Ansicht aber müsste das Recht der Nachstiftung an sich anerkannt und der Solennisirung derselben durch Behörden oder durch Anwärter nur die Bedeutung beigelegt werden, dass dadurch der sonst nach Umständen so schwierige Nachweis der materiellen Voraussetzungen ersetzt werden könnte. In ähnliche Schranken müsste nach meiner Ansicht auch in Bezug auf andere Punkte des Fideikommissrechts die Einwirkung der Behörden zurückgeführt werden.

Noch weiter in der bloss mechanischen Festsetzung der Garantieen geht das *österreichische* Gesetzbuch, indem es im Art. 635 ganz allgemein und ohne alle Beschränkung bestimmt, dass ein Fideikommissinhaber mit Genehmigung der ordentlichen Gerichtsbehörde „ein Dritttheil des Fideikommissgutes“ verschulden könne.

Einen ähnlichen Standpunkt nimmt der, übrigens wie mir scheint, überhaupt unklar gefasste Art. 11 des angeführten bayrischen Entwurfs ein.

Vielleicht trägt die vorliegende Abhandlung dazu bei, dass bei künftigen Gesetzen über Familienfideikommisse das praktische Interesse in einer den Ansprüchen der Wissenschaft genügenderen Weise befriedigt wird.

IV.

Die Familienstiftung in der Function des Familienfideikommisses *).

1.

Von den Stiftungen für allgemeine Wohlthätigkeitszwecke unterscheiden sich die Familienstiftungen, indem sie den Genuss eines gestifteten Vermögens nur dem Vortheile individuell durch die Angehörigkeit zu einem Geschlechte bestimmter

---

*) Veranlasst sind die nachfolgenden Erörterungen, welche zuerst in Gerber's und Jhering's Jahrbüchern Bd. 2, S. 351 flg. (1858) veröffentlicht wurden, durch folgenden Rechtsfall. Im Anfang des 16. Jahrhunderts hatte ein Mitglied der adeligen Familie v. T. ein Capital gewidmet, „um damit anzufahen *für* seine *Gevettern* eine *Stiftung*". Der Fond sollte administrirt und die Renten von den Agnaten unter die „armen Vettern" alljährlich vertheilt werden. Ueberdem sollten dann die Agnaten beschliessen, „wie sie es mit dem Gelde halten wollen und was noth thut." Je seltner der Fall der Dürftigkeit in dieser Familie vorkam, um so mehr wuchs der Stiftungsfond an. Es wurden nach und nach Güter aller Art, auch Lehngüter und Patrimonialgerichte erworben. Im 17. Jahrhundert beschloss man, damit das Vermögen nicht „als ein verborgener Schatz mit der Welt untergehe", zwei Drittheile der Revenuen an sämmtliche Agnaten nach dem Massstabe der Lebensjahre zu vertheilen. Später waren mancherlei Bedenken und Streitigkeiten entstanden, z. B. darüber, ob es sich hier um ein Familienfideikommiss handle, ob die beschlossene Vertheilung der Revenuen eine berechtigte sei, ob die Patrimonialgerichte als „freiherrlich von T.'sche" gelten könnten u. s. w. Ich darf diese Ausführungen wohl als einen Nachtrag zu meiner Abhandlung über die Familienfideikommisse bezeichnen.

Personen zuwenden. Sie machen den Genuss ihres Vermögens häufig nicht einmal abhängig von besonderer Dürftigkeit, sondern Jeder soll ihn haben, der zu der bestimmten Familie gehört, und die weiteren Voraussetzungen der Stiftung erfüllt. So sind in der Regel die Stiftungen beschaffen, welche Stipendien für Schul- und Universitätsstudien, für die Ausbildung auf Reisen, für Ausstattung von Töchtern, für die Versorgung von Wittwen einer gewissen Familie gewähren. Es ist nicht der allgemeine Gedanke einer Bethätigung abstrakten Wohlthätigkeitssinns, der hier zur Geltung kommt, sondern es soll der Vermögensstand einer einzelnen Familie, einerlei ob sie dessen an und für sich bedürftig ist oder nicht, durch eine besondere Veranstaltung gefördert oder gesichert werden. Der Stifter einer solchen Einrichtung thut freilich etwas mehr, als der Familienvater, der durch Ansammlung eines Vermögens zunächst bloss das Interesse seiner Erben befriedigen will; aber wenn auch seine Absicht weiter greift, indem er auch die zukünftigen Geschlechter im Auge hat, so ist seine Tendenz doch der eben genannten Fürsorge völlig gleichartig. Nicht das christliche Gefühl der Theilnahme an der Lage hülfsbedürftiger Menschen veranlasst seine Thätigkeit, sondern nur die Sorge für das Wohlergehen der mit ihm durch Gemeinsamkeit des Geschlechts Verbundenen, — eine in gewisser Hinsicht egoistische Sorge, da er in der Förderung ihres Wohlstandes zugleich ein eigenthümliches eigenes Interesse befriedigt; er wünscht, dass das Geschlecht, dessen Namen er trägt, auch in der Zukunft noch als ein wohlhabendes und mit äusseren Mitteln ausgestattetes genannt werde. Von selbst versteht es sich, dass diese Auffassung nicht entfernt eine Missbilligung derartiger Dispositionen einschliesst, sie sollte vielmehr nur dazu dienen, den inneren Charakter derselben zu beleuchten.

Aus der eben geschilderten Natur solcher Stiftungen gehen nun mancherlei Consequenzen für ihre juristische Behandlung hervor. Vor Allem ergiebt sich daraus der Mangel eines unmittelbaren öffentlichen Interesses. Der Staat oder die Kirche, welche öffentliche Wohlthätigkeitsstiftungen unter ihren besonderen Schutz und ihre besondere Aufsicht stellen, haben kein Interesse und kein Recht, auch solchen Stiftungen eine besondere Rücksicht zuzuwenden, welche bloss und allein dem Privatinteresse gewisser Familien gewidmet sind. Die Stellung der Staatsgewalt zu solchen Anstalten ist nur die, dass sie denselben denjenigen Rechtsschutz gewährt, der allen privatrechtlichen Verhältnissen überhaupt geleistet wird*). Der Staat übernimmt daher, wenn er nicht speciell durch den Stifter darum angegangen wird, keine *besondere* Garantie für die Erhaltung des Vermögens oder die Festhaltung der Stiftungszwecke, sondern beschränkt sich darauf, jeden Interessenten, der sein Recht mittelst gerichtlicher Hülfe geltend macht, darin zu schützen. Das Interesse der zukünftigen Geschlechter an sich veranlasst ihn so wenig hier als bei den Familienfideikommissen zu einer ausserordentlichen Thätigkeit. Er erwartet gerichtliche Klage.

Eine fernere Wirkung der eben geschilderten Natur der Familienstiftung ist die, dass die zum Genusse berechtigten Familienglieder die Befugniss haben, in Fällen, für welche der Stifter nicht vorgesehen hat, während doch eine Fürsorge nothwendig getroffen werden muss, die Stiftung zu *ergänzen*, m. a. W. *nachzustiften*. Es versteht sich freilich von selbst, dass eine solche Ergänzung nur im Sinne des Stifters geschehen darf, d. h. in der Weise, dass dabei die Frage beantwortet wird, wie würde der Stifter selbst nach den in der Stiftungsurkunde niedergelegten Merkmalen den Fall entschieden haben, wenn er seiner gedacht hätte; ebenso versteht es sich von selbst, dass eine solche Nachstiftung niemals die Erfüllung des ursprünglichen Stiftungszweckes im Mindesten beeinträchtigen darf. Dieser Fall ist namentlich dann vor-

*) Vgl. *Roth* in d. Jahrb. f. Dogm. Bd. 1, S. 217.

handen, wenn das gestiftete Vermögen, weil die Bedingungen des Stiftungsgenusses gar nicht oder nur selten eintreten, zu einer solchen Höhe erwächst, dass nicht nur die ursprüngliche Zweckbestimmung jederzeit auf das Reichlichste erfüllt werden kann, sondern auch ein nach und nach in's Unermessliche wachsender Ueberschuss vorhanden ist*). Man wird in der Regel annehmen dürfen, dass es der Absicht des Stifters zuwider sei, das gestiftete Vermögen zu einer völlig nutzlosen Masse anwachsen zu lassen; häufig wird man auch erweisen können, dass eine Verdoppelung, Verdreifachung u. s. w. der Stiftungsrente seinem Willen geradezu widersprechen würde, z. B. bei Studienstipendien, die, überreich bemessen, nicht nur keinen wohlthätigen, sondern geradezu einen verderblichen Einfluss zu äussern pflegen. In einem solchen Falle bleibt nichts übrig, als die Stiftung zu erweitern, und zu dieser Ergänzung sind, wenn kein geordnetes, regelmässiges Organ dafür eingesetzt wurde, die sämmtlichen jetzt lebenden genussberechtigten Familienglieder, persönlich oder in Vertretung, berufen**).

Die Legitimation zu einer solchen Ergänzung lässt sich nicht auf einen gesetzlich ausgesprochenen Rechtssatz stützen; wohl aber auf einen Rechtssatz des Gewohnheitsrechts. Und selbst wenn — was aber durch von jeher in solchen Fällen tausendfältig stattgefundene Uebungen widerlegt wird — eine solche Beglaubigung dieses Satzes nicht nachgewiesen werden

*) Bei allgemeinen Wohlthätigkeitsstiftungen wird dieser Fall selten eintreten, weil in der Regel immer so viele Genussansprüche vorhanden sein werden, dass die Stiftungsrente jeder Zeit erschöpft werden kann.

**) Ich habe hier hauptsächlich Familienstiftungen im Auge, welche nur für die *Agnaten*, die Geschlechtsvettern (resp. deren Familien) bestimmt sind. Stiftungen, welche auch die *cognatischen* Verwandten einschliessen, werden wegen der gar bald eintretenden grossen Erweiterung des Kreises der Genussberechtigten mehr unter den Gesichtspunkt fallen, der in der vorigen Note hervorgehoben wurde.

könnte, so müsste er doch gelten, weil er ein innerlich absolut nothwendiger, durch die Natur der Sache gebotener ist. Irgend eine Disposition muss getroffen werden; Niemand anders aber kann dazu befugt sein, sie zu treffen, als die Gesammtheit aller einzelnen jetzt lebenden Berechtigten, denn sie allein sind bei der Familienstiftung im e. S. interessirt. Der Stifter widmete das Vermögen *ausschliesslich* dem Interesse einer bestimmten Familie; nun hat er zwar die Art, wie dieses Interesse befriedigt werden soll, individualisirt; wenn es sich jedoch herausstellt, dass die Stiftung einen über diese Disposition hinausragenden überschüssigen Fond besitzt, so bleibt dieser Ueberschuss zwar nicht weniger dem ausschliesslichen Interesse der Familie *gestiftet*, aber er erwartet, da es an einer speciellen Bestimmung des Stifters fehlt, seine *Regelung* im Geiste des Letztern von den berechtigten Gliedern der Familie. Diese erfüllen damit den ausgesprochenen oder vermutheten Willen des Stifters, mit welchem sie das gewidmete Gut empfangen haben. Bei solchen Festsetzungen müssen die Minderjährigen durch ihre Eltern oder durch Vormünder vertreten werden. Als zur Theilnahme befugt kann natürlich nicht bloss Derjenige gelten, der selbst für sich eine Stiftungsleistung in Anspruch nehmen darf, sondern auch Der, aus dessen Familie eine Wittwe, ein studirender Sohn, eine Tochter etwas zu erwarten hat. Da es sich um Rechte Einzelner handelt, so wird Einstimmigkeit erforderlich sein. Die bloss *verwaltende* Stiftungsbehörde ist als solche hierbei, wo es sich um eine ganz neue Disposition handelt, nicht betheiligt, da ihre Function sich auf die Erhaltung und Verwendung des Stiftungsvermögens nach dem Inhalte der Stiftungsurkunden beschränkt. Uebrigens ist eine solche Festsetzung nicht unabänderlich. Sie kann jederzeit in derselben Weise aufgehoben oder modificirt werden, und diess kann sogar Jeder verlangen, der zu erweisen im Stande ist, dass der Geist der Stiftung eine andere Bestimmung fordere.

Diese Ergänzungen oder Nachstiftungen sind übrigens einfache *Rechtsgeschäfte.* Es sind Dispositionen über ein in eigenthümlicher Weise der Gewalt der Verfügenden unterworfenes Vermögen. Die juristische Natur dieser Geschäfte ist ganz dieselbe als die der Stiftung. Ein Vermögen wird dauernd gewissen Zwecken in der Weise gewidmet, dass der zum Genuss Berufene auf seinen Antheil ein Forderungsrecht erwirbt. Dass eine solche Festsetzung zukünftig immer fortwirkt, ist eine inwohnende Eigenthümlichkeit des juristischen Begriffs „Stiftung", der hier zur Anwendung gebracht wird. Dadurch wird der Akt so wenig zu einem Akte der *Rechtserzeugung*, als ein solcher die Errichtung eines Familienfideikommisses ist. Es ist daher unrichtig, auf das Rechtsgeschäft der Nachstiftung den Ausdruck „Autonomie" in der Bedeutung gesetzgebender Thätigkeit anzuwenden, wie solcher ja überhaupt keine Berechtigung hat*).

2.

Von dem Familien f i d e i k o m m i s s unterscheidet sich die Familien s t i f t u n g wesentlich. Bei Stiftungen, welche nur von Zeit zu Zeit, bei ganz besonderen Veranlassungen etwas gewähren, z. B. zur Ausstattung einer Braut, zur Förderung der Studien eines Sohnes, wird überhaupt Niemand an die Möglichkeit einer Verwechslung mit dem Familienfideikommiss denken Näher liegt diese Verwechslung in dem Falle, wenn die Renten des gestifteten Vermögens, sei es nach dem Willen

*) Ganz die gleiche rechtliche Auffassung gebührt solchen Akten, wenn sie nicht auf ausdrücklichen Festsetzungen und Beschlüssen beruhen, sondern stillschweigend, durch Uebung vollzogen werden. Auch hier handelt es sich nicht, wie man oft sagen hört, um „Gewohnheitsrechtssätze", sondern lediglich um ergänzende Nachstiftungen, also einfache Rechtsgeschäfte. Der Umstand, dass durch das Stiften eine für eine unbestimmte Zukunft wirkende Norm geschaffen wird, führt hier so wenig, als bei dem Familienfideikommiss zur Annahme einer Rechtserzeugung. S. Archiv. f. civ. Pr. Bd. 37, S. 56 flg.

des Stifters oder nach der ergänzenden Nachstiftung der Berechtigten, ganz oder grösstentheils unter alle oder einen engeren Kreis der *Agnaten* ohne Voraussetzung bestimmter thatsächlicher Verhältnisse (z. B. Armuth) alljährlich vertheilt werden sollen. So kommt es vor, dass dem jedesmaligen Senior oder allen männlichen Mitgliedern der Familie, die zum Namen und Stamm des Geschlechts gehören, der Genuss der Stiftungsrente bestimmt ist, und zwar bald in gleichen, bald in ungleichen Quoten, bald von der Geburt, bald erst von einem späteren Zeitpunkte beginnend. Man kann nicht läugnen, dass die Wirkung und Function einer solchen Stiftung der eines Geschlechtsfideikommisses sehr nahe kommt. Es giebt Familienfideikommisse, deren Einrichtung die ist, dass das Stammgut von einer förmlich organisirten Administrationsbehörde verwaltet wird; die zum gleichzeitigen Genusse Berufenen sind die sämmtlichen Agnaten; aber ihr fideikommissarisches Miteigenthum bethätigt sich beinahe nur in dem Empfang einer jährlich in Geld auszuzahlenden Genussrate *). Wie nahe verwandt erscheint einer solchen Einrichtung die Familienstiftung, deren Güter (Rittergüter, Lehen u. s. w.) in ähnlicher Weise verwaltet, und deren Rente in ähnlicher Weise an die Agnaten ausgezahlt wird, namentlich dann, wenn die Genussberechtigten zugleich die Eigenschaft von Stiftungsverwaltern in ihrer Person vereinigen! Es ist offenbar, dass eine solche Stiftung sich dem Familienfideikommisse in hohem Grade annähert, und dass *thatsächlich* höchstens noch ein sehr feiner geistiger Unterschied zwischen beiden Verhältnissen obwaltet **).

Für die *juristische* Auffassung freilich bleiben beide Institute als durchaus getrennte bestehen. Wenn *Roth* (a. a. O., S. 202) die Familienstiftung ein modificirtes Familienfideikommiss

---

*) S. *meine* Darstellung in der Zeitschrift für Civilrecht und Process. N. F. Bd. 12, S. 201 flg.

**) S. oben S. 116 flg.

nennt, so kann diess unter besonderen Umständen, wie wir gesehen haben, *thatsächlich* richtig sein; *juristisch* betrachtet ist diese Auffassung durchaus abzulehnen. Die eigentliche Familienstiftung ist immer ein selbstständiges Rechtssubjekt, eine juristische Person; ihr allein gehört das Vermögen; die genussberechtigten Familienglieder stehen ihr gegenüber nur im Verhältniss von Gläubigern; ihr Recht an dem gestifteten Vermögen ist nur ein persönliches Rentenrecht. Es begründet die Stiftung eine Art der auch sonst noch im deutschen Rechte vorkommenden persönlichen Berechtigung unbestimmter Subjekte. Ganz anders das Familienfideikommiss, dessen juristischer Charakter gerade darin besteht, dass die Berufenen selbst die successiven Eigenthümer des gestifteten Vermögens sind. Ihr Recht ist ein wirklich sachenrechtliches, freilich ein sehr eigenthümliches und besonders qualificirtes.

Dieser juristische Gegensatz beider Institute ist stets festzuhalten, wenn sich nicht die ganze Gruppe solcher Einrichtungen in eine form- und gestaltlose Masse verlieren soll. Auch hüte man sich, schon dem Begriffe „*Stiftung*" die Bedeutung eines genügenden juristischen Princips beizulegen. *Stiften* bezeichnet im Allgemeinen nur die Widmung eines Gegenstandes zum Nutzen irgend einer Person, vieler Personen, oder zur Erreichung irgend eines Zweckes in der Weise, dass zugleich die stete Erhaltung des dem Stiftungszwecke dienenden Gegenstandes in einer der Absicht des Verfügenden entsprechenden Art angeordnet wird; es ist eine eigenthümliche Art des Schenkens. Es liegt also darin an und für sich nichts Anderes ausgesprochen als das materielle *Motiv*, die materielle Tendenz eines Rechtsgeschäfts. Welche besondere juristische Natur aber das Stiften haben werde, das lässt sich nicht allgemein, sondern nur nach Massgabe der bestimmten, concreten Form sagen, in welcher es vollzogen wird*). So liegt aller-

*) Es giebt noch andere Formen des Stiftens für Familienzwecke, z. B. wenn Jemand einer Corporation oder allen Familienfideikommisserben

dings der Errichtung eines Familienfideikommisses wie der Errichtung einer eigentlichen Familienstiftung gleichmässig ein *Stiften* zu Grunde, aber es folgt daraus mit nichten eine Gleichheit des juristischen Charakters der verschiedenen so begründeten Verhältnisse.

3.

Das *Subjekt* des Vermögens einer Familienstiftung im engeren Sinne ist also die *juristische Person*, welche der Stiftung eigen ist. Man hat wohl auch behauptet, die *Familie* selbst sei das Subjekt dieses Vermögens, denn sie sei schon an und für sich eine juristische Person. Die Familien und Geschlechter begegnen uns, so führt man aus, als Gesammtheiten, ausgestattet mit einem eigenthümlichen Familientypus und Familiengeiste. Das müsse namentlich beim deutschen Volke gelten, das auf die Familienverbindung einen so grossen Werth lege. Schon die Sprache bezeuge diess, welche von einem Familienhaupte, von Familiengliedern, Familiengeiste u. s. w. rede. Daher habe man die Familie überall da, wo das Bedürfniss es erheischte, als Person behandelt, wie ein Blick in die deutsche Rechtsgeschichte beweise (!). Es wird folgeweise auf das altdeutsche Stammgutssystem, die feste Ordnung des Erbrechts und der Vormundschaft, die Eideshülfe hingewiesen, auch an die Geschlechtsnamen und Geschlechtswappen erinnert. In der Darstellung der Sippschaft an dem

Etwas direkt mit der Auflage zuwendet, dass sie daraus an Familienglieder gewisse Zuwendungen machen sollen. Von diesen Stiftungen ist hier nicht die Rede. Hier handelt es sich nur um Stiftungen mit eigenem Vermögen, für welches die Stiftung selbst als das Rechtssubjekt gelten soll. — Es liegt übrigens hier keine Veranlassung vor, auf die Frage einzugehen, *wann* die Stiftung, durch welche eine eigene juristische Person hervorgerufen werden soll, *perfect* sei, und nur nebenbei bemerke ich, dass ich die Rechtsgeschäfte, welche dem Momente der Entstehung des neuen Rechtssubjekts (z. B. durch Staatsgenehmigung) vorangehen, nur als *vorbereitende* auffasse. S. auch *Roth* a. a. O. S. 208.

Bilde des menschlichen Körpers im Sachsenspiegel gebe sich ebenfalls die Vorstellung kund, dass man die Familie ähnlich dem Menschen als einheitliches Wesen auffasse. Jedenfalls gebe es zwei Rechtsverhältnisse, in denen die Familie schon früh als Subjekt von Rechten erscheine, — die Blutrache (resp. das Recht auf das Wehrgeld) und die Familienautonomie, indem sich in Familienbeschlüssen die Einheit der Familie am deutlichsten ausspreche. Um zu diesem allein richtigen Resultate zu gelangen, hätte es der bisherigen Jurisprudenz an der richtigen Methode gefehlt, welche den Gedanken aus den Verhältnissen selbst entnehme; man habe vielmehr ein fertiges System von Formeln mitgebracht, mit dem der Natur der Dinge Gewalt angethan worden sei*).

Eine solche Deduction zu widerlegen, ist freilich leicht genug.

Keine einzige der angeführten Thatsachen enthält auch nur die entfernteste Hindeutung darauf, dass man die Familie als eine Person, ein Rechtssubjekt behandelt habe. Vielmehr weisen sie sämmtlich nur darauf hin, dass die Familie eine in der engsten Verbindung der Glieder stehende *sittliche Einheit* ist, und dass das Recht dieser mächtigen und bedeutenden Idee der sittlichen Gemeinschaft der Blutsfreunde volle Rechnung trägt. Daher die Organisation des Erbrechts, der Vormundschaft, der Eideshülfe, daher das Stammgutssystem, daher auch die Anerkennung des Rechts der Blutrache. Am meisten steigert sich die Innigkeit dieser Familieneinheit bei den Familien des deutschen Adels, bei denen überdiess durch eigenthümliche Rechtsinstitute dafür gesorgt ist, dass sie einen dauernden realen Ausdruck empfängt**). Jedoch auch hier

*) Diess ist die Deduction von *Pözl* in der Zeitschrift für deutsches Recht Bd. 16, S. 360 flg. Der Rechtsfall, der hier vorgetragen wird, hat auch dem Verfasser dieses Aufsatzes zur Beurtheilung vorgelegen, wie oben S. 144, Note, bemerkt wurde.

**) S. Archiv für civ. Pr. Bd. 37, S. 50.

bleibt sie eine Thatsache des *sittlichen* Lebens; ihre Wirksamkeit in Bezug auf das Recht ist in der mannigfachsten Weise sichtbar, — aber *dazu* fordert sie den Juristen nicht auf, dass er sie selbst in eine juristische Formel bringen, d. h. die Familie als solche zu einer Einheitsperson stempeln solle. Auch die sogenannte Familienautonomie konnte nur unter der Voraussetzung angeführt werden, dass man sich dabei die sämmtlichen männlichen Familienglieder jedes adligen Hauses als eine Art geborener Gesetzgeber denkt, eine Vorstellung, gegen welche ich nichts mehr zu sagen habe. Wie aber aus den Ausdrücken: Familiengeist, Familienehre u. s. w. die Auffassung der Familie als *eine* Person hervorgehen solle, vermag ich wenigstens nicht einzusehen; mit demselben Rechte könnte man auch das Volk oder irgend einen socialen Stand zu einer Privatrechtsperson machen, da man auch von Volkssitte und Volksehre, Standessitte, Standesehre, Standestypus spricht Wenn endlich daraus, dass der Sachsenspiegel die Generationsreihen an dem Bilde des menschlichen Körpers versinnlicht, hervorgehen soll, dass das deutsche Recht die Familie als ein dem Menschen analoges Wesen behandelt habe, so kann man mit demselben Schein aus der noch öfteren Versinnlichung der Sippschaft an einem Baume mit Aesten und Zweigen beweisen wollen, das deutsche Recht habe die Familie für einen Baum gehalten.

Die Familie ist eine auf der Thatsache der Blutsverwandtschaft beruhende Einheit von Menschen, in welchen das Bewusstsein der Zusammengehörigkeit lebendig ist und sich in einer gegenseitigen natürlichen Gemüthszuneigung ausprägt. Dieses Gefühl der Geschlechtseinheit wird alsdann noch gesteigert, wenn wie bei dem Adel schon die Angehörigkeit zu diesem Geschlechte eine nach aussen abschliessende Auszeichnung giebt, welche von individuellem Verdienste unabhängig ist. Aber immer handelt es sich nur um eine *sittliche*, d. h. *thatsächliche* Gemeinschaft einer Reihe selbstständiger Personen, deren Einzelpersönlichkeiten keine Gesammtpersönlichkeit des Ganzen über sich haben, oder gar in einer solchen aufgehen. *Das* indessen soll allerdings nicht geläugnet werden, dass durch einen besonderen, mit Bewusstsein darauf gerichteten Willensakt eine Familie, d. h. die Gesammtheit der jederzeit vorhandenen Geschlechtsträger, zu einer *Corporation* mit eigenthümlichem Corporationsvermögen gemacht werden kann; *möglich* ist diess, aber es versteht sich nicht von selbst, es gehört dazu ein ausdrücklicher Constitutionsakt mit dem entsprechenden Privilegium des Staats.

Die Familienstiftung ist also eine juristische Person; ihr gehört das gestiftete Vermögen. Man hat nun wohl die Frage aufgeworfen, was der Genussberechtigte für eine Art von Recht gegenüber der Stiftung geltend machen könne, ja ob es überhaupt ein Recht oder wenigstens ein Privatrecht sei. Man hat gestritten, ob er als Legatar, Fideikommissar, oder als Inhaber eines nicht näher bestimmbaren Privatrechts anzusehen sei, oder ob sein Anspruch überhaupt in die Klasse der privatrechtlichen gehöre*). Wenn ich meine Ansicht über diesen Punkt ausspreche, so habe ich dabei Stiftungen im Auge, bei denen der Stifter die Genussberechtigung nicht der *facultativen* Entschliessung Dritter anheim gegeben, sondern ganz genau mittelst Angabe der thatsächlichen Voraussetzungen bestimmt hat. In einem solchen Falle kann kein Zweifel darüber obwalten, dass Derjenige, in dessen Person die Voraussetzungen der Stiftung zutreffen, ein gegen die letztere klagbares Privatrecht habe. Auch die Natur und Beschaffenheit des letzteren ist nicht schwer zu bestimmen. Die Stiftung ist ein Akt der Liberalität, eine eigenthümliche Schenkung an unbestimmte Personen mittelst sofortiger Hingabe des entsprechenden Vermögens; ein solches anerkennt unser Recht — wenn man will, ein tausendfältig bestätigtes Gewohnheits-

*) S. *Pfeifer*, Die Lehre von der juristischen Person. 1847. S. 137 flg.

recht*) —, in der Weise, dass es gestattet, mittelst Erlangung eines Privilegiums des Staats eine juristische Person aufzustellen, welche als der fortdauernde Executor jener Liberalität, als der stete Schuldner der durch die Stiftung bezeichneten Personen gedacht wird. Das Recht der Bedachten ist daher ein gewöhnliches Forderungsrecht, und seine *causa* ist die in der juristischen Persönlichkeit der Stiftung personificirte Liberalität des Stifters. Ob die Stiftung aber durch einen Akt unter Lebenden oder durch eine letztwillige Verfügung in's Leben gerufen wurde, ist bei dieser Frage völlig gleichgültig.

4.

Wenn wir nun aber, wie oben geschehen ist, das Eigenthum des gestifteten Vermögens nicht der Familie, sondern der juristischen Person der Stiftung zuschreiben, wird dann nicht jenes Vermögen der Familie entfremdet, indem es einem fremden Subjekte beigelegt wird? Widerspricht dies nicht der Intention des Stifters? Die Beantwortung dieser Frage führt uns zu einer neuen sehr bemerkenswerthen Seite des Gegenstandes unserer Betrachtung.

Handelt es sich um eine wahre Familienstiftung, d. h. eine solche, welche keinerlei öffentliche Wohlthätigkeitszwecke, sondern lediglich und allein das Privatinteresse der Glieder einer bestimmten Familie fördern soll, so muss man trotz der Anerkennung einer juristischen Person als Vermögenssubjekts immerhin sagen, dass *das gestiftete Gut einen Theil des Privatvermögens aller genussberechtigten Glieder der bestimmten Familie bildet.* Nicht bloss diejenigen Güter sind in meinem Vermögen, welche mir kraft eines directen Rechtstitels zustehen, sondern

*) Es ist daher nicht nothwendig, auf die Frage über die Möglichkeit der letztwilligen Bedenkung von *personae incertae* nach römischem Rechte zurück zu greifen. — Gute Bemerkungen über die juristische Natur solcher einseitigen Rechtsakte giebt *Kuntze*, Die Lehre von den Inhaberpapieren. I. Abth. (1857) S. 349.

nicht minder auch diejenigen Werthe, welche, unter die Scheinherrschaft eines fingirten Subjekts lokalisirt, mir durch Vermittelung von Obligationen gebühren. Besteht nun in einer Familie eine Stiftung, deren ganze Bedeutung die ist, den Gliedern derselben unbedingt (z. B. ein Altergeld an jedes männliche Mitglied), oder bedingt (z. B. einen Studienbeitrag, eine Brautausstattung) einen Geldbeitrag oder eine Rente zu gewähren, so darf jeder zum Kreise der Genussberechtigten Gehörende sagen, dass die gestifteten Güter ihm neben seinen jetzigen und zukünftigen Familiengenossen angehören. Denn der ganze Zweck, die ganze Verwerthung dieser Güter wird in den successiv hervortretenden Forderungen der Familienglieder erschöpft. Ihnen gehören sie zwar nicht als unmittelbare Objekte ihres Rechts, sondern nur durch Vermittelung juristischer Zwischenverhältnisse; aber sie gehören ihnen praktisch darum nicht minder vollständig. Man sieht, die juristische Persönlichkeit, der die Güter dem Eigenthum nach zugeschrieben werden, entfremdet dieselben mit nichten dem Vermögen der Familienangehörigen. Sie ist nicht Anderes, als eine Kapsel, in der ein Theil des Vermögens der Letzteren aufbewahrt wird; sie ist nicht um ihrer selbst willen da, hat keinen materiellen Existenzgrund, sondern ist nur ein lediglich formelles Mittel der juristischen Construction.

Man glaube nicht, dass es sich bei dieser Beobachtung um etwas Unpraktisches handele. In dem Rechtsfalle, der von *Pözl* erzählt wird, hatte die Familienstiftung einer adligen Familie, deren Einkünfte lediglich zu Renten sämmtlicher Geschlechtsvettern verwendet werden, Rittergüter mit Patrimonialgerichtsbarkeit erworben, und diese waren gewiss mit Recht als „freiherrlich von T.'sche Gerichtsbarkeit" bezeichnet worden. Nachdem nun in Bayern die verfassungsmässige Bestimmung gegeben worden ist, dass nur Adelige Inhaber von Patrimonialgerichten sein können, hat man die Frage aufgeworfen, ob jene Gerichtsbarkeit mit Recht bestehe, weil eine juristische Person nicht adelig sei. Gewiss würde man mit Unrecht diese Frage verneinen *). Denn die Patrimonialgerichtsbarkeit muss ohne Zweifel als dem Vermögen der Glieder der genannten ritterschaftlichen Familie angehörig betrachtet werden, wenn auch die Form, in welcher dieser Theil ihres Vermögens *gestaltet* worden ist, die der Aufstellung einer juristischen Person ist. Diese Form ist, wie schon bemerkt, in einem solchen Falle völlig substanzlos und dient nur der formalen juristischen Construction.

Die Wahrnehmung, welche wir soeben gemacht haben, findet man auch sonst im deutschen Rechte öfter veranlasst. Ein rechtlicher Thatbestand ist, in seinen einzelnen Elementen betrachtet, bisweilen ein anderer, als in seiner Gesammterscheinung; oder: ein Rechtsverhältniss fordert eine mehrfache Bestimmung seiner rechtlichen Natur. So ist die bäuerliche Gutsabtretung mit Altentheil im Einzelnen nichts Anderes, als eine Verbindung sehr verschiedenartiger Rechtsgeschäfte (Tradition, Cession, Delegation, Versprechen und Gegenversprechen u. s. w.), in ihrer Gesammtheit ist sie ein künstlich herbeigeführter Erbschaftsantritt. Und dieser Erfolg ist nicht ohne rechtliche Wirkungen. Um nur eine praktische Consequenz anzuführen, erinnere ich daran, dass man da, wo lediglich ein Sterbehandlohn besteht, diesen mit Recht auch von Dem fordert, welcher durch die sogenannte *successio anticipata* Colonatsbesitzer geworden ist.

So ist auch in unserem Falle die doppelte juristische Auffassung der Familienstiftung nothwendig, einmal als juristischer Person, sodann als eines in eigenthümlicher Weise constituirten Vermögens der einzelnen jetzt und zukünftig vorhandenen Glieder der bedachten Familie.

*) Uebrigens würde eine Verneinung dieser Frage, selbst unabhängig von der hier gegebenen Deduction, unter allen Umständen als eine dem Willen des Gesetzgebers gewiss nicht entsprechende Auslegung gelten können.

V.

Zur Lehre von den Lehns- und Familienfideikommiss-Schulden *).

§. 1.

Die Formulirung, welche das Lehnrecht in den lombardischen und deutschen Lehnrechtsbüchern des Mittelalters erfahren hat, dürfen wir in keiner Weise als eine völlig abgeschlossene betrachten. Denn obgleich das Lehen schon seit dem neunten Jahrhunderte in ungemeiner Ausdehnung bestanden und eine politische Wirksamkeit wie kein anderes Rechtsinstitut geäussert hatte, so war doch zur Zeit der Abfassung jener Rechtsbücher sein Entwicklungsgang noch nicht vollendet. Seitdem der Grundsatz der Erblichkeit anerkannt war, hatte es eine Veränderung erfahren, deren Abschluss erst *nach* der Zeit jener Rechtsbücher erfolgte, ich meine die Verlegung des Schwerpunkts des ganzen Instituts in die Rechte der Agnaten, seine Verwandlung in *Familiengut.* Alsdann war inzwischen das *Landrecht* durch Aufnahme des römischen Rechts auf eine ganz neue Grundlage gestellt worden; ihm gegenüber passte das Lehnsinstitut auf jenem alten Standpunkte nicht mehr; es bedurfte, um seine Selbstständigkeit im Verhältniss zu dem vielfach eingreifenden Allodialrechte zu wahren, nun einer schärferen und genaueren Ausbildung der in ihm liegenden Gedanken. So erschien es nach verschiedenen Seiten einer Fortbildung fähig und bedürftig, welche, da die Gesetzgebung schwieg, der Wissenschaft und Praxis als

---

*) Zuerst veröffentlicht in der Zeitschrift für Civilrecht und Process. N. F. Bd. 11 (1854) S. 183 flg.

Aufgabe zufiel. Dies wird noch heutzutage nicht immer gehörig gewürdigt. Sonst würde man z. B. nicht immer von Neuem das in dem Wesen des Lehens liegende Princip der *successio ex pacto et providentia majorum* aus dem Grunde anfechten wollen, weil es die *Libri feudorum* noch nicht mit voller Bestimmtheit aussprechen. Denn wenn man nicht läugnen kann, dass sie den *Keim* dieses Princips in sich tragen, so sollte man auch nicht die Berechtigung der späteren Jurisprudenz bestreiten, diesen Keim zu erschliessen und dadurch den Rechtsstoff mit einem wahrhaft neuen Gedanken zu bereichern, der die innerste Eigenthümlichkeit jenes Rechtsverhältnisses mit treffender Wahrheit darlegt.

In vorzüglich hohem Masse gilt das eben Gesagte von den *Obligationsverhältnissen* der Lehnspersonen. Nach der Natur des deutschen Schuldrechts, namentlich der Principien desselben über die Haftung der Erben, konnte von dem damaligen Rechte eine Ausbildung der hier massgebenden Grundsätze nicht erwartet werden. Es handelt sich ja wesentlich hierbei um den Einfluss des Verkehrslebens einer späteren Zeit auf ein Institut, dessen Beurkundung einer früheren, ganz verschiedenen Periode angehört. In der That sehen wir uns hier auch von dem longobardischen Lehnrechte fast ganz verlassen; ausser den spärlichen Bestimmungen in *I. feud.* 6 §. 3, *II. feud.* 8, und 28 §. 2 und 3, ist in ihm kein Anhaltspunkt zur Entscheidung gegeben. Hier war es nun vor Allem die Aufgabe der Wissenschaft, eine Grundlage zur Befriedigung des juristischen Bedürfnisses für die Regelung dieser neuen Seite des alten Instituts zu schaffen.

§. 2.

Dieser Aufgabe hat sich die Wissenschaft auch nicht entzogen. Seit *Carpzov's* bekannter Schrift *) ist die Frage über

*) *B. Carpzov de oneribus vasalli feudalibus, s. debitis in foro Saxoniae ex feudo solvendis. Lips.* 1654.

die Lehnschulden im Ganzen oder nach einzelnen Gesichtspunkten so ausserordentlich häufig behandelt worden, dass es selbst *Dabelow* in seiner weitläuftigen (übrigens unbedeutenden) „Cultur- und Literaturgeschichte" dieser Lehre in der Aufzählung der einschlagenden Schriften zu keiner Vollständigkeit hat bringen können *). Und trotzdem ist es zu keinem einigermassen genügenden Resultate gekommen.

An und für sich stehen die Schuldverhältnisse eines Lehnsbesitzers mit seinem feudalen Vermögen in gar keiner Berührung. Nur das Allodialvermögen haftet dafür, und nur auf die Allodialerben findet ein Uebergang statt (S. *II. feud.* 45 *pr.*). Da ihm über das in seiner Hand befindliche Lehensvermögen keine Disposition zusteht, durch welche es den Nachfolgern geschmälert werden könnte, und hinwiederum seine Lehensfolger (sofern sie nicht zufällig die Allodialsuccession mit der Lehensfolge verbinden) mit ihm in gar keinem Erbzusammenhange stehen, so ist für ihn keine Möglichkeit vorhanden, die Lehnsfolger persönlich, oder das Lehnsvermögen dinglich (z. B. pfandweise) zu verhaften. Damit ist nun freilich nicht gesagt, dass der Lehnsbesitzer als solcher immer absolut schuldenfrei sein müsse, sondern nur, dass er aus *Rechtsgeschäften seines Vorgängers* nicht verpflichtet werden könne; denn es gibt ja Verbindlichkeiten, welche gar nicht auf Rechtsgeschäften beruhen, sondern auf Zuständen, an welche ein Rechtssatz irgend eine *obligatio* angeknüpft hat, — und solche kommen namentlich im Lehnrechte mehrfach vor.

*) *Dabelow*, Versuch einer richtigeren Theorie der Lehren von den Lehnsschulden, dem Lehnsconcurse und dem Verhältnisse der Lehnsgläubiger zu den Allodialgläubigern. 1. Abth. Halle 1797. 4. — Die neuesten Bearbeitungen dieser Lehre, die jedoch durchaus keine irgend erheblichen neuen Gesichtspunkte geben, sind: *Steinacker selecta capita ad locum de debitis feudalibus. Pars I. Lips.* 1823, und *Pfeiffer* im Rechtslexikon Bd. 6, S. 479 flg. Vgl. auch *Weiske*, Abh. aus d. Gebiete des teutschen Rechts, 1830, Nr. 9. Die klarste Darstellung der bisherigen Theorie findet sich in *Pätz*, Lehnr. S. 366 flg.

11

Von jener Regel, dass der Lehnsfolger durch Rechtsgeschäfte seines Vorgängers nicht verpflichtet werde, musste man aber gar bald Ausnahmen anerkennen. Es musste sich bald die Beobachtung entgegendrängen, dass es Fälle gebe, in denen es im höchsten Grade ungerecht sein würde, die Allodialerben einstehen zu lassen, nämlich wenn eine Schuld lediglich zum Besten des Lehnguts aufgenommen worden war. Hierbei hätte man stehen bleiben sollen; man hätte diese Ausnahme nach ihrer inneren Natur, ihren Voraussetzungen und Grenzen entwickeln und feststellen sollen. Statt dessen griff man weiter, und behandelte zugleich mit diesem Falle alle diejenigen Fälle, in denen *ein Vasall überhaupt etwas zu zahlen schuldig sei*, ganz besonders die Verpflichtung zur Leistung von Alimenten an gebrechliche Vorgänger u. s. w. Darin liegt der erste Schritt des Irrthums, durch den bis auf den heutigen Tag die ganze Lehre verwirrt worden ist. So zerstörte man das logische Fundament der Frage; statt des Ausgangspunktes: der Vasall wird nicht durch Rechtsgeschäfte seines Vorgängers verpflichtet, substituirte man stillschweigend den andern, ganz unrichtigen: *der Vasall ist an sich überhaupt zu keinen Leistungen verbunden.* Alle Fälle, in denen nun doch eine *obligatio* des Vasallen bestand, wurden nun als Ausnahmen, und zwar trotz ihrer völligen Verschiedenartigkeit als gleichartige betrachtet, da ihnen allen jener fingirte Gegensatz gemeinsam war.

So kam man zu dem allgemeinen Begriff „*Lehnschulden*", und betrachtete es nun als die Aufgabe der Wissenschaft, alle Fälle derselben in einer systematischen Ordnung aufzuzählen, d. h. alle Fälle, in denen der Vasall als solcher etwas zu bezahlen schuldig sei. Dieser Plan findet sich schon bei *Carpzov.* Er fragt (*diss. cit. dec.* 2 *pos.* 1): „*quaenam sunt et dicuntur onera feudalia? Etsi ea procul dubio feudo inhaerent, certum tamen inde suppetere nequit decisum, quod nec hactenus quisquam — debita feudalia certa definire regula vel ad* *gnomonem ea dirigere praesumsit. — — Quae vel pignoris jure in feudo nituntur, vel in utilitatem feudi conversa probantur: certo persuasi, non ullum onus vel debitum feudale prolatum iri, quod hac definitione comprehensum non sit.*" In dieser Fassung behandelt er alle Fälle, in denen die Lehnsfolger und nicht die Allodialerben *etwas bezahlen müssen.* Zwar hat man nun später diese Eintheilung des Ganzen in Pfandschulden und Versionsschulden aufgegeben; aber die Verbesserungen der späteren Literatur bewegen sich doch nur innerhalb dieses irrthümlichen Kreises. Das Schema, mit dem man zuletzt und bis auf unsere Zeit die ganze Lehre erschöpft und in eine gehörige Ordnung gebracht zu haben glaubte, war dies: erstens sei zu unterscheiden zwischen *debita legalia* und *consensuata;* zweitens müssten beide Arten wieder unterschieden werden, je nachdem sie *absoluta* oder nur *respectiva* seien, denn manche Schulden wirkten nur gegen einzelne Lehnsfolger; drittens müsse man bei jeder Lehnsschuld fragen, ob sie eine *nothwendige* oder nur *subsidiäre* (dem Lehnsfolger nur in Ermangelung zureichenden Allods obliegende) sei *).

Damit war eine völlige Verwirrung vorbereitet. Man vereinigte ganz zusammenhangslose und völlig verschiedenartige Erscheinungen in einem gemeinschaftlichen systematischen Netze und stellte sie unter die Einwirkung einer gemeinsamen logischen Fügung. Indem man eine bestimmte Eigenschaft bei einer Art von Schulden der Lehenspersonen beobachtete, z. B. das alleinige Haften des Lehnsvermögens, so entwickelte man lediglich aus dieser Beobachtung die gegensätzliche Eigenschaft: die Subsidiarität, und suchte nun, um sie nicht in der Luft stehen zu lassen, auch wirkliche Fälle für sie auf; ebenso

*) Dieser Schematismus findet sich am deutlichsten zuerst bei *Bremer diss. num debita feudalia a vasallo soluta heres allodii a successore in feudo repetere queat. Goett.* 1741. Sodann bei *Geldern* (*pr. Eckardt*) *de debitis feudalibus etc. Jen.* 1787.

erzeugte der gleiche dialektische Process den Gegensatz der absoluten Wirksamkeit der *versio in rem*, nämlich die bloss respektiv wirkende *versio*, und die Scheidung des Ganzen in gesetzliche und vertragsmässige Lehnsschulden. Weil man einen Begriff als einen denkbaren und dialektisch möglichen gefunden hatte, so musste er sich auch im Leben realisirt finden. Aber gerade hier zeigte sich nun die grösste Unsicherheit; wenn auch in einzelnen Punkten ein bestimmtes Obligationsverhältniss der fingirten Kategorie zu entsprechen schien, so traten doch bald wieder ungefügige Seiten hervor. Eine unbefangene Beobachtung der einzelnen Verhältnisse für sich würde leicht zu einem gesunden Resultate geführt haben; aber die Unbefangenheit war unmöglich, da man von einem systematischen Schema ausging, in welchem von vorn herein die möglichen Eigenschaften eines solchen Rechtsverhältnisses fingirt waren, so dass es dann nur noch darauf ankam, es in jene hineinzuquälen. Bei manchem der vielen Schriftsteller über diesen Gegenstand ist die Unbehaglichkeit ihrer Empfindung leicht herauszufühlen, aber doch vermögen sie es nicht über sich, aus der Fügung jenes in einem unrichtig angenommenen Gegensatze gebildeten Netzes herauszutreten, und immer erneuern sie die unfruchtbare Arbeit einer Kritik innerhalb jenes Rahmens.

§. 3.

Damit verband sich noch ein anderer Irrthum. Hätte man sich bloss an die Thatsachen des Lebens selbst gehalten, so würde man schwerlich Rechtsverhältnisse gefunden haben, welche die Aufstellung jener Kategorieen der Lehnsschulden veranlasst hätten. Nun aber kam man auf eine Quelle, aus der man beliebige Lehnsschulden konnte herausfliessen lassen, und zwar von jeder gewünschten Beschaffenheit, so dass auch das abstrakteste Schema seiner Füllung gewiss war. Ich meine das Princip der Haftung aus einer *versio in rem*, wie es besonders in den Sächsischen Constitutionen (II, 46) und seitdem von allen Schriftstellern aufgestellt worden ist. Ihm verdankt namentlich die Kategorie der respektiven Lehnschuld — wenigstens der Hauptsache nach, ihre Füllung; denn wenn man einmal überhaupt eine verbindende Kraft der *versio* annahm, so kam es ja bloss auf die Unbeschränktheit oder Beschränktheit ihrer Bestimmung an, um alle oder nur einige Lehnsfolger zu verbinden.

Dies Princip ist nun zunächst in sich durchaus ungenügend. Die Natur der Obligationsverhältnisse wird dadurch völlig verdunkelt, indem dabei die Rücksicht auf die besondere formale Entstehungsart der Forderungen gänzlich zurückgedrängt und dafür eine allgemeine und ganz vage Kategorie substituirt wird; die Klage wird nicht auf den Vertrag, sondern auf die Thatsache einer Verwendung gestützt. Da ferner dies Princip in sich keine Begrenzung hat, es vielmehr der ungemessensten Ausdehnung fähig ist, so muss sich der Kreis der vasallitischen Verpflichtungen ungebührlich vermehren. Man sieht sich sogar genöthigt, diesen Obligationsgrund fortwirken zu lassen, selbst wenn seine Voraussetzung, das Vorhandensein einer Verbesserung durch Verwendung, im Laufe der Zeit längst verschwunden ist; ja sogar so weit muss man die Version ausdehnen, dass man ihr selbst Verpflichtungen für Schulden unterstellen kann, die in der That gar keine Verbesserung enthalten, z. B. die Kosten eines im Interesse des Lehns nicht ohne Grund begonnenen aber verloren gegangenen Processes. Endlich wird dadurch die Unterscheidung der Verpflichtung eines Lehnsfolgers aus dem Uebergange einer *Schuldforderung* auf ihn und seiner Verpflichtung zum Ersatz der *Impensen* (Meliorationen) völlig verwischt, da auch die letzteren alsdann als eine Art der Versionsschulden angesehen werden müssen. — Die Verwirrung, die aus diesem Principe hervorgehen musste, zeigt sich am deutlichsten in der Literatur der viel besprochenen Frage über die Rückerstattung der

Zahlung einer Lehnsschuld an die Allodialerben des Zahlenden; ohne den Gesichtspunkt der *versio in rem* würde man nicht zu dem an sich völlig irrthümlichen Beginnen gekommen sein, jene Frage als eine allgemeine zu behandeln, da sie ihrer Natur nach nur eine Frage des einzelnen Falls sein kann.

Aber abgesehen davon, dass dieses Princip nach seiner inneren Natur kein genügendes Resultat gewähren könnte, so fehlt es ihm auch an jeder äusseren Begründung. Es stammt lediglich aus der falschen Theorie der früheren civilistischen Jurisprudenz, welche aus der im römischen Rechte so genau begrenzten *actio de in rem verso* eine allgemeine Klage machte, die ohne Rücksicht auf das Vorhandensein eines contrahirenden *negotiorum gestor* überhaupt schon aus der Thatsache der Bereicherung Jemandes hervorginge, und als Realkage jeden künftigen Besitzer der Sache, auf welche die Verwendung geschehen, verfolge; denn es gelte das Princip: *ne quis cum damno alterius locupletior fiat.* Diese Lehre ist nun von den heutigen Civilisten mit Recht gänzlich verworfen worden, und sonach fällt sie auch in ihrer Anwendung auf die Lehnschulden zusammen; denn wie könnte man den im Interesse des Lehnsguts contrahirenden Lehnsbesitzer als einen steten *negotiorum gestor* seiner vielleicht noch nicht einmal gebornen Lehnsfolger darstellen? Niemand wird auch behaupten wollen, dass sie hier durch ein Gewohnheitsrecht sanctionirt worden sei; eine theoretische Begründung von Rechtssätzen ist nicht Gegenstand eines Gewohnheitsrechts. Man griff zu diesem Auskunftsmittel überhaupt nur, weil man das allein richtige Fundament, das Princip der *successio ex pacto et providentia majorum* (das successive Erbrecht) nicht zu benützen verstand *).

---

*) Ich verweise in dieser Hinsicht auf die Begründung, die ich dieser Lehre in meinem System des deutschen Pr.-R. §. 266 gegeben habe; zugleich bemerke ich aber, dass meine bisher §. 132 und 133 gegebene Darstellung der Lehnsschulden noch auf der früheren unrichtigen Basis beruhte.

Ich will es nun im Folgenden versuchen, für die einzelnen Obligationsverhältnisse der Vasallen — übrigens ohne alle Berücksichtigung des Einflusses einer Verpfändung des Lehns — die richtigen Gesichtspunkte festzustellen. Dabei bemerke ich, dass diese Untersuchung in gleicher Weise für die *Familienfideikommissschulden* gilt, abgesehen von einigen ganz äusseren Verschiedenheiten, welche aus dem Rechte des Lehnsherrn hervorgehen. Denn die Natur des Lehens ist seit dem fünfzehnten Jahrhunderte die eines Stamm- und Familiengutes geworden.

§. 4.

I. Eine Stelle des longobardischen Lehnrechts und nach ihr eine ausdehnende Erklärung der Praxis, welche jedoch nur als eine particularrechtliche betrachtet werden kann, legt dem Lehnsbesitzer folgende Verbindlichkeiten auf:

1) Die sogenannte *alimentaria provisio* an Lehnsfolger, welche wegen Gebrechlichkeit übergangen wurden. „— *Si feudum fuerit magnum, quo ei ablato se exhibere non valeat, tum ei relinqui debet, quo se sustinere possit*“ (*I. feud.* 6 §. 3).

2) Alimentation und Dotation der Töchter des früheren Lehnsbesitzers.

3) Versorgung der Wittwe des verstorbenen Lehnsbesitzers. Diese kann die verschiedenste Gestalt haben (s. mein System des D. Pr.-R. §. 239); sie kann ein Vidualitium oder in Rücksicht auf eine eingebrachte *dos* ein sogenanntes Dotalitium sein, wo solche Institute particularrechtlich bestehen.

4) Tragung der Begräbniss- und Kurkosten des verstorbenen Vasallen.

Alle diese Verpflichtungen (mit Ausnahme der überhaupt nach eigenthümlichen statutarischen oder particularrechtlichen Grundsätzen zu beurtheilenden Verpflichtung zur Leistung des Vidualitium und Dotalitium), setzen voraus, dass die Berechtigten oder die Erben des Verstorbenen kein genügendes

Allodialvermögen besitzen. Die Grösse der Leistungen zu bestimmen, ist an diesem Orte ohne Interesse, da es hier nur darauf ankommt, ihre juristische Natur festzustellen.

Nicht auf einem *Rechtsgeschäfte* beruhen diese Verpflichtungen, sondern auf einem *Rechtssatze* *). Auch sind sie keine von einem Vorgänger kraft Erbrechts überkommenen Schulden, sondern sie entstehen für jeden Besitzer des Lehens originär. Es sind Obligationen, welche ein Rechtssatz an einen *Zustand* anknüpft. (System des D. P.-R. §. 166.)

Die Fälle, in denen sie den Charakter einer Rentenverpflichtung haben (1, 2, 3), nähern diese Verbindlichkeiten den Reallasten; nur bleibt immer der Unterschied, dass hier der Besitz des belasteten Grundstücks nicht unbedingt verpflichtet, sondern nur so lange, als es in der Hand eines Glieds der Vasallenfamilie ist, da der tiefere Grund der *obligatio* lediglich in dem Bereiche der blutsverwandtschaftlichen Pflichten ruht. Aber ebenso wie bei den Reallasten wird man consequent den Lehnsbesitzer nur für die während seines Besitzes fällig gewordenen Prästationen, nicht auch für die Rückstände des Vorfahrers haftbar erklären müssen.

Der Natur der Sache nach werden diese Obligationen niemals die Substanz des Lehens selbst ergreifen. Sie beruhen überhaupt nur auf der Voraussetzung, dass der Ertrag des Lehens ergiebig genug sei, um eine Verwendung von Ueberschüssen möglich zu machen („*si feudum fuerit magnum*“). Es sind Prästationen, die als eine Quote des Fruchtgenusses gedacht sind, die sich also verkleinern, oder ganz wegfallen werden, wenn ein genügender Ertrag nicht mehr vorhanden ist (z. B. wenn er schon in der Bezahlung der Zinsen der Lehnschulden aufgeht, oder im Falle eines wirklichen Lehnsconcurses).

---

*) Als eine Ausnahme könnte man das *Dotalitium* betrachten, dessen Grund in der *illatio dotis* beruht; aber doch ist dieses nur scheinbar. S. darüber *Zachariä*, Sächs. Lehnr. §. 197 flg.

Wenn nun aber auch sowohl die Verpflichtung eines Individuums zu diesen Leistungen überhaupt, als der Umfang der letzteren durch lehnrechtliche Thatsachen bestimmt wird (jenes durch den Besitz, — dieses durch den Fruchtertrag des Lehns), so ist doch die Verpflichtung selbst nicht eine beschränkt lehnrechtliche in dem Sinne, dass nur die Lehnsfrüchte das Executionssubjekt bildeten, so dass also auch bei dem Vorhandensein von Allodialvermögen des Verpflichteten bei jeder Zahlungsverweigerung eine Sequestration des Lehnguts eintreten müsste. Vielmehr hat jede abgeschlossene Rate dieser Verpflichtungen, sobald sie nach ihrem Umfange bestimmt und fällig geworden ist, ganz den Charakter einer Allodialschuld, für welche das gesammte Allodialvermögen des Vasallen ohne Unterschied seiner Quellen einsteht. Dasselbe gilt auch von der nur eine einzelne Schuldsumme enthaltenden Verpflichtung zur Zahlung der Begräbniss- und Kurkosten. — Sehr leicht ist hiernach die Frage zu entscheiden, ob die Allodialerben eines zahlenden Vasallen für die Befriedigung solcher Forderungen von den Lehnsfolgern Rückersatz in Anspruch nehmen können? Diese Frage muss natürlich verneint werden, in soweit es sich um die Bezahlung der während des Lehnsbesitzes des Vorgängers wirklich fällig gewordenen Leistungen handelt; ist aber mehr als dies, also eine fremde Schuld, bezahlt worden, so ist die Frage über das alsdann eintretende Rechtsverhältniss, insbesondere darüber, ob die *actio negotiorum gestorum* statt finde, lediglich nach allgemeinen, civilrechtlichen Grundsätzen zu beurtheilen.

Schon oben ist hervorgehoben worden, dass diese Leistungen nur so lange von dem Besitzer des Lehnguts gefordert werden können, als dieser ein Mitglied der Vasallenfamilie ist. Sie können daher weder vom Lehnsherrn *), an den das Lehen heimfällt, noch vom dritten Besitzer, dem es verkauft wird, in

---

*) Anders ist es beim *Dotalitium* in Sachsen. *Zachariä* a. a. O. §. 200.

Anspruch genommen werden. Dagegen leidet es wohl keinen Zweifel, dass die *vor* dem Verkauf des Lehnguts begründet gewesenen Forderungen dieser Art auch *nach* dem Verkauf von dem Lehnsfolger befriedigt werden müssen, vorausgesetzt, dass überhaupt ein Kaufpreis übrig geblieben ist, und nicht vielmehr der Erlös zur Befriedigung der Lehnsgläubiger verwendet werden musste.

Ganz ähnliche Grundsätze gelten in Bezug auf die so häufig vorkommenden analogen Verhältnisse bei *Familienfideikommissen:* Apanage, Alimentation, Witthum, Dotation u. s. w.

§. 5.

II. Eine ganz andere Natur haben folgende Obligationen in Lehns- und Fideikommissverhältnissen.

1) Schulden, welche der *erste Erwerber* des Lehns im unmittelbaren Zusammenhange mit der Entstehung und Begründung des letzteren, z. B. zur Bezahlung des Kaufpreises, und zwar mit der Absicht contrahirt hat, dass sie *nur* auf die Lehnsfolger übergehen sollen. Vorausgesetzt ist hierbei, dass die Gläubiger mit dieser Beschränkung der Wirksamkeit ihrer Forderungen einverstanden sind; denn der blosse Umstand, dass das empfangene Geld zu jenem speciellen Zwecke verwendet worden ist, oder dass das gekaufte Objekt in einer andern als der Allodialsuccession vererbt wird, könnte für sie kein Hinderniss sein, die Allodialerben des Schuldners auszuklagen.

Der erste Erwerber des Lehns wird von allen zukünftigen Lehnsfolgern als der Stifter des feudalen Familienguts betrachtet. Der Umfang, die ganze Natur und Beschaffenheit des letzteren ist das Produkt seines Wollens, seiner Persönlichkeit. Das Lehnsvermögen ist für die Nachfolger ein eigenthümlicher, von jedem andern Vermögen abgeschlossener, durch den Willen des ersten Erwerbers bestimmter Rechtskreis. Jeder, der in ihn hineintritt, gilt als unmittelbar vom Stifter (hier: ersten Erwerber) berufen, und übernimmt ohne Vermittlung die gesammte, in jenem Rechtskreise substantiirte Persönlichkeit desselben und somit auch jene Schulden. Die Möglichkeit, seine Persönlichkeit zu theilen, beruht auf der Stellung des Lehnrechts zum Landrecht im Mittelalter; es sind da zwei verschiedene Sphären des Rechtslebens, in deren jeder zugleich eine Heimath möglich ist. Interessant ist es, dass sich schon im römischen Rechte einmal ein ähnlicher Gedanke findet; *Julian* sagt nach der Anführung des *Gajus* (1, 17 *Dig.* 29, 1): *si quis alium castrensium rerum, alium ceterarum scripsisset, quasi duorum hominum duas hereditates intelligi, ut etiam in aes alienum, quod in castris contractum esset, solus is teneatur, qui castrensium rerum heres institutus esset, extra castra contracto aere alieno is solus obligetur, qui ceterarum rerum heres scriptus esset.*

Noch einfacher und klarer ist dieser Zusammenhang bei dem *Familienfideikommiss.* Hier liegt die ganze Stiftung in der Willkür ihres Begründers, der daher auch Schulden in das Fideikommissvermögen aufnehmen kann, welche mit dessen Entstehung gar nicht connex sind. Das Lehensvermögen wird dagegen immer erst durch den Willen des verleihenden Lehnsherrn bestimmt; der erste Erwerber ist unmittelbar durch den Empfang desselben gebunden, und seine stiftende Dispositionsbefugniss beschränkt sich lediglich auf die äussere Ermöglichung dieses Empfangs.

Die Natur dieser Schulden ist nun die. Jeder Lehns- oder Fideikommissfolger übernimmt sie in Folge seiner *Universalsuccession* in das Lehns- oder Fideikommissvermögen des ersten Erwerbers oder Stifters (als dessen successiver Erbe); jeder Nachfolger ist also als solcher wirklicher Schuldner (nicht wegen *versio in rem*). Er ist dies aber nur in Rücksicht auf die eine der in ihm zusammentreffenden Persönlichkeiten. Dies bedarf nun einer näheren Bestimmung.

Der Lehns- und Fideikommissbesitzer hat ein zweifaches

Vermögen: das Lehen- resp. Fideikommiss-, auf der andern Seite das Allodialvermögen; es vereinigen sich zwei Persönlichkeiten in einem Menschen. Ist Jemand nun Schuldner als Lehnsperson, so beschränkt sich auch seine materielle Haftung auf diejenigen Vermögensobjekte, welche diese eine Rechtssphäre activ erfüllen, d. h. das Lehn- oder Fideikommissgut mit seinen Pertinenzen. Eine Execution kann also nur auf das letztere, nicht auf das Allodialvermögen gerichtet sein; ja es haftet dies nicht einmal subsidiär, weil es einer ganz anderen Persönlichkeit gehört als der nur zufällig mit ihr verbundenen des Schuldners. Da ferner die obligirte Lehns- oder Fideikommisspersönlichkeit nicht auf der lebendigen Willenskraft ihres jeweiligen Trägers, sondern nur auf der Uebernahme einer in ihrer Wirksamkeit vordem abgeschlossenen und nur in der Bildung eines fertigen Vermögenskreises sichtbaren Persönlichkeit beruht, so muss sie von selbst untergehen, wenn ihre künstliche Unterlage verschwunden ist; und somit ist auch die Fortdauer des Schuldverhältnisses lediglich von der Existenz des Lehns- oder Fideikommissvermögens als solchen abhängig. Daher geht die Schuld nicht über auf den dritten Besitzer (z. B. Käufer), der kein Successor des ersten Erwerbers oder Stifters ist; ebensowenig auf den Lehnsherrn, an den das Lehen aus irgend einem Grunde heimfällt. Auch befreit sich jeder Nachfolger sofort durch Aufgeben seines vasallitischen Rechtes. Eine Allodification des Lehens ändert aber an diesem Schuldverhältniss gar nichts, da hierdurch nur die Verbindung mit dem Lehnsherrn, aber nicht auch das auf der *successio ex pacto et providentia majorum* beruhende Rechtsverhältniss der Agnaten beseitigt wird; wird dagegen das Familienfideikommiss aufgehoben und in freies Allod verwandelt, so ergreift diese Veränderung auch die Familienfideikommiss**schuld**, welche sich sofort in eine Allodialschuld des Besitzers verwandelt.

Die Execution ist, wie oben bemerkt wurde, immer nur gegen das Lehnsvermögen gerichtet. Weil man den Grund dieser Erscheinung nicht mit der erforderlichen Schärfe erfasste, so pflegte man irrigerweise früher die Klage als eine *actio in rem scripta*, die auch gegen den dritten Besitzer wirksam sei, oder gar als eine dingliche, insbesondere als eine Pfandklage zu betrachten.

Soll übrigens diese Execution ohne Hinderniss erfolgen können, so bedarf es bei Lehngütern noch des besonderen Consenses des Lehnsherrn (in welchem jedoch an sich weder ein Aufgeben der lehnsherrlichen Rechte noch eine eventuelle Haftung für die Lehnsschuld liegt). Die Agnaten dagegen können der Execution aus dem Grunde der Unveräusserlichkeit dieser Güter nicht widersprechen, da jene Schulden mit ihrer Wirkung von vorn herein übernommen wurden, also die Agnatenrechte überhaupt nur unter der Voraussetzung jener Beschränkung bestehen.

Da der Grund der Haftung hier nicht wie oben (§. 4) die Thatsache des Besitzes, sondern die Succession ist, so haftet auch jeder folgende Besitzer für die Zinsrückstände seines Vorgängers; dagegen darf er dafür von den Allodialerben des Letztern Ersatz verlangen, da jeder Besitzer zur Bezahlung der laufenden Zinsen aus den dem Allodialvermögen zufliessenden Lehnsfrüchten verpflichtet ist. — Die Frage über die Wirkungen der Bezahlung einer solchen Schuld durch einen Lehnsbesitzer aus seinem Allodialvermögen soll aus Veranlassung des im folgenden Paragraphen zu besprechenden Verhältnisses erörtert werden.

§. 6.

2) Den so eben (§. 5) behandelten Schulden stehen im Wesentlichen diejenigen gleich, welche ein späterer Lehns- oder Fideikommissbesitzer aufgenommen hat, um das schon in Erbgang gekommene Gut *durch eine Nachstiftung zu erhalten.*

Vor Allem ist der Grund der Haftung der Lehns- oder Fideikommissfolger für diese Schulden festzustellen. Ich finde denselben im Widerspruch mit der allgemein herrschenden Ansicht, welche ihn in der *versio in rem* sucht, abermals in der *Succession.* Dies soll nun näher begründet werden.

Im vorigen Paragraphen ist von der Haftung der Lehns- und Fideikommissfolger für Schulden gehandelt worden, welche zur *Stiftung* des Vermögens contrahirt wurden. Diese Stiftung ist nun häufig nicht mit einem einzigen Akte des ersten Erwerbers oder Begründers abgeschlossen; es bedarf bisweilen einer Erneuerung derselben, einer *Nachstiftung* durch spätere Besitzer. So oft es sich nämlich darum handelt, das Lehns- oder Fideikommissvermögen ganz oder theilweise vom Untergang zu retten, ist jeder Besitzer nicht nur berechtigt, sondern sogar verpflichtet, die dazu erforderlichen Rechtsgeschäfte vorzunehmen, welche als Erneuerung der Stiftung die Nachfolger in derselben Weise verpflichten, als die auf die ursprüngliche Stiftung bezüglichen.

Es wird damit der Inhalt des für das Lehns- und Fideikommissvermögen geschaffenen Rechtskreises mit einem eigenthümlichen Elemente bereichert. An und für sich liegt in dem Rechte des Nachfolgers nur die Befugniss, das ihm *ex pacto et providentia majorum* übertragene Vermögen, so wie es ist, zu geniessen, und die Verpflichtung, Alles zu unterlassen, wodurch dem späteren Besitzer die Möglichkeit gleichen Genusses geschmälert oder entzogen würde. Hierzu tritt nun nach Obigem auch ein Recht auf *positives Handeln*, in welchem sich die ursprüngliche Aktualität der in dem Lehnsvermögen substantiirten Persönlichkeit fortsetzt. Es bedarf für diese Annahme keiner äusseren Rechtfertigung, sie ist in der Natur der Sache, d. h. im Geiste der Stiftung selbst gegeben. Soll indessen dieses Handeln eines späteren Besitzers wirklich die Bedeutung haben, dass es die Nachfolger als *Successoren* in gleicher Weise verpflichtet, als das im §. 5 beschriebene Handeln des Stifters, so muss darin eine wahre *Repräsentation* des Letzteren liegen.

Der einzelne Lehns- oder Fideikommissbesitzer hat nämlich auch *eigene* Verpflichtungen, welche genau von der in Frage stehenden geschieden werden müssen. Er muss das Gut in Bau und Besserung erhalten, Reparaturen *ex propriis* tragen, welche sich auf regelmässig wiederkehrende, durch die Natur der Sache gegebene und von Zeit zu Zeit eintretende Schäden beziehen (Erhaltung der Mauern, Dächer und sonstigen Baulichkeiten, Wiederherstellung eines periodischen Beschädigungen ausgesetzten Mühlwöhrs) *); er muss ferner alle Ausgaben tragen, welche sich auf die Ermöglichung des regelmässigen Fruchtgenusses — im weitesten Sinne des Worts — beziehen; er muss die im §. 4 genannten Verpflichtungen erfüllen und die Zinsen der Lehns- oder Fideikommissschulden bezahlen. Schulden, die er zur Erfüllung dieser Verbindlichkeiten aufnimmt, treffen nur ihn und sein Allodialvermögen; sie beruhen nicht auf einer *Nachstiftung*.

Die materielle Bestimmung dieser letzteren kann nun überhaupt nicht in einer principiellen Fassung erwartet werden, welche die ganze denkbare Casuistik in einem Gesammtausdruck vereinte; sie ist *quaestio facti*. Es werden dahin hauptsächlich folgende Fälle gehören:

1) Wenn durch ausserordentliche Naturereignisse, z. B. Brand, Ueberschwemmung, das Gut ganz oder theilweise zerstört ist, und nun wieder hergestellt werden soll.

2) Wenn zur Erhaltung des gesammten Rechts oder eines Theils davon ein Process zu führen ist. Hier sind *alle* zur Bestreitung der Kosten entstandenen Verbindlichkeiten (z. B. auch der Kostenersatzanspruch des Gegners) wahre Lehnsschulden im Sinne dieses Paragraphen. Es ändert dabei Nichts, wenn der Process verloren ging, vorausgesetzt nur, dass eine vernünftige Veranlassung zur Aufnahme des Streits vorlag.

---

*) Eine gute Arbeit darüber ist die Abhandlung von *Seeger* in Sarway's Monatschrift für Justizpflege in Württemberg Bd. 18, S. 218 flg.

3) Wenn von den Vorfahren im Besitze die laufenden Reparaturverbindlichkeiten lange vernachlässigt waren, und nun die gänzliche Wiederherstellung einem einzigen Lehnsfolger zur Last fällt. Die darauf verwandten Kosten sind ebenfalls Nachstiftungen und müssen von den Lehnsfolgern als solchen getragen werden, insoweit ihr Urheber sich nicht durch einen Anspruch auf Ersatz der Deteriorationen von den Allodialerben der Vorgänger erholt hat.

4) Dahin kann ferner der Fall einer Vermehrung des Lehns- oder Fideikommissvermögens durch Ankauf eines neuen Pertinenzstückes gehören. Streng genommen wäre dies eine neue Stiftung im äussern Anschluss an die alte.

5) Endlich kann hierher auch der Fall gezählt werden, wenn eine Lehen- oder Fideikommissschuld von der Art, wie sie in diesem und im §. 5 charakterisirt ist, durch Aufnahme einer neuen Schuld getilgt wird. Diese letztere tritt ganz an die Stelle der ersteren; denn ohne die Aufnahme dieser weiteren Schuld wäre das Lehns- oder Fideikommissgut selbst ergriffen worden.

Ist nun hiermit der *materielle* Charakter dieser auf Nachstiftung beruhenden Schulden bestimmt, so bedarf es nun auch der Feststellung ihrer *formellen* Natur. Es sind zwei Fälle zu unterscheiden:

a) Die Schuld wird so contrahirt, dass ein *Fremder* Gläubiger wird, einerlei ob aus einem förmlichen Darlehensgeschäft oder aus einem sonstigen Obligationsgrunde. Damit eine solche Forderung nicht unmittelbar gegen den contrahirenden Schuldner und seine Allodialerben wirke, ist auch hier nothwendig, dass dem Gläubiger die eigenthümliche beschränkte Wirksamkeit derselben angezeigt werde und er sich damit einverstanden erklärt habe. Der Lehnsbesitzer hat zwar das Recht, seine Nachfolger zu verpflichten, aber für den contrahirenden Gläubiger liegt in der Natur des Geschäfts kein

Grund der Nothwendigkeit dieses Ganges der *obligatio* *), da der Lehnsbesitzer in eigenem Namen handelt.

b) Der Aufwand wird von dem fraglichen Lehnsbesitzer aus *eigenen* Allodialmitteln gemacht. Diesen Fall haben Manche mit Unrecht anders behandeln wollen. Vorausgesetzt wird natürlich, dass der Aufwand nicht *animo donandi*, sondern in der Absicht gemacht worden ist, Lehnsgläubiger werden zu wollen, eine Absicht, die zwar zu vermuthen ist, obschon es gewiss räthlich sein wird, sie in einem besonderen Rechtsgeschäfte mit bestimmtem Ausdrucke zu beurkunden. Es hat gar nichts Bedenkliches, diesen Fall dem ersteren gleich zu behandeln, da der Lehnsbesitzer eine doppelte Persönlichkeit in sich vereinigt und diesem Dualismus gemäss zu verfahren berechtigt ist. Hierher gehört namentlich die viel bestrittene Frage, ob die Allodialerben eines Lehns- resp. Fideikommissbesitzers, der eine von den in diesem und im vorigen Paragraphen besprochenen Schulden aus seinem Allodialvermögen (ohne Schenkungsabsicht) bezahlt hat, von den Lehnsfolgern Ersatz verlangen können, oder m. a. W., ob der *ex allodio* zahlende Lehnsbesitzer Gläubiger der Lehnsfolger geworden sei? Diese Frage ist ohne Zweifel zu bejahen; denn wenn auch der ausgeklagte Lehnsbesitzer als solcher wirklicher Schuldner ist, so ist er doch nicht verpflichtet, die Lehnsschuld mit seinem Allodialvermögen zu vertreten, und es liegt, wenn er dies dennoch thut, der Fall einer wirklichen Nachstiftung vor. Von keiner juristischen Bedeutung ist aber der Einwand, dass auf diese Weise alle Lehnsschulden auf dem letzten Lehns-

*) Es findet daher nicht, wie *Steinacker* a. a. O. meint, eine alternative Klagbefugniss des Gläubigers statt, so dass er wählen könne zwischen der Allodialklage gegen den Contrahenten und seine Erben, und der Klage gegen die Lehnsfolger; es findet nur die eine *oder* die andere Klagbefugniss statt. Weigert sich der Gläubiger, der Forderung den Charakter einer Lehnsschuld geben zu lassen, so bleibt dem Lehnsbesitzer nichts anderes übrig, als selbst Lehnsgläubiger zu werden (durch Bezahlung *ex propriis*).

besitzer zusammentreffen müssten. Es ist zuzugeben, dass dies ein faktischer Uebelstand ist, und es wäre wünschenswerth, dass die Gesetzgebung jeden Lehns- oder Fideikommissfolger zur Abtragung eines Theils der Schuld verpflichtete, wie denn auch in der That manche Partikulargesetze für jede Aufnahme einer solchen Schuld die Verpflichtung der Einrichtung eines dieselbe vertheilenden Tilgungsplans vorschreiben. Wo dies aber nicht der Fall ist, kann man keinem einzelnen Besitzer einen Theil der Schuld als eigene (d. h. aus seinem Allod zu zahlende) zuweisen, da sich die Zahl der successiv zur Berechtigung Gelangenden nicht bestimmen lässt.

Im Uebrigen gelten auch hier die schon im vorigen Paragraphen besprochenen Wirkungen einer solchen Schuld. Sie haftet nicht wie eine hypothekarische auf dem Lehns- oder Fideikommiss o b j e k t, sondern sie ist eine rein persönliche jedes Nachfolgers in seiner Sphäre als Lehnsperson, in welcher allerdings das Lehnsvermögen (den lehnsherrlichen Consens vorausgesetzt) das alleinige Executionsobjekt bildet, mithin keine, auch nicht eine subsidiäre Haftung des Allodialvermögens statt findet. Ebenso beim Familienfideikommiss. Da ferner die Verpflichtung des Nachfolgers lediglich auf der Universalsuccession in die im Lehns- oder Fideikommissvermögen substantiirte Persönlichkeit des Stifters in ihrer Ursprünglichkeit und späteren Repräsentation beruht, so geht eine solche Schuld auch auf keinen dritten Besitzer über, der nicht in diesem Successionsverhältnisse steht, namentlich auch nicht auf den Lehnsherrn. Diesem gegenüber kann höchstens von einem gewöhnlichen Impensenersatze die Rede sein, wie dies auch in *II. feud.* 28 §. 2 ausgesprochen ist*).

*) In allen diesen Punkten weichen die meisten Schriftsteller über Lehnschulden ab. Insbesondere wird sehr häufig wenigstens eine subsidiäre Haftung des Allods und fast immer auch ein Uebergang auf den Lehnsherrn behauptet, was wohl aus der Ansicht herstammt, dass diese Schulden auf der *versio in rem* beruhen.

Auch bei dieser Construction des Rechtsverhältnisses wird der *versio in rem* ihre Bedeutung gegeben, insofern sie eine Seite im Begriffe der Nachstiftung ausmacht; nur aber wird ihr hierbei entfernt nicht die Wirkung eines selbstständigen Obligationsgrundes beigelegt. — —

Um dem bisher Dargestellten eine noch deutlichere Abgrenzung zu geben, will ich noch mit einigen Worten auf die sehr verschiedenartigen Verhältnisse beim *Impensenersatze* (Ersatz der Meliorationen) eingehen.

Wenn ein gutgläubiger Besitzer auf fremdes Gut Verwendungen macht, so entsteht bei der Rückkehr desselben an den Eigenthümer folgendes Rechtsverhältniss. Er kann vom Letzteren zunächst den Ersatz der *impensae necessariae* verlangen. Was hingegen die bloss *nützlichen* Verwendungen betrifft, so kommt es darauf an, ob ihre Wegnahme möglich ist, oder nicht; in jenem Falle hängt es vom Eigenthümer ab, ob er sie behalten und nach ihrem Werthe bezahlen, oder zurückgeben, resp. gestatten will, dass sie wieder weggenommen werden (*jus tollendi*); ist aber eine Trennung nicht möglich, so muss sie der Eigenthümer nach dem Werthe, den sie für ihn haben, ersetzen. Vorausgesetzt ist aber hierbei, 1) dass es *justi sumptus*, d. h. das gehörige Mass einhaltende Verwendungen sind, und 2) dass der Aufwand nicht schon anderweit, namentlich durch Fruchtziehung ausgeglichen ist. (Vgl. über diese bekannten Sätze: *Glück's* Pandekten Bd. 8 S. 302 flg.)

Das römische Recht betrachtet die Impensenausgleichung von dem Gesichtspunkte, dass es sich dabei nur um die sachgemässe Regulirung einer *Nebenangelegenheit* handele. Es giebt dem, welcher die Auslagen ersetzt haben will, in der Regel keine Klage, sondern nur eine Einrede. Es entsteht auch hier aus der *in rem versio* keine selbstständige *obligatio* auf Ersatz, sondern es wird die Billigkeitsrücksicht, dass der Eigenthümer sich nicht mit dem Schaden eines Andern bereichern solle, lediglich dadurch befriedigt, dass für den Fall der Unmöglichkeit einer Trennung und folgeweise einer freien Uebereinkunft der Parteien der Eigenthümer zum *Ankauf* der angeschafften Gegenstände nach einem billigen Massstabe *genöthigt* wird.

Demgemäss ist eine Auslage, welche ein Lehns- oder Fideikommissbesitzer zu dem Zwecke einer *Nachstiftung* im obigen Sinne macht, entfernt nicht nach dem Gesichtspunkte der Impensen zu behandeln. Vielmehr begründet sie eine selbstständige klagbare *obligatio*, deren Dauer und Inhalt nicht wie das Impensenrecht durch das Erhaltensein des angeschafften Gegenstandes und seinen relativen Werth bedingt ist. Der Lehnsfolger dagegen, welcher Impensen ersetzte, hat damit keine klagbare *obligatio* gegen seine Nachfolger erworben; die meisten dieser Impensen werden im Laufe seines Besitzes durch die Vortheile daraus ausgeglichen, oder die angeschafften Gegenstände sonst verbraucht und abgenützt sein, und im höchsten Falle steht er seinen Nachfolgern in Bezug auf diese seinem Vorgänger ersetzten Impensen mit demselben Rechte gegenüber, das der Letztere gegen ihn zur Anwendung gebracht hat.

Was ist nun bei Lehn- und Fideikommissgütern unter diesen Gesichtspunkt des Impensenersatzes, d. h. einer bloss vorübergehenden Regulirung namentlich aus Anlass der Lehenssonderung zu stellen? Es gehören *nicht* dahin die sogenannten *impensae necessariae*, da diese entweder auf einer Nachstiftung, oder auf der eigenen Verbindlichkeit jedes Besitzers zur Unterhaltung des gestifteten Vermögens beruhen, und in beiden Fällen anders beurtheilt werden. Als Impensen in jenem Sinne werden dagegen zu betrachten sein Verwendungen, welche weder den Charakter der Nachstiftung haben, noch auch schon vermöge der Verpflichtung jedes Besitzers zur Erhaltung der Güter *ex propriis* bewirkt werden *mussten*. Zum Beispiel *können* dahin gehören: Anlegung von Dämmen, Schleusen, Backöfen,

Brücken, Zäunen, Wegen und allerhand Bauten, Urbarmachung wüster Stellen, Anpflanzung von Obstbäumen, Kulturverbesserungen, *unter Umständen* auch der Erwerb realer Jagd-, Weide- und Holzrechte, und die Befreiung von Hypotheken, Reallasten, Servituten. Uebrigens ist hier Alles *quaestio facti* nach den oben gegebenen Gesichtspunkten.

§. 7.

Nach dem bisher Dargestellten ist die Klaglegitimation eines Gläubigers aus den im vorigen Paragraphen erörterten Schuldverhältnissen folgendermassen zu bestimmen. Die Klage gegen den Lehnsfolger stützt sich 1) auf das Rechtsgeschäft, durch welches die Forderung begründet wurde, z. B. Darlehen, Mandat; 2) auf die Thatsache, dass mittelst dieses Rechtsgeschäfts eine Nachstiftung im obigen Sinne bewirkt worden ist.

Der Erweis dieses letzteren Theils seines Klagegrundes kann dem Gläubiger oft sehr schwer fallen. Es kann ihm bestritten werden, dass jener Zweck vorlag, dass das Geld wirklich und zwar vollständig für jenen Zweck verwandt worden sei (wogegen ihm nicht eingewandt werden könnte, dass der Erfolg durch zufällige Umstände vereitelt, oder im Laufe der Zeit wieder verschwunden sei). Wie viele Vorsichtsmassregeln und wie mancherlei Beurkundungen bedarf daher der Gläubiger, um des Erfolgs der Klage gegen die Successoren im Lehn oder Fideikommiss gewiss zu sein *)! Hat er sich daher nicht durch eine Verpfändung des Lehn- oder Fideikommissguts sichern können, so wird ihm in hohem Grade nützlich sein, wenn er bei der Eingehung solcher Rechtsgeschäfte alle lebenden Agnaten sich durch *Consens* in dem Sinne betheiligen liess, dass sie dasselbe nach Zweck und Wirkung als eine Nachstiftung anerkennen. Dadurch wird der Charakter der Forderung und der Obligationsgrund in keiner Weise geändert;

---

*) „*Curiosus esse debet creditor, ut vertatur*"; *L.* 3, §. 9 *Dig.* 15, 3.

der Gläubiger erwirbt nur den Vortheil eines *Zeugnisses*, mittelst dessen er von vorn herein gegen die Schwierigkeiten jenes Beweises gesichert wird.

Ganz anders ist die Bedeutung, welche *regelmässig* dem agnatischen Consense beigelegt wird. Hiervon soll in Folgendem gehandelt werden.

III. Die sogenannten *consentirten* Lehnschulden.

Diese bilden nach der bisherigen Theorie die zweite Gruppe der „Lehnschulden". So wie die bisher besprochenen auf *Gesetz* beruhen, so sind diese aus *Vertrag* hervorgegangen. Im Uebrigen werden sie jenen im Wesentlichen gleich gestellt; auch hier wird unterschieden zwischen absoluter und respektiver Wirksamkeit, auch hier wird ferner angenommen, dass die *obligatio* des Nachfolgers erst mit dem Eintritt seines Successionsfalls beginne. Dagegen wird nun nach langem Streite allgemein behauptet, diese Schulden hätten nur eine sogenannte subsidiäre Wirksamkeit, ohne dass diese Behauptung irgendwie klar gedacht erscheint. Sie kann bedeuten: der Lehnsfolger haftet erst dann, wenn der ursprüngliche Contrahent vergeblich ausgeklagt worden ist; sie kann aber auch bedeuten: das Lehen haftet erst dann, wenn entweder der erste Contrahent, oder irgend ein verklagter Lehnsfolger, oder wenn alle haftenden Lehnsfolger zusammen kein genügendes Allodialvermögen haben. Welche Bedeutung ist nun die richtige?

Diese ganze Auffassung ist aber völlig verwerflich. Sie ist aus dem oben im §. 2 geschilderten falschen Streben, die Lehre in ein System zu bringen, hervorgegangen, und beruht lediglich auf einer unbegründeten Fiction. Man hatte den Begriff „Lehnschulden" als einen theoretisch abgeschlossenen in der Art hingestellt, dass er von besonderen Voraussetzungen unabhängig sei (wie wir sie im §. 5 und 6 angegeben haben). So konnte man nun jenem allgemeinen Begriffe leicht beliebige

Entstehungsgründe unterlegen, wie hier den Vertrag; man nahm an, dass, wie zur Begründung einer Schuld überhaupt der Consens der principalen Partei gehöre, so zur Begründung einer Lehnschuld weiter der Consens der Agnaten erforderlich sei, und *schob dann jenen doktrinären Begriff von Lehnschulden dem Bewusstsein der Letztern willkürlich unter.* Muss man nun dies Alles verwerfen, so bleibt in dem sogenannten agnatischen Consense nichts Anderes übrig, als irgend eines der mehreren denkbaren Rechtsgeschäfte, durch welche sich die Agnaten an dem Obligationsverhältnisse des Hauptschuldners betheiligen. Eine allgemeine Kategorie: *consentirte Lehnschulden*, mit eignen, abgeschlossenen Principien gibt es hiernach gar nicht, sondern es ist lediglich eine *Interpretationsfrage jedes einzelnen Falls*, welche Bedeutung der zu dem Rechtsgeschäfte hinzutretende Willensakt der Agnaten habe.

Die Absicht der „Consentirenden“ kann sehr verschiedenartig sein. Es ist 1) möglich, dass sie lediglich eine *Bürgschaft* beabsichtigen; in diesem Falle ist nur eine Allodialschuld vorhanden, bei welcher zufällig den Gläubigern auch die Sequestration eines Lehn- und Fideikommissvermögens in Aussicht gestellt ist. Dagegen liegt darin entfernt noch kein Consens zur Veräusserung des letztern zum Zwecke der Schuldentilgung. 2) Es ist möglich, dass der Consens dem Lehnsbesitzer eine etwa beabsichtigte *Veräusserung* des Lehns (insoweit die Agnaten dabei betheiligt sind) zum Zwecke der Bezahlung im Voraus genehmigen soll; dabei wollen vielleicht die Agnaten nicht selbst, ja nicht einmal als Bürgen Schuldner werden, und beschränken jene Erlaubniss nur auf die Zeit des Besitzes des eigentlichen Schuldners. Dass dies noch keine Verpfändung ist, leuchtet von selbst ein. 3) Der Consens soll vielleicht eine wirkliche Lehnsverpfändung bewirken. Bisweilen bezieht sich eine solche Verpfändung nur auf die Früchte des Lehn- oder Fideikommissguts. Auch in den letzten beiden Fällen ist nur eine *Allodialschuld* einzelner

Lehnspersonen vorhanden, bei welcher das Lehn indirekt betheiligt wird. 4) Es ist möglich, dass der Consens nur die Bedeutung jenes oben erwähnten *Zeugnisses* für die Existenz einer Nachstiftung haben soll. Hier ist der Consens ohne alle obligatorische Wirkung und hat lediglich eine processualische Bedeutung. 5) Möglich ist es endlich allerdings auch, dass eine wahre Lehns- oder Fideikommissschuld, wie sie in den §§. 5 und 6 geschildert wurde, *künstlich* durch Vertrag hervorgebracht werden soll (was dann bald so geschehen könnte, dass das Lehen allein, oder erst für subsidiär verhaftet erklärt würde). Dies müsste aber bestimmt ausgesprochen und vom Gläubiger genehmigt worden sein. Gewiss würde es nicht aus der blossen Mitunterschrift der Agnaten folgen.

Keine von diesen Intentionen wird vermuthet. Ueberall bedarf es einer besondern Ermittlung der Absicht durch Interpretation des einzelnen Rechtsgeschäftes. So wenig als bei dieser Mannichfaltigkeit der Möglichkeiten eine allgemeine Theorie der „consentirten Lehnschulden“ denkbar ist, so wenig kann auch ein allgemeines Princip für die Entscheidung der Frage erwartet werden, ob ein Lehnsfolger den Allodialerben des eine solche Schuld bezahlenden Vorgängers Ersatz leisten müsse. Da die meisten der genannten Fälle (1—3) lediglich Allodialschulden betreffen, so kann jene Frage auch nur nach *civilrechtlichen* Grundsätzen beantwortet werden; z. B. kann der Regressanspruch des Bürgen, die Klage aus der *negotiorum gestio*, oder das Recht auf Impensenersatz (namentlich bei Befreiung des Guts von einer Hypothek) begründet sein, — Alles nach Massgabe des concreten Falls.

Ohne alles speciell lehn- oder fideikommissrechtliches Interesse ist endlich dabei die Erscheinung, dass da, wo nur *einzelne* Agnaten in einer der angeführten Arten verhaftet sind, auch nur während ihres Besitzes der Fruchtertrag vom Gläubiger in Anspruch genommen wird. Es gibt also auch keine allgemeine Theorie der *respektiven* Consensschulden.

§. 8.

IV. Es ist endlich noch eine Gruppe von Schuldverhältnissen der Lehns- oder Fideikommisspersonen zu besprechen, die man in der Regel als *respektive Lehns-* oder *Fideikommissschulden* bezeichnet, d. h. solche, welche nicht alle, sondern nur einzelne Nachfolger treffen, und daher auch nie mit einer Execution in das Lehen oder Fideikommiss selbst, sondern nur in die Früchte während des Besitzes der wirklichen Schuldner begleitet sind.

Dass der Fall, wenn nur *einige* Agnaten ihren Consens zur Aufnahme einer Schuld gaben, nicht als Grundlage einer allgemeinen Theorie der respektiven L e h n s schulden benützt werden könne, wurde am Schlusse des vorigen Paragraphen bemerkt. Denn es handelt sich hier lediglich um gewöhnliche Allodialschulden und um die natürliche Folge, dass diejenigen Agnaten, welche in irgend einer Weise an ihr betheiligt sind, unter anderem auch mit den während ihres Besitzes gezogenen Lehnsfrüchten als einem Theile ihres Allodialvermögens einstehen müssen.

Auszuscheiden ist ferner der Fall, wenn eine Stiftung oder Nachstiftung im Sinne der §§. 5 und 6 durch Anschaffung eines mit dem Hauptgute zeitweise verbundenen Gegenstandes nur für eine *bestimmte* Reihe von Agnaten gemacht, und hierbei eine Schuldforderung begründet wird. Hierdurch entsteht ein ganz neuer selbstständiger Vermögenskreis und eine wirkliche Lehnschuld, deren Execution auch nicht bloss in die Früchte, sondern in die Substanz jener mit dem Hauptgute in Verbindung gebrachten Sache geht.

In der Regel rechnet man hierher den Fall, wenn ein Agnat mit entfernterem oder beschränkterem Successionsrechte eine Schuld contrahirt, um einen näher Berechtigten abzufinden, oder wenn dieses Resultat durch Führung eines Processes erreicht wurde, und nun Processkosten erwachsen sind. Solche Schulden sollen *ex versione in rem* auf alle dadurch begünstigten Nachfolger als respektive Lehns- oder Fideikommissschulden übergehen. Dies ist nun aber eine ganz unrichtige Ansicht, insofern sie ebenfalls auf der völlig verwerflichen Theorie der allgemeinen Rechtswirkung der Verwendung beruht. An und für sich wird der begünstigte Nachfolger durch eine solche Handlung vielmehr gar nicht verpflichtet, vorausgesetzt, dass er nicht zugleich Allodialerbe ist; er betrachtet die Abfindung eines Vorgängers lediglich als eine der mehreren günstigen Thatsachen, die seine Erwartungen früher realisiren können, als es nach dem regelmässigen Verlaufe der Dinge würde der Fall gewesen sein. Um ihn zum Schuldner zu machen, oder zum Ersatz des *ex propriis* Gezahlten zu verpflichten, bedürfte es einer jener bestimmten obligirenden Thatsachen, wie sie in dem allgemeinen Begriffe der Stellvertretung liegen, z. B. Mandat oder *negotiorum gestio.* Aber gewiss kann eine solche nicht ohne Weiteres angenommen werden, wenn z. B. ein Agnat zunächst für sich und seine Familie die Lehnssuccession erfrühen will, später aber durch irgend einen Zufall, z. B. den Tod des Sohns, der Vortheil einem entfernten Lehnsvetter zu Gute kommt.

In allen solchen Fällen würde wiederum lediglich das gemeine Civilrecht entscheiden, und immer würde auf diese Weise nur eine *Allodialschuld* entstehen, welche nicht auf jeden *ex pacto et providentia* Berufenen als solchen überginge, sondern nur den ersten Contrahenten, bez. den, dessen Geschäfte geführt worden wären, und dessen Allodialerben träfe. Mithin kann auch hieraus kein Stoff zur Begründung einer allgemeinen Theorie der respektiven Lehns- oder Familienfideikommissschulden gezogen werden. —

Schliesslich mag noch die Bemerkung Raum finden, dass in der vorstehenden Erörterung die abnormen Schuldverhältnisse bei sogenannten Erblehen und den mecklenburgischen

Lehen absichtlich übergangen wurden; ebensowenig schien es von Interesse zu sein, die neueren Gesetzgebungen über diesen Gegenstand zu besprechen, welche die obigen Fragen theils sehr willkürlich, theils unter dem Einflusse unrichtiger Theorieen entscheiden, obschon manche derselben die irrigen Consequenzen der letzteren mit praktischem Takte beschränken.

VI.

Bemerkungen zur Beurtheilung genossenschaftlicher Verhältnisse *).

I.

Es ist eine in der neueren Zeit mit grossem Nachdruck geltend gemachte Beobachtung, dass das deutsche Rechtsleben sowohl der älteren als der neueren Zeit eine Reihe von genossenschaftlichen Verhältnissen erzeugt habe, deren rechtliche Beurtheilung, sofern man sich lediglich auf die Mittel der römischen Begriffe der *universitas* und *communio* beschränken wolle, erheblichen Schwierigkeiten unterworfen sei. Diese Begriffe enthielten nur die extremen Möglichkeiten der Bestimmung genossenschaftlicher Verbindungen; während bei der *universitas* die Einzelpersönlichkeiten der jeweiligen Träger hinter der Persönlichkeit der Gesammtheit völlig verschwänden, bleibe in der *communio*, trotz der Verbindung Mehrerer zu einer Gemeinschaft, die Einzelpersönlichkeit in ihrer Wirksamkeit bestehen. Der reichere Associationstrieb des deutschen Lebens habe nun eine Reihe von Verbindungen geschaffen, welche weder dem einen, noch dem andern dieser Begriffe unterstellt werden könnten, sondern ein eigenthümliches Institut begründeten, für welches der Name „Genossenschaft" als ein technischer in Anspruch genommen wurde.

---

*) Zuerst veröffentlicht in der Zeitschrift für Civilrecht und Process. N. F. Bd. 12 (1855), S. 193 flg.

Diese Lehre gehört der neuesten Periode der Rechtswissenschaft an, und ihr hauptsächlichster Urheber und Vertreter ist *Beseler* *). Sie stützt sich nicht sowohl auf Aussprüche positiver Rechtsquellen, als vielmehr auf die angeblichen Bedürfnisse unseres modernen Rechts- und Verkehrslebens; sie will daher zu denjenigen Doctrinen gehören, welche recht eigentlich den schöpferischen Beruf der Wissenschaft bewähren, sofern sie der Gesetzgebung voraneilt, und in unbefangener Betrachtung der Thatsachen der Entwickelung neuer Rechtsideen Bahn bricht.

Die Ansicht Beselers geht jedoch nach ihrer neuesten Fassung nicht dahin, die Genossenschaften als ein selbstständiges Institut zwischen die juristischen Personen und die Communionsverhältnisse in die Mitte zu stellen, wie das Andere wohl gewollt haben. Vielmehr sind sie ihm die Corporationen selbst, mit alleiniger Ausscheidung einer Art derselben, der Gemeinden. Er will nun den Begriff der Corporation dahin umgestalten und materiell erweitern, dass er fähig wird, eine Menge genossenschaftlicher Verhältnisse aufzunehmen, die man bisher nicht zu den Corporationen rechnete. Diese Veränderungen beziehen sich einmal auf die *Begründung*; eine Genossenschaft (d. h. Corporation) soll auch da, wo nach der bisherigen Annahme nicht schon ein allgemeiner Rechtssatz sie entstehen liess, zu ihrer Begründung lediglich des Willens der Parteien, also nicht eines Aktes der Staatsgewalt bedürfen. Anderntheils beziehen sich jene Veränderungen des Corporationsbegriffs auf den materiellen Inhalt, indem er fähig gemacht wird, in sofern den Charakter des Communionsverhältnisses sich anzueignen, dass hier „unter den mannichfachsten Combinationen das Recht der Gesammtheit mit dem der einzelnen Glieder *durchwachsen* sein“ könne. Der Begriff der Genossen-

*) *Beseler*, Volksrecht und Juristenrecht 1843, S. 158 ff. System des deutschen Privatrechts Bd. 1 (1847), S. 349 ff.

schaft soll nun keineswegs ein solcher sein, der gewissen Vereinen immer und mit Nothwendigkeit zukommt, sondern nur dann, wenn „sie auch wirklich die allgemeinen Erfordernisse der Corporation an sich tragen“ (System. S. 382). Sie *können* also auch etwas Anderes sein als Genossenschaften. Wie nun, wenn Zweifel entstehen? Dann soll der Richter auf Beweis erkennen, der dann namentlich auf die Darlegung der entscheidenden Momente, der „Consolidirung der Einrichtung“ und der „corporativen Haltung“ gerichtet sein muss (System S. 381). In diesem Sinne werden dazu gerechnet:

1) die Familiengenossenschaft des hohen Adels,
2) die Markgenossenschaft und der Deichverband,
3) die Zünfte und Gilden,
4) die Gewerkschaften, Pfännerschaften,
5) der Aktienverein,
6) die Versicherungsvereine und Wittwenkassen,
7) Vereine zu religiösen, künstlerischen, wissenschaftlichen und socialen Zwecken.

Ich bedaure nun, wiederholt aussprechen zu müssen, dass nach meiner Ueberzeugung diese ganze Lehre, welche einigen neueren Germanisten zur Lieblingssache geworden ist, völlig unhaltbar ist. Ich habe diese Ueberzeugung schon vor zehn Jahren ausgesprochen, sowie denn später *Thöl* in einer für jeden Unbefangenen entscheidenden Weise und neuerdings *Schmid**) in einer dankenswerthen Abhandlung die Unrichtigkeit jener Ansicht dargelegt haben. Nur einige nachträgliche Bemerkungen sollen hier noch Raum finden.

Die Uebertragung der Persönlichkeit auf ein Wesen, das nicht ein Mensch ist, ist unter allen Umständen ein künstlicher Akt, eine *Fiction*. Das Recht, eine solche Fiction vorzu-

---

*) S. *Gerber* in der N. Jenaischen Literaturzeitung 1844, S. 1215 ff. *Thöl*, Volksrecht, Juristenrecht 1846, S. 18 ff. *Schmid* im Archiv für civil. Praxis Bd. 36, S. 147 ff. S. auch *Gerber*, deutsches Pr.-R. §. 49 und 222, N. 1.

nehmen, legen wir nun nicht in den Privatwillen, sondern in die höhere sanctionirende Gewalt des Staats, in seine rechtschaffende Autorität, sofern nicht schon ein Rechtssatz besteht, der für gewisse Rechtsverhältnisse das Eintreten dieser Fiction ein für alle Mal festsetzt. Wohl zu unterscheiden von diesem Akte der Staatsgewalt ist der oft mit ihm zusammengeworfene der *polizeilichen* Genehmigung. Gegen die Nothwendigkeit einer Zutheilung des Fictionsrechts an die Staatsgewalt wirft nun Beseler 1) die Frage auf, woher denn der Staat selbst seine juristische Persönlichkeit gewonnen habe? (System S. 354.) Beseler übersieht, dass der Staat, abgesehen von seiner Eigenschaft als Fiscus, überhaupt gar keine juristische Person ist*). Sodann macht er 2) geltend, dass viele wichtige Corporationen schon früher bestanden hätten, als eine concentrirte Staatsgewalt, dass sie mithin dieser ihren Ursprung nicht verdanken könnten. Hier liegt eine Verwechslung vor. Gemeinden, Markgenossenschaften, Zünfte und Gilden sind freilich in Deutschland nicht durch Akte einer Staatsgewalt ins Leben gerufen worden. Aber es können solche Rechtsverhältnisse längst thatsächlich bestanden haben, bevor die juristische Natur derselben zum klaren Bewusstsein gekommen ist, und ihre Forderungen für *zukünftige* Anwendungsfälle zur Geltung gebracht worden sind.

Es ist indessen nicht meine Absicht, an dieser Stelle alle Gründe aufzuführen, durch welche die Ansicht Beseler's und Derer, die ihm gefolgt sind, widerlegt wird. Um indessen zu zeigen, bis zu welchem äussersten Grade jene Lehre weiter gesponnen werden kann, will ich hier noch die Formulirung derselben bei einem der neuesten Schriftsteller über deutsches Privatrecht anführen, ich meine *Bluntschli*, der es sich in der Vorrede zu seinem deutschen Privatrecht zur Aufgabe macht,

*) *Gerber* über öffentliche Rechte (1852) S. 15 ff. [Obschon ich diese Ansicht jetzt nicht mehr theile — vgl. meine Grundzüge d. Staatsrechts §. 1 —, so ist gleichwohl obiger Einwand ganz ohne Bedeutung.]

„den geistigen Gehalt unseres Rechtsbewusstseins“ vor „kalten logischen Linien“ zu retten.

Nach seiner Ansicht *) leidet die Lehre von den juristischen Personen noch „an der Aengstlichkeit, mit welcher sich viele Juristen an die sehr dürftigen Aeusserungen der römischen Rechtsquellen anklammern, und an der Unfähigkeit, aus den reichen Erscheinungen des Lebens die dasselbe bestimmenden und sich in ihnen offenbarenden Rechtsgedanken und Principien wissenschaftlich herzuleiten.“ Betrachten wir nun seine eigene Meinung. Die *Genossenschaft* ist ihm (S. 107) diejenige Form der juristischen Personen, „welche mehrere einzelne Menschen in einer Gesammtheit zu einem Ganzen verbindet, in dem die Theile sichtbar bleiben, eine Verbindung, welche die verbundenen Subjekte nicht *wegdenkt*, sondern *zusammenfasst*“. Die juristische Persönlichkeit dieser Vereine sei nun nicht eine *Fiction*, ein Ausdruck, aus dem man einen ganzen „Knäuel“ unbegründeter Schlüsse abgewickelt habe (S. 110). „Die Begriffe: Menschheit, Volk, Familie, als Gattungen und Arten, sind keine *Fictionen*, sondern *Wahrheiten*.“ Schon die Römer seien in einem grossen Fortschritt begriffen gewesen, wenn sie manche Gemeinschaften als juristische Personen zu begreifen angefangen hätten: „ein Fortschritt der *Erkenntniss*, nicht eine *Fiction*“. Wir müssten uns nun auf eine noch höhere Stufe erheben.

Diese Entwickelung erhält ihren Schlussstein durch des Verfassers Theorie vom Gesammteigenthum (S. 259). Die Schwierigkeit der Construction des *condominium in solidum* löst sich nach dieser ganz leicht. Zunächst wird das juristische Wort *Eigenthum* in das wenigstens im Sachenrechte unjuristische Wort *Herrschaft* übersetzt. Dadurch bekommen wir nun eine *Gemeinherrschaft*, „welche nicht auf die individuelle Beherrschung *für sich*, sondern auf die *Gemeinschaft* der Beherr-

*) *Bluntschli*, deutsches Privatrecht Bd. I, S. 103.

schung den Nachdruck legt", und es trete daher in ihr „*die Rücksicht auf die Ausschliesslichkeit ganz in den Hintergrund*".

So hat einst ein Philosoph die göttliche Providenz mit der menschlichen Freiheit zu vermitteln versucht; er meinte, man brauche sich jene nur als „latent" zu denken. Und wir stellen die unbequeme Ausschliesslichkeit des Eigenthums einstweilen „in den Hintergrund".

„Mit einer ähnlichen logischen Operation", fährt *Bluntschli* in der Anmerkung fort, „lasse sich auch *beweisen*, dass, wenn zwei Augen Eine Sache sehen, sie zwei verschiedene Bilder dieser Sache in sich aufnehmen müssen, und dennoch sehe der Mensch mit zwei Augen die eine Sache nur einfach, weil die beiden Augen zusammengehören, und in Gemeinschaft dem Einen Menschen dienen."

Ist das die deutsche Jurisprudenz der Zukunft, die der Verfasser so lebhaft verkündet? —

II.

Vereinigungen von Menschen, mögen sie auf bewussten Entschlüssen oder auf zufälligen Ursachen beruhen, mögen sie dauernd oder vorübergehend sein, kennt das bewegte Leben unserer Zeit in so zahlloser Menge und in so verschiedenen Richtungen, dass man darauf verzichten muss, sie irgendwie in einer begrifflichen Einheit zusammenzufassen. Man kann nur sagen, dass der Associationstrieb zu den Grundtrieben der Verkehrswelt unserer Tage gehört. Es fragt sich nun, wie sich zu dieser Thatsache das Recht verhält?

Zunächst ist der Meinung zu begegnen, dass alle denkbaren genossenschaftlichen Verhältnisse *Rechtsverhältnisse* seien, dass das Rechtssystem für die Beurtheilung aller bestimmte *Rechtsinstitute* haben müsse. Diese Ansicht ist völlig unrichtig. Vielmehr liegt ein grosser Theil dieser Genossenschaften in dem Bereiche der nicht juristischen, rein dem gesellschaftlichen und sittlichen Leben angehörenden Thatsachen; und wenn ein rechtliches Moment hinzukommt, so hat es nicht die Bedeutung, dass dadurch die Genossenschaft selbst in das Gebiet des Rechts gezogen werden solle, sondern es wird an den unberührt gelassenen factischen Thatbestand ein juristischer nur äusserlich angeschlossen.

So gehört nach meiner Ansicht der *Staat* selbst, als die grösste sittlich-politische Genossenschaft, seiner culturlichen Bedeutung nach nur zum Theil in das Gebiet des Rechts, in keinem Falle des Privatrechts; die Idee, dass der Staat als politische Anstalt eine Corporation sei, ist völlig verwerflich. Aber das Privatrecht schliesst sich in vielen Fällen an diesen grossen sittlich-politischen Thatbestand an und begründet für eine einzelne Seite desselben, nämlich die privatrechtliche Vermögensfähigkeit, die Idee des *Fiscus*.

So gehört nach meiner Ansicht der Einheitsbegriff der *Familie* ursprünglich nicht in den Bereich des Rechts. Er ist ein Thatbestand des sittlichen Lebens, den das Recht als einen ausserhalb seines Gebietes fertig gewordenen, als einen gegebenen anerkennt, den es durchaus nicht in sein Bereich hineinziehen will, obschon es ihm eine Reihe von rechtlichen Wirkungen zutheilt, und seinem Bestande überhaupt einen wirksamen Schutz verleiht. Dies gilt nicht blos für die Familie in ihrer einfachen und natürlichen Gestaltung, sondern auch da, wo sich die Familiengemeinschaft wie beim hohen Adel erweitert zu der Idee des „Hauses“. Die Function des Rechts besteht hier in der Regel darin*), dass es mittelst Anwendung irgend eines der hierzu geeigneten Institute (Familienfideikommiss, gesammte Hand, Stiftung) einen bestimmten juristischen Kern herstellen lässt, um den sich dann die sittliche Gemeinschaft auf eine dauernde Weise entwickeln kann. Aber weder dieser juristische Kern, noch die sonstige der Familie beigelegte rechtliche, insbesondere vermögensrechtliche

*) S. Gerber im Archiv für civil. Praxis B. 37, S. 50.

Wirkung (z. B. Gütergemeinschaft, also *communio* u. s. w.), darf uns verleiten, derartige Verbindungen nach ihrem geistigen und sittlichen Gehalte zu Communionsverhältnissen oder juristischen Personen des Privatrechts zu stempeln.

So gehört nach meiner Ansicht ein grosser Theil der Verbindungen und Vereine zu geselligen, religiösen, politischen Zwecken überhaupt, oder wenigstens der wichtigeren Seite ihres Inhalts nach, nicht in den Bereich des Rechts, und die statutenmässigen Verpflichtungen haben nur den Charakter sittlicher, conventioneller, religiöser Pflichten. Erst wenn ein Vermögen hinzutritt, durch welches die Vereinszwecke gefördert werden sollen, wird in Bezug auf *dieses* die Frage nothwendig, ob eine Societät, oder eine Corporation u. s. w. vorhanden sei. Unrichtig wäre es, wollte man diese Frage auch auf etwas Weiteres, als auf das vermögensrechtliche Interesse erstrecken, oder z. B. das statutenmässige Strafrecht des Vorstands gegen einzelne Mitglieder als *Ausfluss* der Societät oder der juristischen Person betrachten *).

Schon aus diesen Betrachtungen ergibt sich, dass es ganz verwerflich ist, wenn man aus dem reicheren und mannichfaltigeren Associationswesen unserer Zeit ohne Weiteres auf die Nothwendigkeit neuer Rechtsinstitute schliessen will, da ein grosser Theil des Inhalts unserer Genossenschaften dem Rechte gar nicht angehört, oder die Function des letzteren sich nur auf einen untergeordneten und streng begrenzten Bestandtheil bezieht. Es wäre nicht verkehrter, wenn Jemand alle diese Gemeinschaften unter die Kategorie der *communio* oder *universitas* zwängen wollte, als es verkehrt ist, wenn man für sie eine dritte, die „Genossenschaft" hinstellt.

*) Dies sind besondere Nebenverabredungen. Ueberhaupt ist zu erinnern, dass sich oft ein Rechtsverhältniss dem Auge des Laien wie aus einem Gusse geschaffen darstellt, während der Jurist darin nur eine Gruppirung einzelner unabhängiger Festsetzungen zur Erzielung *eines* einzigen *thatsächlichen* Erfolgs erblickt.

Es möge mir erlaubt sein, das Gesagte durch ein Beispiel zu verdeutlichen.

Ich kenne eine ehemals reichsritterschaftliche Familie, welche die eigenthümlichste und interessanteste Organisation hat. Die grossen Stammgüter derselben sind durch ein Familienfideikommiss für untheilbar und unveräusserlich erklärt worden, und ihr Genuss kommt nach dieser Stiftung allen zur Zeit achtzehn Jahr alten Agnaten zu gleichen Theilen zu. Die Güter werden von dem Familienältesten verwaltet; alle Jahre wird Rechnung abgelegt, und die Auszahlung der je nach der Zahl der Participirenden steigenden oder fallenden Raten vorgenommen. An diesen Kern hat das Familienfideikommiss und spätere ergänzende Uebung noch mancherlei Anderes angeschlossen, z. B. eine durch alljährliche Beiträge unterhaltene Kasse zur Unterstützung von Wittwen und Waisen der Familie, zur Ausstattung der Töchter, zur Aushülfe in besonderen Nothfällen u. s. w. Alle sieben Jahre müssen nach der Stiftung sämmtliche Agnaten der weitverbreiteten und zerstreuten Familie mit Frauen und Kindern auf dem Stammsitze persönlich erscheinen; da werden die Bande der durch die grosse Ausdehnung bedrohten Familieneinheit erneuert, da wird eine fideikommissarische Heiterkeit entwickelt, bei welcher die alten Familienbecher ihren Dienst thun. Auch ein Censoramt übt der Familienälteste im Rathe mit den Agnaten aus, und selbst für ein Familiengefängniss ist Sorge getragen. — Man sollte meinen, das wäre eine „Genossenschaft“ vom reinsten Wasser. Man kann hier ebensowenig das „Durchwachsensein“, als die „corporative Haltung“ verkennen; vielleicht wird man sogar geneigt sein, hier ein Abbild der Realgemeinde mit den sie umschwärmenden Häuslingen u. s. w. anzunehmen. Auch kann man mit *Bluntschli* sagen, die einzelnen Glieder werden hier nicht „weggedacht“, sondern „zusammengefasst“. Allein was wäre mit allem dem geholfen? Statt einer juristischen Construction wäre eine unklare Phrase gegeben. Der rechtliche

Kern des Verhältnisses ist ein Miteigenthum nach ideellen Theilen am Stammgute, wie es die Stiftung begründet; diesem Rechte hat das Familienfideikommiss *), das seiner Natur nach der mannichfaltigsten Modalitäten fähig ist, eine Reihe von Bestimmungen beigegeben, die sich *juristisch* als Bedingungen und Auflagen des Genusses herausstellen, *menschlich* und *sittlich* betrachtet aber die *factische* Wirkung einer sehr innigen Familieneinheit zur Folge haben. Diese *Wirkung* selbst bedarf nun nicht der eigenen juristischen Construction, sie ist eine rein sittliche Thatsache, deren unverbrüchliche Dauer durch eine geschickte juristische Grundlage gewahrt wird. Gewiss wird man eingestehen müssen, dass durch diese juristische Construction der freien Entwicklung des geistigen Gehalts des Verhältnisses kein Eintrag geschieht, und dass hier die Familieneinheit nicht als eine „Fiction", sondern als eine „Wahrheit" angenommen wird; ob aber nicht das Gegentheil der Fall sei, wenn man dieser Familie die Idee der juristischen Person (Genossenschaft) octroyirt, scheint mir wenigstens ohne Zweifel bejaht werden zu müssen. Es ist völlig unrichtig, wenn man unserer Auffassung den Vorwurf macht, dass sie das „gemüthliche Element" im Rechte verletze; sie erkennt dies vielmehr vollständig an und lässt es gerne walten, nur trennt sie die Function des Rechts von der Function der Sitte und widerspricht, wenn man die letztere in jene verlegen will.

III.

Ein anderer Theil der angeblichen „Genossenschaften" stellt sich bei näherer Prüfung als eine Gruppe von Verhältnissen heraus, die lediglich unter die Kategorie der *Societät* fallen. Dahin gehören die Actiengesellschaften, die Gewerkschaften, die Pfännerschaften, die Versicherungsvereine u. s. w.

---

*) Für das *einfache* Familienfideikommiss verwirft Bluntschli selbst die Genossenschaft (D. Pr.-R. I, S. 335).

Dies ist klar ausgeführt worden von *Thöl*, und ebenso glaube ich in meinem deutschen Privatrechte *) einen Beitrag zur Lösung der hier obwaltenden Schwierigkeiten gegeben zu haben. Nimmt man für diese Verhältnisse das Princip der Corporation an, so zerhaut man willkürlich den Knoten und drängt den Parteien eine Rechtsform auf, die sie überhaupt nicht gewollt haben, und die nicht ohne bedenkliche Folgen ist; macht man sie zu „Genossenschaften", so *umgeht* man lediglich die Schwierigkeiten, indem man sich einem Begriffe in die Arme wirft, dessen Annahme mehr nur als ein Verzicht auf die juristische Entwickelung des Thatbestandes betrachtet werden muss. Dieser Irrthum hat aber noch andere Irrthümer zur Folge gehabt; sowie für andere Verhältnisse das „Gesammteigenthum", so ist hier die „Autonomie" als eine Rechtserzeugung angeknüpft worden **).

Dass jedoch das Institut der Societät eine bedeutende Fortbildung im neueren Rechte erfahren habe, ist schon wiederholt anerkannt worden. Auch ist dies in der neuesten Zeit von *Schmid* ***) in so einleuchtender Weise dargelegt worden, dass ich mich auf seine Ausführungen an dieser Stelle berufen kann.

Einer näheren Betrachtung sollen hier nur noch die rechtlichen Verhältnisse der Vereine zu geselligen, politischen,

---

*) Mein D. Pr.-R. §. 195, N. 1. Vgl. auch *Jolly* in der Zeitschr. für deutsches Recht Bd. 9, S. 338 ff.

**) S. Archiv f. civil. Pr. Bd. 37, S. 59 ff.

***) *Schmid*, Archiv f. civ. Pr. Bd. 36, S. 176 ff. Namentlich verdient dessen Construction der Berechtigung der *Majorität* bei diesen Gesellschaften alle Anerkennung. An und für sich handelt es sich bei Beschlüssen von Gesellschaften nicht um das Resultat einer organischen Einheit (wie bei Corporationen), sondern um eine Einheit, welche das Ergebniss einer Composition übereinstimmender Einzelwillen ist. Warum soll es aber nicht zulässig sein, dass jeder Einzelne von vorn herein auf die Wirkung verzichtet, welche andernfalls sein entgegenstehender Wille ausüben würde?

kirchlichen Zwecken unterworfen werden, insofern ihr Inhalt überhaupt dem Gebiete des Rechts angehört. Dies ist namentlich der Fall in Bezug auf das *vermögensrechtliche* Interesse, welches dabei in's Spiel kommt.

Denken wir uns einen Verein, dessen Zweck ist, einen Mittelpunkt geselliger Vergnügungen zu bilden (Casino u. s. w.). Der Verein hat sein Vermögen; er ist Eigenthümer eines Hauses, Gartens, Billards, einer Bibliothek, überhaupt eines reichen Mobiliars; er schliesst Rechtsgeschäfte aller Art ab, er pachtet und verpachtet, er kauft und verkauft, hält Zeitschriften, schliesst Lieferungsverträge und Akkorde ab; er nimmt Darlehen auf u. s. w. Das Einkommen des Vereins beruht auf fest bestimmten Beiträgen seiner Mitglieder. Diese wählen einen Vorstand, der sie in Rücksicht auf die geselligen und rechtlichen Interessen nach innen und aussen vertritt.

Es ist nicht zu läugnen, dass hier ein Verhältniss vorliegt, welches vollkommen zur Grundlage einer juristischen Person qualificirt ist. Dies insbesondere deshalb, weil der Zweck des Vereins kein vorübergehender, sondern ein dauernder, kein auf das Interesse der gegenwärtigen Mitglieder beschränkter, ferner kein individuell vermögensrechtlicher, sondern ein wesentlich allgemeiner ist. Daher halte ich es auch für angemessen, wenn sich ein solcher Verein die Eigenschaft einer juristischen Person beilegen lässt. Ist dies aber nicht geschehen, so fragt sich, ob wir, wie dies *Schüler**) will, berechtigt sind, die juristische Persönlichkeit als sich von selbst verstehend anzunehmen? Ich glaube diese Frage verneinen zu müssen, da mir kein Rechtssatz bekannt ist, der für solche Vereine von selbst die Corporationseigenschaft entstehen liesse. Es fragt sich nun, welches Princip entscheide? Ich glaube das Princip der Societät, und zwar mit folgenden Modalitäten.

*) Vgl. die Abhandlungen und Rechtsfälle von Ortloff, Heimbach, Schüler, Guyet Bd. 1 (1847), S. 249 ff.

In der Regel wird der innere Bau einer solchen Gesellschaft sich dem der Actiengesellschaften annähern. Jedes Mitglied zahlt einen bestimmten jährlichen Beitrag; nur bis zum Belaufe dieses will es haftbar sein. Dem Publikum gegenüber will es nicht selbst als contrahirend erscheinen, vielmehr nur der Vorstand als Institor der Gesellschaft. Das Publikum weiss dies und wird danach den Grad des Credits, den es annehmen darf, bemessen. Allerdings kann daher eine Klage aus Contracten des Vereinsvorstands nicht gegen die einzelnen Vereinsmitglieder gerichtet werden; daraus folgt aber ebensowenig, als aus dem gleichen Umstande bei den Actiengesellschaften, dass der Verein eine juristische Person sei. Was endlich das sachliche Vermögen des Vereins betrifft (Haus, Meubles u. dergl.), so ist dies Gegenstand des Miteigenthums der Theilnehmer. Diese Annahme wird auch nicht, wie *Schüler* meint, durch die unabweisliche Consequenz zur Absurdität, dass der ideelle Antheil jedes Mitglieds nach der wechselnden Zahl der Theilnehmer wächst oder schwindet, und durch den Einwand, es müsse alsdann auch ein Uebergang auf die Erben möglich sein. Denn jedes Gesellschaftsmitglied *will* überhaupt von seinem Antheilsrechte keinen andern Gebrauch machen, als den des *persönlichen* Genusses der Gesellschaftsmittel; es hat gar nicht den Gedanken, sein ideelles Theilrecht mittelst Theilungsklage, Vererbung u. s. w. zur Geltung zu bringen; es *widmet* ihn von vorn herein der Gemeinschaft, und *will* ihn überhaupt nur in der Weise, dass er die Zeit seiner persönlichen Mitgliedschaft nicht überdauere. Dies ist Sinn und Absicht der Contrahenten, und ist innerhalb des Begriffs der Societät vollständig erreichbar, sobald man nur die oben berührten Erweiterungen gehörig in Anschlag bringt, die dieses Institut im neueren Rechtsleben erfahren hat.

IV.

Einige andere sogenannte Genossenschaften sind reine *Corporationen*, z. B. die Zünfte und Gilden.

Anderntheils kann es geschehen, dass Vereine, welche in dem Bisherigen als Gesellschaften betrachtet wurden, z. B. Actienvereine, sich den Charakter von juristischen Personen ausdrücklich verleihen lassen. Ich halte dies bei Vereinen, welche keinen allgemeinen und von dem Privatinteresse der einzelnen Mitglieder unabhängigen Zweck haben, wie z. B. bei Handelsgesellschaften jeder Art, für etwas Unnatürliches, Zweckwidriges und Bedenkliches. Dagegen bin ich allerdings der Ansicht, dass in einem solchen Falle, wo das ganze vermögensrechtliche Interesse auf den Privatvortheil der Einzelnen hinausgeht, diesen alsdann eine freie Disposition, insbesondere das Recht der Vertheilung des Vermögens zustehen muss, — einerlei, ob dieses Recht ausdrücklich schon in den Statuten gewahrt wurde oder nicht. Ich betrachte Corporationen dieser Art als *uneigentliche*, den eigentlichen nur nachgebildete. Die Persönlichkeit des Vereins spielt hier nur eine untergeordnete Rolle; sie soll nur eine bequeme Form für das Auftreten des Vereins nach aussen abgeben, im Uebrigen aber auf die Rechte der Einzelnen am Vermögen keinen Einfluss ausüben. Nur zum Schein wird das Vermögen für jenen Zweck als Vermögen der juristischen Person construirt. Das naturgemässe Verhältniss bei wahren Corporationen ist allerdings dies, dass die Glieder derselben nicht über den Bestand des Vermögens der letzteren selbst disponiren können. Aber hier waltet der bedeutende Unterschied ob, dass, während sonst die juristische Person die Hauptsache ist, welche sich nur die Hülfe menschlicher Individuen für eine genau begrenzte Sphäre zu Organen erborgt, hier umgekehrt die einzelnen Glieder des Vereins die Hauptsache sind, welche sich nur die Firma der juristischen

Persönlichkeit zu untergeordneten Nebenzwecken entlehnen*). Es ist recht wohl zulässig, die Kraft und Consequenz der juristischen Persönlichkeit nach Zweck und Beschaffenheit ihrer Unterlage zu modificiren, wie ja auch schon das römische Recht die Möglichkeit einer solchen Modification in der *hereditas jacens* kennt, welche sich wegen des besonderen Zweckes der Fiction von den übrigen juristischen Personen wesentlich unterscheidet.

Das, was hier als etwas Ungewöhnliches, obschon nicht ausserhalb der Grenze der Möglichkeit Liegendes betrachtet wird, hat die neue Lehre von den Genossenschaften zu einer normalen Erscheinung erheben wollen und darauf die Ansicht gestützt, dass der heutige Begriff der Corporation den Begriff der *communio* in sich aufnehme. Diese Ansicht soll einen doppelten Zweck erfüllen. Es soll 1) damit die Schwierigkeit gehoben werden, welche der Auffassung der Handelsgesellschaften u. s. w. als juristischer Personen aus dem Umstande erwächst, dass bei Letzteren den Mitgliedern kein Dispositions- und Vertheilungsrecht über das Vermögen zusteht. Darüber ist so eben gehandelt worden. 2) Es soll damit erklärt werden, dass bei manchen Corporationen den einzelnen Mitgliedern selbstständige Rechte am Gesammtvermögen zustehen. Dieses Letztere kommt zunächst vor bei wahren Corporationen; es kann einem Gemeindemitgliede eine Servitut, ein Realrecht jeder Art am Gemeindegute, eine Forderung gegen die Gemeinde zustehen. Hier ist eine Erklärung überall nicht nothwendig, da kein Grund abzusehen ist, warum nicht so wie jedem Dritten auch einem Corporationsmitgliede Rechte am Corporationsvermögen zustehen sollen. Handelte es sich bloss um Erscheinungen dieser Art, so würde jene Theorie vom „Durchwachsensein“ schwerlich aufgestellt worden sein. Aber man hatte in der That andere Verhältnisse im Auge. Zunächst

*) *Treischke* in der Zeitschr. für deutsches R. Bd. 5, S. 338 ff. und *Jolly* ebendas. Bd. 11, S. 337 ff.

nämlich alle die eigentlichen *Gesellschaften* (Actiengesellschaften u. s. w.), die man zu Corporationen stempeln wollte, sodann aber eine Gruppe von eigenthümlichen Gemeinschaftsverhältnissen, über welche ich mich ausführlicher aussprechen muss (*Markgenossenschaft*, *Realgemeinde*).

Markgenossenschaften und Feldgemeinschaften sind uralte Verbindungen, welche weit vor der Zeit juristischer Abstraction liegen. Den Genossen gehörte das Land, aber nicht ihnen als Einzelnen, sondern als zu einer Gemeinschaft Verbundenen. Das soll es bedeuten, wenn es in Urkunden heisst: *communio quae dicitur Allmenda*, oder *sylvarum montium et pascuorum communio*, oder: Wasser und Wayd und alle *Gemeinschaft* *). Das Recht jedes Einzelnen war der Mitgenuss an der gemeinen Mark, einerlei, ob dieses an den Besitz eines bestimmten Hofs geknüpft war oder nicht. Dieses Recht war der Inhalt der Mitgliedschaft der Markgemeinde; seine Modalitäten empfing es aus den Beschlüssen der Genossenschaft, für welche jeder Einzelne mitzuwirken befugt war. Niemand dachte ursprünglich daran, die Natur dieses Rechts unter ein juristisches Princip zu bringen, da es in der thatsächlichen Uebung und Feststellung durch die Beschlüsse der Genossenschaft genügend geordnet erschien. Kein Einzelner konnte seinen Antheil am Genuss der Mark aus der Gemeinschaft herausziehen; aber es wurde ihm eine freie Bewegung durch die Befugniss eröffnet, mittelst Veräusserung seines Hofs nebst dem anhangenden Marktheile aus der Genossenschaft auszuscheiden. Hätte man ein Bedürfniss gehabt, nach dem juristischen Charakter des Verhältnisses zu fragen, so würde man vielleicht in mehreren Antworten gleichmässig Befriedigung gefunden haben. Schwerlich würde man Etwas eingewandt haben, wenn Jemand so argumentirt hätte: unsere Vorfahren haben diese Gemarkung mit Wald und Wiese erstmals in Besitz genommen, und sich

*) *Maurer*, Einleit. z. Gesch. der Mark-, Hof-, Dorf- und Stadtverfassung 1854, S. 144, N. 32, 33.

zu freien Eigenthümern derselben gemacht; sie haben aber beschlossen, dass sie für immer ungetheilt bleiben, und dass die Art der Ausübung jedes Eigenthumsantheils sich nach den Beschlüssen der Mehrheit der Genossen richten solle; jeder Einzelne hat also auf sein Theilungsrecht verzichtet, sowie auf seine Befugniss, seinen Willen gegenüber dem Willen der Majorität aufrecht zu erhalten; daraus hat sich nun ein objektives Markeigenthumsrecht gebildet, dem jeder in die Genossenschaft neu Eintretende von selbst unterworfen ist. Vielleicht hätte man sich auch mit der Argumentation begnügt, welche die Genossenschaft als eine Corporation und den Markboden als ihr Vermögen auffasst, und zwar mit der besonderen Modalität, dass die Bestimmung desselben nur dem Interesse und dem Nutzen der einzelnen Mitglieder in der Form fixirter Einzelrechte gelten solle. Es würde hier die Selbstständigkeit der Corporationsidee darin gefunden werden müssen, dass die Geniessenden nicht zufällig zusammengewürfelte Einzelne, sondern die durch Ansässigkeit auf bestimmten Höfen dauernd Verbundenen sind. Indessen hätte man vielleicht in der Uebertragung des Eigenthums an ein künstliches Subjekt eine wenn auch nur begriffliche Entfernung vom Rechte der Einzelnen gesehen, indem dies alsdann nicht mehr als ein unmittelbares Recht an der Sache, sondern nur als die Wirkung der Theilnahme an der Genossenschaft erschien. Wo anerkannt ein Gutsherr (Stift, Kloster) Eigenthümer der Mark war, oder wo, wie das später so oft der Fall gewesen ist, das Markeigenthum an die politische Gemeinde fiel, da konnte natürlich nicht mehr von einem *Miteigenthum* der Genossen die Rede sein, wohl aber von einem unausscheidbaren *Mitnutzungsrechte* jedes Einzelnen. Für die eine oder die andere Auffassung der Genossenschaftsrechte *) findet sich in den vielen Urkunden meist

*) S. *Duncker*, Gesammteigenthum S. 152 ff., wo die verschiedenen möglichen Rechtsformen entwickelt sind. *Römer* in der Zeitschrift für deutsch. R. Bd. 13, S. 103 ff.

keine directe Hinweisung, da sie sich grösstentheils darauf beschränken, den äussern Umfang der Markrechte festzustellen. Für die Annahme eines sogenannten Gesammteigenthums geben sie aber entschieden keinen Anhaltepunkt. Kein Mitglied der Genossenschaft würde es zutreffend gefunden haben, wenn man ihm gesagt hätte: Du bist Eigenthümer der ganzen Mark, ebenso auch jeder Deiner Nachbarn; er würde entgegnet haben, dass ihm nur ein Antheil neben dem Antheile seiner Genossen zustehe. Will man aber das Gesammteigenthum im Sinne *Beseler's* oder *Bluntschli's*, so ist nicht zu ersehen, wie dadurch eine Lösung erbracht werden kann. Denn diese Ansicht besteht darin, dass sie die Genossenschaft zu einer Corporation macht, aber das Eigenthum schreibt sie nicht ihr, sondern den einzelnen Mitgliedern zu*), sie bleibt also, nachdem sie eine juristische Persönlichkeit ohne Vermögen statuirt hat, *vor* der Erklärung der Rechte der Einzelnen stehen und umgeht mithin die ganze Schwierigkeit. Dass zur Erklärung des dauernden Bestandes der Genossenschaft, der Untheilbarkeit des Markvermögens und der Wirksamkeit der Majorität der Genossen (sofern es sich nicht um eine Disposition über das Ganze oder über die Substanz der Einzelrechte handelt) nicht einmal die Annahme einer juristischen Person nothwendig ist, scheint mir ausser Zweifel zu sein. Es handelt sich hier um Gemeinschaftsverhältnisse, die nicht durch individuelle Willkür, wie die gewöhnliche Societät, geschaffen sind, sondern sie ruhen auf einer höheren sittlichen Ordnung. Durch diesen mehr öffentlichen Charakter werden sie dem Einflusse willkürlicher Entschlüsse der Einzelnen entzogen, ohne dass jedoch die Rechte der Mitglieder damit aufhörten, vom Privatrechte und seinen regelmässigen Normen beherrscht zu werden.

Man sieht, auch diese Verhältnisse führen nicht zur An-

*) *Bluntschli*, deutsches Pr.-R. S. 258.

nahme eines Rechtsinstituts, welches die Principien der *universitas* und der *communio* in sich vereinigt. Sprechen wir es geradezu aus: eine solche Vereinigung ist überhaupt unmöglich. Beide Institute sind directe logische Gegensätze, welche die allgemeinen Möglichkeiten innerhalb dieses Genus erschöpfen, und aus einer Verbindung beider kann keine dritte selbstständige Grösse hervorgehen. Es ist aber auch dafür gar kein Bedürfniss vorhanden. Jene beiden Institute enthalten einen Grundgedanken, wie er nicht einfacher gedacht werden kann, und unser neueres Rechtsleben hat dafür gesorgt, dass er in freier Ursprünglichkeit wirken könne, gereinigt von der beschränkenden Zuthat, mit welcher ihn die römische Jurisprudenz umgeben hatte. Beide Institute gleichen jetzt zwei verschiedenen Gefässen, welche die grösste Mannichfaltigkeit der Füllung zulassen.

V.

Noch ist hier eine Gruppe von Rechtsverhältnissen ins Auge zu fassen, welche neuerdings *Schüler* *) in einer interessanten Abhandlung mit der Lehre von den Genossenschaften in Verbindung gebracht hat. Der Gesichtspunkt *Schüler's* ist zunächst der rein praktische der *Processvertretung*. Für eine Reihe von Rechtsverhältnissen, die innerhalb des Gemeindeverbands in der Art liegen, dass einzelne Gemeindeglieder gleichartig berechtigt und verpflichtet sind, bestehe das Bedürfniss einer einheitlichen Processvertretung; nur dadurch könne bei Rechtsstreiten eine Reihe von Unzuträglichkeiten vermieden werden. Solche sind: es würde, falls man die Streitenden nur als Litisconsorten betrachten wollte, möglich sein, dass einzelne Mitstreitende sich vom Processe lossagten, dass gegen Einzelne ein anderer Beweis, als gegen die Uebrigen geführt würde, dass ein abzuleistender Eid von *allen* einzeln

*) S. oben S. 199, Note.

geschworen werden müsste, dass das Resultat des Processes für jeden Einzelnen verschieden ausfallen könnte, und in jedem Falle für die später in diese Classe eintretenden Nachfolger nicht bindend wäre.

Schüler unterscheidet nun zwei Classen solcher Rechtsverhältnisse. In der einen haben die fraglichen Rechte den Charakter unabhängiger Einzelrechte, welche nur zufällig neben einander stehen (s. den Fall S. 311 der angef. Abh.); hier genüge ein gewöhnliches Litisconsortium. In der anderen Classe handele es sich um eine bloss persönliche Qualität der Einzelnen, indem die Substanz des Rechts selbst der Einheit zustehe, — da müsse eine selbstständige Genossenschaft mit der den Gemeinden zukommenden Processvertretung angenommen werden. Als Beispiele der letzteren Gattung werden angeführt:

1) Wenn sämmtlichen Beisassen, Häuslern oder Tagelöhnern eines Dorfs die Verbindlichkeit obliegt, das Getreide des Ritterguts zu schneiden.

2) Wenn sämmtliche Mitglieder einer Gemeinde als solche, und unabhängig von dem Besitze bestimmter Güter, berechtigt sind, Schafe zu halten und in die Flur des benachbarten Dorfs zu treiben.

3) Dasselbe wird angenommen bei allen Processen der Hüfner, Halb- und Vollspänner u. s. w., sofern sie als ganze Classe betheiligt sind. Insbesondere sollen sich auch die mehreren Classen *eines* Dorfs (z. B. Anspänner gegen die Hintersattler) als processführende Genossenschaften gegenüberstehen dürfen.

Ich könnte diese Beispiele leicht vermehren. So kommt es vor, dass sämmtlichen Fleischern einer Stadtgemeinde das Recht zusteht, ihr vorräthiges Schlachtvieh auf den Grundstücken eines benachbarten Ritterguts weiden zu lassen. Belehrend ist auch folgender Fall. In der Gemeinde F. im Schwarzburgischen wurde im Jahre 1830 zwischen der Gutsherrschaft einerseits und dem *Schulzen* und den *gesammten Anspännern* anderseits ein Vertrag dahin abgeschlossen, dass statt des jedem Anspänner seit unvordenklicher Zeit zustehenden Rechts, alljährlich 1/4 Acker gutsherrschaftliches Unterholz zu nutzen, für die Zukunft jeder Anspänner alljährlich ein Schock Wellen erhalten solle. Nun traten später drei erst *nach* Abschluss dieses Vertrags aufgenommene Anspänner mit einer Klage gegen die Gutsherrschaft auf, in welcher sie die ursprüngliche Anspännernutzung reclamirten, indem sie dem genannten Vertrage die Wirksamkeit auf die nachfolgenden Mitglieder der Anspännerschaft absprachen.

Ich bin nun mit *Schüler* darin vollkommen einverstanden, dass in diesen Fällen eine Processvertretung, wie sie bei Gemeinden vorkommt, nicht bloss zulässig, sondern auch nothwendig ist; sowie darin, dass eine an sich gültige Disposition über das Recht, auf welchem der genossenschaftliche Verband beruht, die zukünftigen Mitglieder der letzteren als solche verbindet. Aber in der Begründung weiche ich wesentlich von ihm ab. Es scheint mir nämlich durchaus unzulässig zu sein, jene einzelnen Classen einer Gemeinde selbst als besondere juristische Personen, oder was dem gleich steht, als sogenannte Genossenschaften zu betrachten.

Es kommt hier lediglich darauf an, dem Umstande Rechnung zu tragen, dass die Verbindung der mehreren Berechtigten oder Verpflichteten nicht in einem zufälligen *Nebeneinandersein* gleichartiger Rechte oder Verbindlichkeiten besteht (z. B. wenn mehreren Gemeindemitgliedern zufällig dieselbe Servitut, derselbe Gemeindenutzen, dieselbe Brauereigerechtigkeit zusteht)*); *sondern*, dass die Gemeinschaft auf einem einheitlichen Grunde beruht und daher von der Willkür der Einzelnen unabhängig ist. Der erforderliche einheitliche Ruhepunkt dieser gemeinsamen Rechte ist nun nicht dadurch zu gewinnen, dass jene

*) *Schüler* a. a. O. S. 271, N. 2.

Classen für diesen Zweck zu Corporationen fingirt werden, denn er liegt schon in der *Gemeinde* selbst. Die Gemeinde, insbesondere auch die Dorfgemeinde, hat nach dem Bedürfnisse des ländlichen Communalwesens eine mannichfach gegliederte Organisation erhalten, und dieser Gliederung entspricht auch die Gestaltung ihres Vermögens. Ein Theil desselben ist durchaus den Zwecken der *universitas* gewidmet, ein anderer Theil den einzelnen Mitgliedern derselben. Dieses Letztere scheidet sich wieder in solches, welches *allen* Gemeindegliedern ohne Unterschied, und in solches, welches nur einzelnen Classen derselben zu Gute kommt — Vollhüfner, Anspänner, Halbhüfner, gewisse Innungsgenossen u. s. w. Das Recht dieser Classen ist seiner *Substanz* nach ein Recht der *Gemeinde*, aber seine *Ausübung* geschieht gemäss der Gemeindeverfassung durch eine bestimmte Art der Gemeindebürger, denen diese als eigenes Recht eingeräumt ist. Solche Rechte sind daher *jura universitatis* und *jura singulorum* zugleich; *jenes*, insofern ein Streit, oder eine Disposition darüber in derselben Art und mit derselben Wirkung geschehen muss, wie dies bei sonstigen Gemeinderechten der Fall ist; *dieses*, insofern für die jeweiligen Berechtigten durch einen gewöhnlichen Gemeindebeschluss keine Schmälerung ihres Rechtes bewirkt werden kann. Ganz richtig war es daher, dass in dem oben erwähnten Falle der Vertrag von den Anspännern *und* dem Schulzen zugleich abgeschlossen wurde. Processe über solche Rechte sind mithin in Wahrheit Gemeindeprocesse; aber die Gemeinde streitet nicht für ein allgemeines und freies Corporationsrecht, sondern für ein Recht, das nur in der Ausübung durch eine bestimmte Classe von Gemeindegliedern zur Wirksamkeit kommt. Ihr Interesse wird mithin vollständig durch das Interesse dieser Genossenschaft vertreten. Indem daher letztere als processführende Partei auftritt, erscheint sie nicht als eine eigene von der Gemeinde abgelöste Corporation, sondern sie streitet mit der Persönlichkeit der Gemeinde, die sich nach dem vorliegenden Bedürfnisse in dem engeren Kreise einer Classe von Gemeindebürgern lokalisirt hat *).

Diese Argumentation ist jedoch bloss anwendbar auf den Fall, wenn eine solche Classe von Gemeindebürgern einem bestimmten Dritten ausserhalb der Gemeindeverbindung entgegensteht, nicht aber auf den Fall, wenn mehrere solcher Classen einer und derselben Gemeinde gegen einander als streitende Parteien auftreten **). Hier bleibt nichts Anderes übrig, als ein gewöhnliches Litisconsortium, oder ein Abkommen, wonach Einer statt Aller den Process führen solle. In der That scheint es mir auch, als wenn hier ein wesentlich anderes Verhältniss stattfände. *Innerhalb* des Gemeindeorganismus erscheinen die Vorrechte der Anspänner u. s. w. nicht sowohl als Rechte im subjektiven Sinne des Wortes, sondern vielmehr als *Rechtssätze*, wie z. B. die Rechte des Adels oder des Beamtenstandes im Staate. Wenn nun bloss Einzelne ein Urtheil erzielen, so kann zwar die formelle Rechtskraft desselben den Andern nicht entgegengehalten werden, aber sein materieller Inhalt wird vermöge seiner Allgemeinheit thatsächlich in der Regel dieselbe Wirkung hervorbringen.

VI.

Das Resultat dieser Ausführung ist folgendes.

Es kann nicht geläugnet werden, dass die mannichfaltigen Bildungen der unserem heutigen Rechtsleben eigenthümlichen Gemeinschaftsverhältnisse für die juristische Construction erhebliche Schwierigkeiten darbieten.

---

*) Da das wesentliche Interesse des Rechts auf Seiten Derer ist, welche die Ausübung desselben geniessen, so ist es natürlich, dass sie allein die Processkosten tragen müssen. Auch steht die obige Construction der Anwendung des Satzes nicht entgegen, dass auch unter der Anspännerschaft u. s. w., als Abtheilung der Gemeinde, eine Majorität gültige Beschlüsse fassen dürfe.

**) Siehe den Fall bei *Schüler* a. a. O. S. 265.

Es wäre ganz unrichtig, zu behaupten, dass sich diese Schwierigkeiten durch eine gemeinsame Regel besiegen liessen, daher ist es auch falsch, zu sagen, dass immer entweder das Princip der *universitas*, oder der *communio* angewandt werden müsse, denn manche jener Genossenschaften sind überhaupt keine Rechtsverhältnisse, also weder *universitas*, noch *communio*, und bei andern liegt die Schwierigkeit nicht in der Anwendung dieser allgemeinen Kategorieen, sondern in anderen Umständen. Die Aufgabe besteht nun darin, jedes einzelne Verhältniss nach seinem geschichtlichen Bildungsprocesse und seinem eigenthümlichen Wesen als ein Individuum zu behandeln, und jedem sein besonderes Recht zu Theil werden zu lassen, wie dies in der obigen, jedoch keineswegs vollständigen Darstellung für einige Fälle versucht worden ist.

Ganz unrichtig und in hohem Grade verwirrend ist aber die neue Lehre von den sogenannten Genossenschaften. Sie umgeht jene Schwierigkeit vollständig, indem sie alle jene unter sich so verschiedenartigen Verhältnisse in eine Masse zusammenwirft, und diese selbst einem völlig vagen Begriffe unterstellt, dem weder negativ, noch positiv eine genügende Bestimmung gegeben werden kann. Indem daher jene Lehre vorgibt, ein praktisches Bedürfniss zu befriedigen und eine Reihe von Rechtsverhältnissen auf ihre richtige Basis zu stellen, besteht ihre Leistung im besten Falle nur darin, dass sie die ungelösten Schwierigkeiten verdeckt. Statt der individuellen Mannichfaltigkeit ihr Recht zu geben trägt sie in alle jene Verhältnisse eine leere Abstraction hinein, und erklärt diese für das wahre Produkt einer Würdigung des nationalen Elements in unserem Rechte.

Seit der Abfassung dieses Aufsatzes hat die Frage über die rechtliche Behandlung der Genossenschaften theils durch das Erscheinen des Deutschen Handelsgesetzbuchs, theils durch die Erlassung einer Reihe darauf bezüglicher Reichs- und Particular-Gesetze eine in vielfacher Hinsicht veränderte Bedeutung erhalten. So wird obige Erörterung in mancher Beziehung nur noch das Interesse eines Zeugnisses über den damaligen Stand der wissenschaftlichen Bewegung beanspruchen können.]

Druck von Fischer & Wittig in Leipzig.

VII.

Zur Theorie der Reallasten.

I.*)

1. Die grosse Verschiedenheit der Ansichten, welche über die rechtliche Natur der Reallasten aufgestellt werden, scheint auf eine völlige Unversöhnlichkeit wissenschaftlicher Gegensätze zu deuten. Eine solche ist aber in Wahrheit nur scheinbar vorhanden. Würde man sich vorher über die Stellung dieser Lehre im heutigen Rechtsleben überhaupt verständigt haben, so wären, denke ich, manche jener Gegensätze gar nicht hervorgetreten, und für andere wäre die Vermittlung erleichtert worden.

Es kommt wohl Alles darauf an, ob der heutige Dogmatiker die Reallasten lediglich und allein in der Verbindung auffasst, in welcher dieses Institut zum Rechtsleben des Mittelalters stand, ob er es nur in seiner mittelalterlichen Bedeutung anerkennt und in dieser für abgeschlossen erklärt, — oder ob er ihm auch im Rechtssystem der Gegenwart eine lebensvolle Stellung anweisen zu dürfen glaubt.

Denn darüber wird Niemand zweifelhaft sein, dass der Geist des heutigen sehr verschieden ist von dem Geiste des mittelalterlichen Privatrechts, und dass manches deutsche Rechtsinstitut, um in der Sphäre des heutigen Rechts zu gelten,

---

*) Zuerst erschienen in Gerber's und Jhering's Jahrb. Bd. 2 (1858), S. 35 flg.

eine Fortbildung erfahren muss, welche es unter Umständen von den Gesichtspunkten des mittelalterlichen Rechts ablösen und an wesentlich andere Ausgangspunkte anknüpfen wird.

Das mittelalterliche Privatrecht setzt meistens eine gebundene Güterwelt voraus. Der ökonomische Zustand des Mittelalters ist grösstentheils der der Naturalwirthschaft, gegründet auf eine zahllose Menge einzelner genossenschaftlicher Verbände, in welchen die Bedürfnisse des Lebens nach den verschiedensten Richtungen in Leistung und Gegenleistung befriedigt werden. Jeder dieser Rechtskreise — Lehnsverhältniss, Grundherrlichkeit, Gemeinde- und Markverband u. s. w. — bildet ein in gewisser Hinsicht abgeschlossenes Ganze, in welchem nicht nur materiellen Ansprüchen, sondern auch der Forderung öffentlichen Schutzes und Friedens genügt wird. Daher ist der Gehalt dieser Verbindungen auch keineswegs ein bloss privatrechtlicher, vielmehr zum überwiegenden Theile ein politischer, und der Schwerpunkt liegt überhaupt weniger in dem juristischen, als in dem ökonomisch-socialen Elemente der Verhältnisse. In keinem Falle hätte es einen gesunden Sinn, wenn man für die mittelalterliche Anschauung bemüht wäre, das privatrechtliche Element aus seiner gewiss unlösbaren Verbindung mit jenen anderen Bestandtheilen zu scheiden; man müsste dabei voraussetzen, dass es schon zu jener Zeit als ein Selbstständiges gedacht worden wäre, was doch in keiner Weise der Fall ist. In solchen Verhältnissen gemischter Art ist der grösste Theil der Güterwelt des Mittelalters gefesselt; die Unmittelbarkeit und Freiheit der individuellen Herrschaft über die Güter fehlt dieser Zeit in vieler Hinsicht, und meist nur innerhalb jener genossenschaftlichen Verbände wird eine Bewegung gestattet und anerkannt*).

*) Nicht ohne mannichfaltiges Interesse ist es, zu beobachten, wie auch im neuesten Rechtsleben wieder ein Associationstrieb Geltung erlangt hat, der zwar an Macht und Bedeutung hinter dem des mittelalterlichen Genossenschaftswesens nicht zurücktritt, aber innerlich einen völligen Gegen-

In demselben Maasse nun, als dieser Zustand volkswirthschaftlicher Gebundenheit des Mittelalters zerbröckelte, entwickelte sich das Privatrecht zur Selbstständigkeit und Freiheit. Statt ein blosses Bindeglied in jenen Rechtskreisen zu sein, die einmal im geschichtlichen Werden gegründet unantastbar erschienen, wurde es allmählich zu einem System freier Möglichkeiten der individuellen Beherrschung der Dinge, welche meistentheils keine besonderen geschichtlichen und socialen Verhältnisse, sondern nur die unmittelbare Kraft der Persönlichkeit zur Voraussetzung haben.

Auch das römische Recht hat sein Mittelalter gehabt. Auf dieser Stufe seiner Ausbildung hat es die grösste Verwandtschaft mit dem germanischen Rechte, und nur auf diesem

satz hierzu bildet. Die mittelalterlichen Genossenschaften sind das natürliche Product einer durch strenges Festhalten an der ursprünglichen Ständegliederung und Landverfassung gegebenen Organisation, der der Einzelne sich unterordnet, indem er in der geschlossenen, durch höhere Fügung geschaffenen Ordnung verharrt. Die heutigen Genossenschaften, insbesondere die neuesten Aktienbanken, sind Schöpfungen willkürlichen Entschlusses und beruhen auf der Voraussetzung einer grenzenlosen Beweglichkeit alles Vermögens. Während die mittelalterliche Genossenschaft das einzelne Mitglied nach seiner ganzen Persönlichkeit als Mensch, als Bürger, als Vermögensbesitzer einschliesst, daher in der Regel auf einer bestimmten örtlichen Basis beruht, nimmt die moderne Genossenschaft ihre Mitglieder nur in Rücksicht auf einen Geldbeitrag in Anspruch, ist gleichgültig gegen jede Individualität der Person und der örtlichen Niederlassung und umfasst alle denkbaren Güter und Interessen der Welt, je nach der einzigen Rücksicht, ob sie einen Geldgewinn versprechen. Jene alten Genossenschaften tragen das Princip des strengsten Conservatismus in sich, da sie eine in objektiver Ordnung geschlossene Welt repräsentiren; die neueren Genossenschaften enthalten das Princip einer unaufhaltsamen Destruction, da sie die wirthschaftlichen Werthe gewaltsam von ihrer natürlichen und individuellen Basis trennen und willkürlich in dem unmenschlichen und abstrakten Interesse des Geldgewinns vereinen. Wenn man von dem deutschen Associationstriebe redet, sollte man doch diese moderne Erscheinung nicht in Verbindung mit den mittelalterlichen Genossenschaften bringen, und die ungeheure Kluft ermessen, die zwischen beiden in der Mitte liegt.

Punkte der Entwicklung sollten beide Rechte verglichen werden. Das römische Volk hat nun im raschen Flusse des städtischen Lebens sein Mittelalter bald und selbstständig überwunden, und sein Recht hat diesen Entwickelungsprocess begleitet; das deutsche Volk ist sehr allmählich aus seinem Mittelalter hervorgetreten, und seinem eigenen Rechte war es nicht beschieden, dieser Bewegung zu folgen, sondern man eignete sich frühzeitig jenes bereits zur Vollendung des privatrechtlichen Princips gediehene Recht des römischen Kaiserthums an. Man kann streiten, welcher Gesichtspunkt der überwiegende sei: die Betrachtung, welche die Aufnahme des römischen Rechts als eine natürliche Wirkung des mit dem Verlassen des Mittelalters entstandenen Bedürfnisses würdigt, oder die Anschauung, welche der Reception des fremden Rechts in dem Kampfe gegen das Mittelalter die Rolle einer mitwirkenden Kraft beilegt.

Jedenfalls kann es nicht verkannt werden, dass das Privatrecht *unserer Zeit* im Ganzen den Standpunkt eines Systems freier Willensmöglichkeiten behauptet. Denn der grösste Theil desselben wird ja durch das römische Recht geboten, und ein nicht unbedeutender Theil des deutschen Rechts ist ihm darin völlig gleichartig. Dahin gehören vor Allem die neuen Rechtsbildungen in der Sphäre des Handelsobligationenrechts und des Hypothekenrechts. Sodann auch gar manche noch geltende Rechtsinstitute und Rechtssätze des älteren deutschen Rechts; denn auch das Mittelalter hatte, wie dies nicht anders sein konnte, neben der Sphäre der oben geschilderten gebundenen Rechtsverhältnisse ein Gebiet freien rechtlichen Handelns *). Ein anderer Theil des Stoffes hingegen, welchen

*) Dies gilt namentlich von dem Obligationenverkehr im täglichen Geschäftsleben. Dass hierin das deutsche Recht — namentlich die Rechtsbücher und städtischen Statuten — ein reiches Material bietet, ist von mir nie verkannt worden. Nur habe ich nie finden können, dass dieses deutsche Obligationenrecht *im Ganzen* den Stempel einer besonderen nationalen

das heutige deutsche Recht behandelt, steht wenigstens in seiner geschichtlichen Erscheinung mit jenem modernen Princip des Privatrechts im Gegensatze. Dahin gehören alle jene Rechtsverhältnisse der eigenthümlichen social-politischen Organisation des Mittelalters, die bäuerlichen Gutsrechte mit ihren sogenannten feudalen Lasten, das Lehnrecht, das adlige Stammgut u. s. w., welche sich im heutigen Rechtsleben als vereinzelte Erscheinungen erhalten haben. Es fragt sich nun, wie diese beiden innerlich verschiedenartigen Partieen in einem wissenschaftlichen Systeme vereinigt werden können?

Manche Schriftsteller helfen sich mit der Anerkennung eines doppelten Princips des Systems. Auf der einen Seite stellen sie ein *allgemeines* Landrecht dar, das jene freien Rechtsinstitute umfasst, auf der anderen Seite eine Gruppe von *Separat-* oder *Ständerechten*, welche unter Anderem auch die gebundenen Rechtszustände des Mittelalters enthalten. Diese Methode scheint sich in mehrfacher Hinsicht zu empfehlen. Sie ist bequemer und leichter, weil es dabei lediglich auf eine äusserliche *Schilderung* der Zustände ankommt, welche nicht ängstlich bemüht ist, die verschiedenen darin liegenden Elemente zu sondern; sodann führt sie jene Zustände in der Totalität ihrer Erscheinung vor die Augen des Lesers, also

---

Individualität trägt, wie dies beim Sachen- und Erbrecht so sehr der Fall ist. Meist handelt es sich um Anläufe, welche aus Veranlassung eines Rechtsfalls gemacht, aber in der Regel nicht bis zum Ziele eines principiellen Satzes fortgeführt werden. Dies ist es, was ich im System des deutschen Privatrechts §. 153 ausdrücken wollte. *Stobbe* (Zur Geschichte des deutschen Vertragsrechts 1855. Vorrede S. V) tadelt dies, spricht aber S. IX ganz den gleichen Gedanken aus, wenn er sagt: „Weil — die Freiheit der Contrahenten durch nichts eingeengt war, stellte sich — auch nicht so früh als bei den Römern das Bedürfniss ein, die einzelnen Verträge nach ihrem Inhalt von einander zu sondern und bestimmte ihrer Physiognomie nach fest gesonderte Gattungen aufzustellen u. s. w.“ Damit bin ich vollständig einverstanden, und somit beruht wohl jener Tadel nur auf einem Missverständnisse.

auch mit ihren nichtjuristischen, oder wenigstens nichtprivatrechtlichen Bestandtheilen, und zwar in dem Rahmen der ganzen politisch-socialen und wirthschaftlichen Situation, aus der sie hervorgegangen sind Es ist unzweifelhaft, dass auf diese Weise eine allgemeine Anschaulichkeit des Gesammtbildes vermittelt wird.

Andererseits ist freilich nicht zu verkennen, dass diese Methode keine streng wissenschaftliche ist. Sie verlässt das Princip der Privatrechtswissenschaft und setzt an seine Stelle das Princip der *geschichtlichen* Darstellung, welche ihren Stoff nicht als ein System privatrechtlicher Willensrichtungen, sondern als historisch hergebrachte Zustände auffasst. Sie verzichtet als eine blosse Constatirung geschichtlich gewordener Verhältnisse auf das, was man juristische Construction nennt. Daher untersucht sie nicht ihren eigentlich privatrechtlichen Gehalt, sondern *beschreibt* sie mit all ihrem Beiwerk der verschiedensten Art.

Im Gegensatze zu dieser Methode steht die andere, ungleich schwierigere, welche auch das System des deutschen Privatrechts nach einem einheitlichen specifisch juristischen Principe, d. h. wissenschaftlich zu beherrschen strebt. Sie besteht darin, zu versuchen, ob sich nicht auch in der Fülle jener gebundenen Zustände des Mittelalters ein juristischer Gedanke von allgemeiner Construirbarkeit entdecken lässt, der eine homogene Gestaltung im Verhältniss zu den übrigen Bestandtheilen des Privatrechts gestattet. Das so gefundene privatrechtliche Element muss sodann von seiner Verbindung mit rein geschichtlichen Stoffen gelöst und in der Weise entwickelt werden, dass seine Eigenthümlichkeiten sich als allgemeine Möglichkeiten des menschlichen Willens darstellen. Es handelt sich darum, eine im Rechtsleben des Mittelalters erzeugte Rechts f o r m zu conserviren und auszubilden, um sie, wenn ihr geschichtlicher *Gehalt* in den Krisen neuerer Volksbewegungen untergegangen ist, zur Aufnahme eines neuen

Inhalts empfänglich zu machen*). Unser Privatrecht erhält dadurch (gegenüber dem reinen römischen) eine höchst wünschenswerthe Bereicherung. Denn wenn auch nicht zu läugnen ist, dass das oben bezeichnete moderne Princip des Privatrechts das richtige und durchaus berechtigte ist, so ist doch damit keineswegs ausgesprochen, dass nun alle Rechtsinstitute so beschaffen sein müssen, dass die ihnen entsprechenden Rechtsverhältnisse sich lediglich in der Sphäre individueller Willensbestimmung bewegen; auch unsere Zeit hat das Bedürfniss nach Rechtsverhältnissen von dauernderem Bestande, als diejenigen sind, welche jederzeit durch persönlichen Entschluss gelöst werden können, und ich verweise nur auf das Familienfideikommiss, dem sich in dieser Hinsicht die Reallast an die Seite stellen lässt. — Es ist sehr kurzsichtig, wenn man von dieser Methode, durch welche solche Rechtsformen für gewisse Interessen unserer Zeit ausgebildet werden, behauptet, sie sei keine germanistische; das ist sie vielmehr in Wahrheit, und ihr Gegensatz zu jener anderen Methode ist nur der, dass sie ein *juristisches*, jene nur ein *geschichtliches* Princip hat. Noch weniger ist man berechtigt, zu sagen, sie beeinträchtige den Charakter der deutschrechtlichen Stoffe, da sie dieselben *privatrechtlich* vielmehr erst wirklich *producirt.*

Ueber die Gegensätze dieser Methoden muss man sich zuvörderst verständigen, ehe man die Verschiedenheit der Ansichten im Einzelnen würdigt. Wer jener Methode folgt, hat gar nicht dieselbe Aufgabe, als Der, welcher sich die letztere aneignet.

Wenden wir nun diese Betrachtung auf die Bearbeitung der Lehre von den *Reallasten* an, welche ohne Zweifel recht

*) Dieser Fall, wo ein Rechtsinstitut seine ursprüngliche Seele mit einer anderen vertauscht, ist im deutschen Rechte mehrfach zu beobachten. Man denke an die verschiedenen Ideen, welche im Laufe der Zeit der Geschlechtsvormundschaft und der gerichtlichen Auflassung untergelegt worden sind.

eigentlich in den Kreis jener gebundenen mittelalterlichen Verhältnisse gehören. Denn obschon sie vielfach auch durch freie Rechtsgeschäfte, wie z. B. Schenkung von Realrenten und Rentenkauf, begründet wurden, so waren sie doch am häufigsten nur das nicht abtrennbare Produkt einer unauflöslichen social-politischen Verbindung zwischen dem Berechtigten und Verpflichteten, insbesondere der hoheitlichen Stellung des Zinsherrn gegenüber dem pflichtigen Bauern. Es kommt nun Alles darauf an, ob man für die Darstellung des heutigen deutschen Privatrechts die Aufgabe der Behandlung der Lehre von den Reallasten nur darin erblickt, die geschichtlich aus dem Mittelalter hergebrachten Fälle zu charakterisiren, — alsdann lässt sich nichts Wesentliches einwenden, wenn man sie als „Hoheitsrechte", als „dinglich-persönliche", oder als „persönliche Rechtsverhältnisse im Gewande des Immobiliarsachenrechts" u. s. w. schildert*); oder ob man von einem wirklich dogmatischen Gesichtspunkte ausgeht und die Frage aufwirft: Ist in der Gesammtheit der dem mittelalterlichen ökonomisch-politischen Zustande angehörenden Verhältnisse, in denen die Reallast ihren Sitz hat, ein juristischer Gedanke enthalten, der völlig unabhängig von jenen zum Theil überwundenen Zuständen auch zukünftig als Inhalt eines Personenwillens gelten kann, — ein Rechtsinstitut, das auch in der Sphäre unserer veränderten Interessenverhältnisse Anwendung finden kann, wenn immerhin in der Beseitigung der sogenannten Feudallasten des Mittelalters die wichtigsten Fälle seiner Anwendung getilgt sind?

*) Manche Theorieen sind aber selbst von diesem Gesichtspunkte aus unerträglich; dahin rechne ich vor Allem diejenige, welche das Grundstück personificirt und zum verpflichteten Subjekte macht. Man sollte doch endlich einmal aufhören, in Ausdrücken, wie: „die Last ruht auf dem Grundstücke", „das Haus lehnet und zinset" etwas Anderes zu erblicken als die bildliche und als solche ganz entsprechende Ausdrucksweise des Laien, und den Beruf des Juristen in etwas Anderem als in einer Fortsetzung der Anschauung des Laien erblicken.

Nur diesen letzteren Gesichtspunkt wollen die nachstehenden Erörterungen vertreten *).

2. Man darf das Wesen der Reallast dahin charakterisiren, dass es die Verpflichtung zu fortgesetzten, meist periodisch fällig werdenden Leistungen sei, welche dem Besitzer eines bestimmten Grundstücks als solchem obliege. Sogleich treten uns hierbei zwei verschiedene Elemente entgegen, 1) der eigentliche Inhalt des Verhältnisses zwischen dem Berechtigten und dem Verpflichteten, nämlich die Leistung, 2) die Verbindung dieser Verpflichtung mit einem Grundstück. Obschon beide zusammen erst den Begriff der Reallast vollständig erfüllen, so wollen wir doch hier das eine nach dem andern besonders in Erwägung ziehen.

Die Verpflichtung zu regelmässig wiederkehrenden Leistungen ist das principale Element, das den Gattungsbegriff des Verhältnisses feststellt. Es handelt sich mit einem Worte um eine *Obligation*. Der Berechtigte hat ein Recht auf Handlungen des Verpflichteten. Es ist gleichgültig, welches das Objekt der letzteren ist, ob Geldleistungen (Zinsen, Gülten), ob Früchte (Fruchtzinsen, Zehnten), ob Arbeit (Frohnden); heutzutage wird das praktische Objekt am passendsten mit dem Worte „Renten" bezeichnet werden können.

Alsbald tritt uns hier eine bemerkenswerthe Eigenthüm-

*) Dabei darf nicht unbemerkt bleiben, dass das leitende juristische Princip dieser Anschauung allerdings schon in den Reallasten gegeben ist, welche auch im Mittelalter durch freie Geschäfte, insbesondere den Rentenkauf, begründet wurden. Denn auch bei ihnen ist die reale Obligirung schon das Produkt eines einfachen privatrechtlichen Willens. Während sie aber früher in der gesammten Gruppe der Erscheinungen des Instituts nur die Rolle abgeleiteter und secundärer Bildungen hatten, so machen wir sie jetzt zum Träger des privatrechtlichen Normaltypus. Zu dieser Betrachtung über die veränderte *privatrechtliche* Stellung dieser Art der Reallasten kommt dann noch die Veränderung des *ökonomischen* Gebiets ihrer Wirksamkeit, welche für die rechtliche Beurtheilung von erheblicher Bedeutung ist.

lichkeit dieser Obligationen entgegen, die sie sehr wesentlich von andern Forderungsrechten unterscheidet. Es ist bekannt, dass die Obligationsverhältnisse in der Regel nicht, wie die meisten dinglichen Rechte, den Charakter der Stetigkeit haben; regelmässig liegt es in der Natur der Obligationen, ihrer eigenen Zerstörung entgegenzustreben, sie sind Wunden am Vermögenskörper des Schuldners, die ihrer Heilung warten, und eine solche ist sonst gewöhnlich durch Rückzahlung des Werthes möglich. Hier ist es anders; so lange das Verhältniss seiner allgemeinen Bestimmung nach dauern soll, sei es ewig, oder auf Lebenszeit des Berechtigten, oder auf eine bestimmte Reihe von Jahren, so lange muss die Last getragen werden, wenn auch der Schuldner immerhin die Mittel besässe, sich durch Bezahlung ihres Capitalwerthes davon zu befreien. In dieser Eigenthümlichkeit nähert sich dies Forderungsrecht dem normalen dinglichen Rechte (im Gegensatze des anomalen Pfandrechts); so wenig die Substanz eines Servitutrechts durch eine auch noch so häufige Ausübung gemindert wird, so wenig ist dies der Fall bei der Reallastberechtigung, indem sie, so lange als ihr allgemeiner Kreislauf dauert, stets unverändert dieselbe bleibt. Es versteht sich aber von selbst, dass diese Eigenschaft einer besonderen Dauer das Recht selbst nicht aus dem Bereiche des Obligationsbegriffs herausführt; es handelt sich vielmehr nur um eine Modification desselben.

Man könnte nun versucht sein, die Reallastforderung so zu construiren, dass sie lediglich die Summe einer Reihe von selbstständigen Einzelforderungen darstelle, deren jede einen anderen Fälligkeitstermin habe. Diese Betrachtung müsste sich jede einzelne Leistung als eine ganz unabhängige Obligation denken, und ihre Zusammenfassung in dem Begriffe „Reallast" hätte keine juristische, sondern nur eine arithmetische Bedeutung. Die Unrichtigkeit derselben aber ergibt sich sogleich aus einer Erwägung der Natur derjenigen Reallasten, welche wie die meisten des Mittelalters als *ewige* gedacht werden.

Denn wie wäre es möglich, schon jetzt Obligationen als begründet anzunehmen, welche in einer unbestimmten Zukunft zwischen unbestimmten Subjekten einmal eintreten sollen? Dies hat dann keine Schwierigkeiten, wenn man jede einzelne Leistung nur als die Wirkung einer ein für allemal festgestellten allgemeinen Obligation auffasst, in welcher auch die Momente *ihrer* Begründung eingeschlossen sind; aber undenkbar ist es, dass Jemand eine unbestimmte Summe von ganz selbstständigen Forderungsrechten könne in's Leben rufen, die einstweilen geisterhaft in der Luft schweben, bis der Tag ihrer Erlösung und ihrer Verwandlung in Fleisch und Bein gekommen sei. Auch würde bei jener Ansicht in Bezug auf diejenigen Reallasten, die ihrer Bestimmung nach nur auf gewisse Jahre dauern sollen, ein Resultat zum Vorschein kommen können, das der Intention des Berechtigten geradezu widerspräche, wenn nämlich der Verpflichtete von der allgemein gestatteten Befugniss Gebrauch machte, die betagten Einzelforderungen ganz oder theilweise mit dem Antrage auf Abzug des Zwischenzinses mit einem Male zu offeriren; denn eine nothwendige Einhaltung der Successivität der Leistungen wäre, da es sich um lauter unabhängige Forderungsverhältnisse handelte, wohl in der Regel nicht nachzuweisen.

Es ergibt sich also hieraus für den Charakter der Reallastenobligation das wesentliche Moment, dass es sich dabei um *eine* Obligation handelt, aber diese mit *gespaltenen Leistungen.* Also die Mehrheit der Leistungen ist nicht (wie beim *annuum legatum*) eine Mehrheit von unabhängigen Obligationen, die nur durch die Gemeinschaft des Entstehungsgrundes*) verbunden sind. Andererseits wäre es aber ganz unrichtig, unser

*) Dahin gehören auch die einzelnen Verpflichtungen zur Zahlung jährlicher Zinsen beim Darlehen und jährlicher *pensiones* beim Pachtvertrage. Obschon in *einem* Vertrage versprochen, ist doch jede *pensio* eine einzelne successiv hervortretende Obligation für sich. *Bruns*, Recht des Besitzes 1848, S. 481 flg.

Verhältniss auf eine Linie mit dem Verhältniss zu stellen, wenn die Rückzahlung der Gesammtsumme einer Obligation in jährlichen Raten versprochen ist; denn hier hat jede einzelne Zahlung die Wirkung einer Minderung der Gesammtschuld. Ueberhaupt widerstrebt es der Natur der Reallasten, sich ihr praktisches Objekt in einer bestimmten Gesammtsumme vorzustellen und abzuschliessen. Sie will in nichts Anderem bestehen, als in einzelnen periodisch wiederkehrenden Leistungen, jede zu ihrer Zeit. Selbst wenn die Reallast auf bestimmte Jahre beschränkt ist, darf die einzelne Leistung nicht als eine stückweise Minderung der Gesammtsumme betrachtet werden, da eine solche *juristisch* überall nicht existirt*). Man kann sagen, *die einzelne Leistung ist eine dynamische Wirkung der Gesammtkraft der Obligation*, *nicht aber eine materielle Ausscheidung aus ihrer Substanz.* Die Reallast kann aus verschiedenen Gründen untergehen, aber niemals hat dabei die Vielheit der periodischen Leistungen einen Einfluss. *Zahlung* ist mit einem Worte in keiner Weise als ein Zerstörungsgrund dieser Art Obligationen zu denken.

Von welcher praktischen Wichtigkeit diese Auffassung des Charakters der Reallastobligation ist, ergibt sich unter Anderem aus der Wirkung der Klagverjährung. Handelte es sich um lauter einzelne Obligationen, so würde die Klagverjährung, die auch hier für jede Leistungsforderung besonders läuft, bei einer auch noch so grossen Menge auf einander folgender Nichtleistungen für die späteren Terminforderungen ganz ohne Einfluss sein**). Ganz anders, wenn es sich um

*) Die Verwandlung der Reallastforderung in die Forderung einer einmaligen Capitalsumme ist daher eine Zerstörung der Reallast. Dies ist der juristische Charakter der Ablösungsgesetze.

**) S. *L.* 7 *Cod. de praescr. XXX* (7, 49). Nicht im Widerspruch steht der Fall, den *Savigny*, System Bd. 5, S. 312 anführt; denn hier handelt es sich nicht um eine Klage auf die Rente eines bestimmten Termins, sondern um einen Rechtsstreit über den Bestand des Legats selbst.

eine Obligation handelt, von der jede Prästation gewissermassen nur ein einzelner Pulsschlag ist. Hier ist zunächst allerdings auch eine Verjährung der Klage auf einzelne Leistungen möglich, da der Eintritt eines Fälligkeitstermins zur selbstständigen Klagerhebung in Bezug auf das fällig Gewordene berechtigt, denn „*finitis quibusdam annis aut mensibus hujus quidem temporis pecuniam praestari oportet, futurorum autem annorum sane quidem obligatio contracta intelligitur, praestatio vero adhuc nulla est; si ergo velimus id quidem quod praestari oportet petere et in judicium deducere, futuram vero obligationis praestationem in incerto relinquere, necesse est, ut cum hac praescriptione agamus: ea res agatur cujus rei dies fuit* (*Gaj. IV*, 131)." Wird aber dreissig Jahre lang die Anstellung der Klage aus Veranlassung der einzelnen fällig gewordenen Leistungsforderungen ganz unterlassen, und ist auch sonst keine Thatsache eingetreten, welche als eine Unterbrechung der Verjährung gelten kann, so ist die Klage aus der Gesammtobligation überhaupt erloschen, und mithin auch die Klage auf diejenigen Prästationen, über deren Verweigerung noch keine dreissigjährige Frist abgelaufen ist. Der Grund dieser Erscheinung ist der: wenn auch die einzelne Leistung *processualisch* isolirt werden kann, so ist sie doch *privatrechtlich* nur in steter Verbindung mit der Gesammtobligation überhaupt aufzufassen, von der sie nur die augenblickliche Aeusserung ist. Die letztere darf nicht als ein Wesen für sich betrachtet werden, von der die in ihr enthaltenen Einzelprästationen etwa als selbstständige Grössen zu unterscheiden wären, so dass jene gewissermassen nur die Hülle für eine Menge kleiner, unabhängiger und successiv heraustretender Körper wäre; sondern die Gesammtobligation ist in jeder Einzelverpflichtung selbst vollständig enthalten; dies ist die alleinige Form ihrer immer nur *dynamischen* Kundgebung. So erklärt es sich daher vollständig, dass eine dreissigjährige Unterlassung der Klaganstellung aus Veranlassung der fälligen Einzelprästationen eine Ver nichtung des Klagerechts aus der Obligation überhaupt bewirken müsse.

Noch deutlicher wird diese Entwickelung, wenn wir eine ähnliche, obwohl innerlich sehr verschiedene Erscheinung vergleichsweise daneben stellen. Wenn bei einem verzinslichen Darlehen die Kapitalforderung durch Verjährung erloschen ist, so sind zugleich die Klagen auf alle rückständigen Zinsen erloschen, wenn letztere auch erst vor ganz kurzer Zeit fällig geworden sein sollten (*L.* 26 *C. de usur.* (4, 32). Warum dies? Weil die Zinsforderung nur eine accessorische ist, und ihr Leben das Leben der Hauptforderung nicht überdauert. Ganz anders bei der Reallast; hier wäre es ganz unrichtig, die einzelne Leistungspflicht als eine accessorische Obligation zu betrachten gegenüber dem Gesammtrechte als Hauptobligation, vielmehr besteht in den Einzelprästationen selbst und nur in ihnen die Gesammtforderung, die ausser ihnen keinen Inhalt hat. — Näher liegt eine andere Erscheinung. Bekanntlich erlischt die Hauptforderung aus dem Darlehnsvertrage, wenn dreissig Jahre lang jede Zinszahlung unterblieben ist, vorausgesetzt, dass keine andere die Klagverjährung unterbrechende Thatsache statt fand (*l.* 8 §. 4 *C. de praescr.* 7, 39). Der Grund ist der: die alljährliche Zinszahlung ist die regelmässigste Art, in welcher der Bestand eines verzinslichen Darlehens seine Anerkennung findet, und wird die Erfüllung dieser Verbindlichkeit nicht geltend gemacht, so wirkt dies nicht blos auf die Zinsschuld, sondern auch auf eine andere davon ganz unabhängige, aber mit ihr in der innigsten Verbindung stehende Schuld, die Darlehnsobligation. Hier handelt es sich also um den Einfluss der Nichtleistung in *einem* Obligationsverhältniss auf den Bestand eines *andern* zwar connexen, aber doch immerhin selbstständigen, während bei der Reallast in der Nichtleistung an einem bestimmten Termine immer eine Nichterfüllung des einheitlichen (obschon processualisch individualisirbaren) Obligationsverhältnisses selbst liegt, wenn auch immer der Grund der Nichtleistung ein solcher sein kann, der sich nur auf den einzelnen Fall der Aeusserung desselben bezieht. —

Diese Auffassung findet nun auch ihre volle Bestätigung im römischen Rechte. Abgesehen von der schon oben citirten Stelle aus *Gajus IV*, 130 und 131, findet die hier gegebene Analyse einen vortrefflichen Ausdruck in folgenden Stellen:

L. 16. §. 1 *D. de V. O.* (45, 1). *Stipulatio hujusmodi: in annos singulos, una est, et incerta, et perpetua, non quemadmodum simile legatum morte legatarii finiretur.*

L. 35. §. 7 *D. de mort. c. don.* (39, 6). — *Qui mortis causa in annos singulos pecuniam stipulatus est, non est similis ei, cui in annos singulos legatum est; nam licet multa essent legata, stipulatio tamen una est, et conditio ejus, cui expromissum est, semel intuenda est.*

Es versteht sich von selbst, dass es sich hier um eine Art von Obligationen handelt, welche auch ohne die unten zu erörternde Modification vorkommen kann, die sie zur eigentlichen Reallast stempelt. Heutzutage wird namentlich dahin gehören das Versprechen einer *Rente*, sei sie nun auf bestimmte Jahre, auf die Dauer des Lebens, oder erblich und für alle Zeiten gewährt*); auch ist es einerlei, ob ihr Gegenstand in Geld, Früchten oder anderen Dingen besteht. Dass aber auch ganz vorzüglich die *Reallasten* dahin gehören, bedarf keiner näheren Erörterung; denn gerade die Periodicität wiederkehrender Prästationen**) ist ihnen charakteristisch.

Ganz entsprechend dieser Auffassung muss sich auch die Gestalt der *Klage* erweisen, mit welcher derartige Obligationen gerichtlich geltend zu machen sind. Sowie es nur *eine* Obligation ist, die sich aber nur in einzelnen Prästationen äussert, so kann es auch nur *eine* Klage geben, die sich aber auf den

*) Dass schon das römische Recht diese Möglichkeiten kennt, beweist z. B. *l*. 34 §. 4 *C. de donat.* (8, 54).

**) Uebrigens ist es nicht wesentlich, dass die Perioden gerade *regelmässige* sind.

Fall der einzelnen fälligen Leistung processualisch beschränken lässt. Wenn man *zwei* Klagen unterscheidet, eine auf Anerkennung des Rechts im Ganzen, eine andere auf die einzelne Terminzahlung, so setzt man voraus, dass es eine doppelte Obligation gebe, eine, deren Objekt ein allgemeines Abstractum ist, und eine oder vielmehr viele andere mit concreten und realen Gegenständen; man verfällt dann in den schon oben angedeuteten Irrthum, nach welchem man sich die Gesammtobligation gewissermassen als ein leeres Gehäuse vorstellt, in welchem lauter kleine Einzelobligationen eingeschlossen seien. Die Verschiedenheit des Grundes der Leistungsverweigerung bewirkt offenbar nicht eine Verschiedenheit der *Klage*, sondern nur der *Vertheidigungsweise*. Wendet der Beklagte ein, die Forderung an sich bestehe zwar, aber die *diesmalige* Leistung könne nicht erwartet werden, z. B. weil er compensire, oder weil ein Nachlass statt gefunden habe, so bleibt es bei der processualischen Isolirung der Klage auf den einzelnen Fall, und er hat seine Einrede zu beweisen; verweigert er aber die Leistung, weil er die Existenz des Rechts selbst in Abrede stellt, so hat der Kläger diese zu erweisen, welche ja jeder einzelnen Klage als *fundamentum agendi* dienen muss, sollte es auch gar nicht zu erwarten sein, dass die Vertheidigung des Beklagten in einem Angriffe hierauf bestehen werde. Auch ist stets zu erwägen, dass es keinen anderen Grund zur Klagerhebung gibt, als die Leistungsverweigerung. Berühmt sich der Pflichtige seiner Freiheit im Allgemeinen, so mag der Berechtigte ruhig den Fälligkeitstermin der nächsten Prästation abwarten und bei der Erhebung der Klage auf letztere den Einwendungen des Verklagten entgegensehen *).

Man kann auch nicht sagen, dass die Annahme zweier

*) Vgl. übrigens *mein* Deutsches Privatr. §. 171 (10. Aufl.), N. 4 über die Zulässigkeit einer Präjudicialklage, welche sich durch die unabsehbare Perspective fortgesetzter Lebenswirkungen bei diesem Rechtsverhältnisse rechtfertigt.

Arten von Klagen, einer generellen und einer speciellen, im Interesse des angeblich Pflichtigen liege, der, wenn er nur von einer speciellen Klage absolvirt worden sei, sich eine stete Erneuerung solcher Angriffe gefallen lassen müsse. Eine solche Meinung wäre völlig unrichtig. Ist vielmehr aus Veranlassung der auf eine einzelne Rentenzahlung gerichteten Klage über das Recht selbst entschieden worden, so hat der Beklagte hieraus gegen alle folgenden Klagen eine *exceptio rei judicatae* *).

3. Wir wenden uns nun zu der Untersuchung des zweiten Elementes im Wesen der Reallasten, welches allein im deutschen Rechte seinen Ursprung hat: *die Anknüpfung solcher Verbindlichkeiten an ein bestimmtes Grundstück.* Eine Entwicklung aus Stellen der Rechtsbücher und mittelalterlichen Urkunden (wie solche schon zur Unterstützung der verschiedenartigsten Theorieen dienlich gemacht worden sind) wird man auch hier nicht erwarten. Es ist nicht die Art jener Quellen, Principienfragen zu beantworten, sie beschränken sich auf die Feststellung thatsächlicher Momente. Eine Theorie aber ist gerechtfertigt, wenn sie die letzteren getreu in sich aufnimmt und in juristische Begriffe überträgt.

Dieses Element lässt eine völlig abgesonderte Betrachtung zu, da es auf die Bestimmung des *Inhalts* des Rechts im Allgemeinen ohne Einfluss ist und sich lediglich auf die Form seiner Realisirung in Rücksicht der Subjektsbestimmung bezieht. Denn während regelmässig Obligationsverhältnisse ein Binden von Individuen und ihren Erben enthalten, so tritt uns hier eine ganz andere Art der Verbindung der Schuld mit ihrem Subjekte entgegen. Nicht eine individuelle Persönlichkeit, sondern Derjenige soll der Schuldner sein, welcher sich im Besitze eines bestimmten Grundstücks befindet; es ist eine Verpflichtung unbestimmter Subjekte, aber mit Festsetzung eines Momentes, welches in jedem Falle die Unbestimmtheit

*) *Savigny*, System Bd. 6, S. 451.

hebt; das Grundstück hat die Function, in seinem jedesmaligen Besitzer dem Gläubiger die Person gewissermassen darzustellen, welche er als seinen Schuldner zu betrachten hat. Es handelt sich hier um eine Form der Fundirung von Obligationen, welche das neuere Rechtsleben auch noch in anderer Weise kennt, und vor Allem in dem Institute der Papiere auf den Inhaber ausgebildet hat, nur dass hier umgekehrt die Person des *Schuldners* individuell bestimmt ist, dagegen die Person des *Gläubigers* erst aus dem Besitze des subjektbestimmenden Gegenstands hervorgeht.

Das römische Recht*) kennt diese Art der Fundirung von Obligationen nicht, sie ist vielmehr erst ein Produkt der neueren Zeit, aber wir dürfen sagen eine dankenswerthe Bereicherung des Rechts. Ein innerer, aus der Natur der Obligationen abgeleiteter Grund gegen die Zulässigkeit dieser Form der Subjektsbestimmung ist kaum zu denken, vorausgesetzt, dass man ihre Anwendung auf solche Forderungsverhältnisse beschränkt, bei denen Berechtigung wie Verpflichtung in der Hand jedes Subjekts gleich bleibt, also fest bestimmte Leistungen von Geld oder Geldeswerth. Diese Form der Begründung von Obligationen gewährt mannichfache Vortheile; bei den Papieren auf den Inhaber ermöglicht sie auf einem indirekten Wege eine wahre Singularsuccession in Obligationen und zieht auf diese Weise auch das Forderungsrecht in den Bereich des lebendigsten Verkehrs; bei den Reallasten begründet sie eine Sicherheit und Dauer der Obligation, eine Unabhängigkeit derselben von den Wechselfällen in der Person

*) Dass auch das römische Recht gewisse *öffentliche* Abgaben und Leistungen als auf dem Grundstücke haftend ansieht (*onera fundi, rei inhaerentia, quae fundus debet*), beweist Nichts dagegen; denn hier handelt es sich um die Möglichkeit, ein solches Verhältniss rein *privatrechtlich* durch den Willen der Parteien zu constituiren. Dafür gewährt das römische Recht doch wohl keinen Anhalt. Vgl. übrigens *v. Hahn:* Die materielle Uebereinst. röm. und german. Rechtsprinc. 1856, S. 427 flg.

des Schuldners, welche auf anderen Wegen gar nicht erreicht werden kann. Auch kann man nicht sagen, dass es überhaupt unerhört sei, rechtliche Verhältnisse in der Weise festzustellen, dass die betheiligten Subjekte erst zukünftig nach einem schon jetzt bestimmten Denominationsmodus individualisirt werden; denn das deutsche Recht kennt dies Verfahren auch in anderen allgemein anerkannten Rechtsinstituten, z. B. dem Familienfideikommiss und der Erbverbrüderung.

Die Rolle, welche das Grundstück hierbei spielt, ist also eine ganz äusserliche, nicht mit seiner materiellen physischen Beschaffenheit zusammenhängende. Daraus ergibt sich der offenbare Gegensatz dieser Art der „Belastung" mit einer Belastung durch dingliche Rechte. Haftet auf einem Grundstücke eine Servitut, so ist es selbst das unmittelbare Objekt der Berechtigung, es dient dem Servitutinhaber mit seiner Substanz, und die Befugniss des Letzteren ist die Negation eines in der Natur des Grundstücks und des Rechts daran liegenden positiven Moments. Nicht der Eigenthümer des belasteten Grundstücks ist durch die Servitut obligirt, sondern das Objekt seines Eigenthums hat eine rechtliche Minderung erlitten. Man darf kaum fürchten, dass dieser Auffassung noch jetzt der Einwand entgegengestellt werde, den man früher aus dem Umstande entnahm, dass das römische Recht bei der *servitus oneris ferendi* auch die Pflicht des Eigenthümers des belasteten Grundstücks, die Mauer zu repariren, mit der confessorischen Klage durchzusetzen gestattet. Denn der Inhalt dieser Servitut ist keineswegs die Forderung des *reparare murum*, sondern lediglich die Gewährung des Aufliegens des Balkens. Da nun die Existenz der Mauer eine faktische Voraussetzung dieser Gewährung ist, so liegt in der Nichtwiederherstellung der verfallenen Mauer eine indirekte Negation des Rechts selbst, und das römische Recht dehnt ganz sachgemäss die *a. confessoria* auch auf den Fall dieser thatsächlichen Verletzung des Rechts aus. — Wenn also bei dem dinglichen

16*

Rechte die Substanz des Grundstücks selbst ergriffen wird, so ist dies bei der Reallast in keiner Weise der Fall. Hier ist es nur der Besitzer, den die Forderung des Berechtigten trifft, und das Grundstück hat seine ganze Betheiligung erfüllt, wenn es die unbestimmte Obligirung durch Präsentation eines Individuums in eine bestimmte verwandelt hat. Allerdings ist bei beiden Verhältnissen das Resultat vorhanden, dass eine Last auf den Singularsuccessor als solchen übergeht, aber dieses Resultat ist in beiden Fällen so unendlich verschieden geartet, dass man kaum begreift, wie eine Vermischung hier möglich war. Der Käufer des servitutpflichtigen Grundstücks muss die Last anerkennen, weil er ein durch das Bestehen der Servitut in seiner rechtlichen Substanz schon dauernd gemindertes Grundstück erworben hat; der Käufer des realzinspflichtigen Grundstücks ist verpflichtet, weil er sich in einen Zustand versetzt hat, aus dem nach einem rechtlich begründeten Verhältnisse für ihn eine Obligation erwachsen musste. Das Grundstück ist also hier lediglich der äussere Leiter eines Forderungsverhältnisses *).

---

*) *Walter* (Deutsch. Pr.-R. §. 148) construirt die Reallast so: „Die Last des Grundstücks bestehe juristisch aufgefasst nicht in einer Beschränkung der Eigenthumsbefugnisse, in einem Unterlassen oder Leiden, sondern in der Verpflichtung zu einem positiven Thun, also in einer Obligation, wobei das Grundstück das verpflichtete Subjekt sei. Die Verbindlichkeit zur einzelnen Leistung sei dagegen eine durch den Besitz des Grundstücks begründete Obligation. In jener Beziehung bestehe ein Recht gegen die Sache selbst, in letzterer ein Recht gegen die Person."

Diese Ansicht ist, in ihren einzelnen Theilen betrachtet, durchaus nicht neu; aber die letzteren sind hier in einer Weise combinirt, die mir wissenschaftlich nicht haltbar zu sein scheint. Nach der Stellung, welche *Walter* dem Institute der Reallasten im System gibt, muss man annehmen, dass er es als den dinglichen Rechten angehörig betrachtet; damit steht es aber im Widerspruche, wenn er das Wesen derselben in einer Obligation des Grundstücks erblickt. Ferner: nach dieser Theorie soll das Grundstück selbst das Subjekt der Obligation sein, es wird also zur Person gemacht, — und doch verwirft er diese Personificirung (§. 149, 4), wie sie *Duncker* be-

Im Ganzen ist hiermit die Bedeutung dieses zweiten Elements in der Natur des Rechtsinstituts erklärt, für dessen Bau es ohngefähr die Function einer Basis vollzieht. Aber doch ist es nothwendig, noch einer Reihe von eigenthümlichen Erscheinungen zu gedenken, die diese Anknüpfung des Forderungsrechts an ein Grundstück hervorbringt.

Der Besitzer des Grundstücks als solcher ist verpflichtet;

---

hauptet hat, weil sie etwas „zu künstliches und gewaltsames" sei. Offenbar spricht aber dieser Einwand nicht bloss gegen eine Personificirung im Sinne *Duncker's*, sondern auch gegen eine Personificirung mit beschränkterer Wirkung, wie er selbst sie annimmt. Sodann fragt es sich, was eigentlich diese zwei Obligationen neben einander sollen, die des Grundstücks und die des Besitzers? Wie verhalten sie sich wohl eigentlich zu einander? Offenbar braucht *Walter* die Obligation des Grundstücks gar nicht, denn nach §. 149, Note 8 „ruht die Last auf dem Gute, und jeder Erwerber überkommt sie mit demselben." Wenn er aber §. 149 meiner Construction den Einwand entgegenhält, dass sie es unerklärt lasse, wie und wodurch der jedesmalige Erwerber in die Obligation hineingezogen werde, so darf ich doch wohl darauf hinweisen, dass ja der ganze Zweck der von mir gegebenen Entwickelung eben der war, einen Versuch der Lösung dieses Problems zu machen; aber genau betrachtet möchte jener Einwand wohl seiner eigenen Construction entgegenstehen. Denn gewiss kann man die Frage aufwerfen, wie es denn nun eigentlich komme, dass die Obligation des Grundstücks plötzlich zur Obligation des Besitzers wird. Nach allem diesem darf man die wissenschaftliche Haltbarkeit dieser Theorie gewiss bezweifeln; ich glaube überhaupt, dass in dieser vielbesprochenen Lehre eine blosse Combination von Theilen verschiedener Meinungen schwerlich auch nur dem praktischen Bedürfnisse genügen wird.

Uebrigens scheint es, als wenn *Walter* die Verschiedenheit der Ansichten über diesen Gegenstand selbst als etwas ziemlich Gleichgültiges ansehe. Denn nur so vermag ich die Stelle in seiner Encyclopädie (1856) S. 160 zu deuten, welche folgendermassen lautet: Die Reallast ist, „als eine Obligation, wozu das Grundstück das verpflichtete Subjekt ist, aufzufassen. Andere betrachten sie als die Obligatio einer Person, die durch den Besitz des Grundstücks bedingt sei. *Allein dies läuft genau betrachtet auf dasselbe hinaus. Denn sie kann nicht durch den Besitz des Grundstücks bedingt sein, wenn sie nicht auf dem Grundstück ruht.*" Ueber die Bedeutung dieses „die Last ruht auf dem Grundstücke" habe ich mich schon oben S. 8, Note geäussert.

durch den Besitz tritt er in den Zustand, der für ihn die Verbindlichkeit erzeugt. Da nun die Obligation für den Inhaber nur in der Verpflichtung besteht, die während seines Besitzes fällig werdenden Terminzahlungen zu leisten, so kann von einer Verbindlichkeit, für die vor dem Beginn seines Besitzes fällig gewordenen rückständigen Leistungen zu haften, ebensowenig die Rede sein, als von einer Fortsetzung der Verpflichtung für die erst nach der Aufgabe des Besitzes fälligen Renten. Dies erklärt sich aus dem hier wirksamen *mechanischen* Princip der Uebertragung der Schuld, das für den Anfang und das Ende der Verpflichtung eine ganz *äusserliche* Bestimmung möglich macht. Diejenigen einzelnen Rentenverpflichtungen aber, deren Fälligkeitstermine bereits eingetreten sind, lösen sich insofern von der Reallast ab, als die Individualität ihres Schuldners nicht mehr, wie bei den künftigen Terminleistungen, eine unbestimmte, sondern bereits eine bestimmte geworden ist; für die fortdauernde Verpflichtung zur Entrichtung derselben ist daher eine Fortsetzung des Besitzes des Grundstücks nicht erforderlich, da dieses seine gesammte Aufgabe in Betreff derselben, Feststellung der Person des Schuldners, bereits erfüllt hat.

Trifft es sich, dass das Grundstück gar keinen Besitzer hat, so cessirt die Reallast, weil es an einem verpflichteten Subjekte fehlt; sie wacht freilich sofort wieder auf, wenn sich dieser Zustand verändert. Der gänzliche (nicht der theilweise) *Untergang* des belasteten Grundstücks bewirkt aber nothwendig den völligen Untergang der Reallast; ebenso der Erwerb desselben durch den Berechtigten, weil es seine Rechtsnachfolger als ein frei gewordenes erhalten.

Es versteht sich ferner von selbst, dass, so lange als der Kreislauf der Reallast überhaupt nicht vollendet ist, keine mit dem Grundstücke vorgenommene rechtliche Veränderung im Stande ist, sie ganz oder theilweise zu vernichten. Auf jeden Erwerber des Grundstücks überträgt sich die Last, der Erwerbsakt mag beschaffen sein, wie er will; namentlich gilt dies auch von dem Erwerb bei gerichtlicher Subhastation. Eine verschiedene Antwort aber ist möglich über die Frage nach dem Einfluss der Theilung eines Grundstücks unter mehrere Besitzer; das Consequente ist es wohl, anzunehmen, dass hier alle Besitzer zusammen, aber jeder *pro rata* als verpflichtete Subjekte gelten *).

Auf die Natur der *Klage* hat die Anknüpfung des Rentenrechts an ein Grundstück gar keinen Einfluss; denn hierdurch wird an dem Inhalt des Obligationsverhältnisses nicht das Mindeste geändert, sondern nur eine eigenthümliche Art der Passivlegitimation im Processe nothwendig gemacht. Es ist mithin auch ohne sonderliches Interesse, von einer *actio in rem scripta* oder von einer *actio in factum* zu reden.

Es ist ferner eines Umstandes zu gedenken, welcher, je nachdem man ihn beurtheilt, mit unserer Theorie in voll-

*) Diese Ansicht beruht auf folgenden Gründen. Die Reallast ist eine Obligation, welche nach der regelmässigen Natur ihres praktischen Objekts als theilbar anerkannt werden muss, z. B. wenn der Gegenstand Zinsen, Gülten sind; dass dies auch von Frohnden gelten müsse, darüber siehe *Savigny*, Obligationenrecht I, S. 335. Das Grundstück hat nun lediglich die Function, den Schuldner zu denominiren; ist *ein* Eigenthümer vorhanden, so präsentirt es *einen*, sind *mehrere* vorhanden, *mehrere* Schuldner. Es ist aber kein Grund zu ersehen, warum diese Mehreren solidarisch sollen verpflichtet sein, und es scheint nicht unpassend, die Analogie des Falles der Stipulation eines Sclaven, der im gemeinschaftlichen Eigenthum mehrerer Herren steht, in Erinnerung zu bringen (nur dass es sich hier blos um active Schuldverhältnisse handelt). Dass dieses Princip der Theilung praktische Unzuträglichkeiten zur Folge haben kann, denen durch Bestellung eines Zinsträgers abgeholfen werden mag, ist richtig. — Eine andere Frage aber ist die, ob die Theile gleiche sind oder ungleiche, d. h. nach der Grösse der Antheile am belasteten Grundstücke zu bemessende? Jenes ist ohne Zweifel das Richtige, weil zwischen dem materiellen Inhalte der Reallast und dem Capitalwerthe der beschwerten Sache kein Zusammenhang besteht. Eine Ausnahme hiervon findet nur statt bei Zehnten, bei denen das Verhältniss allerdings ein anderes ist. Hier hat jeder Parcellenbesitzer nur den auf seinen grösseren oder kleineren Antheil fallenden Zehntheil zu leisten.

ständigen Widerspruch treten könnte. Bekanntlich gibt die Praxis, welche die Reallast von jeher nach Analogie der Servituten behandelte, dem angeblich Verpflichteten eine *actio negatoria*, sowie sie dem Berechtigten eine *actio confessoria utilis* beilegte. An und für sich besteht nun keinerlei praktisches Bedürfniss einer Negatorienklage. Denn der angebliche Schuldner der Reallast ist ebenso wie jeder andere Schuldner durch passive Vertheidigung vollkommen geschützt; er mag die angesonnene Leistung verweigern und ruhig die Klage des angeblich Berechtigten abwarten. Ein Umstand scheint uns indessen doch zu der Gewährung der Negatorienklage zu nöthigen, nämlich der, dass der Berechtigte sich schon durch ein Besitzrechtsmittel, aus dessen Veranlassung der Beklagte seine Einwendungen nicht ausführen darf, in die volle Ausübung des Rechts setzen kann. Man könnte nun fragen, ob diese Zulassung einer Klage, die mit der obligatorischen Natur des Verhältnisses im direkten Widerspruch steht, uns nicht rückwärts zur Aufgebung unseres Princips nöthige? Dies ist aber gewiss nicht der Fall. Es handelt sich hier nur um eine Concession, welche der einmal geschehenen Annahme eines Quasibesitzes gemacht werden muss; dieser ist aber keineswegs eine aus der Natur der Reallast hervorgehende nothwendige Consequenz, sondern nur eine äusserliche und willkürliche Zuthat. Erst aus dieser secundären Grundlage ist das Bedürfniss einer Negatorienklage erwachsen, nicht aus dem Wesen der Reallast selbst, und wir dürfen uns sonach für wissenschaftlich gerechtfertigt halten, wenn wir sie unter Festhaltung der Erinnerung an die Singularität ihrer Veranlassung und Existenz ohne rückwärts greifenden Einfluss lassen, sie vielmehr in dem Begriffe einer vereinzelten Anomalie abschliessen *).

*) Das aus der Zulassung einer s. g. Negatorienklage hervorgehende theoretische Bedenken verschwindet ohnedem vollständig, wenn man auch diese Klage, wie man muss, als eine Präjudizialklage auffasst. [Zusatz.]

Ueber die *Begründung* der Reallast endlich, d. h. Anknüpfung eines Rentenrechts an ein Grundstück durch Vertrag oder Testament darf ich auf das von mir an einem andern Orte Ausgeführte verweisen *). *Construiren* lässt es sich nicht, dass das Recht gestattet, mit Hülfe gerichtlicher Ingrossation u. s. w. unbestimmte Subjekte in dieser Weise zu verpflichten. Es ist ein anomaler Rechtssatz, der eine wissenschaftliche Analyse nicht zulässt, aber er besteht als gemeines Gewohnheitsrecht. Er ist unentbehrlich, wenn man dem Institute überhaupt noch eine Lebensfähigkeit beilegen will.

4. Dass die Anknüpfung eines solchen Rentenrechts an ein Grundstück in der eben geschilderten Weise den praktischen Vortheil einer ungemeinen, durch kein anderes Mittel dieser Art erzielbaren Sicherheit gewährt, ist leicht zu erweisen. Keine physische Veränderung des Grundstücks wirkt — abgesehen von dem Falle gänzlichen Untergangs — auf den Bestand des Obligationsverhältnisses ein; Deteriorationen jeder Art sind ohne den mindesten Einfluss darauf. Dasselbe gilt von rechtlichen Veränderungen; Wechsel im Besitzer, Belastung mit Servituten, Pfandrechten u. s. w. sind für die Fortdauer der Reallast völlig gleichgültig. Denn das Grundstück dient nicht mit seiner Substanz, sondern ist blosser Leiter der Obligation, und für die Erfüllung dieser Aufgabe ist eine besondere Beschaffenheit desselben kein Bedürfniss. Selbst im erbärmlichsten Zustande (ein blosser Mauerrest) kann es jene Function vollziehen, sofern sich Jemand findet, der seinen Besitz alsdann noch als werthvoll betrachtet.

Die Sicherheit ist weit grösser, als sie ein Pfandrecht gewähren mag. Ein hypothekarisch fundirtes gewöhnliches Rentenrecht bleibt immer nur eine Forderung, deren Erfolg von der Zahlungsfähigkeit der verpflichteten Person abhängig ist, da die Hypothek in Folge irgend welcher besonderer Zu-

*) Deutsches Privatrecht §. 169, Note 5.

fälle sich als unzureichend erweisen kann; wenigstens kann es sich sehr leicht ereignen, dass die Distraction des Pfandes, wenn sie auch für die bisher fällig gewordenen Forderungen befriedigt, doch für die künftigen Termine keine Deckung bietet. Anders bei Reallasten. Wird hier der Schuldner zum Aeussersten, zum Verkauf des belasteten Grundstücks vielleicht auf das Andringen von Hypothekengläubigern genöthigt, so geht daraus die Reallast völlig unberührt und sicher hervor; selbst die Gesammtheit der Gläubiger im Concurse hat, da sie das pflichtige Grundstück *besitzt*, die laufenden Renten als Masseschuld zu entrichten. Nur die während des Besitzes des in Concurs gerathenen Schuldners bereits fällig gewordenen und noch nicht berichtigten Terminleistungen theilen das Schicksal der weniger gesicherten Concursschulden.

Indessen bin ich weit davon entfernt, zu behaupten, diese Steigerung der Sicherheit einer Art von Obligationen sei ein so grosses Gut, dass der ihr entsprechenden Rechtsform heutzutage ein weites Gebiet der praktischen Anwendung zu gönnen wäre. Wenn *Jhering**) es an dem römischen Rechte rühmt, dass es Beschränkungen und Belastungen des Eigenthums nur innerhalb eines streng eingehaltenen Maasses und nur bis zur Grenze eines wirklichen Bedürfnisses zugelassen habe, und es für die absolute Aufgabe eines Privatrechtssystems hält, zu verhindern, dass der Egoismus der gegenwärtigen Generation das Grundeigenthum für immer unfrei machen und den Nachkommen dessen Inhalt verkümmern könne, so ist ihm darin gewiss in jeder Hinsicht beizupflichten. Nur zu sehr hat dem deutschen Rechte dieses Maass gefehlt, und es ist in Folge davon in gewissen Zeiten dahin gekommen, dass das Grundeigenthum fast verloren ging unter der Masse von unablöslichen Lasten, von denen der Boden unseres Rechtslebens überwuchert war. Es war keine Rede mehr davon, dass jene

*) Geist des röm. Rechts Bd. 2, S. 231 flg.

Lasten eine in der Natur der Sache selbst liegende Schranke einhielten, sondern auf Grund von einer Menge dem Privatrecht ganz fremder Motive liess man sie in eine völlige Verwilderung des Wachsthums ausarten, unter der das Privatrecht nahe daran war, hinter einem aus öffentlichen und halböffentlichen Verhältnissen gemischten, die persönliche Freiheit und individuelle Entwickelung in hohem Grade störenden System von Verhältnissen ganz zu verschwinden. Dies Alles gilt aber von keiner Art von Belastungen mehr als von den Reallasten. Denn Servituten bleiben doch immer in einem Zusammenhange mit der Substanz des Bodens, sie sind eine Minderung derselben, und der Käufer erwirbt nur dieses verkürzte Grundstück; Reallasten hingegen stehen an und für sich in der Regel *) mit der sachlichen Natur des Grundstücks in gar keiner Verbindung.

Es ist daher ein vollkommen berechtigter Trieb unserer Zeit, den Grund und Boden wieder frei zu machen und unseren Nachkommen in seiner vollen Integrität zurückzugeben; zumal da jene Genossenschaftsverhältnisse des Mittelalters, in denen die Reallast recht eigentlich ihren Sitz hatte, zum grössten Theile beseitigt sind.

Bleibt aber alsdann für die Reallast überhaupt noch ein praktisches Gebiet übrig? Ist nicht damit ausgesprochen, dass das Institut, nachdem der volkswirthschaftliche Zustand des Mittelalters überwunden ist, gänzlich aus dem System des heutigen Privatrechts gestrichen werden müsse? Ich glaube doch, dass diese Frage nicht unbedingt bejaht werden muss. Es lässt sich vielmehr auch jetzt noch eine praktische, obschon enge Sphäre seiner Wirksamkeit denken.

Der Haupteinwand gegen das Institut der Reallast bezieht sich auf ihre Eigenschaft als *ewige Last*; denn nur darin liegt eine Unnatürlichkeit, dass ein Grundstück auf die fernsten

*) Nämlich abgesehen vom Zehnten.

Zeiten hin die Macht haben soll, eine Person, die mit ihm in Verbindung tritt, zum Schuldner zu machen, ohne dass vielleicht auch nur eine Erinnerung an die erste Veranlassung des Verhältnisses übrig geblieben ist*). Aber die ewige Dauer**) ist keine wesentliche Eigenschaft der Reallast; es ist ihrer Natur nicht widersprechend, wenn sie auf bestimmte Jahre, oder auf die Lebenszeit beschränkt wird. Dagegen würde ich es weniger als ein entsprechendes Auskunftsmittel ansehen, wenn eine Gesetzgebung mit der Gestattung jederzeitiger Kündigung und Ablösung helfen wollte, indem damit die Intention der Parteien, welcher das Institut dienen soll, in einer wichtigen Beziehung verletzt wäre.

Eine andere Maassregel, durch welche einer Anfechtung der Berechtigung des Instituts begegnet würde, wäre die Beschränkung der Zulassung von Reallasten auf Fälle, in denen die gegründete Rentenschuld mit dem Besitze des belasteten Grundstücks in innerem Zusammenhange steht. Daher würde zwar einem Gutsbesitzer nicht gestattet werden, seinen Boden mit einer Reallast zu beschweren, um das dafür empfangene Geld für irgend welche mit dem letzteren in gar keiner Verbindung stehende Zwecke zu verwenden, m. a. W. als ein in die Form des Rentenkaufs gehülltes Darlehen***); wohl aber

*) Dies namentlich bei Reallastrenten, für die der Errichter vielleicht ein längst verlornes Aequivalent erhalten hat. Ebenso bei vogteilichen Grundzinsen, nachdem die Vogtei längst verschwunden und von ihrer dereinstigen etwaigen Wohlthat nichts mehr empfunden wurde u. s. w.

**) Dies z. B., wenn die Berechtigung selbst wieder wie die Gläubigerschaft bei Papieren auf den Inhaber an einen Zustand, z. B. den Besitz eines Guts oder das Innehaben eines Amts geknüpft ist.

***) Ein ausdrückliches Verbot ist freilich auch hier unnöthig. Denn die Entstehung und das Aufhören gewisser Rechtsformen beruht nicht auf Willkür, sondern auf dem Dasein oder Nichtdasein gewisser Bedürfnisse des Lebens. Nun wird Niemand glauben, dass bei den Grundsätzen des heutigen Rechts über die Haftung des Erben für die Schulden des Erblassers, sowie über das Recht der Zinsnahme u. s. w. noch irgend ein *allgemeines* würde es z. B. Demjenigen, welcher durch Uferbauten, Entwässerungen, Entsumpfungen oder andere nützliche Anlagen den Werth gewisser Grundstücke mittelst eigener Arbeit oder mittelst Darreichung der Geldmittel erhöht hat, erlaubt sein, die ihm an und für sich je nach der Beschaffenheit des Verhältnisses gebührende Vergütung sich ganz oder theilweise in der Form von Reallastrenten gewähren zu lassen. Es ist freilich sehr schwer, für diese Beschränkung eine ganz scharfe juristische Formulirung zu finden, und es würde wohl Nichts übrig bleiben, als die Entscheidung dem Ermessen des bei der Errichtung der Reallast ja ohnehin concurrirenden Richters nach dem angeführten Gesichtspunkte anheim zu stellen, welcher nach vorgenommener *causae cognitio* seine Bestätigung zu ertheilen oder zu versagen hätte *).

Zu den Fällen der angeführten Art würde ich auch die Leibzuchtsrenten des auf den Altentheil ziehenden Bauers, lebenslängliche Apanagen und Witthumsrenten bei adligen Stammgütern rechnen. Auch in diesen Fällen ist nämlich der Zusammenhang der Rentenpflicht mit dem Genuss des Grundstücks offenbar. Ohne den Auszug des Bauern, ohne den Ausschluss des jüngeren Sohnes zu Gunsten des Erstgebornen, ohne die Verwendungen der Nutzungen des Frauenguts — würde der Besitzer das Grundstück gar nicht, nicht ganz oder nicht in dieser Beschaffenheit haben, und dieses Causalverhältniss bleibt im Bewusstsein der Innehaber selbst bei einem

Bedürfniss der Capitalverwerthung in der Form des Rentenkaufs bestehe, wie dies im Mittelalter in der That der Fall war. In solchen Voraussetzungen allein liegen die Bedingungen der Lebensfähigkeit eines Instituts. Der Gesetzgeber kann sie einseitig weder geben noch nehmen.

*) Es versteht sich von selbst, dass von andern Gegenständen als Geld und Naturalien, wie z. B. Diensten, bei Reallasten künftig nicht mehr die Rede sein kann. — Auf ähnliche Weise als hier geschieht, schränkt auch *Bluntschli*, Deutsch. Priv.-R. §. 91 die Reallast ein, lässt sie aber innerhalb dieser Grenzen ebenfalls neu begründen.

Wechsel im Besitze, da die Zeitdauer der Last nur eine begrenzte ist *).

Es wäre in der That ohne Grund, in solchen Fällen den Willen der Interessenten, sich ein Rentenrecht mit einer fast absoluten Sicherheit zu verschaffen, zu beschränken, und sie gegen ihren Wunsch zu nöthigen, ihren Anspruch in einer anderen Rechtsform nutzbar zu machen, z. B. denselben zu capitalisiren und sodann bei dem Verpflichteten vielleicht gegen sein Interesse und seine Neigung als verzinsliche Darlehnsschuld zu belassen. Nicht dadurch wird man die privatrechtliche Freiheit erhöhen, dass man das Privatrechtssystem plündert und das Verkehrsleben auf einzelne wenige Rechtsformen einschränkt, sondern dadurch, dass man die grösste Mannichfaltigkeit derselben bewahrt, damit auch das individuellste Lebensinteresse im Rechte seine Befriedigung finden könne, während man aber gleichzeitig jede auf die Grenze ihres naturgemässen Gebietes zurückführt.

*) Unentbehrlich ist auch die Reallastform für die durch nachbarliche Verhältnisse häufig gebotene Auflegung von Bau- und Reparaturverbindlichkeiten auf Grundstücke, da es dafür gar keine andere Rechtsform gibt.

II.*)

Im zweiten Bande dieser Jahrbücher habe ich die Theorie über die Natur der Reallasten, welche ich schon in der ersten Auflage meines Systems des deutschen Privatrechts (1848) vorgetragen hatte, ausführlich zu entwickeln und zu begründen versucht. In der Einleitung dieser Abhandlung hatte ich in einer Weise, die kein Missverständniss zulässt, mich über die Grenzen meiner Untersuchung ausgesprochen. Ich hatte anerkannt, dass die Frage über die Natur der Reallasten eine ganz andere sei, wenn man sie für die Zeit des Mittelalters stellt, wo die Reallast ein untrennbares Element der umfassendsten social-politischen Verbindungen war, und eine andere, wenn man sie für die Gegenwart aufwirft, wo sich die Reste jenes Instituts nach ihrer Ablösung von vogteilichen, gerichts- und gutsherrlichen Verhältnissen als rein privatrechtliche Beziehungen darstellen. Nur die letztere Frage, und nur diese hatte ich mir zu beantworten vorgesetzt. Ich durfte hoffen, mit dieser genauen Präcisirung meines Thema's jeder Missdeutung vorgebeugt zu haben. Gegenüber demjenigen freilich, der nicht sehen *will*, ist alle Klarheit vergeblich. Nie ist mir dies deutlicher entgegengetreten, als bei einem Schriftsteller der jüngsten Zeit, der in einem sonst verdienstlichen Buche die politische und ökonomische Entwicklung des Reallasteninstituts in den süddeutschen Städten zu schildern unternommen hat. Er selbst gibt zu, dass, „wenn es darauf ankäme, Wesen und Bedeutung des Instituts gemäss den Bedürfnissen

*) Zuerst veröffentlicht in Gerber's und Jhering's Jahrbüchern Bd. 6 (1863), S. 266 flg.

der Gegenwart zu bestimmen, diejenigen Recht haben möchten, welche das Hauptgewicht auf die obligatorische Seite legen." Man sollte meinen, dass bei dieser Einsicht die Anerkennung der Berechtigung eines dogmatischen Standpunkts nicht zu umgehen gewesen wäre. Aber nein, — er will ihn nicht anerkennen! Es sei kein Grund vorhanden, „von dem älteren Systeme abzugehen", unsere Aufgabe sei lediglich die, zu bestimmen, wie die frühere Zeit unser Institut aufgefasst habe; da falle denn nun jede juristische „Construction" zusammen und gehöre lediglich in das Gebiet der juristischen Gymnastik, die an sich sehr heilsam sein möge, aber die historische Erkenntniss „um kein Haar breit" fördere. „Unsere Vorfahren", so fährt unser Autor fort, „sind mit der Ausbildung ihres Rechts ohne römische Schulbegriffe fertig geworden, und es ist nichts weiter als eine Unart, wenn man meint, jedes deutschrechtliche Institut müsste sich in irgend eine Rubrik der Pandekten einreihen lassen." So tapfer diese Expektorationen auch sind, so sind sie doch gerade nicht neu; auch sind sie nicht etwa in einer so anziehenden Form ausgesprochen, dass man länger bei ihnen zu verweilen sich veranlasst fühlen könnte. Vielleicht wird auch der Verfasser einmal zu der vollen Einsicht gelangen, dass eine längere Bewegung auf dem Gebiete der juristischen Gymnastik wirklich etwas recht Heilsames ist.

Ich würde mich zur Kundgebung dieser Bemerkungen kaum entschlossen haben, wenn sie nicht beiläufig bei einem abermaligen Rückblicke auf die Reallastenlehre hätte geschehen können, zu welchem ich durch eine Abhandlung *Meibom's* *) veranlasst werde. So wenig ich annehmen kann, dass diese Arbeit ein haltbares Resultat begründet hat, so gern erkenne ich doch ihre rechtswissenschaftliche Haltung an. Ich beabsichtige, dem Verfasser im Gange seiner Untersuchung zu

*) In *Bekker's* und *Muther's* Jahrbuch. 4. Bd. S. 442 flg.

folgen und seine Argumente einer kurzen Prüfung zu unterwerfen.

1. Das Institut der Reallasten bietet für die dogmatische Beurtheilung eine doppelte Seite dar. Einmal fragt es sich, welches der eigentliche Inhalt des Rechtsverhältnisses sei, und sodann, welche Stellung hierzu die Anknüpfung der Leistungspflicht an ein Grundstück habe? Ich habe ausgeführt, dass der Inhalt des Verhältnisses in der Forderung wiederkehrender Leistungen des Verpflichteten bestehe, mithin durchaus in das Gebiet der obligatorischen Verhältnisse gehöre, und dass die Anknüpfung der Leistungspflicht an ein Grundstück hieran nichts ändere, sondern lediglich die Nebenfunction einer Bestimmung des jedesmaligen schuldnerischen Subjekts vollziehe. Dass diese Anknüpfung des Rechts an ein Grundstück die Möglichkeit gewährt, die Reallast in vieler Beziehung ebenso zu behandeln als dingliche Grundrechte, steht mit meiner Auffassung nicht im Widerspruch. Wenn aber Jemand sagt, dass meine Darstellung deshalb nicht historisch sei, weil sie in den Quellen des Mittelalters noch nicht ausgesprochen werde, so ist letzteres richtig, enthält aber keinen Einwand, da man Fragen dieser Art im Mittelalter überhaupt nicht aufwarf; auch darin liegt ein eigenthümliches Princip rechtsgeschichtlicher Entwicklung, dass ein schon lange bestehendes Rechtsinstitut ganz neuen Fragen unterworfen wird, welche sich aus dem Zusammenwirken früher nicht bekannter, praktischer oder wissenschaftlicher Beziehungen ergeben. Sagt aber Jemand, jene Construction sei nicht germanistisch, so ist dies falsch, er müsste denn beweisen, dass der Begriff „Obligation" ein dem deutschen Rechte fremder sei. Behauptet Jemand, das Recht auf bestimmte wiederkehrende Leistungen des Besitzers eines gewissen Grundstückes als solchen sei ein dingliches Recht, so muss diese Behauptung so lange als unrichtig gelten, als nicht bewiesen wird, dass der Begriff, den wir jetzt mit dem dinglichen Rechte verbinden, ein völlig verkehrter ist.

Anders als mit diesen Einwendungen begründet *Meibom* seinen Widerspruch. Er behauptet, dass die Reallast ein dingliches Recht sei. Bewiesen hat er dies nicht. Denn die Anführung, dass die Reallast als Ganzes nicht im Concurs des Schuldners angemeldet werde, wird er bei näherer Betrachtung selbst nicht als Beweis gelten lassen wollen. Dagegen bemüht er sich, darzuthun, dass die Reallast keine Obligation sei. Sein Grund für diese Negative besteht allein in dem Satze, dass die Unmöglichkeit einer Tilgung der Reallastschuld durch Solution mit dem Begriffe der Obligation im Widerspruch stehe.

Dieser Einwand lässt sich in einer doppelten Weise denken. Es wäre zunächst folgende Argumentation möglich. Ein Obligationsverhältniss lässt sich als solches daran erkennen, dass seine Auflösung durch den Vorgang der Solution möglich ist. Eine Servitut kann durch Solution niemals aufgehoben werden, sondern immer nur durch Aufgebung seitens des Berechtigten*), daher ist eine Servitut keine Obligation; eine Reallast kann durch Solution niemals aufgehoben werden, daher, so könnte man argumentiren, ist auch die Reallast keine Obligation. Diese Begründung wäre aber offenbar unrichtig. Eine Servitut kann nicht durch Solution gehoben werden, weil dies *juristisch* unmöglich ist, eine Reallast nicht, weil dies *faktisch***) unmöglich ist. Allein die bloss faktische Unmöglichkeit entscheidet hier sicherlich nicht, es muss vielmehr genügen, wenn die Tilgung des Verhältnisses auch nur als eine Möglichkeit gedacht werden kann. Niemand wird läugnen, dass dies hier der Fall ist; von jeher sind Fälle einer Ablösung der Reallast durch Hingabe einer den Capitalwerth darstellenden Summe unter beiderseitiger Uebereinstimmung vorge-

---

*) Dass diese Aufgebung gegen Empfang einer Entschädigung erfolgt, kommt hierbei nicht in Betracht.

**) d. h. dem in dem Rechtsinstitut vertretenen Parteiwillen widerspricht.

kommen, und trotz *Meibom's* Einwendungen muss ich dabei stehen bleiben, dass die neueren Ablösungsgesetze in der Bedeutung einer Herbeiführung der Auflösung der Reallasten durch Solution aufgefasst werden *können* *). Wäre jene Argumentation richtig, so müsste man folgendermassen entscheiden: wenn A dem B ein verzinsliches Darlehn gibt, beide Theile aber die Kündigung ausdrücklich ausschliessen, so ist das zwischen A und B begründete Verhältniss kein obligatorisches, weil die Möglichkeit einer Auflösung durch Solution ausgeschlossen ist. Ob nun die faktische Unmöglichkeit der Solution auf ausdrücklicher vertragsmässiger Festsetzung beruht, oder schon in der Natur des Instituts begründet ist, ist für die vorliegende Frage völlig gleichgültig.

Es ist jener Einwand aber noch in einer anderen Weise denkbar, und es scheint, als wenn *Meibom's* Ansicht hierauf das Hauptgewicht lege. Die Unmöglichkeit der Lösung einer Obligation durch Solution widerspreche dem „Wesen“ derselben, weil sie sonst eine unzulässige Beschränkung der individuellen Freiheit enthalten würde. Nur da werde die persönliche Freiheit gegenüber der Obligation gewahrt, wo der Schuldner durch Abzahlung des Gläubigers jeden Augenblick seine natürliche Freiheit wieder erlangen könne. Alle Argumentationen aus der Idee der „natürlichen Freiheit“ sind misslich. Der Eine fasst sie so, der Andere anders auf. Man könnte auf diesem Wege dahin kommen, die Belastung eines Menschen mit Schulden überhaupt für etwas Unsittliches zu halten. Das war im Jahre 1848 in der That in manchen

*) Die Solution wird hier als Erstattung des bei dem Schuldner lokalisirten Vermögenswerths gedacht, der Gegenstand der Obligation ist. Beim Rentenkaufe war diese Vorstellung von jeher berechtigt; bei den übrigen Reallasten ist sie es wenigstens jetzt, nachdem sie durch Abstreifung ihrer vogteilichen und anderen öffentlichen Grundlagen auf das Niveau rein privatrechtlicher Renten gerückt sind. Dass die neueren Ablösungsgesetze meistens kurzweg von einer „Entschädigung“ reden, ist wohl bei dieser übrigens praktisch bedeutungslosen Frage nicht entscheidend.

Gegenden die Meinung der Bauern, die sich weniger durch Reallasten, als durch die hypothekarischen Gläubiger in ihrer Freiheit beschränkt fühlten und daher vor Allem eine „Ablösung" der Hypotheken verlangten. Man könnte noch mancherlei einwenden, z. B. dass es ja dem Belasteten frei stehe, sich durch Aufgebung des Grundstücks von der Last zu befreien, wenn ihm Alles an der Integrität seiner persönlichen Freiheit liege. Indessen verhält sich die Sache in Wahrheit folgendermassen. Die Behauptung, eine durch Solution nicht tilgbare Obligation beschränkt die persönliche Freiheit, ist ein rechtspolitischer Vorwurf gegen das *Institut der Reallasten überhaupt*, welcher *ganz derselbe* bleibt, wenn man das Recht als ein *persönliches*, und wenn man es als ein *dingliches* auffasst. Zur Entscheidung *der* Frage aber, *ob* das Verhältniss ein obligatorisches oder ein dingliches sei, enthält jene Anschauung lediglich kein Material.

2. So viel über den negativen Theil der *Meibom*'schen Ausführung. Nun enthält sie aber zugleich auch einen positiven Theil, nämlich die Aufstellung eines Rechtsinstituts, das *Realschuld* genannt wird. Auf die Anerkennung oder Nichtanerkennung des letzteren ist die *Meibom*'sche Ansicht über die *Reallasten* ohne Einfluss, weshalb im Folgenden davon nicht weiter die Rede sein wird.

Die neue Theorie über *Realschulden* ist im Wesentlichen folgende. Realschulden sind Obligationen, welche in jedem Augenblicke durch Solution getilgt werden können; man denke z. B. an eine einfache Darlehnsobligation. Hierdurch unterscheiden sie sich principiell von den Reallasten. Das Eigenthümliche der Realschulden ist nun aber dies, dass (wie bei den Reallasten) kein bestimmtes Subjekt, sondern immer nur der jedesmalige Besitzer (Eigenthümer) eines gewissen Grundstücks als solcher verpflichtet ist, sodann dass der Schuldner nie persönlich, d. h. mit seinem eigenen Vermögen haftet, sondern immer nur die Substanz des Grundstücks. Daher kann man sich stets durch Abtretung oder Dereliction des letzteren befreien. Wird das derelinquirte Grundstück von Neuem occupirt, so wird die Realschuld von Neuem wirksam. Es entscheidet im Allgemeinen die Analogie der Noxalklagen. — Diese sogenannten Realschulden sollen für einige bestimmte Verhältnisse schon kraft Rechtssatzes statt finden; im Allgemeinen aber soll es nach heutigem gemeinem Rechte Jedem frei stehen, solche zu begründen, und es genüge hierzu ein darauf gerichteter Vertrag nebst einer particularrechtlich näher zu bestimmenden Ingrossation.

Wenn man diesen Gedanken der „Realschuld" als einen ganz neuen betrachtet, der erstmals in den Kreis des Privatrechts eingeführt werden solle — und wir sind hierzu berechtigt, da er der bisherigen Theorie und Praxis, wenigstens meiner Ansicht nach, unbekannt war —, so ist auch wohl eine rechtspolitische Erwägung über den Werth der neuen Erwerbung gestattet. In dieser Beziehung stehe ich nicht an, meine Ueberzeugung dahin auszusprechen, dass ich ein gesundes Element in diesem neuen Institute nicht zu finden vermag. Ich gehe hierbei von der Ansicht aus, dass der naturgemässe Charakter einer Obligation in der persönlichen Verpflichtung bestimmter Subjekte liegt, und dass jede andere Form der Verbindung durch besondere und eigenthümliche Umstände gerechtfertigt werden muss*). Solche Umstände bestanden und bestehen zum Theil noch für die periodisch wiederkehrenden, unerschöpflichen Leistungen, welche wir Reallasten nennen; beim Rentenkaufe handelte es sich um eine dauernde und definitive Vermögensanlage, bei Realfrohnden und Realzinsen um eine *causa perpetua*, wie sie aus der ganzen eigenthümlichen Verbindung des Zins- und Frohndherrn und des Besitzers des dienenden Grundstücks regelmässig hervorging. Der besondere Gedanke der Reallasten ist der, dass hier ein

*) Von der Anknüpfung eines Forderungs r e c h t s an den Besitz gewisser Gegenstände — Inhaberpapiere — ist hier nicht die Rede.

ewig dauerndes Recht auf immer wiederkehrende Leistungen geschaffen werden soll, das unabhängig ist von dem Wechsel der individuellen verpflichteten Personen, und diesem Gedanken dient so recht eigentlich die juristische Form der sogenannten Radicirung auf Grund und Boden. Welchen Werth es aber im Rechtsverkehr haben soll, eine durch einmalige Solution in jedem Augenblicke tilgbare, also ganz vorübergehende Obligation an ein Grundstück anzuknüpfen, das vermag ich nicht zu erkennen. Soll die Verbindung mit dem Grundstücke nur die Sicherung des Gläubigers bezwecken, so ist und war von jeher die Verpfändung desselben die geeignete und ausreichende Form; die weitere Function des Grundstücks bei der Reallast, das unbestimmte Subjekt des Schuldners zu individualisiren, kann nur da mit Interesse verwerthet werden, wo es sich um ein Rechtsverhältniss von unbeschränkter oder wenigstens langer Dauer handelt, nicht aber bei einer ihrer ganzen Anlage nach vorübergehenden, durch einmalige Solution sofort tilgbaren Obligation. Ich würde es für eine sehr wenig glückliche Erweiterung des Princips der Radicirung halten, wenn man zulassen wollte, dass die Pflicht zur Zahlung von Kaufgelder- oder Darlehnsschulden an den Besitz gewisser Grundstücke geknüpft würde. Wollte man sich hiergegen auf den in dem Princip der *fortune de mer* liegenden Vorgang berufen, so würde man übersehen, dass dieser Satz in sehr eigenthümlichen Voraussetzungen des Seeverkehrs beruht, welche auf den gewöhnlichen Rechtsverkehr unter keinen Umständen übertragen werden können.

Indessen könnte durch solche rechtspolitische Gründe die Theorie des Verfassers nicht widerlegt werden, wenn sie sich sonst aus dem positiven Rechte begründen liesse. Der Verfasser hat es versucht, dies nachzuweisen, und es ist nunmehr dieser Versuch einer Prüfung zu unterwerfen.

3. Bekanntlich hat in neuerer Zeit *Stobbe* (Zeitschr. für deutsches Recht Bd. 19, S. 178 flg.) ausgeführt, in vielen

Statuten werde dem aus dem *Rentenkauf* hervorgehenden Rentenrechte die Wirkung beigelegt, dass der Schuldner nicht mit seinem persönlichen Vermögen, sondern immer nur das Grundstück selbst, auf welchem die Rente ruht, hafte. Ich will über die Allgemeinheit dieses Satzes hier nicht streiten; nur das Bedenken möchte ich nicht unterdrücken, dass es mir immerhin sehr zweifelhaft scheint, ob die S. 202 angeführten, anders lautenden Quellenzeugnisse durch Berufung auf einen angeblichen Einfluss des römischen Rechts beseitigt werden können. Für viele Statuten lässt sich allerdings jene Auffassung des Verhältnisses wenigstens in der Beschränkung nicht in Zweifel ziehen, dass der Gläubiger vorzugsweise an das belastete Grundstück selbst gewiesen ist. Wie sich dies aber auch verhalten möge, immer wird man mir gewiss einräumen müssen, dass jenes Princip der Realexecution seine volle Erklärung und Beleuchtung erst dann empfängt, wenn man es als ein Element und eine Folge des noch sehr unentwickelten mittelalterlichen Schuldrechts überhaupt auffasst, und zugestehen müssen, dass jener Satz einen ganz anderen Charakter erhält, wenn man ihn unverändert in unser modernes, auf völliger Ausbildung des Personalcredits ruhendes Obligationenrecht überträgt. Man darf sicher bezweifeln, dass er unter der Voraussetzung eines solchen Schuldrechts in gleicher Art ausgesprochen worden wäre.

An diese Ausführungen *Stobbe's* schliesst sich nun *Meibom* an, indem er aus dem Vorkommen der beschränkten Realexecution beim Rentenrechte den ersten Beweisgrund für sein allgemeines Princip der Realschulden entlehnt. Ich verstehe aber nicht, wie der Verfasser sich hierzu für berechtigt halten kann. Rentenrechte dieser Art sind unzweifelhaft Reallasten. Das Institut der Realschuld soll einen entschiedenen Gegensatz zu den Reallasten bilden. Wie kann nun der Verfasser einen Satz, der für letztere ausgebildet ist, die er für dingliche Rechte erklärt, benutzen wollen, um mit seiner Hülfe ein durchaus gegensätzliches Rechtsinstitut zu stützen?

Einen weiteren Beweis findet der Verfasser in der Natur des deutschen *Pfandrechts*. Neben dem Rechte am Pfandobjekte, so führt er aus, habe es keine persönliche Forderung gegen den Schuldner gegeben; das Pfandobjekt selbst sei der ausschliessliche Executionsgegenstand, gewissermassen selbst der Schuldner gewesen.

Dies soll nun zunächst für das Mobiliarpfandrecht bewiesen werden. In dieser Beziehung wird erstens behauptet, dass der Gläubiger kein persönliches Klagerecht gegen den Schuldner, sondern nur das Recht der Befriedigung durch die Pfandsache gehabt hätte. Nur die späteren Quellen erwähnten eine persönliche Klage, jedoch unter der ausdrücklichen Voraussetzung, dass dafür ein besonderes Gelöbniss statt gefunden hätte, wofür Verm. Sachsensp. III, 17, 19 und das Münchner Stadtrecht (*Auer*, Art. 109) angeführt wird. Die letztere Stelle sagt offenbar nur, dass der Pfandbesitzer *zunächst* zum Verkaufe des Pfandes schreiten müsse, ehe er den Schuldner persönlich angreift. Die erstere Stelle spricht vom Judenrechte und erwähnt allerdings, wie auch an mehreren anderen Stellen desselben Capitels, ein besonderes Gelöbniss; ob man dies nun in dem Sinne *Meibom's* verstehen müsse, will ich dahingestellt sein lassen, — aber gewiss genügt ein einzelnes und noch dazu so wenig bestimmtes Zeugniss nicht, um jene allgemeine Behauptung zu rechtfertigen. — Sodann beruft sich der Verfasser auf den bekannten Satz, dass der Untergang der Sache den Untergang der Forderung nach sich gezogen habe, was er als einen Beweis seines Princips anführt, dass die Pfandsache selbst der Schuldner gewesen sei. Wäre dieses Princip richtig, d. h. anderweit bewiesen, so könnte man allerdings auch jenen Satz zur Noth daraus erklären; nicht aber kann man umgekehrt das Princip dadurch beweisen wollen, dass man einen Satz, der auch eine andere Erklärung zulässt, zuerst aus dem Princip erklärt und sofort als einen Beweis des Erklärungsmittels selbst benutzt. Ich gestehe nun, dass ich auch die Ausdrucksweise der hier einschlagenden Hauptstellen, z. B. Sachsensp. III, 5, 5 doch gar wenig mit der *Meibom*'schen Auffassungsweise zu vereinbaren wüsste, während sie sehr wohl zu der neuerdings auch von *Stobbe* (zur Geschichte des deutschen Vertragsrechts S. 260) vorgetragenen Ansicht passt, dass es sich hier zunächst um eine Festsetzung der Ersatzpflicht beim Untergang des Pfandes handle, zu der sich sodann die Frage über die Fortdauer oder das Erlöschen der Forderung nur wie eine Consequenz verhält. — Endlich beruft sich der Verfasser darauf, dass für den Fall des Nichtzureichens des Pfandwerths dem Gläubiger keine Forderung auf den Rest gegeben werde. Die Existenz dieses Rechtssatzes begründet er einmal durch die Beobachtung, dass eine solche Restforderung nicht erwähnt werde, sodann durch Geltendmachung des Umstands, dass der Verm. Sachsensp. eine Restforderung zwar wohl beim richterlichen, nicht aber beim Conventionalpfand anführe. Die Versagung einer an und für sich natürlichen Rechtshülfe durch ihre blosse Nichterwähnung beweisen zu wollen, halte ich schon für bedenklich, ganz abgesehen davon, dass ich manche Quellenaussprüche doch auf eine Restforderung beziehen möchte, z. B. *Freiberger* Statuten I, 40 (bei *Schott*, 3, 165 a. E.). Indessen gibt es eine sehr nahe liegende Erklärung jener Erscheinung, welche ihre Beweiskraft im *Meibom*'schen Sinne vollständig beseitigt. Das Leihen auf Pfänder, wie es namentlich die Juden gewerbmässig trieben, und wie es den älteren Statuten meistentheils vorschwebte, geschah wohl fast immer in der Weise, dass der Werth des Pfandes grösser war als der Werth der Forderung; für eine Restforderung war daher thatsächlich in der Regel keine Veranlassung gegeben. Aehnlich spricht sich auch aus *Stobbe*, Vertragsrecht S. 241, Not. 13.

Bei dem Pfandrechte an Immobilien versucht der Verfasser

für die Existenz seines Satzes keinen selbstständigen Beweis, vielmehr meint er, es müsse hier dasselbe gelten, was für das Mobiliarpfandrecht nachgewiesen worden sei. Dass bei der älteren deutschen Satzung, bei der sich der Pfandgläubiger im Besitz und Genuss eines den Werth der Forderung völlig ausgleichenden Gutes in jeder Rücksicht befriedigt fühlte, ein Recht des Gläubigers, diesem Zustande durch persönliche Ausklagung des Schuldners ein Ende zu machen, nicht hervorgehoben wird, dass es sich vielmehr überall nur um die Frage des Wiedereinlösungsrechts des Schuldners handelt, folgt aus der ganzen Natur und ökonomischen Wirkung des Instituts. Dass aber bei der neueren Satzung die Existenz eines klagbaren Forderungsrechtes versagt worden sei, dafür hätte ich einen strengeren Nachweis gewünscht, als ihn der Verfasser versucht hat.

Wie dem aber auch sei, es scheint mir, *Meibom* habe sich in der Lehre vom Pfandrechte einen wenig entsprechenden Ausgangspunkt zum Beweise des angeblichen deutschen Rechtssatzes gewählt, dass ganz allgemein und nach reiner Willkür eine gewöhnliche obligatorische Verpflichtung an ein Grundstück habe angeknüpft werden können. Denn die Verbindung eines persönlichen Anspruchs mit dem Besitz oder dem Rechte an einem Grundstücke beim *Pfandrechte* hat einen ganz besonderen und tendenziösen Charakter; es soll dadurch für die Forderung eine möglichst vollständige Sicherheit gegeben werden. Diese Tendenz kann das Recht in der verschiedensten Weise erstreben, so dass die mannichfaltigsten Bildungen daraus hervorgehen. Man denke nur an die neuesten Pfandgesetzgebungen, nach denen die Rücksicht auf das persönliche Forderungsverhältniss so sehr zurücktritt, dass der Eigenthümer des Grundstücks sein eigener Pfandgläubiger sein kann, und das ganze Obligationsverhältniss sich in dem Verkaufe einer Unterpfandsstelle darzustellen scheint. Auf diese, lediglich und allein durch ihre besondere Tendenz erklärlichen

Erscheinungen einen ganz allgemeinen und abstrakten Satz zu stützen, und ein einzelnes nur mit jener Zweckbestimmung berechtigtes Element herauszugreifen, um es nach Abstreifung der letzteren als ein für sich berechtigtes gelten zu lassen, — das scheint mir ein nichts weniger als zulässiges Verfahren zu sein.

4. Wenn *Meibom* S. 456 flg. seiner Abhandlung sodann nachzuweisen versucht, dass das seinem Satze entgegenstehende Princip des römischen Rechts in Deutschland keineswegs rein und vollständig recipirt worden sei, und dafür in der Hauptsache nichts weiter anzuführen weiss, als die Stimmen der späteren Praxis, welche sich auf die unklare Vermischung des Gült- und Hypothekenrechts beziehen, so kann diese Ausführung wohl auf sich beruhen bleiben.

Einen entschiedenen Widerspruch bedarf aber folgende Argumentation *Meibom's* (S. 463). „Nimmt man es“, so äussert er sich, „als möglich an, dass *Reallasten* durch Akte der Privatwillkür begründet werden können, so *folgt* daraus auch die Möglichkeit der Verknüpfung *sonstiger* Verbindlichkeiten mit Grundstücken. Denn wenn es sogar möglich ist, den Grund und Boden mit einer Verpflichtung zu belasten, welche unerschöpflich in immer wiederkehrenden Leistungen für alle Zukunft fortdauert, so muss es um so mehr zulässig sein, demselben eine Verpflichtung aufzuerlegen, welche in einer einmaligen Leistung besteht und durch Erfüllung wieder getilgt werden kann.“ Es ist schon oben die Ansicht ausgesprochen worden, dass die Möglichkeit der Radicirung gerade nur bei fortdauernden und nicht tilgbaren Lasten berechtigt ist, und dass ein Schluss hiervon auf Verbindlichkeiten, welche nicht dauernd sind, völlig unzulässig erscheint. Es handelt sich hier nicht um ein Geringeres, das in dem Grösseren enthalten sein müsse, sondern um ein ganz Anderes, dem das entscheidende Merkmal geradezu abgeht.

Der Verfasser fährt weiter fort: „Die praktische Jurisprudenz hat diese Möglichkeit bis auf die neueste Zeit anerkannt.“

Man muss dem Zusammenhange nach glauben, es handle sich um die Möglichkeit der von *Meibom* sogenannten *Realschulden*; denn die Zulässigkeit einer Constituirung von *Reallasten* bedurfte doch wohl keines Beweises. Nun führt er zum Beweise *Schilter praxis juris Rom. in foro Germ. Ex.* 18 §. 4 an, wo bemerkt werde: „*non dubitarim affirmare, in casu l.* 81 §. 1 *de contr. emt. hodie esse onus reale et in emtorem transmitti.*" Allein sowohl aus dem Zusammenhange, als auch aus der Fortsetzung der Stelle geht hervor, dass *Schilter* lediglich an Reallasten denkt. Die weiteren Worte lauten nämlich: „— *actioneque reali seu confessoria utili ab eo peti posse annuam illam praestationem.*" Sonach verliert die Stelle für *Meibom* alle Bedeutung. Noch mehr überrascht aber Folgendes. Der Verfasser fährt nämlich fort: „Und im Anfange dieses Jahrhunderts bezeugt es ein bewährter Kenner der Praxis, *Kind*, als *communem vocem hominum forensium*, dass alle *pacta intuitu fundi inita* eine auf den Singularsuccessor übergehende Verpflichtung erzeugen, indem er bemerkt: *naturam horum pactorum realium in eo consistere dicunt, ut quae exinde descendant obligationes ad dandum faciendumve non tam personis inhaereant, quam potius ejusmodi praestationes, servitutibus haud absimiles, ipsis praediis velut onus reale impositae censeantur adeoque obligatio eo nomine contracta una cum praediis ad omnes possessores transeant.*" Bei dieser Anführung erwartet man weder, dass in der citirten Stelle wiederum nur von der Begründung wirklicher Reallasten („*pacta, quibus possessor fundi se quotannis alteri quid praestiturum promittit, veluti censum, operas et hujus generis alia*") und nicht von sogenannten Realschulden die Rede ist, noch erwartet man, dass der „bewährte Kenner der Praxis" die ganze Abhandlung nur geschrieben hat, *um die in der angeführten Stelle enthaltene Meinung als eine sowohl nach römischem wie nach deutschem und sächsischem Rechte völlig irrige nachzuweisen*, welche *rectae rationi et veritati juris* widerstrebe (*Kind quaest. for. ed. I, T. III, p.* 259. *ed. II, Tom. II, p.* 327).

5. Zur Bewährung seiner Theorie beruft sich *Meibom* zuletzt auf einzelne Anwendungsfälle derselben. Auch diese sollen in Folgendem kürzlich besprochen werden.

1) Die *Lehnschulden* sollen nach dem Verfasser sogenannte Realschulden sein. Bei Begründung dieser Meinung verfährt *Meibom* zunächst polemisch zur Abweisung früherer Ansichten. In Bezug auf die älteren Theorieen schliesst er sich an die von mir früher ausgeübte Kritik an. Gegen meine eigene Theorie bemerkt er, dass sie sich weder aus dem deutschen, noch aus dem longobardischen Lehnrechte erweisen lasse, — was ich selbst niemals behauptet habe, da sich aus diesen Quellen weder meine noch irgend eine andere Theorie der Lehnschulden begründen lässt. Ferner soll es dagegen, dass die Lehnschulden durch die Vermittlung der Lehnssuccession übertragen werden, sprechen, dass in *II feud. I* §. 1 und 23 §. 1 die Immobiliarqualität als Eigenschaft des Lehns gefordert, und *II feud.* 8 §. 3 die Zugehörigkeit von dem Lehen angefügten Stücken auf deren Untrennbarkeit gestützt werde; auch sei in *II feud.* 45 die *universa hereditas* dem *feudum* gegenüber gestellt. Ich kann es füglich auf sich beruhen lassen, ob der Verfasser auf solche Momente hin zu dem abfälligen Urtheile über meine Auffassung berechtigt war, und beschränke mich lediglich auf die Frage, ob es ihm, wie er behauptet, gelungen ist, zu beweisen, dass die spätere Jurisprudenz die Lehnschulden durchaus als sogenannte Realschulden angesehen hat. Gleich hier möge der Ausdruck meiner Ueberzeugung Raum finden, dass das Gegentheil keinem Zweifel unterliegen kann und Jedem einleuchten muss, der sich durch Einsicht der zahlreichen früheren Literatur eine Anschauung davon verschafft hat, wie es fast durchweg dem römischen Rechte entlehnte Vorstellungen sind, durch deren Hereinziehung man die eigenthümliche Natur der Lehnschulden zu stützen versuchte. Eine Theorie aber, wie sie der Verfasser aufzustellen scheint, wonach nicht bloss die aus der *versio in*

rem eines Lehnsbesitzers, sondern auch die aus der Verpflichtung zur Alimentirung armer Vasallentöchter u. s. w. hervorgegangenen Verbindlichkeiten ohne Weiteres in der Art als Annexa des Lehnguts angesehen werden müssen, dass sie auf jeden dritten Besitzer desselben, sogar auf den Käufer übergingen, möchte ich für das ungesundeste Produkt civilistischer Reflexion halten. Denn die meisten der sogenannten legalen Lehnschulden haben ihren Grund und damit auch die Grenze ihrer Wirksamkeit nur in der Familienverbindung der Lehnspersonen, und für die Versionsschulden wäre nicht abzusehen, warum sie nur bei Lehngütern *ipso jure* als Realschulden erscheinen sollten. Sowie die Theorie *Meibom's* überhaupt dazu beitragen würde, den Rechtsverkehr bezüglich der Immobilien ausserordentlich zu erschweren, so würde der Erwerb von Lehngütern geradezu gefährlich werden, indem jeder Besitzer für kaum übersehbare und aus den verschiedensten Schuldgründen hervorgehende Obligationen seiner Besitzvorgänger einzustehen genöthigt wäre. Was den dogmengeschichtlichen Beweis seiner Ansicht betrifft, so führt *Meibom* zunächst eine Stelle des *A. de Isernia* an, in welcher lediglich eine *Beschreibung* der Lehnschuld enthalten ist (*debitum feudi, quod est onus feudi, transit in agnatum. Quod et in dominum, ut si propter servitium contraxit debitum vel alias etc.*). Nachdem er hierauf die entgegengesetzte Auffassung des *Baldus* erwähnt hat, stellt er als den angeblichen Begründer der Lehre von den Lehnschulden *Camerarius* hin. Es ist allerdings richtig, dass dieser in seiner Schrift *repetitio l. Imperialem de prohibita feudi alienatione* (von der ich die frankfurter Ausgabe von 1599 besitze) die Bemerkung macht, dass die *onera feudi contra quemcunque possessorem* wirkten; aber doch vermöchte ich in dieser nur sehr beiläufig gemachten und recht zusammenhangslosen Bemerkung keineswegs mit *Meibom* die dogmengeschichtliche Grundlage unserer Lehre erblicken, wenn auch immer *Hartmann Pistoris* sich, freilich nicht ohne Bedenken, auf ihn beruft.

Selbst *Carpzov* (zu den Sächs. Constit. *II*, *def.* 7) dehnt die Verpflichtung zur Zahlung der Lehnschulden nur auf den Lehnsherrn aus und bestimmt in der *def.* 4 das allgemeine Princip dahin: *Solummodo illi*, *qui causam succedendi a vasallo habent*, *a creditoribus conveniri possunt; nam qui causam ab aliquo habet et per factum ipsius ad successionem admittitur*, *ejus factum ratum habere debet*, *sive sit successor universalis sive singularis.* Wie dem aber auch sei, — eine Unterstützung für *Meibom's* Theorie von der Realschuld kann in *Camerarius* nicht gefunden werden, da er sich für seine Entscheidung lediglich auf die *l.* 7 §. 2 *de usufr.* und die *l.* 1 und 2 *Cod. sine censu* beruft, Stellen, welche mit seinem Princip durchaus keine Verwandtschaft haben.

2) Das sogenannte *Erbegeld*, worunter nach sächsischem Rechte die Geldabfindung eines Miterben für seinen Antheil an dem von einem andern Miterben allein übernommenen Immobiliarerbe verstanden wird. Die sächsischen Constitutionen (III, 21) besprechen die Natur dieses Erbegeldes nach der Rücksicht, ob es als unbewegliches oder als bewegliches Gut anzusehen sei, und entscheiden hiernach die Frage, ob beim Tode der berechtigten Frau deren Blutsverwandte oder deren hinterlassener Ehemann Erbe desselben werde. Ihre Bestimmung geht nun dahin, dass das „unvertagte" Erbegeld als Immobilie, das „betagte" dagegen als Mobilie zu gelten habe. Als inneren Grund dieser Entscheidung, sowie des dem Erbegelde beigelegten Concursprivilegiums, geben die sächsischen Schriftsteller die Anschauung an, dass bis zum Fälligkeitstermine des Erbegeldes die Erbtheilung noch nicht als geschehen betrachtet werde. Dass *hiermit* noch keineswegs dem Erbegelde die Natur einer sogenannten Realschuld beigelegt ist, leuchtet ein; aber auch sonst wüsste ich es für das sächsische Recht nicht zu unterstützen. Nicht weniger scheinen mir auch die übrigen vom Verfasser angeführten Beweise ungenügend zu sein, z. B. die Ausdrücke, dass die

Abfindung „im Gute bleibt“ (*habent in hereditate*), zumal da das „im Gute bleiben“ bei Colonatgütern einen anderen, sehr bestimmten Rechtssatz andeutet.

Niemand wird übrigens verkennen, dass eine besondere Sicherung solcher Abfindungen in dem einem Miterben allein überlassenen Grundstücke in der Natur der Sache liegt. Nur kann diese Sicherung eine ausserordentlich verschiedene juristische Gestalt erhalten. Ihre Besonderheit wird wesentlich durch die eigenthümliche Natur des fraglichen Gutsverhältnisses bestimmt werden; sie kann bestehen in einem Pfandrechte, einem Vorzugsrechte, bei einer Abfindung in Jahresrenten auch in der Anerkennung als Reallast. Selbst wenn es aber auch bewiesen wäre, dass sie gemeinrechtlich in der Anerkennung als einer sogenannten Realschuld bestände, so würde ich dies doch nur für eine aus der besonderen Natur des Thatbestands erklärbare, eine Generalisirung nicht zulassende Festsetzung halten können.

3) Was über das „Stehenlassen des *Kaufpreises* auf dem verkauften Grundstück“ ausgeführt wird, scheint für die Begründung der Theorie von der Realschuld vom Verfasser selbst nicht hoch angeschlagen zu werden. Wenn er schliesslich den *Retrakt* eine Realschuld nennt, so kann gegen diesen *Namen* nichts Erhebliches eingewandt werden; der Irrthum würde aber beginnen, wenn auch die materiellen Sätze des Retraktrechts aus obiger Theorie der Realschulden entlehnt werden sollten.

VIII.

Ueber die Natur der Rechte des Schriftstellers und Verlegers.

I.*)

1. Es ist bekannt, dass die frühere Theorie die Rechte des Schriftstellers als ein Eigenthum am geistigen Inhalte seines Werks, oder nach Andern wenigstens als ein Eigenthum an der Form der in einer literarischen Arbeit niedergelegten Gedanken formulirte. Diese Auffassung sollte zunächst dazu dienen, in einer Zeit, in welcher es an einem *gesetzlichen* Schutze des Autors fehlte, die Unzulässigkeit des sittlich verurtheilten Nachdrucks schon aus Gründen des allgemeinen Rechtes nachzuweisen. Das Gefühl des durch das freche Beginnen eines Nachdruckers erlittenen Unrechts hat offenbar eine nahe Verwandtschaft mit der Empfindung eines durch Diebstahl Beschädigten, und es ist wohl zu begreifen, dass die gleiche *sittliche* Beurtheilung zweier an sich verschiedener Arten von Vermögensbeeinträchtigungen auch zu einer gleichen *juristischen* Auffassung führen konnte. Man betrachtete den Nachdrucker als einen Dieb; *Pütter***) nennt den Nachdruck geradezu eine „Entwendung" des im Eigenthume des Verfassers befindlichen geistigen Grundstoffs.

---

*) Diese Abhandlung wurde zuerst in Gerber's und Jhering's Jahrb. Bd. 3 (1859), S. 359 veröffentlicht.

**) *Pütter*, der Büchernachdruck nach ächten Grundsätzen des Rechts geprüft. Göttingen 1774.

Nicht immer freilich darf man bei den Schriftstellern, welche ein geistiges Eigenthum aufstellen, ein volles Bewusstsein des scharfen juristischen Begriffes von Eigenthum voraussetzen. Oft wurde hierbei der Begriff nur in der laienhaften Weise gebraucht, in welcher man ihn häufig als allgemeine Formel der rechtlichen Zuständigkeit irgend eines Vermögensrechtes verwenden sieht, — ein Fehler, der es zweifelhaft erscheinen lässt, ob er seinen Grund in einem Mangel des Denkens, oder in einem Mangel der juristischen Kunstsprache habe. Jedenfalls hat sich die neuere Jurisprudenz gewöhnt, für die Verbindung jedes besonderen Rechtes mit seinem Subjekte einen eigenthümlichen Ausdruck zu gebrauchen, der gerade diese bestimmte Art des rechtlichen Willens zu treffen geeignet ist, und man betrachtet es als eine Zeit geistiger oder sprachlicher Armuth, in welcher man zur Bezeichnung des Zusammenhanges jedes denkbaren Rechts mit seinem Subjekte eine Entlehnung des Eigenthumsbegriffs nothwendig zu haben glaubte. Es war ein ärmlicher und die Schwierigkeit umgehender Nothbehelf, wenn man einen Vermögensschutz ganz besonderer und individueller Art mit der vagen Formel eines entarteten Eigenthumsbegriffs deckte.

Jedoch nicht bloss zu dem Zwecke, um einen Rechtsgrund für das Verbot des Nachdrucks erstmals zu gewinnen, sondern auch jetzt, nachdem der Schutz der schriftstellerischen Arbeit seine bundes- und particulargesetzliche Anerkennung gefunden hat, wird die Theorie des „geistigen Eigenthums“ noch hie und da vertheidigt. Freilich geschieht es auch jetzt häufig genug, dass dieser Ausdruck nur als eine bequeme, schnell verständliche Formel zur Bezeichnung eines Rechtes gebraucht wird, für welches ein anderer allgemein gültiger technischer Ausdruck noch nicht gefunden ist*), und die Fälle

*) Dies gilt auch von dem Gebrauch des Ausdrucks in der Sprache der Gesetze. Unsere deutschen Gesetze entlehnen denselben freilich oft nur von der französischen und englischen Gesetzgebung. Dass es aber juristisch

sind selten, in denen es mit diesem Eigenthum ernst gemeint und in burlesker Consequenz von einer Vindication, von einem Besitz und von Servituten an den Objekten desselben gesprochen wird, — mit den obligaten Zornausbrüchen gegen jene Jurisprudenz, welche immer nur an ihrem römisch-rechtlichen Eigenthumsbegriffe hänge und sich zur Erfassung der Produkte des neuen Verkehrslebens so unfähig erweise. Wenn ich mich einigermassen auf die Deutung der Zeichen unserer Wissenschaft verstehe, so glaube ich mit aller Bestimmtheit das literarische Eigenthum zu jenen Erscheinungen rechnen zu müssen, in denen trotz alles scheinbaren Lebens der Keim eines baldigen Todes erkannt werden muss.

2. In der That haben sich denn auch die beiden neuesten und tüchtigsten Bearbeiter dieser Lehre entschieden gegen die Theorie des Schrifteigenthums erklärt.

Zunächst ist dies von *Jolly* in seinem verdienstlichen Werke „die Lehre vom Nachdruck (1852)" geschehen, welcher auch das richtige Princip bereits in anerkennungswerther Weise entwickelt. Ebenso hat *O. Wächter* sich in seinem fleissigen und ausführlichen Werke über „das Verlagsrecht" (1. Band 1857) gegen jene irrthümliche Ansicht ausgesprochen, indem er im Ganzen von den Anschauungen ausgeht, welche ich in der fünften Auflage meines deutschen Privatrechts (1855) in der Anmerkung zum §. 219 entwickelt habe.

In wiefern *Walter* (deutsches Privatrecht §. 123) der Idee des literarischen Eigenthums fern stehe, ist mir aus seiner Darstellung nicht klar geworden. „Von dem Eigenthum einer Idee", sagt er, „kann, wie auch der Sprachgebrauch bezeugt, insofern die Rede sein, als man dieselbe erzeugt hat, oder, wie man sagt, deren Autor ist; ferner insofern, als man Herr ist, dieselbe mitzutheilen, oder für sich zu behalten, um im

in der Regel gleichgültig ist, ob das Gesetz das Recht des Autors ein Eigenthum nennt, oder nicht, versteht sich von selbst; Fragen der allgemeinen juristischen Construction werden nicht durch das Gesetz beantwortet.

zweiten Falle — — auch allen Nutzen davon zu ziehen, der ohne deren Veröffentlichung davon gezogen werden kann. Wenn man sie aber mitgetheilt hat, so bleibt zwar die nachweisliche Autorschaft bestehen; allein der Begriff von Eigenthum als einem fortdauernd ausschliesslichen Besitzrechte hört auf, weil eine mitgetheilte Idee ihrer Natur nach zum Gemeingute gemacht ist.“ Bei dieser Darstellung wird der Begriff des Eigenthums in einer unjuristischen Weise gebraucht; das rein thatsächliche Verhältniss, dass Jemand einen Gedanken noch in seinem Innern verschlossen hält, soll ein Eigenthum an diesem Gedanken begründen. Dieses „Eigenthum“ kann nach *Walter* freilich nicht zur Begründung eines Schutzes gegen Nachdruck benutzt werden; denn es geht ja sofort unter, wenn der Gedanke mitgetheilt wird. Dagegen scheint es, als wenn er das Eigenthum an dem körperlichen Manuscripte als den Ausgangspunkt des Nachdrucksschutzes ansähe. Denn in demselben Paragraphen heisst es nach der überflüssigen Bemerkung, dass ein gestohlenes Manuscript vindicirt werden könne: „wird es von dem Andern, gleichviel ob unter seinem eigenen Namen oder unter dem Namen des Urhebers, veröffentlicht, so kann Letzterer unstreitig den daraus gemachten Gewinn als eine aus seinem angemassten Eigenthume gewonnene Frucht in Anspruch nehmen.“ Allein in Wahrheit unterscheidet *Walter* von diesem Falle den andern, wenn der Autor selbst das Manuscript veröffentlicht. Dadurch werde zwar das „geistige Recht, das ihm als Urheber seiner Gedanken zustehe“, nicht verloren, aber der Schutz gegen Nachdruck gehe hieraus nicht hervor, sondern stehe (§. 325) unter dem Gesichtspunkt einer positivrechtlichen Gewerbsmonopolisirung.

Von besonderer Bedeutung aber ist eine neue Richtung der Literatur über diesen Gegenstand, welche jetzt näher betrachtet werden soll. Es gibt Schriftsteller, welche zwar das literarische Eigenthum verwerfen, darum aber doch nicht darauf verzichten, ein ursprüngliches Recht des Autors zu construiren, von welchem dann sowohl die vertragsmässigen Rechte des Verlegers als auch der Schutz gegen Nachdruck nur die abgeleiteten Wirkungen sind. Die Bestrebungen derselben beruhen auf einem an und für sich anerkennungswerthen Gefühle; es verletzt ihren Sinn für juristische Plastik, wenn man den ganzen Apparat des Schutzes gegen Nachdruck nur auf einen imperativen Rechtssatz stützt; sie sind bemüht, statt dieser abstracten Basis einen greifbaren Körper zu gewinnen, und wollen die hier in Frage kommenden Verhältnisse nur als Lebensäusserungen desselben darstellen.

Mit grosser Entschiedenheit ist diese Auffassung geltend gemacht worden von *Bluntschli*. In einer Kritik der oben angeführten Schrift von *Jolly* *) wendet er gegen Letzteren ein, er fasse das Recht des Schriftstellers nur von dem Gesichtspunkte seiner *Verletzung* durch den Nachdruck auf, versäume es aber, demselben in seinem *normalen* und *gesunden* Zustande die gebührende Anerkennung zu geben; er verzweifle an der wissenschaftlichen Erkenntniss eines *positiven* Autorrechts und beschränke sich auf die Construction einer modernen Deliktsobligation, ohne damit die Hauptfrage nach der Natur des verletzten Rechts zu beantworten. In seinem deutschen Privatrechte (§. 46) wird sodann diese letztere in der Aufstellung eines „Autorrechts als eines persönlichen Rechts des Schriftstellers" gefunden.

Richtiger als diese Auffassung ist die des neuesten Schriftstellers über diese Lehre, nämlich *O. Wächter's*. Er beschränkt die juristische Sphäre der hier in Frage kommenden Verhältnisse correkt auf das Vermögensinteresse des Autors und scheidet alle nicht hierher gehörenden Rücksichten richtig aus. Dagegen stimmt er darin mit *Bluntschli* wieder überein, dass er ein höheres positives Recht des Autors construirt, sein sogenanntes Verlagsrecht, von welchem der Schutz gegen

*) Kritische Ueberschau 1. Bd. (1853), S. 17.

Nachdruck nur ein einzelner Ausläufer sei (S. 95). Dieses höhere Recht soll in der ausschliesslichen Befugniss des Autors bestehen, das Produkt seiner geistigen Thätigkeit ökonomisch zu verwerthen.

So gross auch die Differenz meiner eigenen Auffassung und der *Bluntschli's* ist, so gering ist die praktische Verschiedenheit zwischen meiner Ansicht und der von *Wächter*, indem sie sich fast nur auf die formelle Construction bezieht. Indessen bin ich der Ansicht, dass auch dieser kleine Gegensatz ein genügendes Interesse darbiete, um eine wissenschaftliche Erörterung zu veranlassen. Es handelt sich um die correkte Formulirung des Rechtsinstituts, also um einen Gegenstand, welcher einen zunächst principiellen Charakter hat; aber man weiss, dass auch die an und für sich unbedeutendsten Differenzen auf solchen Gebieten eine praktische Wirkung haben können.

Die Aufgabe wird daher hauptsächlich folgende sein: es soll erwiesen werden, dass das ursprüngliche Recht des Autors kein eigenes selbstständiges subjektives Recht sei, von welchem der Schutz gegen Nachdruck nur als abgeleitete Consequenz erscheine.

Ich bin der Ansicht, dass die entgegengesetzte Meinung auf einem falsch geleiteten Gefühl juristischer Aesthetik beruht; die Vertreter derselben gleichen dem Baumeister, der über der einfachen Küche, welche er zu bauen hat, die leeren Mauern eines Schlossbaues erhebt.

3. Es schreibt Jemand ein Buch; es malt Jemand ein Bild: ist diese Thätigkeit an und für sich ein Rechtsgeschäft?

Von selbst versteht es sich, dass bei dieser Frage der Fall unberücksichtigt bleibt, wenn die Vornahme jener Thätigkeit die Erfüllung einer contractlich übernommenen Verpflichtung enthält, indem diese Verbindung der Handlung mit einem anderweiten Rechtsverhältniss eine ganz äusserliche, nicht ihre innere Natur berührende ist.

Man wird jene Frage unbedingt verneinen müssen. Das Schreiben eines Buchs ist an sich ebensowenig ein Rechtsgeschäft, als das Denken, das Lesen eines Buchs, das Erzählen einer Geschichte, kurz als die unübersehbare Menge jener Handlungen, in denen sich die freie, nicht auf privatrechtliche Herrschaft gerichtete Thätigkeit der Persönlichkeit kund gibt. Allerdings lassen auch die meisten dieser Handlungen eine juristische Auffassung zu; man kann das Schreiben als den Entstehungsgrund des Eigenthums eines Manuscripts *), oder das Malen als den Entstehungsgrund des Eigenthums an einer bemalten Tafel auffassen; aber es bedarf kaum der Bemerkung, dass diese völlig untergeordneten Gesichtspunkte hier ohne alle Bedeutung sind. Es wäre eine lächerliche Pedanterie, wenn Jemand ganz allgemein und ohne besondere Veranlassung das Spazierengehen in seinem Garten, das Sichniederlassen auf seinen Stuhl deshalb für Rechtsgeschäfte erklären wollte, weil darin zugleich auch eine Ausübung des Eigenthums liege.

Ist nun das Buch im Manuscripte fertig, so ist der Thatbestand folgender. Der Autor hat eine geistige Arbeit vollbracht und diese in sichtbarer Form fixirt. Das Manuscript, das er vollendet hat, ist Objekt seines Eigenthums und unterliegt jeder ihm beliebigen Verfügung, sowie er andererseits auch den allgemeinen Eigenthümsschutz geniesst. Allein hier kommt es zunächst nicht darauf an, dieses untergeordnete Interesse zu verfolgen.

Was dagegen den geistigen Inhalt der Schrift betrifft, so ist ein eigenthümliches Recht hieran juristisch ganz undenkbar. Wenn Jemand das Werk mit oder ohne Erlaubniss des Urhebers liest und sich dessen Gedankengehalt aneignet, so kann von einer Reclamation des entführten Gedankengutes keine Rede sein. Alles, was in dieser Hinsicht als angeblicher Inhalt

*) Genauer: als die Verwandlung einer in seinem Eigenthume befindlichen Papiermasse in ein Manuscript.

eines Autorrechts angeführt wird, reducirt sich darauf, dass die Urheberschaft einer bestimmten Person eine geschichtliche Thatsache ist. Wenn ein Schriftsteller dem Publikum gegenüber den Anspruch erhebt, als Urheber einer wissenschaftlichen Entdeckung zu gelten, so ist das Verhältniss kein anderes, als wenn ein Feldherr die Anerkennung verlangt, aus einer Schlacht als Sieger hervorgegangen zu sein. Dass es bei dem Autor steht, seine in einer Schrift niedergelegten Gedanken geheim zu halten, ist ebensowenig ein besonderes Autorrecht, als das Recht jedes Menschen, seine besonderen Erfahrungen mit sich in's Grab zu nehmen.

Ein Rechtsschutz des Gedankens als solchen würde eine völlige Ausartung des Rechtes enthalten. Die deutsche Gesetzgebung hält sich im Ganzen von diesem Extrem fern, während die französische mit ihrer *propriété intellectuelle* dasselbe einschliesst. Abgesehen von der Unmöglichkeit seiner praktischen Durchführung würde darin eine Uebertreibung des Schutzes der geistigen Thätigkeit liegen, welche weit weniger einer ehrenden Anerkennung als einer Herabwürdigung desselben nahe käme, indem dadurch jede Art von geistiger Thätigkeit von vorn herein dem Gebiete eigennütziger Handlungen beigezählt würde. Ueberhaupt scheint es mir, dass man, nachdem das wirkliche Bedürfniss des Schutzes gegen Nachdruck befriedigt ist, nahe daran ist, in dieser Angelegenheit über das nothwendige Maass hinauszuschreiten.

Der Autor, der ein Manuscript gearbeitet hat, ist nun befugt, jeden beliebigen Gebrauch davon zu machen. Er kann es Andern mittheilen, für sich behalten, es vernichten. Das sind einfache Eigenthumsdispositionen. Der Umstand, dass das Manuscript als körperliches Objekt des Eigenthums nur ein untergeordnetes Interesse hat, indem seine hauptsächliche Bedeutung vielmehr darin besteht, dass es der Träger einer geistigen Substanz ist, ändert daran Nichts; *rechtlich* betrachtet ist dieses letztere Verhältniss nur als eine *Qualität* des körperlichen Objektes aufzufassen, an welchem allein sich die juristische Operation vollzieht. Eine der hauptsächlichsten und der am regelmässigsten beabsichtigten Gebrauchsarten des Manuscripts ist ferner seine Vervielfältigung. Der Autor kann das Manuscript drucken lassen und dadurch einer grossen Menge von Menschen zugänglich machen. Auch dies zu thun oder zu unterlassen, steht ganz in seiner willkürlichen Entscheidung; die Freiheit dieser Disposition ist nichts Besonderes, was dem Thatbestande der geistigen Urheberschaft eigenthümlich wäre, sondern sie gehört in die weite Classe der Handlungen der sogenannten natürlichen Freiheit, welche man nicht ohne die Gefahr des Vorwurfs der Pedanterie als Rechte darstellen wird*). Jedenfalls würde man, wenn man dem Triebe einer Formulirung subjektiver Rechte nicht widerstehen könnte, mit der Anwendung der Eigenthumsbefugnisse ausreichen.

Wie nun, wenn ein Anderer wider unseren Willen unser Manuscript durch den Druck veröffentlicht, das Manuscript selbst aber nach gemachtem Gebrauche zurückgibt? Hier sind sehr verschiedenartige Fälle zu sondern. Zunächst ist es möglich, dass hier das Verbrechen eines wirklichen Diebstahls oder einer dieblichen Gebrauchsaneignung vorliegt**), und es versteht sich dabei von selbst, dass der Autor neben der Bestrafung des Thäters zugleich eine Entschädigung wegen seines nachweisbaren Vermögensverlustes fordern kann. Darin liegt nun aber kein besonderer und specifischer Schutz der geistigen Autorschaft, sondern nur eine der vielen Formen, in welcher das Recht unrechtmässige Eingriffe in Vermögensinteressen abwehrt. Der Thatbestand kann nun noch dadurch besonders qualificirt werden, dass Derjenige, welcher die widerrechtliche Publication vornimmt, sich selbst als Autor ausgibt, sich selbst

*) *Stahl,* Rechtsphilos. II, S. 280, 313.

**) *Heffter,* Criminalrecht §. 508.

also das wissenschaftliche Verdienst eines Anderen beilegt. Hiergegen kann ein Schutz durch processualische Vermittelung nicht gefunden werden, sondern es muss dem Autor überlassen bleiben, den wahren Sachverhalt dem Publikum gegenüber mit den Mitteln zur Anerkennung zu bringen, mit denen überhaupt geschichtliche Thatsachen begründet zu werden pflegen. Wenigstens würde der Dichter *Halm* seiner poetischen Originalität gewiss keine volle Genugthuung in der öffentlichen Meinung verschafft haben, wenn dem Poeten *Bacherl* die Urheberschaft des Fechters von Ravenna nur processualisch abgesprochen wäre, da ein richterliches Urtheil sich doch nur innerhalb einer formell begrenzten Sphäre bewegt. Endlich ist es auch möglich, dass die unrechtmässige Publication nur auf eine Indiscretion, auf eine moralische, sittliche oder geistige Verdächtigung oder Herabwürdigung hinausläuft. Ob in einem solchen Falle der Autor einen rechtlichen Schutz geniesst (z. B. durch Erhebung einer Injurienklage), hängt von der Beschaffenheit des concreten Falles ab; wenn es aber der Fall ist, so liegt auch darin kein specifischer Schutz des Autorverhältnisses, sondern nur der allgemeine Schutz der sittlichen Integrität, und die willkürliche Publication des Manuscripts ist nur eine der unendlich verschiedenen Arten, in denen die letztere angegriffen und verletzt werden kann.

In allen bisherigen Stadien des Autorverhältnisses ist also ein eigenthümliches, selbstständiges Autorrecht überall nicht zu finden.

4. Wenn nun der Autor sein Manuscript dem Druck übergeben hat, so hat er seinen geistigen Inhalt zum Gemeingute des allgemeinen Publikums gemacht. Jeder, der ein Exemplar erwirbt, hat an diesem die vollen Dispositionsrechte des Eigenthümers. An und für sich, d. h. ohne einen positiven Rechtssatz, würde er auch den Gebrauch davon machen dürfen, dass er das Werk abermals auf seine Rechnung abdrucken und weiter verbreiten liesse. Ein *Recht* des Autors würde dadurch

nicht verletzt; wohl aber würden seine *Interessen* in den meisten Fällen dadurch eine empfindliche Störung erfahren, und zwar nicht bloss die pekuniären, sondern auch die geistigen, welche auf der Möglichkeit einer wiederholten Disposition (z. B. einer nothwendigen Umarbeitung bei einer zweiten Auflage) beruhen. Diese *Interessen* will nun das Recht durch *Nachdrucksverbote* schützen.

Das Gesetz sagt nun: der Nachdruck ist ein Unrecht. Mit dieser Bestimmung soll vor Allem das pekuniäre Interesse des Autors geschützt werden. Es will ihm die Früchte seiner geistigen Arbeit wahren, indem es ihm ein allgemeines Gewerbemonopol beilegt. Die anderen persönlichen Interessen, welche durch den Nachdruck verletzt werden, will das Recht nicht in erster Linie schützen, aber indirekt trifft es auch sie, indem es nicht etwa nur eine Entschädigungsklage mit der Forderung eines jedesmaligen Schadensnachweises nachlässt, sondern auch ganz allgemein eine Strafe androht, eine Vermuthung der geschehenen Beschädigung ausspricht und die Ersatzpflicht nach generellen Durchschnittsregeln bestimmt. Darin liegt eine allgemeine Repressivmassregel gegen den Nachdruck, und es ist Sache des Thäters, in jedem einzelnen Falle nachzuweisen, dass hier ausnahmsweise von einem unrechtmässigen Nachdruck (wegen gänzlichen Mangels an einem pekuniären Interesse) nicht die Rede sein könne, was in vielen Fällen eben so wenig gelingen wird, als es umgekehrt dem Verletzten möglich sein würde, einen positiven Schaden zu erweisen *). Indem also das Gesetz den Nachdruck zu einem Criminalunrechte stempelt, will es zwar zunächst nur das pekuniäre Interesse des Autors sichern, aber es benutzt in glücklicher Weise eine Formulirung, welche praktisch die Möglichkeit des Schutzes auch weiterer Interessen einschliesst. Eine zweckmässige Ausdehnung des Begriffs des Nachdrucks liegt endlich auch darin,

---

*) *O. Wächter*, S. 676.

dass das Gesetz nicht bloss die Vervielfältigung bereits gedruckter Werke, sondern auch schon den unbefugten Druck von Manuscripten dem Delikte unterstellt.

Unsere Auffassung ist demnach die, dass das Recht Jemandes, sich gegen den Nachdruck zu schützen, lediglich und allein auf der Anwendung eines positiven Rechtssatzes beruht, welcher den Nachdruck verbietet. Alle die besonderen Gründe, welche dieses Gesetz rechtfertigen, die gerechte Forderung eines Schutzes der geistigen Arbeit u. s. w. treten nun nicht weiter hervor, sondern erscheinen lediglich als die Motive jenes Gesetzes; die seit fast einem Jahrhundert so lebhaft hervorgehobenen legislativen Gründe eines Schutzes gegen den Nachdruck haben nun in jenem Gesetze ihren formellen Abschluss in der Weise gefunden, dass im einzelnen Falle Niemand mehr auf jene früheren Gründe zurückzugreifen, sondern einfach auf den Buchstaben des geschriebenen Gesetzes zu verweisen braucht*).

Es ist hier am Platze, einer Differenz mit einem Schriftsteller zu gedenken, welcher sonst, namentlich in seiner Kritik des literarischen Eigenthums und der Theorie *Bluntschli's* vollständig mit den hier vorgetragenen Grundsätzen übereinstimmt, nämlich *Harum*, in der seiner Schrift über österreichische Pressgesetzgebung (1857) vorangeschickten Abhandlung. Zunächst beruht es wohl auf einem Missverständnisse, wenn *Harum* (S. 29 flg.) dieser Auffassung den Vorwurf zu machen scheint, sie führe auf die Annahme einer völligen Willkürlichkeit hinaus, indem sie sage, der Nachdruck ist verboten, weil er verboten ist; denn die Ableitung der Unrechtmässigkeit des Nachdrucks aus dem geschriebenen Buchstaben eines Gesetzes soll nicht

*) Daher ist es nicht zu billigen, wenn *Harum* a. a. O. die Theorie *Renouard's* mit den übrigen auf die juristische Construction des Instituts gerichteten Ansichten in eine Linie stellt. Jene Theorie enthält im Grunde nur eine ausgeführte Motivirung des Nachdrucksverbots, als des nothwendigen Schutzes geistiger Arbeit.

bedeuten, dass dieses Gesetz eine willkürliche, dem Rechtsgefühle des Volks fremde Satzung sei, sondern nur, dass alle die sittlichen Motive, welche ein Verbot des Nachdrucks forderten, für sich selbst zur juristischen Construction eines solchen Satzes noch nicht genügten, sondern vielmehr ihren formellen Ausdruck in einem verbietenden Akt der gesetzgebenden Gewalt nöthig hatten. Sodann aber beruht es auf einem abermaligen und zwar doppelten Irrthume, wenn *Harum* der hier gegebenen Auffassung die Theorie entgegensetzt, das Nachdrucksverbot stütze sich auf das Recht der literarischen Freiheit und Ehre; es dürfe Jemand, der eine geistige Arbeit nur als Manuscript verfasst habe, nicht wider seinen Willen durch Abdruck seiner Schrift dem Publikum als Autor vorgeführt werden; geschehe dies so, dass sein Name genannt werde, so liege darin eine Verletzung seiner persönlichen Freiheit; geschehe es so, dass ein falscher Name genannt werde, so liege darin eine Verletzung literarischer Ehre. Diese Entgegensetzung beruht einmal auf einem *formellen* Irrthume; denn es liegt darin gar kein Gegensatz zu unserer Theorie, indem diese jenen Rücksichten in der Weise vollständig Rechnung trägt, dass sie dieselben als berechtigte *Motive* zu einem gesetzlichen Verbote des Nachdrucks neben andern Motiven vollständig anerkennt. Aber es liegt in dieser Auffassung zugleich ein materieller Irrthum. *Harum* sucht nämlich (S. 52 flg.) durch Hervorhebung der Rücksichten auf die persönliche Freiheit und die literarische Ehre den Beweis zu führen, dass es sich nicht um einen blossen Schutz vermögensrechtlicher Interessen handle, wobei sein Hauptfall der Fall des rechtswidrigen Abdrucks eines noch ungedruckten Manuscripts ist. Diese Auffassung verkehrt das richtige Verhältniss. Offenbar musste für ein Gesetz gegen Nachdruck der Abdruck einer schon gedruckten Schrift als der hauptsächliche und regelmässige Thatbestand gelten, wobei dann natürlich die vermögensrechtliche Beeinträchtigung als die principale in den

Vordergrund trat. Es erschien aber zweckmässig und innerlich gerechtfertigt, dem gesetzlichen Verbote eine so weite und umfassende Formulirung zu geben, dass dadurch auch andere als jene principalen Interessen geschützt werden. Daher dehnte man den Begriff des Nachdrucks auch auf den unbefugten Abdruck des Manuscripts aus, wobei allerdings häufig nicht bloss ein pekuniäres, sondern oft auch noch ein ganz anderes Interesse verletzt wird; daher endlich wurde in den betreffenden Gesetzen eine Fassung gewählt, nach welcher schon die allgemeine *Möglichkeit* pekuniärer Verletzung zum Einschreiten genügt, unter welcher dann auch alle anderen denkbaren Interessen stillschweigend ihren Schutz finden. Wenn z. B. Jemand eine nur für den Verfasser selbst geschriebene Sammlung von Selbstbekenntnissen gegen dessen Willen veröffentlicht, so wird die pekuniäre Verletzung im Verhältniss zu der Verletzung der sittlichen Persönlichkeit in der Regel eine ganz untergeordnete Rolle spielen; da aber doch auch hierbei eine pekuniäre Verwerthung des Manuscripts denkbar ist, so genügt dies vollständig zu einer Unterdrückung des Nachdrucks und folgeweise zu einem Schutze für die nicht berechenbaren, rein innerlichen, hier aber zunächst entscheidenden Gefühlsinteressen. Was also nach unserer Auffassung als ein nebensächlicher Erfolg der gelungenen Formulirung des Gesetzes erscheint, wird von *Harum* als der principielle Inhalt des Ganzen hingestellt. —

Wie ist nun das formelle Verhältniss der Strafdrohung zum Rechte des Autors zu construiren?

Zur Beantwortung dieser Frage ist es von Interesse, eine ganz verwandte Controverse aus der Criminalrechtswissenschaft zu erwähnen, indem das Resultat der darüber angestellten Untersuchungen hier mit Nutzen verwerthet werden kann*).

Es ist bekannt, dass die naturrechtliche Schule vom Ende

*) S. *Birnbaum* im Archiv für Criminalrecht 1834, S. 149 ff. *Bekker*, Theorie des heutigen deutschen Strafrechts 1. Bd. (1857), S. 103 ff.

des vorigen Jahrhunderts und in diesem Jahrhunderte insbesondere einer ihrer bedeutendsten Vertreter, *Feuerbach*, das *Verbrechen* als eine *Verletzung subjektiver Rechte* auffasste und von diesem Ausgangspunkte das ganze System des Strafrechts entwickelte. Jedem Verbrechen stellte man ein individuelles subjektives Recht gegenüber, welches durch jenes verletzt worden sei, und verschmähte, da sich ein solches bei vielen Strafdrohungen kaum entdecken liess, auch nicht die äusserste Künstelei, um durch Gewinnung von nichtexistirenden Scheinrechten das Princip des Systemes zu retten*). Diesem Beginnen lag eine völlige Verkennung des Wesens der Strafgesetze zu Grunde. Die Gesetzgebung droht für einen gewissen Thatbestand eine Strafe an, nicht wegen der einem Individuum zugefügten Rechtsverletzung, sondern wegen des darin liegenden Bruchs der öffentlichen Rechtsordnung, und der Verletzte spielt dabei nur die Rolle, dass die strafbare Handlung *an* ihm zur Erscheinung kommt. Die Strafdrohung ist ein abstrakter Rechtssatz, der eine allgemeine für den Fall des Eintritts gewisser thatsächlicher Verhältnisse wirkende Verfügung enthält. Ihr Zweck ist die Aufrechthaltung des öffentlichen Friedens; in diesem Zwecke ist zwar secundär der Schutz des Einzelnen einbegriffen, aber darum ist es nicht gerechtfertigt, die rechtliche Substanz des abstrakten Strafrechtssatzes ihrer Erscheinung als allgemeinen Verbots zu entkleiden, und in der Gestalt einer subjektiven Berechtigung in der Rechtssphäre der Individuen zu lokalisiren. Das Strafgesetz erfüllt seinen Zweck vollständig als allgemeines Verbot; derjenige, an welchen im einzelnen Falle die bedrohte Handlung vollzogen ist, erhält seine hinreichende Genugthuung, wenn er sieht, dass der Staat in seinem eigenen Interesse das Gesetz zur Anwendung bringt,

*) So hat *Feuerbach* Verbrechen, welche eine Verletzung des Rechts der Bürger auf freie Disposition über ihren Körper, eine Verletzung des Rechts auf Leben, Ehre u. s. w. enthalten. *Bekker* citirt eine Kategorie von Verletzungen des Rechts auf Integrität der Schamhaftigkeit.

und es hat keinen Sinn und Zweck, neben dem principalen Inhalte des Strafrechtssatzes, nämlich der Bestimmung der Art der Reaction gegen einen Bruch der Rechtsordnung, noch einen Scheininhalt, nämlich die Befriedigung eines Anspruchs auf Wiederherstellung eines verletzten fingirten Rechtes, zu erkünsteln. Dass diese Auffassung auch in denjenigen Fällen zutrifft, in denen das strafende Organ des Staates nur auf Anrufen des Verletzten thätig ist, versteht sich von selbst; denn der Umstand, dass in gewissen Fällen der Richter nicht von Amtswegen einzuschreiten hat, ändert Nichts an der rechtlichen Natur des Verbrechens und Strafgesetzes, sondern modificirt nur die Form seiner Anwendung *).

Ganz dieselbe Bewandtniss hat es auch mit dem Verbote des Nachdrucks. Der Gesetzgeber geht davon aus, dass der Nachdruck eine mit den sittlichen Grundlagen des Gemeinlebens unvereinbare Handlung sei, und bedroht sie daher durch einen allgemeinen Rechtssatz für den Fall des Antrags des Verletzten mit einer Strafe. Der einzelne Autor bez. dessen Verleger ist nun in Bezug auf den ökonomischen Werth seiner geistigen Arbeit sicher gestellt; aber der ihm gewährte Schutz führt in keiner Weise zu der Begründung eines permanenten, subjektiven Rechtes, das auch abgesehen von dem Falle des eingetretenen Delikts schon einen positiven und selbstständigen Inhalt hätte. Insoweit es sich um die *Bestrafung* des Nachdruckens handelt, erscheint das Autorverhältniss lediglich als ein Theil des vom angerufenen Strafgesetze vorausgesetzten

*) Daher kann man auch, insbesondere seit dem Bundesbeschluss vom 19. Juni 1845 den Nachdruck nicht mehr nur als ein Privatdelikt, d. h. als ein zu Entschädigungsforderungen berechtigendes Unrecht, oder als ein Vergehen, bei dem die verwirkte Geldstrafe nur dem *Beschädigten* zufällt, auffassen, sondern es muss ihm nunmehr der Charakter eines wirklichen öffentlichen *Verbrechens*, d. h. eines wegen der darin enthaltenen Verletzung der öffentlichen Rechtsordnung strafbaren Handelns zugeschrieben werden. (Nicht ganz richtig beurtheilt dies gemäss seinem Principe *O. Wächter* S. 694, N. 2.)

Thatbestands, d. h. als ein durchaus faktisches Verhältniss; was aber die Entschädigungsforderung betrifft, so ist sie nicht der Anspruch auf Wiederherstellung eines verletzten Rechtes, sondern sie entsteht originär durch das Delikt und hat lediglich den Charakter eines Anspruchs auf Ersatz des widerrechtlich zugefügten Schadens*). So wenig als im Strafrechte im Allgemeinen, ist es hier gerechtfertigt, den Thatbestand eines allgemeinen Strafrechtssatzes zu einem besonderen subjektiven Rechte umzubilden, dem es an allem sonstigen Inhalte, ausser dem schon in anderer Weise erklärten Schutze, vollständig fehlt. Es ist daher unrichtig, wenn *O. Wächter* a. a. O. S. 95 sagt: „ist nun der Nachdruck eine Vermögensbeeinträchtigung, so muss das davon betroffene *Recht selbst* vermögensrechtlicher Natur sein. Diese *positive* Seite des Verhältnisses, das Verlagsrecht (als dessen Verletzung erst der Nachdruck erscheint), blieb für *Jolly* verdeckt.“ Was *Bluntschli* anführt, dass der Urheber eines geistigen Produkts allein die Disposition darüber habe, dasselbe der Oeffentlichkeit zu übergeben oder nicht, hat oben schon seine genügende Erklärung und Bestimmung gefunden, und in dem Umstande, dass die meisten Arbeiten dieser Art als eine „Offenbarung des persönlichen Geistes des Autors“ angesehen werden müssen, mag man ein thatsächliches *Motiv* des schützenden Nachdrucksverbots erkennen, aber daraus ein stetes und dauerndes Autorrecht als „persönliches Recht“ zu formuliren, ist ohne Zweifel ein Verstoss gegen die Grundsätze der juristischen Construction. Dies gilt in gleicher Weise auch von dem von *Harum* aufgestellten Principe des Rechts der persönlichen Freiheit und literarischen Ehre.

Anders verhielt es sich zu der Zeit, als der Schutz gegen Nachdruck nur durch besondere Privilegien individueller Personen erwirkt werden konnte. Damals handelte es sich um subjektive Rechte, die jeder Einzelne kraft besonderen Titels

*) S. die Anmerkung am Schlusse dieser Abh.

für sich erwerben musste. Heutzutage aber, da der Schutz der literarischen Arbeit ein allgemeiner ist, steht der Einzelne, der ihn geniesst, dieser gesetzlichen Wohlthat gegenüber ganz in demselben Verhältnisse, als Derjenige, welcher seine persönliche Sicherheit durch mancherlei Strafgesetze, oder seine politische Freiheit durch Gesetze über Pressfreiheit, Unabhängigkeit der Rechtspflege, Religionsfreiheit gewahrt sieht *).

Zu welchen seltsamen Consequenzen würde auch jenes sogenannte Verlagsrecht des Autors, das er ausser dem Produkte seines geistigen Strebens selbst so ganz nebenbei erwerben soll, führen, wenn z. B. der Fall eintritt, dass der Autor noch gar kein Manuscript hat, das Werk nur erst in seiner Idee lebt, er aber dessen ungeachtet schon einen Verlagsvertrag abschliesst; kann man wohl auch hier sagen, der Autor habe ein erworbenes, subjektives Verlagsrecht dem Buchhändler veräussert? Wie unnatürlich wäre es, die blosse geistige Conception zur Basis eines bereits fertigen, subjektiven Rechts zu machen!

Mir ist es nun freilich wohl bekannt, dass die hier bekämpfte Ansicht in mehreren neuen Gesetzen eine ausdrückliche Anerkennung gefunden zu haben scheint. So sagt z. B. das Oesterreichische Gesetz vom 19. Oct. 1846 im §. 1: „die literarischen Erzeugnisse und die Werke der Kunst bilden ein Eigenthum ihres Urhebers (Autors) — —“, und im §. 2: „dem Urheber steht — — ausschliessend das Recht zu, mit seinem Erzeugnisse nach Willkür zu verfügen, dasselbe in beliebiger Form zu vervielfältigen und zu veröffentlichen.“ Am deutlichsten und ungeschminktesten spricht diese Theorie das Badische Landrecht §. 577 *d. a.* aus, indem es verordnet: „jede niedergeschriebene Abhandlung ist ursprüngliches Eigenthum dessen, der sie verfasst hat“, ferner §. 577 *d. b.*: „das Schrifteigenthum erstreckt sich nicht nur auf die Handschrift,

*) S. *Gerber* über öffentliche Rechte 1852, S. 77 flg.

sondern auch auf deren Inhalt; es enthält daher das Recht, über die Vervielfältigung durch Abschrift oder Abdruck nach Gutfinden zu verfügen." Ebenso trägt auch der Hamburger Rathschluss vom 16. März 1838 und der vom 25 Nov. 1847 das Nachdrucksverbot in der Formulirung eines „temporären, ausschliesslichen Rechts" des Urhebers vor. Allein diese unter dem Einflusse einer unrichtigen Theorie über dieses in der juristischen Literatur noch ziemlich neue Verhältniss entstandenen Formulirungen einzelner Gesetze können um so weniger maassgebend sein, als die überwiegende Mehrzahl der deutschen Gesetze sich anders und meistens völlig correct ausdrückt. So vor Allem der Bundesbeschluss vom 9. Nov. 1837 selbst, welcher im §. 1 den Charakter des Schutzes gegen Nachdruck als eines allgemeinen Rechtssatzes auch in der Form deutlich hervortreten lässt: „literarische Erzeugnisse — dürfen ohne Einwilligung des Urhebers oder Desjenigen, welchem derselbe sein Recht an dem Originale übertragen hat, auf mechanischem Wege nicht vervielfältigt werden." Weniger scharf tritt dies allerdings in der Fassung des darauf folgenden §. 2 hervor, dessen Redaction einen mehr subjektiven Ausgangspunkt erhalten hat. Allein im Ganzen kann es, wie *Jolly* nachgewiesen hat, keinem Zweifel unterliegen, dass die einschlägige Bundesgesetzgebung die Idee eines positiven Autorrechts oder Schrifteigenthums nicht unterstützt. Noch bestimmter tritt die correcte Ansicht in der Fassung anderer Gesetze hervor. So beginnt das Anhalt-Bernburgische Gesetz vom 2. Dec. 1827 im §. 1 mit den Worten: „Schriften, auf welche einer unserer Unterthanen ein Verlagsrecht hat (damit soll das Recht des Verlagsbuchhändlers gemeint sein), sollen von Niemand nachgedruckt werden." Ferner die Anhalt-Cöthensche Verordnung vom 23. Dec. 1828 §. 1: „Der Nachdruck von Büchern — zur Beeinträchtigung und gegen den Willen des Verfassers und rechtmässigen Verlegers ist — verboten." Das Bayrische Gesetz vom 15. April 1840 schliesst sich in der Fassung des allgemeinen Princips wesentlich an den Bundesbeschluss von 1837 an. Das Hessen-Darmstädtische Gesetz vom 23. Sept. 1830 sagt sehr correct: „jede Vervielfältigung erschienener Druckschriften — — ohne Einwilligung ihrer Urheber und Derer, welche von ihnen das Recht der öffentlichen Bekanntmachung und Veräusserung erlangt haben, oder deren Rechtsnachfolger, ist verbotener strafbarer Nachdruck.“ Obschon mit anderen Worten, aber in derselben Weise nur den objektiven Strafrechtssatz enthaltend, drücken sich aus die Gesetze von Kurhessen v. 16. Mai 1829 §. 1 und 2, das Braunschweigische Gesetz vom 10. Febr. 1842 u. a. m. Besonders klar ist die Fassung des Württembergischen Gesetzes vom 17. Oct. 1838: „die im Königreiche oder in einem andern der im deutschen Bunde begriffenen Staaten — erschienenen oder künftig erscheinenden, schriftstellerischen und künstlerischen Erzeugnisse geniessen — gesetzlichen Schutz gegen den Nachdruck und gegen sonstige durch mechanische Kunst bewirkte Vervielfältigung in derselben Weise, wie wenn ihnen — ein besonderes Privilegium deshalb ertheilt worden wäre.“ Eine mehr doctrinäre, von dem subjektiven Rechte des Autors ausgehende Formulirung des Nachdrucksverbots hat dagegen wieder das Preussische Gesetz vom 11. Juni 1837 im §. 1, während sich freilich aus dem darauf folgenden §. 2 ergibt, dass es sich nur um die Aufstellung einer Definition handelte; ebenso das Königl. Sächsische Gesetz vom 22. Febr. 1844. Es handelt sich offenbar hier nur um Fragen der Redaction.

Die hier entwickelte Ansicht tritt unter Anderem mit praktischen Wirkungen bei der Bestimmung des Verhältnisses des Verlagsvertrags zum Nachdrucksverbote hervor. Dadurch werden wir zu einer weiteren Betrachtung über das Wesen des *Verlagsvertrags* geführt, welche im Folgenden gegeben wird.

5. Geht man von dem Gesichtspunkte aus, dass jeder Autor durch das Abfassen einer literarischen Arbeit ein bestimmtes, concretes, in seiner Rechtssphäre ruhendes subjek-

tives Verlagsrecht erwerbe, so ergibt sich die Construction der Stellung des Verlegers, d. h. Dessen, mit welchem der Verlagsvertrag abgeschlossen wird, von selbst. Der Inhalt seines Rechts auf Schutz gegen Nachdruck ist nicht ein bei ihm selbst durch den Verlagsvertrag originär begründeter, sondern er bestand schon in der Person des Autors, und der Verleger ist darin nur sein Successor. In diesem Sinne nennt das Sächsische Gesetz das Recht des Autors ein übertragbares Vermögensrecht. In diesem Sinne ferner erklärt *O. Wächter* (§. 21) den Verlagsvertrag als die Veräusserung des schon beim Autor vorhandenen Verlagsrechts, verbunden mit der Verpflichtung des Erwerbers, das übernommene Werk zu vervielfältigen, zu veröffentlichen und zu verbreiten; da er nun aber als wesentliches Element des Verlagsrechts die *Ausschliesslichkeit* der Verbreitungsbefugniss betrachtet, so muss er Verträge über den Druck von Manuscripten, deren Veröffentlichung durch keine Nachdrucksverbote geschützt ist, z. B. das Manuscript eines neu aufgefundenen römischen Classikers, von den eigentlichen Verlagsverträgen ausschliessen. Es bedarf wohl keiner Nachweisung, dass schon diese einzige Consequenz die ganze Theorie in hohem Grade verdächtig macht, indem es kaum Jemand geben wird, der, wenn er nicht durch die Rücksicht auf eine vorgefasste Theorie gebunden ist, einen Vertrag der letzteren Art nicht als einen wirklichen und wahren Verlagsvertrag ansehen würde.

Meiner Ueberzeugung nach gehört die Sicherung gegen Nachdruck gar nicht zum Inhalte des Verlagsvertrags, und ich bin der Ansicht, dass der letztere sich in keiner Weise seit der Entstehung gesetzlicher Nachdrucksverbote geändert hat. Will man den Inhalt des Verlagsvertrags scharf und bestimmt erfassen, so muss man die Frage der gesetzlichen Monopolisirung vollständig davon trennen. Der Schutz gegen Nachdruck ist eine äusserlich hinzutretende Begünstigung des Verlegers, welche auch ebensogut fehlen könnte, ohne dass deshalb das innere vertragsmässige Verhältniss des Verlegers zum Autor juristisch irgendwie verändert würde. Jede andere Auffassung führt nothwendig zu einer Trübung der hier obwaltenden Verhältnisse.

Der Verlagsvertrag ist ein zweiseitiges Rechtsgeschäft. Die Verpflichtung des Autors besteht darin, dass er ein zum Abdruck geeignetes, literarisches Produkt zu liefern hat (ob dies sogleich als fertiges Manuscript angeboten oder erst die Ausarbeitung zugesagt wird, ist für die allgemeine Bestimmung gleichgültig *); die Verpflichtung des Verlegers darin, dass er das Manuscript in der versprochenen Art und Weise durch den Druck vervielfältige und in ordnungsmässigem Gewerbsvertrieb unter das Publikum verbreite. Das sind die Grundelemente des Verhältnisses, welche dasselbe charakterisiren: es ist ein Vertrag, durch welchen sich beide Parteien gegenseitige Leistungen zusagen, die bald als ein *dare*, bald als ein *facere* erscheinen, und keine weitere juristische Charakteristik zulassen, als diejenige, welche in der Hinweisung auf ihre thatsächliche Beschaffenheit besteht. Alle weiteren zu dem Vertrag hinzutretenden Bestimmungen sind nur als nebensächliche Modificationen aufzufassen, in denen der specifische Charakter des Verhältnisses nicht zu suchen ist; dies gilt namentlich von der auf Leistung eines Honorars an den Autor gerichteten Verabredung.

Es ist nothwendig, dass man bei der Auffassung der gegenseitigen Leistungen mit äusserster Nüchternheit an dem natürlichen Thatbestand, wie er so eben bezeichnet wurde, festhält.

---

*) In beiden Fällen besteht die Leistung des Autors in einem „geistigen Schaffen in der Form literarischer Thätigkeit", wie ich mich im Deutschen Privatr. §. 200 N. 1 ausdrückte. Ob nun beim Abschluss des Verlagsvertrags schon ein fertiges Manuscript vorliegt, oder nicht, ist völlig gleichgültig, da sich diese Verschiedenheit nur auf die äussere *Form* bezieht, in welcher die Leistung des Autors beschafft werden soll. Daher tadelt dies unrichtig *Harum* a. a. O. S. 151 flg.

Insbesondere muss man sich auch hier vor der Auflösung dieser Leistungen in ein Höheres, Allgemeines, Begriffliches hüten*). Der Verlagsvertrag ist daher durchaus nicht unter die Klasse der *Veräusserungen* zu setzen. Er ist weder eine Veräusserung des Verlagsrechts; denn ein solches besteht, wie wir gesehen haben, überhaupt nicht für den Schriftsteller, welcher in seinem Manuscripte nur ein einfaches körperliches Eigenthumsobjekt besitzt, das aber seiner Natur nach eine besondere Art der Verwerthung zulässt. Noch ist er eine Veräusserung des Manuscripts, obschon die äusserliche Geschäftsform, in welcher bisweilen der Verlagsvertrag abgeschlossen wird, und die Art, wie sich manche Autoren den Weg zur Befriedigung ihres Interesse vorstellen, bisweilen den Schein eines Kaufgeschäfts hervorbringen mag. Der Erwerb des Verlegers besteht nicht in einem freien Dispositionsrechte am Manuscripte, sondern nur in der Befugniss, mit Hülfe des Manuscripts eine gewerbliche, Gewinn versprechende Thätigkeit vorzunehmen, in welcher zugleich auf der andern Seite dem Autor gegenüber seine Verpflichtung beruht. Also der Autor hat dem Verleger ein Manuscript zu liefern, der Verleger hat dem Autor die Vervielfältigung und Veröffentlichung zu leisten. Beide wechselseitige Leistungen befriedigen ein Interesse, welches die Grundlage einer Obligation zu sein geeignet ist; denn auch das Interesse des Autors, das Produkt seiner geistigen Thätigkeit im Druck vervielfältigt und verbreitet zu wissen, muss selbst ohne ein Honorarversprechen als eine vollkommen genügende *causa* betrachtet werden — als ein Vermögensinteresse im weiteren Sinne des Wortes. Diese Forderung des Autors ist das Charakteristische des Verhältnisses; bei Rechtsgeschäften zwischen einem Autor und Verlagsbuchhändler, bei denen diese Forderung fehlt, indem z. B.

*) Von der früher bisweilen vorgetragenen Unterstellung des Verlagsvertrags unter allgemeine Contractskategorieen des römischen Rechts, z. B. der unbenannten Realverträge, ist jetzt ohnedem nicht mehr die Rede.

der gewissermaassen nur für Lohn gemiethete Autor ein Manuscript ohne das Recht, auf der Publication zu bestehen, zu liefern hat, fehlt ein wesentliches Element des Verlagsvertrags.

Als eine in Ermangelung entgegenstehender Verabredungen und Vorbehalte sich von selbst verstehende, stillschweigende Modification des Verhältnisses wurde von jeher die betrachtet, dass der Autor nach dem Abschluss eines Verlagsvertrags über ein bestimmtes geistiges Produkt nicht das Recht habe, über dasselbe einen nochmaligen Verlagsvertrag mit einem anderen Verleger einzugehen. Handelt der Autor im Widerspruche mit dieser Verpflichtung, lässt er dasselbe Werk, an dem das Verlagsrecht des ersten Verlegers fordauert, durch einen Dritten nochmals vervielfältigen, so hat er sich einer Vertragsverletzung schuldig gemacht, die dem Verletzten ein Klagerecht auf Unterlassung der anderweiten Publication und volle Entschädigung gewährt. Man pflegt heutzutage in diesem Falle von einem Nachdrucke des Autors zu reden *). Dagegen lässt sich nichts Wesentliches einwenden; denn es ist vollkommen zulässig, in der Formulirung des Nachdrucksverbots so allgemein zu Werke zu gehen, dass auch der vertragswidrig handelnde Autor darunter fällt; andererseits wird auch der Verletzte kein Interesse haben, auf dem rein contractlichen Charakter seines Rechts zu bestehen, da die Veranlassung einer strafrechtlichen Cognition ihm eine vielleicht noch raschere und grössere Genugthuung gewährt. Indessen ist es von Wichtigkeit, sich stets zu erinnern, dass diese Rechtsverletzung schon von jeher, namentlich noch vor der gesetzlichen Feststellung des Nachdrucksschutzes, als eine einfache Consequenz des Inhalts des Verlagsvertrags anerkannt wurde. Mithin ist es unrichtig, wenn daraus heutzutage etwa ein Unterstützungsmoment für die Theorie von einem dem Nachdrucksverbote gegenüber stehenden subjektiven Rechte gezogen wird,

*) *O. Wächter* a. a. O. S. 280 und 604.

indem man die Unterwerfung des contractswidrig handelnden Autors unter das Nachdrucksgesetz aus der angeblichen Veräusserung eines ursprünglich ihm zustehenden „Verlagsrechtes“ ableitet.

Ganz die gleiche Bewandtniss hat es mit dem Falle, wenn der Verleger die ihm nachgelassene Zahl von Exemplaren überschreitet, wenn er mehr druckt, als ihm zu drucken erlaubt war. Auch dies ist eine gewöhnliche Contractsverletzung, welche von jeher mit den aus dem Contracte hervorgehenden Klagmitteln gerügt werden konnte. Es ist ganz in der Ordnung, dass man dafür heutzutage die bequemere und einfachere Form der strafrechtlichen Verfolgung substituirt; aber auch diese nun gebotene neue Form, sein Recht zu verfolgen, darf nicht als ein Beweis dafür aufgefasst werden, dass dem Autor ein eigenthümliches subjektives Recht, ein sogenanntes Verlagsrecht, an seinem Werke zustehe, welches durch eine Bedrohung des dasselbe verletzenden Verlegers mit der Strafe des Nachdrucks indirekt anerkannt werde*).

Aus allem Diesem ergibt sich also, dass die Quelle des dem Verleger gewährten Schutzes gegen Nachdruck nicht ein ihm übertragenes, den Begriff der Ausschliesslichkeit enthaltendes Recht des Autors ist. Vielmehr kommt jener Schutz dem Verleger unmittelbar zu, er besteht für ihn originär. Ein Zusammenhang mit dem Rechte des Autors ist natürlich vorhanden, aber dieser ist ein ganz anderer, als ihn jene Auffassung darstellt. Das Gesetz sagt: es soll geschützt werden 1) der Autor gegen eine ohne seinen Willen geschehene Publication des Manuscripts, 2) der Verleger, dem durch einen Verlagsvertrag vom Autor die Befugniss der Vervielfältigung bestellt worden ist, gegen Nachdruck des gedruckten Werks. In beiden Fällen ist das allgemeine Motiv, einen rechtlich

*) Die richtige Auffassung hatte z. B. das Sachsen-Meiningen-Hildburghäusische Gesetz v. 7. Mai 1829, Art. 6.

erworbenen Vermögenswerth gegen unrechtmässige Beeinträchtigung zu sichern. Dieses Motiv stellt sich beim *Autor* in der Thatsache der geistigen Urheberschaft, beim *Verleger* in der Thatsache des Abschlusses eines Verlagsvertrags dar. Beide Thatsachen bilden nur die je nach der Verschiedenheit der Fälle verschiedene Gestaltung eines Theiles des Thatbestandes, welchen das Nachdrucksverbot voraussetzt. Nur diese Rolle kommt dem Verlagsvertrage zu. So ist auch der Schutz des Eigenthümers einer beweglichen Sache gegen Diebstahl ein ihm originär gebührender und nicht durch das Veräusserungsgeschäft vom früheren Eigenthümer als ein für sich bestehendes Recht übertragen.

Der Verlagsvertrag und der Schutz gegen Nachdruck sind also vom Standpunkte der formellen juristischen Construction streng von einander zu scheiden.

6. Von besonderem Interesse ist es noch, die Gestaltung der Rechte des Schriftstellers und Verlegers nach deren Tode in's Auge zu fassen, und zwar sowohl diejenigen, welche auf dem Verlagsvertrage ruhen, als diejenigen, welche aus dem gesetzlichen Schutze gegen Nachdruck hervorgehen. Auch hier wird es die Frage sein, ob die juristische Construction dieser Rechte auf den Begriff eines ursprünglichen Autorrechts zurückwirkt.

Wir haben gesehen: das Recht des Autors aus dem Verlagsvertrage geht auf Vervielfältigung und Veröffentlichung des Manuscripts durch den Verleger, und zwar in der verabredeten Art und dem festgesetzten Umfange; ferner auf Leistung des etwa bedungenen Honorars. Sofern nun ein Autor das Manuscript dem Verleger nicht zur unbegrenzten Ausbeutung überlassen hat, kann einmal der Zeitpunkt eintreten, in welchem sein aus dem Verlagsvertrage hervorgehendes Recht aufhört, und er, um das Werk auch ferner buchhändlerisch zu verwerthen, genöthigt ist, dem Autor die Abschliessung eines neuen Verlagsvertrags (über den Verlag einer neuen Auflage) anzubieten. Dieses Verhältniss ändert sich nicht mit dem Tode des Autors. Es wäre nicht abzusehen, warum der Verleger, der durch den Verlagsvertrag nur ein beschränktes Recht erhielt, durch den blossen Tod des Autors ein unbeschränktes Recht erwerben sollte. Vielmehr muss er sich auch jetzt, wenn er den Verlag des Werkes fortsetzen will, von Neuem ein Verlagsrecht bestellen lassen, und zwar von Denjenigen, welche den Autor juristisch repräsentiren, d. h. seinen Erben *).

Man könnte geneigt sein, zwischen dem pekuniären Interesse — der Honorarforderung — und der Disposition über das Werk als Geistesprodukt zu unterscheiden, um den Erben des Autors zwar den Anspruch auf das erneute Honorar, nicht aber auch das Recht beizulegen, dem Verleger die Unternehmung einer neuen Auflage zu untersagen. Es würde auch nicht an scheinbaren Gründen für eine solche Unterscheidung fehlen. Man könnte sagen, dass die Frage, ob ein Werk noch weiter in neuen Auflagen erscheinen solle, überhaupt nur an den Autor selbst gerichtet werden könne; man könne bei den Erben als solchen nicht immer ein Verständniss und eine Befähigung zu dieser Antwort voraussetzen; es würde gewiss einen sonderbaren Eindruck hervorbringen, wenn die Frage, ob ein ausgezeichnetes Pandektenwerk auch ferner noch dem Publikum zugänglich sein solle, vielleicht von der Entscheidung eines Bierbrauers, des Erben des Schriftstellers, abhängen solle; oft würde dem Publikum durch den blossen Eigensinn, durch die blosse Verschiedenheit der politischen, geistigen, religiösen Richtung des Erben der Genuss eines ausgezeichneten Werkes vorenthalten werden; das Interesse der Erben sei genügend gewahrt, wenn ihnen die pekuniäre Frucht der geistigen Arbeit ihres Erblassers verbleibe, man möge sie nicht auch unnatürlicher Weise zu geistigen Vertretern desselben machen.

*) *O. Wächter* a. a. O. S. 371, Note 24.

Indessen sind diese Gründe doch offenbar nicht genügend. Sie würden consequent dazu führen, dass alle Rechte an einem Manuscripte mit dem Tode seines Verfassers aufhören müssten. Denn dem übrig gelassenen Rechte auf Fortbezug des Honorars u. s. w., welches doch immer nur den Charakter einer Gegenleistung für die Gewährung eines Vortheils haben kann, würde es an allem und jedem juristischen Halte fehlen. Sodann würde, wie bereits oben bemerkt wurde, die sonderbare Erscheinung zu Tage kommen, dass ein nur begrenzt gewährtes Recht schon durch den Tod des einen Contrahenten sich in ein unbegrenztes verwandelte. Auch liessen sich gegenüber den oben ausgesprochenen inneren Gründen gegen ein Dispositionsrecht über die geistige Arbeit des Erblassers Fälle anführen, in denen die Ausübung eines solchen als vollkommen berechtigt und wünschenswerth erscheint. Endlich ist aber die ganze Frage nunmehr eine überflüssige, da sie wenigstens indirekt durch das positive Recht entschieden ist. Denn indem das Gesetz den Schutz gegen Nachdruck auch nach dem Tode des Autors fortdauern lässt, ohne die Voraussetzungen dieses Schutzes für diese Periode zu verändern oder seine Wirksamkeit nur auf den Verleger zu beschränken, spricht es aus, dass auch nach diesem Zeitpunkte eine ausdrückliche Bestellung des Verlagsrechts durch den nunmehr Berechtigten, d. h. den Erben, zum gesicherten Gewerbsbetriebe erforderlich ist, anerkennt also indirekt auch das Dispositionsrecht der Erben. Auch den Abdruck eines auf die Erben gekommenen noch nicht publicirten Manuscripts des Erblassers schützt das Gesetz offenbar nur, wenn er mit Genehmigung der Erben statt findet.

Der Erbe des Autors übernimmt also alle Rechte des Autors aus dem Verlagsvertrage. Handelt es sich nun um Fälle der Art, dass das Manuscript für neue Auflagen keine Aenderung zu erwarten hat, auch vielleicht die immer erneute Veranstaltung von Auflagen dem Verlagsbuchhändler von vorn herein zugesichert ist (z. B. bei lyrischen oder dramatischen Kunstwerken), so besteht das Recht der Erben praktisch allerdings beinahe nur noch in dem Anspruch auf die jedesmalige Zahlung des bedungenen Honorars. Handelt es sich dagegen um Fälle, wo nach dem Verkauf jeder Auflage die Frage offen ist, ob eine neue, und vielleicht auch die Frage, durch wen eine solche veranstaltet werden solle, so sind es lediglich die Erben des Autors, von denen die Antwort zu erholen ist. Es ist dies juristisch nicht als eine Succession in das „Verlagsrecht" des Autors aufzufassen, sondern lediglich als ein erbschaftlicher Erwerb des Manuscriptes; das gedruckte Buch kehrt nach Beendigung des Rechts eines Verlegers wieder als Manuscript in die Hände der Erben zurück, denen daran von Neuem die Dispositionsrechte zustehen, welche ursprünglich der Autor selbst darüber gehabt hat.

Wie verhält sich nun zu diesem aus dem Verlagsvertrage hervorgehenden Rechtsverhältnisse der gesetzliche Schutz gegen Nachdruck, — abgesehen von dem lediglich interpretativen Einflusse, der oben bereits geltend gemacht wurde?

Da nach unserer Auffassung der Schutz gegen Nachdruck keine rechtliche Substanz ist, welche als ein in der Rechtssphäre des Autors befindliches subjektives Recht zu betrachten ist, mithin auch der Verleger diesen Schutz nicht als ein vom Autor übertragenes Recht erwirbt, vielmehr derselbe als ein allgemein gesetzlicher angesehen werden muss, für welchen der Abschluss eines Verlagsvertrags lediglich die faktische Voraussetzung bildet, so ist das durch den Verlagsvertrag begründete Recht juristisch völlig unabhängig von der Dauer des durch das Gesetz gewährten Schutzes. Würde der letztere mit dem Tode des Autors erlöschen, so würde das vertragsmässige Verhältniss der Erben mit dem Verleger nicht nur fortdauern, sondern auch mit voller rechtlicher Wirksamkeit erneuert werden können. Man könnte hiergegen einwenden, dass mit dem Ende des Schutzes gegen Nachdruck das eigentliche Interesse des Verlagsvertrags hinwegfällt; denn alsdann könne ja Jeder das Werk beliebig drucken und verbreiten, und ohne Zweifel könne dies nunmehr auch der frühere Verleger, und zwar in viel freierer Weise als ehedem, da ihm der Verlagsvertrag mannigfache Beschränkungen auflegte. Aber immerhin wäre dies nicht eine *juristische*, sondern nur eine *faktische* Lösung des Vertragsverhältnisses, welche indirekt durch die Einwirkung eines äusseren Umstandes hervorgebracht würde. Sodann aber darf man hierbei nicht bloss an die Fälle denken, wo das Interesse des Vertragsverhältnisses hauptsächlich nur auf Seiten des *Verlegers* liegt, sondern an Fälle, wo kein Reiz zum Nachdruck besteht und vor Allem dem *Autor* resp. dessen Erben an der gehörigen *Verbreitung* des Werkes gelegen ist. Kann man auch nicht läugnen, dass bei einem viel gekauften Werke nach dem Aufhören des gesetzlichen Nachdrucksschutzes das Interesse, einen besonderen Verlagsvertrag zu schliessen, in der Regel ein sehr geringes sein, oder ein solches gar nicht bestehen wird, so ist dies doch ganz anders bei einem Werke, welches sich nur langsam und spärlich verkauft. Hier zeigt es sich ganz deutlich, dass das vertragsmässige Verhältniss trotz des Aufhörens des Nachdrucksschutzes fortdauert; denn ohne Zweifel würden die Erben auch später noch auf Erfüllung des Vertrags klagen können, wenn der Verleger die gedruckten Exemplare, statt sie ferner feil zu bieten, auf einmal der Vernichtung preis geben wollte *).

Auch hier zeigt sich also, dass es von Interesse ist, der Theorie eines subjektiven Verlagsrechts, welches in der Ausschliesslichkeit der Nutzungsrechte des Autors bestehe, entgegenzutreten. Ist dieses das Objekt des Verlagsvertrags, welcher nur eine Veräusserung jenes Rechtes enthalte, so muss consequent die rechtliche Dauer des Vertragsverhältnisses mit der Dauer des Schutzes gegen Nachdruck zusammenfallen **).

*) *O. Wächter* S. 353.

**) S. *O. Wächter* S. 378.

Das Richtige ist vielmehr, dass die Fortdauer des Verlagsvertrags von dem letzteren rechtlich ganz unabhängig ist.

Allerdings ist zuzugeben, dass diese begriffliche Scheidung bei der jetzigen Gesetzgebung, welche den Schutz auf dreissig Jahre nach dem Tode des Autors ausdehnt, in der Regel ohne *praktisches* Interesse ist. Denn bei Werken, deren Verbreitung auch *nach* dieser Zeit noch einen Gewinn darbietet, wird es nicht an Abdrücken fehlen, welche billiger sind, als die des ursprünglichen Verlegers. Einer Forderung der Erben, dass der Verleger die vertragsmässige Verbreitung des Werks im Publikum vornehme, wird es mithin an dem erforderlichen rechtlichen Interesse fehlen. Neue Auflagen zu veranstalten, ist der Buchhändler, wenn er sich nicht hierzu von vorn herein verpflichtet hat, überhaupt nicht verbunden, und er wird, wenn er die Veranstaltung einer solchen beabsichtigt, es alsdann vorziehen, auf dem Boden der allgemeinen Freiheit, als auf dem Boden der vertragsmässigen Berechtigung zu handeln. Hatte er sich aber ein für allemal zu immer neuen Auflagen gegen Honorarzahlung verpflichtet, so wird ein solcher Vertrag in der Regel doch nur so interpretirt werden können, dass seine Kraft nur so lange dauern solle, als nicht die ganze Situation des Verhältnisses durch das Aufhören des Schutzes gegen Nachdruck eine völlig veränderte geworden sei. Immer aber ist festzuhalten, dass diese praktischen Resultate nur die Wirkungen des regelmässigen, *thatsächlichen* Einflusses sind, welchen das Ende dieses Schutzes ausübt; wo ausnahmsweise dieser Einfluss nicht besteht oder ausdrücklich (z. B. durch Erlangung neuer Privilegien) verhütet wird, tritt das rechtliche Verhältniss wieder in voller Klarheit hervor.

7. Sehr wirksam könnte endlich die Ansicht von einem dem Buchhändler veräusserten subjektiven Verlagsrechte bei der Frage werden, ob der Verleger durch Veräusserung des ihm bestellten Verlagsrechts dem Autor einseitig einen neuen Verleger aufdrängen dürfe, sofern man nämlich jene Meinung

mit ungehemmter Consequenz walten liesse. Man müsste jene Frage ganz so, wie es in dem von *O. Wächter* S. 366, Note 5 angeführten berliner Erkenntniss geschieht, bejahen, „weil jeder Gegenstand des Eigenthums übertragbar sei; ein Vertragsverhältniss als solches sei zwar nicht cessibel, wohl aber das Objekt desselben," — nur dass hier statt der Theorie des vom Autor veräusserten Verlagsrechts die Theorie vom veräusserten literarischen Eigenthum vorschwebte. Ein richtiger Takt führt aber *O. Wächter* dazu, diese Consequenz abzulehnen, und er gelangt zu dem gewiss richtigen Resultate, dass eine einseitige Substitution eines neuen Verlegers durch den bisherigen Verleger nicht zulässig sei. Dieses Resultat ergibt sich aus unseren Prämissen von selbst. Denn hiernach ist das Recht des Verlegers nicht der Erwerb eines schon in der Person des Autors bestandenen und ihm nur übertragenen concreten Vermögensrechts, sondern lediglich die Summe der von den entsprechenden Verbindlichkeiten nicht ablösbaren einzelnen vertragsmässigen Befugnisse, und bekanntlich kann man ein solches Verhältniss nicht durch Cession übertragen. Indem *Wächter* zu dieser Ansicht aus dem ganz gleichen Grunde gelangt, kann man ihm nicht einmal den Vorwurf der Inconsequenz machen; denn sein „Verlagsrecht" war ihm ja immer ein mit Verbindlichkeiten gemischtes Recht, die er hier, obschon er sie sonst nur als die secundären Bestandtheile des Rechts ansieht, mit vollem Rechte zur Geltung bringen durfte.

Ebenso billige ich auch im Ganzen die einzelnen Modificationen, welche diesem Grundsatz von *Wächter* auf S. 367 flg. beigefügt werden. Nur damit kann ich mich nicht einverstanden erklären, dass *Wächter* dem Verleger das Recht gibt, durch Veräusserung „des ganzen Geschäfts", der Verlagshandlung, einseitig einen fremden Verleger aufzudrängen. Die von ihm dafür angeführten Gründe, dass man sonst den Verkäufer, der sein Geschäft verkaufen will, zwingen würde, Buchhändler zu bleiben, ferner, dass der Verleger sich beim Verlagsvertrage das Recht dazu stillschweigend vorbehalte, sind doch wohl nicht stichhaltig. Der zuletzt angeführte Grund ist kaum mehr, als eine *petitio principii*, und der zuerst angeführte Grund widerspricht einmal dem allgemeinen Principe, dass man sich einseitig seinen Verbindlichkeiten nicht entziehen kann, und ist auf der andern Seite unzutreffend, indem der Verleger zur Erfüllung des Verlagsvertrags in der Regel keineswegs Buchhändler zu bleiben genöthigt ist, sondern die Möglichkeit anderer Wege der vertragsmässigen Leistung offen hat, z. B. durch Vermittlung von Commissionen an andere Buchhändler u. s. w. Die ganze Frage wird freilich nicht immer von praktischer Bedeutung sein, indem der Autor häufig kein erhebliches praktisches Interesse an dem Wechsel der Verleger haben wird; immerhin aber *kann* dieser Fall eintreten, wo es dem Autor, der seinen Verleger mit besonderer Rücksicht auf dessen persönliche Eigenschaften gewählt hat, keineswegs gleichgültig ist, an irgend einen unbekannten Dritten in ein Verhältniss gewiesen zu werden, bei welchem angenehme persönliche Eigenschaften der Contrahenten von ganz besonderem Werthe sind. Daher ist es recht und billig, dass sich der Verleger, welcher sein Geschäft mit voller Substitution des Erwerbers veräussern will, vorerst um die Zustimmung des Autors bewerbe.

Gar nicht hierher gehört die blosse Veräusserung der vorräthigen gedruckten Exemplare an einen anderen Buchhändler oder Antiquar, ohne dem Autor gegenüber aus dem Vertragsverhältniss zu scheiden. Nur entstehen hieraus verschiedene Fragen von bedeutender praktischer Wichtigkeit, deren Beantwortung zum Theil nicht ganz leicht sein dürfte. Es fragt sich nämlich:

1) Ob der Verleger resp. der Autor dann, wenn der ganze Verlagsvorrath mit einem Male an einen Buchhändler oder Antiquar veräussert worden ist, eine neue Auflage drucken lassen kann? Diese Frage kann nur mit Unterscheidungen

beantwortet werden. Der *Autor* hat dem Verleger gegenüber das Recht zur Veranstaltung einer neuen Auflage, wenn die Bedingung einer solchen, das Vergriffensein der früheren, eingetreten ist. An und für sich macht es nun hierbei keinen Unterschied, ob die frühere Auflage durch viele einzelne Käufe oder durch einen einmaligen Massekauf vergriffen wird. Wohl aber ist im letzteren Falle ein Gesichtspunkt denkbar, der zu einer anderen Beurtheilung nöthigt, wenn nämlich ein solcher massenhafter Verkauf für den Verleger die Bedeutung eines Versuchs hat, die ihm obliegende Pflicht der Verbreitung durch Vermittlung anderer Buchhändler auszuführen, z. B. wenn eine Anzahl Sortimentsbuchhandlungen den ganzen Vorrath käuflich unter der Bedingung übernehmen, dass erst nach dem buchhändlerischen Vertriebe sämmtlicher Exemplare die bisherige Auflage als vergriffen betrachtet würde. Dies muss sich der Autor gefallen lassen; denn im Allgemeinen kann er dem Verleger die Ausführung einzelner Verbindlichkeiten durch Beauftragte nicht verbieten, und um die Festsetzung der inneren Bedingungen solcher Aufträge hat sich der Autor, insoweit sein Vertragsverhältniss mit dem Verleger unberührt bleibt, nicht zu kümmern. Verkauft dagegen der Verleger seine sämmtlichen Exemplare in diesem Sinne nicht an ordentliche Sortimentsbuchhändler, sondern nur an Antiquare und geringe Bücherhausirer, so wird man darin je nach Lage der Umstände eine Ausführung des Verlagsvertrags finden, welche durchaus ordnungswidrig ist und deren Erfolg der Autor nicht abzuwarten braucht. — Kann aber der Verleger dem *Käufer* gegenüber an der Veranstaltung einer neuen Auflage gehindert werden? Zunächst scheint so viel ausser Zweifel zu sein, dass er von den Käufern nicht wegen Nachdrucks in Anspruch genommen werden kann, da er das Verlagsrecht auf letztere nicht übertragen hat*). Wenn die Käufer also überhaupt gegen

*) *Wächter* a. a. O. S. 691 flg.

den Verleger klagen können, so kann der Grund der Klage nur in dem von ihnen mit demselben abgeschlossenen besonderen Vertrage beruhen.

2) Sodann fragt es sich, ob ein Buchhändler, welcher solche Vorräthe von Exemplaren in Masse ankauft, hierdurch ohne Weiteres berechtigt werde, dieselben mit einem neuen Titel, etwa unter Anführung *seiner* Verlagsfirma, buchhändlerisch zu versenden? Diese Frage muss entschieden verneint werden. In einer solchen Form des Vertriebs würde die Anmassung eigenen Verlagsrechts liegen, das der kaufende Buchhändler nicht erworben hat; er hat zwar sehr viele Exemplare, aber diese nur als einzelne Produkte eines fremden Verlagsrechts erhalten. Als *Nachdruck* würde freilich ein solches Verfahren nicht anzusehen sein, da die zu dem Begriffe desselben erforderliche eigene mechanische Vervielfältigung fehlt. *Welches* Rechtsmittel aber dem Verleger, bezüglich dem Autor zustehe (ob eine Präjudicialklage, eine Klage auf Schadensersatz, eine strafrechtliche Hülfe wegen Betrugs u. s. w.), kann nicht allgemein, sondern nur nach den besonderen thatsächlichen Verhältnissen des einzelnen Falles bestimmt werden.

8. Was im Vorstehenden in Bezug auf literarische Produkte ausgeführt worden ist, gilt in der Hauptsache auch von den Rechtsverhältnissen, welche die Urheberschaft artistischer Erzeugnisse und ihren Schutz gegen beeinträchtigende Nachbildung betreffen. Die thatsächlichen Verschiedenheiten dieser Verhältnisse ändern Nichts an der Gemeinschaft der rechtlichen Gesichtspunkte.

Es gibt nun aber noch eine andere Form, in welcher geistige Produkte einer gewissen Gattung verwerthet werden können. Ein Werk der dramatischen Poesie und ein Werk der Tonkunst kann nicht bloss durch den Druck, sondern auch durch öffentliche Aufführung dem Publikum mitgetheilt werden. Auch diese Form der Verwerthung kann gewinnbringend werden. Bis auf die neueste Zeit gab es keinen Rechtssatz, welcher den

Autor ermächtigt hätte, wegen einer wider seinen Willen geschehenen Aufführung Entschädigung oder Bestrafung zu fordern. Seit dem Bundesbeschlusse von 1841 ist ein solcher Rechtssatz für ganz Deutschland geschaffen und in den Particulargesetzen umfassender und angemessener ausgeführt worden. Nunmehr gibt es mithin noch einen weiteren Schutz der ökonomischen Verwerthung gewisser Geistesprodukte, und der Urheber kann sich einen pekuniären Vortheil für die Ueberlassung eines Werkes jener Gattung zu den genannten Gebrauchsweisen ausbedingen.

Auch hier ist ganz die gleiche Construction zulässig, welche oben für die aus dem eigentlichen Nachdrucksverbote hervorgehenden Fragen dargelegt worden ist. Es wird die ohne Zustimmung des Urhebers geschehene Aufführung eines dramatischen oder musikalischen Kunstwerks für ein Unrecht erklärt; die Uebertretung des Verbots zieht Strafe und Entschädigungspflichten nach sich. Ein eigenes, selbstständiges, individuelles Autorrecht gibt es auch in dieser Hinsicht nicht. Der Autor geniesst auch hier nur den Vortheil, den die Anwendung eines allgemeinen Rechtssatzes auf ihn darbietet.

Die Schriftsteller, welche von der Idee eines selbstständigen individuellen Autorrechts ausgehen, nehmen auch dieses Recht in den Begriff desselben auf, sehen sich aber dann genöthigt, den Inhalt desselben zu theilen, um das sogenannte Verlagsrecht (d. h. das durch das Nachdrucksverbot geschützte Recht) nach andern Grundsätzen zu beurtheilen, als diesen im sogenannten Autorrechte auch nach Abschluss eines Verlagsvertrags zurückbleibenden Rest von Befugnissen *). Und doch sind diese Verhältnisse völlig gleichartig; es ist höchst unnatürlich, wenn man beiden einen verschiedenen juristischen Charakter aufprägt. Man kommt dazu überhaupt nur durch die vorgefasste Meinung, dass solche Rechtsverhältnisse immer

*) *Wächter* a. a. §. 1, Note 2; §. 40, Note 7.

auf juristische Körper mit subjektiver Spitze zurückgeführt werden müssten, und ihre genügende Basis nicht auch in allgemeinen Rechtssätzen finden könnten. —

Nachtrag. Ein charakteristisches Merkmal für die Entscheidung der Frage, ob der Nachdruck die Verletzung eines selbstständigen subjektiven Rechts sei, oder nur als Uebertretung eines Strafrechtssatzes betrachtet werden müsse, könnte endlich noch in dem subjektiven Thatbestande des Nachdrucks gefunden werden. Müsste man namlich annehmen, dass der ohne alle *culpa* handelnde Nachdrucker, obschon frei von Strafe, doch jedenfalls zum Ersatz des Schadens verpflichtet wäre, so könnte man daraus für die Annahme eines subjektiven Verlagsrechts eine gewisse Unterstützung entlehnen wollen. Nach unseren Particular- und Bundesgesetzen kann aber diese Ansicht nicht begründet werden, indem sie nicht unterscheiden zwischen dem Thatbestande des Nachdrucks, welcher die Ersatzpflicht erzeugt, und dem Thatbestande, welcher eine Strafe zur Folge hat; es ist mithin für alle diese Rechtswirkungen die gleiche Voraussetzung einer subjektiven Verschuldung anzunehmen. Dies ist auch die Ansicht von *Jolly* S. 94 flg. (welcher jedoch trotzdem eine Ersatzpflicht bei schuldlosem Nachdruck, freilich aus nicht haltbaren und hier jedenfalls nicht relevanten Gründen zu deduciren sucht) und von *O. Wächter* S. 624 und 667. —

II.*)

— — Betrachten wir zunächst die Interessen, welche hier überhaupt in Frage kommen. Das erste und hauptsächlichste Ziel eines Schriftstellers von echtem Beruf wird zwar immer die sittliche Aufgabe bleiben, anregend, belehrend und veredelnd auf die gegenwärtige und die zukünftigen Generationen einzuwirken. In der Erreichung dieses Ziels wird er seine hauptsächliche Genugthuung und Befriedigung finden. Aber es steht damit ein ökonomisches Interesse nicht im Widerspruch. Der Vertrieb gedruckter Bücher hat sich zu einem besonderen Handelszweige entwickelt; der Buchhändler bestimmt die Preise der in seinem Verlage erschienenen Schriften, er zieht aus ihrem Verkaufe seinen merkantilen Gewinn, und so kommt es, dass Bücher in den Bereich der wichtigsten Handelswaaren eintreten. Es ist nicht mehr als billig, dass der Schriftsteller, als der wesentlichste Producent dieser Waare, an dem Gewinne Theil nehme, und es würde eine übertriebene Idealisirung des schriftstellerischen Berufs sein, wenn man dem Autor zumuthen wollte, er möge sich mit den geistigen Erfolgen begnügen, aber die ökonomischen Früchte seiner Arbeit dem Kaufmanne überlassen. Die Form, in welcher der Autor dies ökonomische Interesse in der Regel befriedigt, ist die, dass er sich im Verlagsvertrage für eine bestimmte Auflage ein Honorar bedingt, sich vorbehaltend, nach dem Vergriffensein der ersten Auflage eine weitere gegen ein neues Honorar zu veranstalten. Es leuchtet nun ein, dass diese ökonomische Berechnung durch Nachdruck empfindlich gestört wird. Der Nachdrucker concurrirt mit dem Verleger,

*) Aus einer späteren akademischen Rede (1863).

indem er den Markt mit einer oft noch grösseren Zahl billigerer Exemplare überfüllt. Wo der Verleger diese Concurrenz befürchten muss, wird er sich wegen dieses Risico überhaupt nur zu einem ganz geringen Honorare verstehen können, und überdem wird für den Schriftsteller die Möglichkeit fruchtbringender weiterer Auflagen in weite Ferne gerückt werden. Nicht minder verletzend wirkt der Nachdruck für den *Verleger*. Er hat es sich bedeutende Auslagen, Arbeit und Mühen kosten lassen, um das Werk überhaupt herzustellen; da tritt die Concurrenz eines Nachdruckers auf, dessen Leistungen sich auf schlechten Satz und schlechtes Druckpapier beschränken, und seine Hoffnungen auf Ersatz und gewinnreiche Vergütung aller Auslagen sind verschwunden.

Es ist begreiflich, dass dieses ganze ökonomische Interesse erst entstehen und empfunden werden konnte, nachdem durch die Erfindung der Buchdruckerkunst ein Mittel gegeben war, Manuscripte auf mechanischem Wege in überaus grossen Massen von Exemplaren zu vervielfältigen. So lange die Bücher nur noch durch Abschriften vervielfältigt wurden, konnte von einer Beschränkung der Vervielfältigung aus nahe liegenden Ursachen nicht die Rede sein. Wie bald man aber nach der Erfindung der Buchdruckerkunst das Unrecht des Nachdrucks empfand, das zeigt uns schon die Stimme *Luther's*, wenn er in einem 1525 erschienenen Buche folgende Vermahnung an die Drucker ergehen lässt: „Was soll doch das sein meine lieben Druckheren, das einer dem andren so öffentlich raubt und stiehlt das Seine, und unter einander euch verderbt? Seid ihr nu Strassenräuber und Diebe worden? Oder meint ihr, dass Gott Euch segnen und ernähren wird durch solche böse Tücke und Stücke? Ich habe die Postillen angefangen von den heiligen drei Künigetagen an bis auf Ostern, so fähret zu ein Bube, der Setzer, der von unserem Schweisse sich nähret, stiehlet meine Handschrift, ehe ichs gar ausmache, und tragts hinaus und lässt es draussen im Lande drucken, unser Kost und Arbeit zu verdrucken. Wolan, Gott wird's finden, was Du dran gewinnest, da schmiere die Schuhe mit, Du bist ein Dieb und für Gott die Wiedererstattung schuldig. Es ist ein ungleich Ding, dass wir arbeiten und Kost sollen drauf wenden, und Andere sollen den Genuss und wir den Schaden haben. Derohalben sind gewarnet meine lieben Druckherrn, die ihr so stehlet und raubet."

Mit diesem körnigen Ausspruche ist das ganze Verhältniss vom moralischen Standpunkte aus trefflich gekennzeichnet. Nicht aber trifft diese Aeusserung zu vom Standpunkte des Rechts. Denn mit welchen Mitteln hätte man dem Nachdrucker beikommen können? Der Nachdrucker hat vielleicht ein Exemplar redlich erworben; er ist Eigenthümer desselben und hatte alle nur denkbaren Dispositionsrechte darüber; er kann es lesen, er kann es vernichten, er kann es auch vervielfältigen, und wenn er das Letztere thut, so wird er wiederum Eigenthümer der vervielfältigten Exemplare, die er ebenso wie das Original verkaufen und verwerthen kann. Dass dadurch die *Interessen* des Autors und des eigentlichen Verlegers empfindlich verletzt werden, ist zu jeder Zeit anerkannt worden, aber nicht jede Beeinträchtigung der *Interessen* ist zugleich eine strafbare und verfolgbare *Rechtsverletzung*. Es bedurfte, um dies anzunehmen, eines ausdrücklichen Ausspruchs der Gesetzgebung, welche das Beginnen des Nachdruckers für ein Unrecht erklärte und mit Strafen und Entschädigungspflicht bedrohte; allein sowohl die Reichs- als die Landesgesetzgebungen liessen vergeblich auf einen solchen Ausspruch warten. Erst im 18. Jahrhunderte begannen einige Landesgesetze mit einem schüchternen und zaghaften Verbote des Nachdrucks, und erst die Wahlcapitulation Leopolds II. gab das Versprechen: insonderheit wollen wir den Buchhandel nicht ausser Acht, sondern das Reichsgutachten auch darüber erstatten lassen, inwiefern dieser Handelszweig durch die völlige Unterdrückung des Nachdruckes von seinem Verfall zu retten sei, — ein Versprechen, dessen Einlösung das deutsche Reich, wie die Erfüllung so vieler anderer Zusagen schuldig geblieben ist.

Das einzige Mittel, das zum Schutze gegen Nachdruck geboten war, war dies, dass man sich *Privilegien* verschaffte. Das Privilegium war im Reichsrechte die allgemeine Form, um Rechte aller Art zu sichern; in den Privilegien liegt das allgemeine Princip der Plastik des Reichsrechtes, das sich nur selten in allgemeinen durchgreifenden Sätzen, und in der Regel nur in der Formulirung concreter Sonderrechte kund gab. Aber wie wenig konnte im Grunde mit diesem Aushülfsmittel gewonnen sein. Allgemein wirkende kaiserliche Privilegien mochten bei dem Zustande des deutschen Reichs nur eine sehr zweifelhafte Garantie geben, und Privilegien einzelner Regierungen konnten im Grunde nur dann einen wirklichen Schutz gewähren, wenn sie von *allen* einzelnen Regierungen Deutschlands erzielt wurden, was begreiflich mit den grössten Schwierigkeiten und Verwicklungen verbunden sein musste; denn wenn auch nur einige Reichsstädte unberücksichtigt blieben, so musste man Gefahr laufen, dass da eine Stätte des Nachdrucks erstehe, welche alle übrigen Privilegien, wenn auch nicht ganz, so doch grossentheils illusorisch machen würde.

Unter diesen Umständen war es erklärlich, dass man sich immer von Neuem an die Rechtswissenschaft wandte, um bei ihr Hülfe zu suchen. Das Unrecht, das man im Nachdruck erlitt, schien zu offenbar zu sein, als dass es dem bestehenden Rechte an allem Mittel dagegen fehlen sollte. Musste sich auch der Kundige sagen, dass eine ausnahmslose Concordanz von Recht und Moral nicht in der elementaren Anlage dieser beiden grossen Lebensordnungen vorausgesetzt werden könne, so handelte es sich hier doch um einen so schreienden, täglich von Neuem empfundenen Widerspruch, dass es hier unerträglich erschien, vom Rechte im Stiche gelassen zu werden. In der That konnte man sich auch lange nicht davon überzeugen, dass in einer so alten Wissenschaft, die schon seit mehr als einem Jahrtausend die Bahnen menschlichen Wirkens umschrieben hatte und die grösste Mannigfaltigkeit menschlicher Verhältnisse zu beherrschen gewohnt war, sich nicht *irgend* ein Princip vorfinden sollte, das sich auf diese neue Form des Unrechts anwenden liesse. Es ist von nicht geringem Interesse, sich die verschiedenen Versuche zu vergegenwärtigen, welche in dieser Richtung angestellt wurden.

Die natürlichste Betrachtung schien folgende zu sein. Der Nachdrucker bereichert sich auf Kosten eines Andern mit dessen Verdienst, er zieht unrechtmässig den Gewinn und Vortheil an sich, der einem Anderen gebührte. Gleicht er darin nicht dem Diebe und Räuber? Und muss nicht das Recht sein Verfahren mit derselben Strafe und Missbilligung verfolgen, wie den Diebstahl und Raub? Diese Vorstellung war so natürlich und so ursprünglich, dass man sich nicht wundern darf, sie sehr allgemein verbreitet zu sehen. Und in der That herrscht sie in der juristischen Literatur des achtzehnten Jahrhunderts entschieden vor. Es leuchtet aber ein, dass man bei der blossen Empfindung einer wie durch Diebstahl erlittenen Verletzung nicht stehen bleiben konnte, man musste es versuchen, sie zu einer *juristischen* Betrachtung zu erheben, und dies führte denn gar bald zur Theorie des literarischen Eigenthums, indem man den Nachdruck als eine Entwendung eben dieses Eigenthums ansah. Die Theorie des literarischen Eigenthums ist die populärste und am weitesten verbreitete und noch gegenwärtig wird sie vielfach vertheidigt. Daher ist ein näheres Eingehen auf sie vorzugsweise berechtigt.

Wenn Jemand ein Buch im Manuscript vollendet hat, so hat er ein körperliches Objekt, das Manuscript, producirt, an dem ihm das Eigenthum zusteht. Das ist ein Satz, der zwar von Niemandem bezweifelt wird, der aber hier nur von sehr geringer Bedeutung ist. Bei dem sogenannten literarischen Eigenthum handelt es sich nämlich nicht um das Recht an dem körperlichen Manuscripte, sondern um das Recht an dem geistigen Inhalte desselben, an den Gedanken. Es fragt sich nun, ob auch der *Gedanke* als Gegenstand des Eigenthums gedacht werden könne? Ich bin überzeugt, dass diese Frage, so allgemein gestellt, von Niemand bejaht werden kann. So lange ich das in der innersten Tiefe meiner Seele Gedachte als mein Geheimniss bewahre, kann jene Frage überhaupt gar nicht entstehen; ein Gedanke, um überhaupt Gegenstand des Rechts zu werden, müsste nothwendig vorerst eine gewisse Veräusserlichung erhalten, er müsste ausgesprochen, kund gegeben, in irgend einer Weise unterscheidbar werden. Aber auch der ausgesprochene Gedanke kann unmöglich Objekt eines Eigenthums sein. Eine solche Ansicht wäre zwar weit weniger gefährlich, als sie auf den ersten Anblick zu sein scheint; denn die wirkliche Vermehrung des grossen Gedankenstoffs der Menschheit erfolgt gar langsam, und man würde, wollte man die jetzt in einem ganzen Jahre erscheinende Büchermasse nach diesem Gesichtspunkte untersuchen, über das auffallend dürftige Resultat erstaunen; aber jedenfalls wäre der Einfall, ein Eigenthum an Gedanken zu geben, absurd, und in anderer Richtung wäre es geradezu verletzend, das Gebiet des geistigen Schaffens, das zu allen Zeiten und unter allen Umständen als ein Gebiet der Freiheit gegolten hat, mit einem widrigen Rechtszwang überführen, und dahin, wo zu allen Zeiten das Gesetz einer unbeschränkten Gemeinschaft geherrscht hat, den Gedanken eigennütziger Vermögensabgrenzung verpflanzen zu wollen.

In Wahrheit sind aber auch die Vertheidiger des literarischen Eigenthums weit entfernt, ihre These so, wie eben geschehen, zu formuliren. Sie fühlen, dass der Gedanke an sich, das geistigste, körperloseste Wesen nicht genügen kann, um als das Objekt eines Rechtes zu gelten; man fühlte, dass der unsichtbaren geistigen Substanz ein Zusatz gegeben werden müsse, durch den sie den Grad von Körperlichkeit und

Realität erhielt, wie ihn das Recht bei seinen Objekten voraussetzt. Sie nehmen daher die Form, in welcher der Gedanke in der einzelnen Schrift auftritt, zu Hülfe, und formuliren als das Objekt des literarischen Eigenthums *die Idee in der bestimmten Form*, welche sie in einzelnen Schriften erhalten hat. Unterwerfen wir jetzt diese Auffassung einer näheren Betrachtung.

Wenn wir uns den Inhalt dieses sogenannten geistigen Eigenthums klar vorstellen wollen, so kann dies nicht einfacher geschehen als dadurch, dass wir von dem bekannten Inhalte des Eigenthums an den gewöhnlichen Objekten desselben ausgehen, ich meine dem Eigenthum an einem Tisch, Stuhl, einem Hause, einem Grundstück. Kann man nun sagen, der Autor habe an den in einem Buche niedergelegten Gedanken dieselben Dispositionsrechte, dieselben Befugnisse der Ausschliessung Anderer als sie der Eigenthümer jener Gegenstände hat? Schon hier stossen wir auf sehr bedenkliche Schwierigkeiten. Ist eine Schrift einmal dem Publikum übergeben, so hat es der Autor niemals mehr in seiner Gewalt, den Gebrauch, den das Publikum von seinen Gedanken macht, zu reguliren oder kraft seines Eigenthums zu modificiren. Jedermann kann das Buch lesen, abschreiben, es auswendig lernen, sich seinen Inhalt aneignen, nach allen Richtungen verwerthen. Wo bleibt da das Eigenthum des Autors? Kann er jemals verbieten, dass von dem Inhalt seines Werks ein gewisser Gebrauch gemacht werde, kann er seine Gedanken reclamiren? Gewiss nicht! Ja nicht einmal dies kann er rechtlich verhindern, dass sich ein Dritter seine in einem Buche niedergelegten Gedanken mit Verschweigung der Quelle aneignet und sie mit vielleicht unbedeutenden Aenderungen der Form als seine eigenen dem Publikum gegenüber ausgibt. Man kann das literarische Plagiat zwar wohl vor dem Forum der literarischen Ehre, nicht aber auch vor dem Forum des bürgerlichen Gerichts rügen. Man sieht schon hieraus, dass der Begriff des Eigenthums in sehr eigenthümlicher und seltsamer Weise modificirt werden müsste, um der Formulirung der rechtlichen Zuständigkeit geistiger Stoffe zu dienen.

Aber noch mehr. Man denke sich dieses Eigenthum im Vergleich mit dem sonstigen Eigenthum, aus welchem das Vermögen der Menschen zu bestehen pflegt. Man verfolge nur die einfachsten Verkehrsdispositionen, und man wird die Unmöglichkeit jenes Begriffs leicht erkennen. Ich frage nur dies, ob es möglich sei, ein literarisches Eigenthum so zu veräussern, wie man andere Gegenstände der Güterwelt durch Verkauf übertragen kann. Gesetzt den Fall, es wollte Jemand ein Manuscript mit der Absicht dem Autor abkaufen, es alsdann als sein eigenes Produkt herauszugeben. Wäre es wohl denkbar, dass das Recht Mittel böte, eine solche Lüge zu sanctioniren: Die Autorschaft eines Manuscripts ist eine geschichtliche Thatsache, Thatsachen aber lassen sich nicht verkaufen, und kein Recht der Welt würde eine Rechtsform anerkennen, welche zur ewigen Abläugnung von Thatsachen nöthigt. Oder man verfolge dies Eigenthum in den rechtlichen Verbindungen des ehelichen Güter- und Erbrechts. Wäre das sogenannte literarische Eigenthum ein wahres Eigenthum, so würde die Ehefrau, die nach dem System der Gütergemeinschaft heirathet, sofort Miteigenthümerin des geistigen Inhalts der Schriften, die ihr Mann vor und während der Ehe producirt hat, und im Falle sie ohne Testament verstürbe, wäre es möglich, dass ein Drittel oder ein Viertel des Inhalts eines Buchs ihres noch lebendes Mannes schon bei seinen Lebzeiten an die Brüder oder Vettern der verstorbenen Frau fiele. Würde ein Autor mit einer früheren Arbeit unzufrieden sein und das Manuscript derelinquiren, so würde der Finder durch Occupation Eigenthümer werden und dürfte als Schriftsteller auftreten; ja man könnte sogar auf den Gedanken kommen, einen Autor zur Verläugnung seines eigenen Produkts zu nöthigen, wenn ein Dritter das Manuscript durch die Verjährungszeit hindurch mit der seltsamen Vorstellung besessen hätte, er selbst sei der geistige Urheber desselben.

Man wird mir entgegenhalten, dass diese Absurditäten harmloser Natur seien, indem der gesunde Sinn, der das Rechtsleben beherrscht, solche Verirrungen nicht wohl zulassen werde. Aber dies Argument bedeutet nur, dass solche Ausschreitungen thatsächlich selten zu fürchten seien, während es hier doch schon als entscheidend betrachtet werden muss, ob sie überhaupt *möglich* sind. Man kann auch nicht sagen, dass das Verhältniss des Schriftstellers zum *Verleger* auf das literarische Eigenthum hinführe; denn dieses Verhältniss berührt die vorliegende Frage gar nicht; zwischen Autor und Verleger besteht lediglich ein Vertragsverhältniss, durch welches gegenseitige Leistungen bedingt werden, die völlig ohne Rücksicht auf das sogenannte literarische Eigenthum construirt werden können.

Es gibt indessen eine Consequenz des literarischen Eigenthums, welche keineswegs als eine harmlose betrachtet werden kann, sondern von der höchsten Bedeutung sein würde. Viele Vertheidiger jenes Begriffs sagen nämlich: so wie alles andere Eigenthum ein zeitlich unbegrenztes ist, so muss es auch das sogenannte literarische Eigenthum sein; so wenig das Eigenthum an einem Hause, einem Rittergute dem Individuum nur für gewisse Jahre ausschliesslich zusteht, um alsdann in die allgemeine Freiheit zurückzufallen, so wenig darf dies gelten für das literarische Eigenthum, das ein Eigenthum ist, wie alles andere auch. Ja man darf behaupten, dass nicht wenige Vertheidiger des literarischen Eigenthums lediglich deshalb auf diesen Begriff einen so hohen Werth legen, weil sie nur an ihn die Forderung der Ewigkeit des Schutzes gegen Nachdruck anknüpfen zu können meinen. Ich habe die Absicht, dieser Forderung als einer durchaus unberechtigten und verderblichen entgegenzutreten. So gerecht und billig auch der Schutz des Schriftstellers gegen Nachdruck sein mag, so darf man doch nie vergessen, dass er seinen Grund allein in einer Anerkennung des individuell persönlichen Verdienstes des Autors findet. Jedermann wird es gerecht finden, wenn dem Autor für seine Lebenszeit die ausschliessliche Disposition über sein Geistesprodukt gesichert wird, und wird es ferner als eine billige Concession ansehen, wenn auch noch 30 Jahre nach seinem Tode den nächsten Erben, die, wie z. B. die Wittwe, vielleicht die unmittelbaren Zeugen jener geistigen Arbeit waren, die Frucht der literarischen Schöpfung gesichert bleibt. Aber ein über diese Grenze hinausgehender Schutz hat offenbar keinen Sinn und keine Berechtigung. Die Werke der grossen Geister unserer Literatur sind vor Allem der Nation bestimmt, und es wäre ein Widerspruch mit dem Zweck ihrer Schöpfung, wenn man ihren Genuss der Nation durch entgegenstehende Privatrechte wollte verkümmern lassen. Was würde man sagen, wenn es den Erben Schiller's oder Goethe's einfiele, die Werke ihrer grossen Ahnherrn vielleicht aus religiösen oder anderen Bedenken durch Versagung weiterer Verlagsrechte ganz oder theilweise zu unterdrücken? Gewiss liegt darin kein dankbarer Cultus der Verdienste der grossen Heroen unserer Literatur, dass man ihren Enkeln das Recht sichert, mit den grossen Manifestationen ihres Geistes ein einträgliches Handelsgeschäft zu treiben; im Gegentheil scheint es die Pflicht einer dankbaren Nation zu sein, alle Schranken hinwegzuräumen, welche der allseitigen Wirksamkeit ihrer Geisteswerke im Wege stehen. Welch ein unnatürlicher Rechtszustand würde es sein, wenn nach dem bestehenden Erbrechte z. B. das geistige Eigenthum eines vor 100 Jahren geschriebenen Pandektenwerks in die Rechtssphäre eines Urenkels verlaufen dürfte, dem alles Andere näher liegt, als Pandekten, oder wenn zum Wiederabdruck einer vor zweihundert Jahren veröffentlichten Druckschrift die Zustimmung der zwei- oder dreihundert Köpfe erforderlich wäre, in welche sich das Geschlecht des literarischen Ahnherrn verzweigt hätte. Bei der weitaus grössten Masse der Produkte unseres Büchermarktes würde die Frage gar nicht praktisch werden, da die wenigsten derselben das Leben ihrer Urheber überdauern; praktisch würde sie nur werden bei den wirklich grossen Nationalwerken, die ein ewiges oder wenigstens langdauerndes Besitzthum des Volksgeistes bleiben, und gerade bei diesen träte das Anrecht der Nation, dessen Genius der Autor seine Werke gestiftet haben wollte, mit einem unnatürlichen Privatrechte einzelner Individuen in grellen Widerspruch.

Es leuchtet ein, dass die Constituirung eines ewig dauernden Privatrechts an geistigen Produkten eine unberechtigte, alles Maass überschreitende Forderung wäre, und dass das literarische Eigenthum, wenn es diese Consequenz erzeugt, um so entschiedener abgelehnt werden muss. Nicht ohne Interesse ist es, wahrzunehmen, dass die Forderung eines ewigen Schutzes gegen Nachdruck hauptsächlich in *Frankreich* laut wird, und vielleicht führt uns eine Verfolgung dieser Thatsache auf einen tieferen Unterschied des literarischen Lebens zwischen Frankreich und Deutschland überhaupt. Irre ich nicht ganz, so ist in Deutschland im Allgemeinen das Hauptziel der Schriftsteller noch immer die Erfüllung des Berufs, auf die Nation belehrend, anregend und veredelnd zu wirken, und der eigennützige Gedanke, die schriftstellerische Befähigung in erster Linie als den Besitz eines Erwerbscapitals anzusehen, ist soviel ich sehe Gottlob zur Zeit noch kein allgemeiner. Es hat mit einem Worte bei uns der Gedanke des Schriftstellerthums als merkantilen Gewerbes noch keine vollständige Organisation gefunden, daher auch die wunderbaren Erscheinungen eines Handels mit Ideen, oder einer Romanfabrikation nach dem Gesichtspunkte der Theilung der Arbeit und eines daraus entspringenden schwierigen Genossenschaftsverhältnisses am literarischen Eigenthum uns zur Zeit noch fern geblieben sind. Möchte dies doch auch niemals anders werden, und wenigstens das *Recht* den Gesichtspunkt festhalten, dass die geistigen

Manifestationen in Werken der Kunst und Literatur nach einem anderen Maassstabe zu beurtheilen seien, als die Fabrikation von Leder oder Kattun.

Es handelte sich, wie wir gesehen haben, um die Frage, ob nicht die Rechtswissenschaft auch ohne Hülfe der Gesetzgebung einen Schutz der literarischen Arbeit gegen das schnöde Gewerbe des Nachdruckers zu finden wüsste. Man versuchte es mit der Anwendung des Eigenthums, die ich nach meiner vollen Ueberzeugung für eine völlig misslungene erklären muss. Man ist aber dabei nicht stehen geblieben. Andere haben das Unrecht des Nachdrucks aus dem erweiterten Begriff der Injurie, oder des Rechts der Persönlichkeit deduciren wollen und versucht, ein eigenes selbstständiges Rechtsinstitut, das Autorrecht oder Verlagsrecht zu construiren, aus dessen Annahme die Rechtswidrigkeit des Nachdrucks von selbst folgen würde. Es würde uns hier zu weit führen, wollten wir alle diese Versuche einer ausführlichen Prüfung unterwerfen. Alle diese Versuche überspringen ihr Ziel. Denn das einzige Ziel dabei bleibt immer die Begründung eines Verbots des Nachdrucks. Statt sich hierauf zu beschränken, hat man immer den Versuch machen zu müssen geglaubt, ein grösseres, höheres Rechtsinstitut aufzubauen, von welchem das einfache Verbot des Nachdrucks nur ein einzelner Theil sei. Diese Versuche beruhen, wie mir scheint, auf einem irre geleiteten Triebe juristischer Plastik.

Vom praktischen Standpunkte aus sind diese Theorieen, sofern man nicht etwa noch weiter gehende Tendenzen damit verbindet, nunmehr ziemlich überflüssig. Sie sollten versuchen, von der Jurisprudenz die Antwort auf eine Frage zu erlangen, die in Wahrheit doch nicht *diese*, sondern nur die *Gesetzgebung* zu geben vermochte. Die Gesetzgebung *hat* inzwischen gesprochen, die Rechtswidrigkeit des Nachdrucks für ganz Deutschland unumstösslich begründet und sowohl dem Schriftsteller und Verleger, als auch den Erben einen genügenden und sachgemässen Schutz verliehen. Es ist dies in der einfachen juristischen Form geschehen, dass die nicht autorisirte mechanische Vervielfältigung von Werken der Literatur und Kunst für ein strafbares Unrecht erklärt worden ist, das nicht bloss die Verpflichtung zu vollem Schadensersatze, sondern auch eine Bestrafung der Urheber zur Folge hat. Im Allgemeinen dauert der hierdurch gegebene Schutz gegen Nachdruck während der Lebenszeit des Autors und noch dreissig Jahre nach seinem Tode. Das Verdienst dieser legislatorischen That gebührt dem deutschen Bunde, welcher in einer Reihe von Beschlüssen, namentlich von 1832, 1837 und 1845 die Rechtswidrigkeit des Nachdrucks begründete. Diese Bundesbeschlüsse befriedigten nun freilich nicht ganz, und zwar weder in formeller Hinsicht, noch in Rücksicht auf die Vollständigkeit, und bedurften einer Ergänzung durch Particulargesetze. Aber immer bleibt es ein Verdienst, auf einem Gebiete, das partikulare Abweichungen am wenigsten vertragen kann, wenigstens die Grundlagen des Rechtsinstituts zu formeller Gemeinsamkeit gebracht zu haben, indem sonst wirklich zu befürchten stände, dass in einzelnen deutschen Staaten noch immer die vor kaum noch einer Generation verhandelte Frage erwogen würde, ob nicht der Nachdruck vielmehr als ein Vortheil zu betrachten sei*).

Mit der gesetzlichen Bestimmung, dass der Nachdruck ein strafbares Unrecht sei, ist nach meinem Dafürhalten die theoretische Formulirung dieser Lehre beschlossen. Es braucht nun nicht mehr ein höheres Rechtsinstitut zur Anknüpfung gesucht zu werden, sei es das literarische Eigenthum oder das sogenannte Autorrecht, sondern es genügt auf den imperativen Satz zu verweisen, dass das Faktum des Nachdruckens der Thatbestand einer Strafandrohung sei.

*) Inzwischen hat das hier ausgesprochene Bedürfniss seine Befriedigung gefunden durch das Bundesgesetz v. 11. Juni 1870.

IX.

Betrachtungen über das Güterrecht der Ehegatten nach deutschem Rechte.

I.*)

Es ist bekannt, dass kein Gegenstand des Privatrechts in den deutschen Rechtsquellen so häufig berücksichtigt worden ist, als das Güterrecht der Ehegatten. Fast jedes, auch das unbedeutendste Statut bringt ein paar Bestimmungen über das eheliche Erbrecht und die Abtheilung des überlebenden Gatten mit den Kindern, wenn es auch in anderen wichtigen Partieen des Privatrechts noch so lückenhaft und ungenügend sein sollte. Es ist auch ganz natürlich; denn nirgends war wohl ein dringenderes Bedürfniss nach positiver Festsetzung vorhanden, nirgends wurde der Mangel derselben schwerer als die Ursache täglicher Streitigkeiten und Collisionen empfunden. War die Ehe durch den Tod eines Gatten gelöst, so fragte es sich, wie stellen sich die Ansprüche des Ueberlebenden auf das Eingebrachte, das aber in langer Ehe verbraucht ist, dessen Werth nicht mehr festgestellt werden kann, und ferner, wie stellen sich dessen selbstständige Vortheile aus dem Nachlass des Verstorbenen zu den Erbansprüchen der Kinder, oder der sonstigen Verwandten? Wäre es die Art der deutschen Rechtsquellen, die Entscheidung solcher Fragen in bewusster

*) Zuerst veröffentlicht in Gerber's und Jhering's Jahrbüchern Bd. 1 (1857), S. 239 flg.

Anknüpfung an ein allgemeines Princip auszuführen, so würde es der späteren Zeit nicht schwer geworden sein, wenigstens den leitenden Gedanken überall zu erkennen und zu formuliren. Aber jenes ist eben in der Regel durchaus nicht der Fall; es ist eine häufig zu beobachtende Eigenthümlichkeit des statutarischen Rechts, dass es seine Festsetzungen nicht zu allgemeiner und umfassender Beherrschung eines Verhältnisses erhebt, sondern in einer gewissen, ich möchte sagen, natürlichen Sinnlichkeit sich der thatsächlichen Entwicklung der Dinge unterordnet. So finden wir nicht selten, dass die in langer Ehe erfolgte *faktische* Vereinigung der ehelichen Güter bei der Trennung derselben auch als ein *rechtliches* Ergebniss aufgefasst wird; indem nun der Anspruch des Ueberlebenden auf seinen darin enthaltenen Eigenthumsantheil (ebenso wie sein Erbrecht) als ein Recht an dieser Gesammtmasse formulirt wird, gewinnt er ganz den Anschein einer erst jetzt begründeten Forderung. Damit ist der Boden des strengen Rechts verlassen und das Gebiet einer Willkür beschritten, die sich in einer kaum übersehbaren Menge der verschiedenartigsten Festsetzungen kund gibt.

Diese Festsetzungen haben ausserdem noch das Eigenthümliche, dass sie sich meist nur auf die Anordnung des Schicksals des ehelichen Vermögens bei der *Trennung* der Ehe beziehen, wogegen verhältnissmässig nur selten ein direkter Ausspruch über das Güterverhältniss *während* bestehender Ehe vorkommt. Das Letztere überliess man dem freien Walten der in der Ehe verbundenen Personen; erst bei der Auflösung derselben, wenn nicht der Gatte dem Gatten, sondern Fremden gegenüber tritt, glaubte man positiver Bestimmungen zu bedürfen. Je willkürlicher diese nun häufig ausfielen, um so weniger ist es, wie jetzt allgemein anerkannt wird, überall zulässig, aus den statutarischen Grundsätzen über *jenen* Punkt durch blosse Schlussfolgerungen das Princip des ehelichen Güterrechts *während* der Dauer der Ehe zu gewinnen.

Allerdings hat sich dies später geändert. Die Gesetzgebungen vom sechzehnten Jahrhundert an enthalten zum grössten Theile auch Bestimmungen über das eheliche Güterrecht selbst. Unter dem Einflusse einer fruchtbaren Doctrin entstand eine Reihe von Principien darüber, welche mehr oder weniger praktischen Einfluss gewonnen haben. Nicht nur wurden neue Gesetze erlassen, in welchen das eine oder das andere System ausdrücklich sanctionirt ward, sondern auch die älteren weniger deutlichen Statuten suchte man in der Weise der neuern Lehre zu classificiren und zu ergänzen.

So hat es die Doctrin nach und nach zu einer gewissen Einheit des Rechts in dieser Lehre gebracht, aber doch nicht in der Weise, dass, wie in andern Fällen, *ein* Institut als das herrschende und entscheidende für ein bestimmtes Verhältniss angenommen werden konnte; sondern sie sah sich genöthigt, den Stoff in mehreren gleichberechtigten Gruppen zu entwickeln, in welchen die wichtigsten Gegensätze der statutarischen Festsetzungen ihre Anerkennung finden sollten. Es ist bekannt, dass die früheren Schriftsteller zwischen den Statuten der *Gütergetrenntheit* (modificirtes Dotalsystem) und denen der *Gütergemeinschaft* in ihren verschiedenen Formen, Arten und Unterarten unterschieden. Die letztere wurde als das eigentlich deutsche System bezeichnet, obschon die Praxis mehr und mehr den Beweis lieferte, dass eine Reihe sehr bedeutender Statuten dieser Classe zu demselben gar nicht passe, und obschon die Wissenschaft unwiderleglich nachwies, dass es im mittelalterlichen Rechte keine Begründung finde, dass es vielmehr seine *eigentliche* Entwicklung erst durch eine falsch germanisirende Doctrin im Kampfe mit der romanisirenden Jurisprudenz erhalten habe. Es war daher an der Zeit, sich von jenem unrichtigen Schematismus der zwei Gegensätze, unter welche alle Rechte gezwängt werden sollten, loszusagen, und zu dem System zurückzukehren, welches ohne Zweifel allein das eigentlich deutsche ist, zu dem der *Gütereinheit*, wie ich es nennen zu sollen geglaubt habe.

Indessen kann nicht geläugnet werden, dass das zuletzt genannte System bis jetzt noch keine genügende Ausbildung erhalten hat. Früher ganz übersehen, oder den Spielarten der Gütergemeinschaft zugerechnet, wurde es später, als man seine selbstständige Berechtigung erkannt hatte, vorerst doch mehr als ein bloss verneinendes Ergebniss betrachtet; es sollte damit geläugnet werden, dass ein bestimmtes Statut die eigentliche Gütergemeinschaft festsetze, indem es sich vielmehr um eine Vermögenseinigung geringeren Grades handle. Selbst durch die Beschaffenheit der Quellen wurde eine positive Construction in hohem Grade erschwert, da sie unter einander in der Bestimmung des Einzelnen sehr abweichen, ohne doch die Grenze des an und für sich biegsamen und die Möglichkeit vieler Varietäten einschliessenden Begriffs der Gütereinheit zu verlassen. Unter diesen Umständen mag ein Versuch gerechtfertigt erscheinen, die positiven Elemente des Systems namentlich im Gegensatze zur allgemeinen und particulären Gütergemeinschaft umfassender zu entwickeln. Hierbei darf aber eine gewisse Freiheit der Behandlung Entschuldigung finden, da es nicht bloss Aufgabe der Wissenschaft ist, das sich so vielfach widerstrebende statutarische Matérial zu einer am Ende doch nur scheinbaren Einheit zusammenzusetzen, sondern auch die darin liegenden allgemeinen Grundgedanken einmal ungehemmt in ihren Consequenzen zu entwickeln, — eine zwar auf der Vergangenheit ruhende, aber doch mehr der Zukunft zugewandte Arbeit. —

Noch immer ist die früher oft gehörte Meinung nicht ganz verschwunden, dass die eheliche *Gütergemeinschaft* dasjenige Rechtsinstitut sei, in welchem die sittliche Idee der Ehe, wie sie im Bewusstsein des deutschen Volks lebe, recht eigentlich ihren Ausdruck finde. Es sei das Wesen der Ehe, die innigste Lebensgemeinschaft der Gatten zu begründen, welche alle menschlichen Beziehungen, die persönlichen wie sachlichen umfasse. Sowie der Gatte nach Abschluss der Ehe gewissermassen aufhöre, eine Persönlichkeit für sich zu sein, so entspreche es auch dem Wesen der Ehe allein, wenn es in ihr kein Sondervermögen mehr gebe: was früher Mein war, ist nun ebenso sehr Dein, und was Dein war, ist nun ebenso sehr Mein.

Der Kern von Wahrheit, der in dieser Anschauung liegt, ist, wie man leicht erkennt, mit einer bedeutenden Zuthat irrthümlicher Vorstellungen verbunden *). Die vollendete Lebensgemeinschaft, welche das Wesen der Ehe, und wenn man so will, ganz vorzüglich der deutschen Ehe darstellt, ist eine sittlich-freie; sie vernichtet keineswegs die selbstständige Persönlichkeit der Gatten, verwandelt sie nicht in „eine Person"**),

*) Das Richtige hat schon *Hasse*, Das Güterrecht der Ehegatten nach röm. Rechte. 1824. S. 14.

**) Dahin rechne ich auch die Gesetzgebungen, welche die Persönlichkeit der Frau in der des Mannes verschwinden lassen. So bei der römischen *conventio in manum*. So auch die bei *Hasse* S. 19 citirte merkwürdige Stelle aus dem Indischen Gesetzbuche: „Der Mann und seine Frau sind eine Person, der vollkommene Mann besteht aus sich selbst, seinem Weibe und seinem Sohne."

Eine Form dieser unrichtigen Auffassung ist nach meiner Ansicht auch die Theorie, welche den Mann zum alleinigen Eigenthümer des ehelichen Vermögens macht. Auch sie lässt die Persönlichkeit der Frau in der des Mannes aufgehen. Sowie sie früher von mehreren Schriftstellern für das Lübische Recht behauptet wurde, so soll sie jetzt auch für das Hamburger Recht gelten, wie *Baumeister* in seinem sonst trefflichen Hamburger Privatrecht (1856) II, S. 163 annimmt, ein Werk, das mir erst lange nach Abfassung obiger Abhandlung zukam und daher nur noch in dieser Anmerkung berücksichtigt werden kann. Nach meiner Ueberzeugung aber ist jene Theorie weder im deutschen Rechte überhaupt, noch auch im Hamburger Rechte begründet. Sie widerspricht dem Grundgedanken des deutschen Rechts, das dem Manne zwar wohl eine *Vertretung* der Frau gewährt, aber ihre Persönlichkeit nicht durch ihn ganz entziehen lassen will. Beim Hamburger Recht handelt es sich wie bei den meisten reicheren Statutarrechten um die Deutung einer Menge von einzelnen Bestimmungen, welche im Laufe sondern begründet nur eine unwandelbare Einigung derselben im Wollen und Handeln. Eine unmittelbare Beziehung auf das *Vermögen* hat die Ehe nicht; aber als ein den ganzen Menschen erfassendes Verhältniss bleibt sie nicht ohne allen Einfluss auf diese wichtige Seite des äusseren Lebens. Ihre Forderung in Bezug auf das Gebiet des Vermögens besteht aber offenbar nur darin, dass hier jene Einigung im Wollen und Handeln, welche im Wesen der Ehe überhaupt liegt, nicht unterbrochen werde. Aber auch hier ist diese keine mechanische, sondern eine sittliche, auf freier Unterwerfung unter

der Zeit ohne das Bewusstsein einer regulirenden Gesammtidee und oft nur aus isolirter Betrachtung des Einzelnen stückweise hervorgebracht sind. Es ist schwer, daraus mit Sicherheit eine einfache juristische Summe zu ziehen. Aber viel natürlicher scheint es mir doch, zu sagen, diese Bestimmungen in ihrer Unregelmässigkeit seien eine Ausartung und Verwilderung des im ursprünglichen Hamburger Rechte befindlichen altsächsischen Rechts, als sie plötzlich in den Rahmen einer Vorstellung zu fassen, der es an einem äusseren und inneren geschichtlichen Grunde gebricht, und die ich doch nur für eine sehr subjektive halten kann. Sieht man aber hiervon ab und fragt einfach, ob die dogmatischen Bestimmungen des Hamburger Rechts besser zu dem System der Gütereinheit oder besser zu dem System des ehemännlichen Alleineigenthums passen, so wird man sagen müssen, dass jede dieser beiden Auffassungen bei ihrer Anwendung mit einzelnen Schwierigkeiten zu kämpfen hat, sofern man sie in principieller Schroffheit mit unbeugsamen Consequenzen zur Geltung bringt; gleichzeitig aber wird man sich der Erwägung nicht verschliessen können, dass der Anspruch principieller Schroffheit weit mehr jener Idee der ehemännlichen Alleinherrschaft als der die Freiheit der Bewegung einschliessenden und biegsamen Idee der Gütereinheit eigenthümlich ist, dass mithin jenes System weit weniger Widerstand vertragen kann als letzteres. Aber auch abgesehen hiervon stimme ich gar nicht mit *Baumeister* darin überein, dass das Verhältniss der Indicien des Hamburgischen Rechts für das eine oder das andere System dem Alleineigenthum des Mannes günstig sei, und ich kann die Einwendungen, welche er sich S. 163 selbst machen muss, für nichts weniger als beseitigt halten mit der Bemerkung, dass es sich hier um „Singularitäten“ handle. Ich möchte schliesslich nur noch die Frage aufwerfen: wie ist wohl überhaupt von einer Erbschaft der Frau zu reden, der die Ehe die ganze vermögensrechtliche Persönlichkeit entzogen hat?

das Gesetz der Liebe beruhende, d. h. in dem Gefühle des Gatten wird der eigennützige Gedanke des Sondervermögens keinen Raum finden, jeder wird sein Vermögen ohne Rückhalt als den Zwecken der Ehe dienstbar betrachten. Nun ist es doch offenbar, dass es nicht Aufgabe des Rechts sein kann, dies Resultat in plumper Zudringlichkeit durch eine Zwangseinrichtung festzustellen, aus jenem edeln Gedanken die rohe Consequenz einer mechanischen Eigenthumstheilung bei der Ehe zu ziehen. Ich läugne nicht, mir hat das Institut der Gütergemeinschaft immer den Eindruck einer juristischen Petulanz gemacht, eines frivolen und zerstörenden Eingriffs in ein Verhältniss sittlicher Freiheit. Es liegt etwas Verletzendes und Beschämendes in einer Vorschrift, welche ankündigt: sobald du heirathest, verlierst du die Hälfte deines Vermögens, gewinnst aber die Hälfte des Vermögens deines Gatten. Allerdings wird dieser Eindruck gemindert, wenn man als das Wesen der Gütergemeinschaft nicht ein Communionsverhältniss zu ideellen Theilen, sondern das sogenannte Gesammteigenthum annimmt, das jeden Gatten zum Eigenthümer des ganzen Vermögens macht. Ich brauche aber nicht zu wiederholen, dass dieser Begriff juristisch unmöglich ist, und möchte hier nur die Bemerkung anknüpfen, dass dieser wissenschaftlich unmögliche Begriff des Gesammteigenthums auf den irrthümlichen Glauben zurückzuführen ist, für jene Forderung des sittlichen Lebens eine privatrechtliche Formel gewinnen zu können. Dasselbe gilt von dem Versuche, die Gütergemeinschaft in der Fiction der Ehe als einer juristischen Person zu retten.

Sowie nun die Gütergemeinschaft, d. h. eine durch die Ehe bewirkte Eigenthumsveränderung, nach dem Angeführten nicht als eine Forderung des Wesens der Ehe, sowie sie ferner anerkanntermaassen nicht als das eigentlich deutsche Institut betrachtet werden kann, so empfiehlt sie sich andrerseits auch nicht durch einen etwaigen praktischen Werth.

In dieser Hinsicht hat man wohl als einen Vorzug derselben die „Einfachheit“ gerühmt, mit welcher die Vermögensverhältnisse der Ehegatten geordnet würden. Man kann dies bis auf einen gewissen Grad zugeben; es ist einfach, wenn das Gesetz sagt: jeder Gatte hat zu jeder Zeit von dem ganzen vorhandenen ehelichen Vermögen, mag es wachsen oder schwinden, die Hälfte. Allerdings ist bevormundende Willkür des Gesetzes in der Regel „einfach“, aber sie ist zugleich eine Verletzung der Persönlichkeit, und dieser Nachtheil möchte schwerlich durch jenen Vorzug ausgeglichen werden. Man hat auch wohl angeführt, dass in gewerbreichen Städten die Gütergemeinschaft wünschenswerth sei, weil es den Credit des Handelsmannes vermehre, wenn man wisse, dass auch das Vermögen der Frau den Gläubigern unbedingt verhaftet sei; allein auch diese Empfehlung des Instituts möchte sich kaum bewähren. Entweder wird die Frau ohnedem kraft freien Entschlusses ihr Vermögen dem Manne für seine gewerblichen Zwecke zur freien Verfügung stellen, — dann bedarf es keiner Zwangsvorschrift, oder sie wird dies nicht wollen, dann ist ein Gesetz ungerecht, das sie willenlos macht und die Ehe einem merkantilischen Speculationsmittel annähert. Legt man überhaupt den Maassstab der Zweckmässigkeit in Rücksicht auf die Verschiedenheit menschlicher Lebensverhältnisse an, so wird man bald finden, dass das Gebiet nur sehr klein ist, auf dem die praktische Wirksamkeit der Gütergemeinschaft nicht geradezu verletzend ist; abgesehen davon, dass sie für die Fälle nicht passt, wo das Vermögen eines Gatten in geschlossenen Stamm-, Lehen- oder Bauergütern besteht, wird sie ungerecht, wenn nur ein Ehegatte reich oder erwerbfähig ist, indem sie in Fällen der Ehescheidung oder der Auflösung der Ehe durch den Tod einen Theil der Güter, die der überlebende reiche oder erwerbfähige Gatte als sein Vermögen in die Ehe brachte oder während derselben erwarb, ohne allen Grund ihm entzieht und dritten Personen zuwendet.

Ich wende mich zu der sogenannten *particulären Güter-*

gemeinschaft. Dabei übergehe ich die sogenannte Mobiliargemeinschaft, ein System, welches denselben Bedenken als die allgemeine Gütergemeinschaft unterliegt; denn wenn es auch das mechanische Princip der Eigenthumsvertheilung auf eine gewisse Classe von Gütern beschränkt, so ist doch diese Beschränkung nach der heutigen Bedeutung des Grundeigenthums im allgemeinen Vermögensrechte willkürlich und ohne innere Berechtigung. Bei Weitem wichtiger ist für uns die *Errungenschaftsgemeinschaft* *).

Es hat mich nicht überrascht, wenn ich von der ehelichen Errungenschaftsgemeinschaft rühmen hörte, dass sie alle Interessen befriedige, welche in der Ehe in Rücksicht auf das Vermögen hervortreten. Hier ist nicht jene unmotivirte Vermischung des Vermögens; jeder Gatte behält das Seinige auch in der Ehe, und es wird dafür gesorgt, dass es erhalten bleibe. Denn wenn auch der Mann das Einbringen der Frau in einer mit ausgedehnten Rechten ausgestatteten Verwaltung hat, so ist doch durch ein Beibringensinventar genügend vorgesehen, dass man bei Auflösung einer auch noch so langen Ehe des ursprünglichen Bestandes gewiss sei, und danach den Antheil derselben wenigstens in der Form von Ersatzansprüchen festzustellen vermöge. Zugleich besteht aber der Grundsatz, dass die beiderseitigen Güter der Ehe und ihren materiellen Interessen in derselben Weise dienen sollen, wie die Personen den sittlichen Aufgaben; daher wird eine Gemeinschaft der *Früchte* des Vermögens und Dessen angenommen, was die Gatten in der Ehe durch ihre Arbeit errungen haben. Dieses Vermögen erscheint als die materielle Unterlage der ehelichen Gemeinschaft; aus ihm wird aller Aufwand desjenigen Verhältnisses bestritten, in welchem sich die Gatten als Einheit fühlen, während die beigebrachten Güter die individuelle Selbstständigkeit

*) Hierbei schwebt mir namentlich die in Würtemberg geltende Errungenschaftsgemeinschaft vor, als die am consequentesten ausgebildete.

derselben repräsentiren, die ja durch die Ehe nicht vernichtet wird. Es wird die Aehnlichkeit der Erwerbsgesellschaft herbeigezogen, bei welcher die Gemeinschaftsinteressen den Sonderinteressen, und dem entsprechend, das Gemeinschaftsvermögen dem Sondervermögen gegenüber steht. Dieser Analogie wird ferner der Einfluss gegeben, dass auch die Ehegatten mit völlig gleichen Gemeinschaftsrechten wie die Gemeiner bei andern Gesellschaften ausgestattet werden. So gestalten sich drei Massen: das Sondergut des Mannes, das Sondergut der Frau, sodann das gemeine Gut, von welchem jedem der Gatten die Hälfte gehört. Diese drei Massen stehen in einem gegenseitigen Abrechnungsverhältniss; denn sowie die Gesetzgebung genau festzustellen weiss, was als Gemeinschafts- und was als Sonderinteresse zu gelten habe, so bestimmt sie auch in ausführlicher Weise, was als Socialschuld oder Socialforderung zu betrachten sei und was allein zum Sondergut gehöre. So gewinnt man in jedem Augenblicke einen sicheren Ueberblick über den ganzen Vermögensstand, und zugleich ist ein festes Princip gegeben, nach welchem bei der Auflösung der Ehe die Theilung in der gerechtesten Weise erfolgen könne.

Ich will gern einräumen, dass die Grundgedanken, von denen das System ausgeht, im Ganzen richtig sind; aber sie sind, man möge mir den Ausdruck gestatten, zur Carricatur verbildet. Welch ein schiefer, um nicht zu sagen unwürdiger Gedanke ist es, die eheliche Lebensgemeinschaft als eine *Erwerbsgesellschaft* darzustellen! Ist es denn überhaupt zulässig, für die sittliche Einheit der Ehegatten eine privatrechtliche Formel zu verlangen? Und wenn dies der Fall wäre, würde man die *societas quaestuaria* wirklich als die wahre und entsprechende ansehen dürfen? Gewiss nicht! Es ist das ein Rest jener rohen Jurisprudenz des sechzehnten bis achtzehnten Jahrhunderts, welche vor dem inneren Wesen der Dinge stehen blieb, nur die äusseren Erscheinungen auffasste und sie nach gangbaren Kategorieen des römischen Rechts in abgeschmackter

Weise formulirte. Ich wiederhole hier, was ich schon früher, obwohl nicht ohne Widerspruch*) geltend gemacht habe: diese

*) Man sollte doch endlich aufhören, diese Errungenschaftsgemeinschaft mit *L. Ripuar.* 87, 2, *L. Sax.* 9 und *Cap. L.* 4, *c.* 9 in Verbindung zu setzen, wie dies von *Kraut* (Vormundsch. II, S. 377 flg.) und nach ihm von *Walter* (Deutsche Rechtsgesch. §. 462) geschieht. Gewiss ist in jenen Stellen mit der *tertia pars collaborationis quam uxores accipiant* nur ein Erbvortheil gemeint; und wenn einige Formeln (*Kraut* a. a. O. S. 381, N. 6) Dispositionen der Frau über diesen Errungenschaftsantheil bei Lebzeiten des Mannes beschreiben, so ist daraus nicht auf ein schon während der Ehe bestehendes Miteigenthum daran zu schliessen, sondern es liegt nur ein Beispiel der Art und Weise vor, wie sich das alte deutsche Recht das Erbrecht überhaupt dachte, nämlich als ein schon bei Lebzeiten des Erblassers bestehendes Wartrecht. Völlig unhaltbar ist es aber, eine Errungenschaftsgemeinschaft stillschweigend in dem Recht der Gerade verborgen sein zu lassen; weil die Geradestücke meist solche sind, welche während der Ehe erworben werden, so soll das Recht der Gerade eine *communio acquaestus* enthalten! Wenn ferner *Walter* a. a. O. Note 5 für die Behauptung, dass die Errungenschaft insgemein unter den Ehegatten getheilt worden sei, sich auf das Kl. Kaiserrecht II, 95 beruft, so übersieht er, dass diese berühmte Stelle gar nicht vom Erbrecht der *Ehegatten* redet. Wie wenig stichhaltig die oft gehörte Behauptung von dem „*altfränkischen* Rechte der Errungenschaftsgemeinschaft" ist, sollte man doch endlich aus der trefflichen Abhandlung *Euler's* in der Zeitschr. f. deutsch. R. Bd. 10 (S. 2. 29. 44) gelernt haben. Sie ist eine neue Entdeckung der rationalistischen Jurisprudenz, welche das angeblich in der Ehe enthaltene Societätsprincip auf sein natürliches Maass zurückführen wollte. Weder in Frankfurt noch in Württemberg bestand vor der Gesetzgebung des sechzehnten Jahrhunderts eine Spur von Errungenschaftsgemeinschaft! Ueberhaupt sollte man daraus, dass eine Gesetzgebung der Frau nach dem Tode des Mannes einen Antheil an der Errungenschaft beilegt, nicht sofort auf jenes System der *communio acquaestus* schliessen. Vgl. die richtigen Bemerkungen bei *Bluntschli,* D. Pr.-R. II, S. 207. Die Zurückversetzung der Errungenschaftsgemeinschaft ist ein schlimmer Anachronismus. Es wird damit dem Mittelalter ein Ideenkreis aufgebürdet (Etatwirthschaft mit Abrechnungsverfahren in der Ehe), der keiner Zeit fremder sein kann, als dieser; und diese Ideen gehören nicht etwa nur dem *ausgebildeten* System an, denn auch die einfachste Gestaltung einer Errungenschaftsgemeinschaft macht die Abtheilung in drei Massen und die Feststellung ihres Verhältnisses nöthig.

Errungenschaftsgemeinschaft gehört gar nicht dem reinen deutschen Rechte an, sondern jener späteren Doctorenjurisprudenz, welche uns mit den Erbverträgen, der sinnlosen Vervielfältigung des Retracts, und ähnlichen Bildungen beschenkt hat.

Soll die hier dargelegte Idee der Errungenschaftsgemeinschaft eine Wahrheit werden, so ist zunächst eine Einmischung der Behörden nicht zu umgehen. Das Beibringensinventar muss eine von der Obrigkeit geforderte, vielleicht auch von ihr angefertigte, jedenfalls öffentlich aufbewahrte Urkunde sein. Nur auf diese Weise lässt sich die Idee des Instituts verwirklichen: Sicherung des Bestands des beigebrachten Vermögens auch bei noch so langer Dauer der Ehe, und selbst für den Fall, dass der einzige Zeuge darüber verschwunden wäre, — und folgeweise: Sicherung des Maassstabs der dereinstigen Abrechnung zur Scheidung der Sondergüter vom gemeinen Gute. Wie störend ist aber diese Einmischung, wie wenig wird das feinere Gefühl geschont, wenn gleich bei der Eingehung der Ehe der Notar in das kaum gegründete Haus eindringen, und Stück für Stück des beiderseitigen Beibringens in seine Akten registriren darf! Das System legt ferner die Nöthigung einer Art von Etatwirthschaft oder einer genauen dreifachen Buchführung in der Ehe auf; welch einen Grad von engherziger Entäusserung jedes freien Vertrauens setzt es voraus, wenn es verlangt, dass sich die Gatten bei jeder Ausgabe und jeder Einnahme bewusst sein sollen, ob dies dem Sondergute des Mannes, dem der Frau oder dem Socialgute zugerechnet werden müsse! Wie wenig entspricht es der vollen Hingebung, welche das sittliche Princip der Ehe fordert, wenn das Güterrecht in jedem Augenblicke eine Erinnerung des Vermögensgegensatzes anregt, wie dies bei diesem steten Abrechnungsverfahren der Fall ist! Man wird vielleicht sagen, dass diese Mängel im Leben selbst weniger empfunden werden, indem die vom sittlichen Geiste wahrhaft beseelten Gatten sich gegenseitig vertrauen und in freiem Schalten und Walten die Formen überspringen, die ihnen das Gesetz vorzeichnet. Aber dies beweist nur, dass ein gesundes Volksleben sich selbst von der engherzigsten Gesetzgebung nicht unterdrücken lässt, es beweist Nichts für die Brauchbarkeit eines Princips, das dem mechanischen Schreiberthum selbst auf das innerlichste Verhältniss des Lebens einen zersetzenden Einfluss gönnen will.

Wenn aber das System nur gerecht wäre! Ist es aber wohl gerecht, wenn das Gesetz ohne Unterscheidung der Verhältnisse allen während der Ehe gemachten Erwerb zu gleichen Theilen unter die Gatten vertheilt? Dies mag in den niedern Arbeitsständen angehen, bei denen die Frau nicht minder als der Mann auf Erwerb ausgeht, aber gewiss nicht in jenen Kreisen, in denen der Mann der durch seine Geschäftsthätigkeit und sein geistiges Capital allein erwerbende Theil ist. Man kann sagen, es dürfe dem Manne wenig verschlagen, ob er seinen Erwerb mit seiner Lebensgefährtin getheilt wisse, oder ob er ihm allein verbleibe, denn in einer wahren Ehe solle ja thatsächlich doch alles Vermögen gemeinsam sein. Dabei ist aber der Fall nicht berücksichtigt, wenn die Frau (vielleicht ohne Hinterlassung von Kindern) stirbt, indem alsdann die Hälfte des vom Manne gemachten Erwerbs zum Nachlasse der Frau gehört, bei welchem er mit den erbberechtigten Verwandten der Letzteren als Erbe zusammentrifft. Wollte ein heirathslustiger Mann eine Ehe eingehen, welche in materieller Hinsicht dem Princip dieser Errungenschaftsgemeinschaft entspräche, so müsste er sich vorher überlegen, ob das Vermögen seiner Erwählten dem Werthe seines eigenen Guts mit Einrechnung seines geistigen Erwerbscapitals entsprechend sei. Man wird zugeben, dass eine Gesetzgebung nicht naturgemäss sein kann, deren praktischer Werth von solchen Voraussetzungen abhängt. —

Wir haben anerkennen müssen, dass das System der Errungenschaftsgemeinschaft von richtigen Grundgedanken ausläuft, aber die Ausführung derselben erscheint schon darum als mangelhaft, weil es einen dem Geiste des ehelichen Lebens widerstreitenden Verwaltungsmechanismus octroyirt. Versuchen wir nun im Gegensatze zu diesen Systemen das Princip der *Gütereinheit* zu entwickeln.

Der Gesetzgeber, welcher die ehelichen Güterverhältnisse reguliren will, muss nach meiner Ueberzeugung dem Umstande sein volles Gewicht geben, dass es sich hier um eine Anordnung handelt, welche trotz einer unendlichen Verschiedenheit faktischer Verhältnisse, wie sie das Leben bietet, immer gleich zweckentsprechend gefunden werden soll. Sodann muss er bedenken, dass es sich in der Ehe nicht um eine Vermögensverwaltung der Art handelt, wie sie der Vormund, oder der gewöhnliche Gütercurator hat, d. h. um ein Verhältniss strengster juristischer Verantwortlichkeit; denn die verwaltende Thätigkeit des Ehemannes beruht nicht auf einer willkürlichen Wahl, einem formalen Auftrage, sondern sie ist der Ausfluss eines Verhältnisses organischer Natur, ist nur die Folge seiner natürlichen Stellung. Daher kann es nicht die Aufgabe sein, für die ehelichen Güterverhältnisse ein allgemein gültiges genaues Administrationsschema vorzuschreiben, oder gar durch eine Eigenthumsvertheilung unter den Ehegatten zu sorgen. Das Richtige wird sein, im unmittelbaren Anschlusse an den sonstigen Charakter des ehelichen Verhältnisses den Ehegatten auch in Rücksicht auf das beiderseitige Vermögen eine Stellung anzuweisen, welche der Stellung derselben in dem Bereiche der persönlichen Einigung analog ist, im Uebrigen aber hier ein Gebiet innerer Freiheit in der Gestaltung der Güterverhältnisse anzuerkennen. Dies sind die Grundideen des Systems der *Gütereinheit*.

Der Ausgangspunkt desselben ist der Gedanke, dass die Ehe an der *Zuständigkeit* des Vermögens der Gatten Nichts ändert. Sie ist wesentlich eine Verbindung zu persönlich-sittlichen Zwecken, und hat zunächst auf das Güterwesen keine

Beziehung. Der Mann wie die Frau bleiben daher Eigenthümer, Niessbräucher, Gläubiger, Schuldner u. s. w. ebenso in der Ehe, wie sie dies vor der Ehe gewesen sind.

Erst mittelbar wirkt die Ehe auf das Vermögen. Die Gemeinschaft der Gatten erzeugt neue Lebensformen, Bedürfnisse und Ziele, welche nicht Aufgaben jedes Gatten für sich, sondern wesentlich beider Gatten zusammen, d. h. der Ehe sind. Diesen hat jeder Gatte, da sie ihn gleichmässig treffen, zugleich seine *Vermögensmacht* zu unterstellen.

Bevor wir jedoch zur Entwicklung des Einzelnen vorschreiten, sind hier einige allgemeine Fragen zu beantworten, nämlich was ist als Aufgabe der Ehe, insofern sie auf das Vermögen wirkt, zu betrachten? Wer hat diese Aufgaben zu bestimmen? Welche Organisation erhält das eheliche Vermögen im Dienste derselben?

Was zunächst die Aufgaben der Ehe und die ihnen entsprechende Theilnahme des Vermögens der Gatten betrifft, so tritt uns hier ein Gegensatz des deutschen und des römischen Lebens unverkennbar entgegen. Das römische Recht bürdet dem Manne allein die Tragung der ehelichen Lasten auf, und zieht die Frau nur in der untergeordneten Weise zur Mitleidenschaft, dass sie in ihrer *dos* einen Beitrag zur Bestreitung des ehelichen Aufwands gibt, der während der Ehe in das Vermögen des Mannes aufgenommen wird. Das übrige Vermögen der Frau bleibt völlig ausser dem Bereiche der ehelichen Gemeinschaft als ihr eigenes Privatgut bestehen, woran dem Manne an und für sich nicht einmal die Verwaltung gebührt. Auch scheint es, als wenn das römische Recht unter ehelichem Aufwande nur die Kosten begreife, welche der Unterhalt der zu seinem Hauswesen hinzukommenden Frau, und die Ernährung und Erziehung der Kinder verursachen; es scheint, als denke es sich dieses Gebiet getrennt von dem sonstigen Geschäfts- und Lebenskreise des Ehemannes, zu dem die Familie an sich keinen Zutritt hat. Dies ist ganz anders im deutschen Rechte.

Trotz der Verschiedenheit der ehelichen Güterrechte stimmen die Statuten doch darin überein *), dass sie die Frau mit ihrem ganzen Vermögen an den Aufgaben der Ehe Theil nehmen lassen. Auch widerstrebt uns in jeder Hinsicht die Vorstellung, als wenn die Ehe einen abgesonderten Lebenskreis neben dem sonstigen Lebenskreise des Mannes bilde. Bei uns nimmt die Frau an der gesammten Stellung des Mannes Theil, sie ist in Wahrheit nach allen Richtungen seine „Genossin", und es gibt keine Beziehung des öffentlichen und des Privatlebens, welche nicht auf die Gestaltung des ehelichen Verhältnisses zurückwirkt. Wohl mag der innere Grund dieser Verschiedenheit in der grösseren Mannichfaltigkeit und Stärke der socialen Gegensätze der germanischen Welt liegen, von denen auch die Lebensstellung der Ehefrau bestimmt wird; es ist bei uns auch für die Verhältnisse der Frau von entscheidender Bedeutung, ob der Mann dem Stande der Gewerbtreibenden, der Gutsbesitzer, der Beamten angehört, sie unterscheidet in ihm nicht den Ehemann von dem Kaufmann, Staatsdiener, Militär, sondern ihre Hingebung will auch eine Theilnahme an der Berufs- und Standesstellung des Mannes sein. Ganz richtig, obschon schlicht und einfach sagt dies das Jüt. Low (1, 36): „Mann und Frau sollen *leben* von ihrer Beider Gut."

Ganz eigenthümlich stellt sich bei dieser Frage die moderne Errungenschaftsgemeinschaft. Auf der einen Seite lässt auch dieses System das ganze Vermögen der Frau in die Ehe hinübertreten; aber es geschieht dies nur zu dem mit dem Wesen der Ehe gar nicht in Verbindung stehenden Zwecke, *damit die Ehegatten die Früchte zu gleichen Theilen gewinnen*, welche aus diesem und dem Vermögen des Mannes

*) Selbst die partikuläre Gütergemeinschaft gehört hierher, obschon sie gewisse Verwaltungsgebiete sondert. Denn auch bei der Errungenschaftsgemeinschaft ist das „Socialgebiet", für welches das Frauengut haftet, unendlich weiter als im römischen Rechte. S. indessen darüber unten das Nähere.

gezogen werden. Erst von diesem Gewinne werden die ehelichen Lasten *berechnet*, und hier wird undeutsch und doctrinär ein Gebiet der ehelichen Gemeinschaft im Gegensatze zu den Sondergebieten der einzelnen Gatten herausgekünstelt. Ich meine, es dürfte wenig Grund in dem Rechtsgefühle des Volkes haben, wenn der Württembergische Gesetzentwurf über das eheliche Güterrecht von 1840 in den Paragraphen 33 und 34 dem Manne allein die Kosten des Meisterrechts aufbürdet, welches derselbe vor der Trauung erworben oder zu erwerben sich verbindlich gemacht hat, sowie die Kosten für einseitige Dispositionen und Reisen, für die vor oder vermittelst der Trauung erfolgte Bürgeraufnahme u. s. w., wogegen der Gemeinschaft die Kosten der Trauung, gemeinschaftlicher Dispensationen und Reisen zugeschrieben werden. Wo in einer Ehe solche überkluge Unterscheidungen gemacht werden, da ist zwar vielleicht das Lob einer „guten Administration“ begründet, schwerlich aber auch jener Geist voller und vertrauensvoller Hingebung zu finden, welche doch sonst das Wesen der deutschen Ehe charakterisiren soll. Man sieht auch ganz deutlich, dass solche Bestimmungen nicht sowohl aus einer richtigen Auffassung des Geistes des ehelichen Lebens, als vielmehr aus der Idee der „Erwerbsgesellschaft“ hervorgegangen sind, die das juristische Handwerk zum Modell der Ehe erkoren hat.

Wir haben die Ansicht geltend zu machen gesucht, dass die witzige Unterscheidung zwischen Kosten der Ehe und Aufwand der Ehegatten im deutschen Leben keine Begründung findet. Die Verbindung, welche die Gatten eint, umfasst sie ganz, nach allen Beziehungen; das Geschäft, die Stellung des Mannes überhaupt modificirt und bestimmt auch die Lebensrichtung der Frau. Sowie sie mit ihrer ganzen Persönlichkeit sich dem Erwählten hingibt, um an seinem gesammten innern und äussern Leben Theil zu nehmen, so will sie auch in Bezug auf ihre Vermögensmacht nicht unterscheiden, sondern unterstellt sie ganz und ungetheilt dem ihr eigenes Interesse einschliessenden Bedürfniss des Gatten. Dass in diesem Verhältniss die Frau die untergeordnete Rolle spielt, und der Mann es ist, in dessen Hand die Gestaltung des ganzen ehelichen Lebens liegt, darf als eine sich von selbst ergebende Folge der Stellung angesehen werden, welche die Natur dem Manne im Verhältniss zur Frau anweist. „Wem ich meinen Leib gönne", sagt das alte Sprichwort, „dem gönne ich auch mein Gut".

Wenn es sich nun um die *Gestaltung* der ehelichen Güter zum Dienste für die eben geschilderten Aufgaben handelt, so ist auch hier gewiss nur diejenige für gerechtfertigt zu halten, welche sich, ohne Dazwischenschieben willkürlicher und künstlicher Maassregeln, unmittelbar an die natürlichen Verhältnisse der Ehegatten anlehnt. Unmöglich könnte dies von einer Einrichtung gesagt werden, nach welcher die Frau ihr Vermögen für sich behielte, selbstständig verwaltete und etwa nur stückweise die Erträgnisse oder was sonst erfordert würde dem Manne zur Verwendung überlieferte. Gewiss, es wäre eine völlig unnatürliche Stellung, welche das Weib einnähme; es wäre eine die erwartete Lebensgemeinschaft in einer der wichtigsten Beziehungen störende Zweiung, eine Anordnung, welche, von dem Princip des Misstrauens gegründet, eine mit dem Wesen der Ehe unverträgliche Gegensätzlichkeit in das Verhältniss der Gatten einführen würde. Sowie die Ehe für die Personen der Gatten eine unlösbare Einheit in sittlicher und gesellschaftlicher Hinsicht begründet, so entspricht auch die Vereinigung des beiderseitigen Vermögens in einer Hand allein der Auffassung, welche die Ehe in Deutschland gefunden hat. „Mann und Weib haben kein gezweiet Gut bei ihrem Leben" heisst das alte Dogma des mittelalterlichen Spieglers. Dass aber der *Mann* derjenige Theil ist, welcher das eheliche Gut in seine Hand nimmt, versteht sich von selbst. Nur glaube ich, dass man diese bevorzugte Stellung des Mannes nicht mehr auf das alte Mundium und die Geschlechtsvogtei zurückführen sollte. Diese Begriffe gehören einer Zeit an, in der ein bedeutendes Stück der öffentlichen Gewalt noch in der autonomen Macht des Hausherrn ruhte, in welcher das wehrlose (oder, wie man später annahm, das seiner Natur nach leichtfertige) Weib nebst anderen schutzbedürftigen Personen seine Vertretung fand. Davon ist heutzutage nicht mehr die Rede. Jetzt ist es nicht mehr eine *politische*, sondern lediglich die *natürliche* Stellung der Dinge, welche dem Manne jenes Uebergewicht, die Herrschaft im Hause verleiht*). „Alle Ding sollen sein in des Mannes Hand“, heisst der allgemeine Grundsatz des kleinen Kaiserrechts (2, 100).

Was ist aber nun das juristische Princip dieser Gütervereinigung? Wir haben gesehen, dass es sich durchaus nicht um eine Rechtsveränderung handelt; weder wird der Mann Eigenthümer des Vermögens der Frau, noch tritt eine Vermögenstheilung mit dem Princip der Communio zu ideellen Theilen ein, es findet keinerlei Succession statt, jeder Ehegatte bleibt auch in der Ehe Eigenthümer seiner Güter. Das gestaltende Princip dieser Vereinigung ist überhaupt kein juristisches, sondern ein sittliches Postulat des ehelichen Lebens, und in den privatrechtlichen Genossenschaftsverhältnissen ist keine Formel dafür zu suchen. Die Frau will zunächst mit den Früchten, und wo diese nicht zureichen, auch mit der Substanz ihrer Güter an ihrem Theile zur Unterhaltung des ehelichen Lebens beitragen; die Vollziehung dieser Absicht überträgt das Recht mit der Verwaltung des Vermögens dem Manne. Die rechtliche Stellung des Mannes zu dem Frauengute ist mithin die *eines stellvertretenden Verwalters eines*

*) Daher ist es auch ganz gerechtfertigt, wenn das Pr. Landr. II, 1 §. 202 flg. 274. 327 diese Rechte des Mannes auf die Frau überträgt, wenn jener seinen ehelichen Beruf durch Krankheit oder während der Abwesenheit zu erfüllen verhindert ist.

fremden Vermögens für einen allgemein bestimmten Zweck. Aber diese Stellung unterscheidet sich wesentlich von der aller andern Procuratoren. Zunächst ist die Vollmacht des Mannes eine höchst umfassende; er selbst hat den Umfang des Aufwands, dem das Vermögen dienen soll, festzustellen, und nur wenige gesetzliche oder vertragsmässige Schranken hemmen ihn; er selbst hat ferner einen hauptsächlichen Antheil an dem Genusse, den die Verwendung der ehelichen Güter bereitet; endlich verlangt die Frau von ihm keine Rechnungsablegung über die Verwendung der Früchte. Es ist ein Verhältniss des innigsten Vertrauens, und die wichtigsten Garantieen der Frau liegen in der inneren Gerechtigkeit und dem Geiste der Liebe, welchen das Recht bei dem Manne voraussetzt.

Es kommt uns vor Allem darauf an, zu constatiren, dass das Recht des Mannes am Frauengute in keiner Weise die Natur einer dinglichen Berechtigung hat. Es ist lediglich ein auf der natürlichen Stellung des Mannes beruhendes *Forderungsrecht*, allgemeiner Vermögensprocurator der Ehefrau in und für das eheliche Leben zu sein, und demgemäss den Besitz, die Verwaltung und bis auf einen gewissen Grad auch die Verfügung über ihre Güter zu haben. Der Umstand, dass er diese selbst zu geniessen hat, und dass er über die Verwendung der Früchte keine Rechnung abzulegen braucht, verwandelt sein Recht nicht, wie man oft genug zum Nachtheil der Sache angenommen hat, in einen *Niessbrauch*, auf welchem dann wieder die Pflicht zur Bestreitung der ehelichen Bedürfnisse ruhe; denn jenes ist die unmittelbare Folge der höheren Ordnung des ehelichen Lebens, und nicht erst die abgeleitete Wirkung eines dazwischen tretenden Rechtstitels des ehemännlichen Besitzes des Frauenguts. Die Annahme eines Niessbrauchs des Ehemannes ist wieder nur eine von jenen Theorieen, welche, statt den inneren Gehalt des ehelichen Verhältnisses frei und unmittelbar auf die rechtliche Gestaltung wirken zu lassen, denselben in einer fremdartigen aber sich bequem darbietenden Rechtsform verkümmern *).

Wir haben so eben die Früchte des Frauenguts erwähnt. Wir verstehen darunter die regelmässigen Erzeugnisse des eheweiblichen Capitals und nicht den ausserordentlichen Erwerb, den die Frau während der Ehe (z. B. durch Lotteriegewinn, bedeutendes Honorar für eine literarische Arbeit, Erbschaft, Schenkung) macht; ein solcher vermehrt die Substanz ihres Einbringens. Ferner wollen wir bei dieser Betrachtung die besonderen und ausnahmsweisen Verhältnisse ausser Berechnung lassen, welche statt finden, wenn die Frau als wirkliche Kauffrau und dergl. einen völlig selbstständigen Erwerbskreis gründet. Bleiben wir also bei dem engeren Begriffe der Früchte des weiblichen Vermögens stehen, zu denen freilich nicht bloss die Kapitalzinsen, Pachtgelder, Wirthschaftsrevenuen von Grundstücken u. s. w., sondern auch der Erwerb zu rechnen ist, den die Ehefrau z. B. in den niederen Arbeitsständen durch ihre regelmässige Händearbeit (als Wäscherin, Nähterin) macher kann. Wir haben gesehen, dass alle diese Früchte dem Manne für eheliche Zwecke überantwortet werden. Wie aber, wenn ein Ueberschuss über die Bedürfnisse der Ehe, eine wirkliche *Errungenschaft* vorhanden ist? Bedarf es für diesen Fall nicht einer besonderen Festsetzung?

In unendlich vielen Ehen wird von einer Errungenschaft kaum die Rede sein, indem die Früchte der ehelichen Güter und der Erwerb der Gatten für die Bedürfnisse der Ehe aufgebraucht werden. In den meisten Ehen, in denen Etwas erworben wird, wird dies das Ergebniss der Thätigkeit des Mannes sein. Hier ist auch nicht der entfernteste Grund vorhanden, das Eigenthum des Erworbenen zur Hälfte der Frau zuzutheilen; ihr Antheil daran liegt in der Theilnahme an dem

*) Ein ähnliches Rechtsverhältniss ist das des Interimswirths bei Bauergütern.

erhöhten Lebensgenuss, in der Beruhigung, welche ihr das Bewusstsein der Sicherung der äusseren Stellung ihrer Familie gewährt, die der Mann mit Hülfe reicher Erwerbsquellen zu bereiten im Stande ist. Auch wird man die Wirthschaftlichkeit und Sparsamkeit der Frau bei der Führung des Hauswesens gewiss nicht als ein der Erwerbsthätigkeit des Mannes paralleles Moment zu Gunsten einer Errungenschaftstheilung anführen können. Endlich ist der dritte schon oben erwähnte Fall möglich, dass unzweifelhaft die Früchte des Frauenguts (wie wir sie oben bestimmt haben) das Bedürfniss des ehelichen Aufwands überschreiten. Ist es nun nicht gerecht, diesen Ueberschuss, diese Ersparniss gesetzlich der Frau zuzuschreiben?

Vom Gesichtspunkte des praktischen Lebens aus muss diese Frage verneint werden. Denn einmal ist es völlig in die Willkür des Mannes gestellt, die Grösse der ehelichen Bedürfnisse festzusetzen, für welche ihm die Früchte des Frauenguts nebst den Früchten eigenen Erwerbs und eigenen Vermögens anheim gegeben sind; von seinem Willen also hängt es ab, zu bestimmen, ob überhaupt ein Ueberschuss vorhanden sein solle oder nicht. Sodann kann überhaupt von einem absoluten Ueberschuss erst am Schluss der Ehe die Rede sein. Da ist es nicht wie bei einer Handelsgesellschaft, die ihren bestimmten Geschäftskreis, ihren bestimmten Fond, ihre genau übersehbaren Interessen hat, wo von Jahr zu Jahr ein Abschluss mit genauer Vermögensbilanz möglich ist; die Ehe ist nicht eine Composition von lauter einzelnen Verwaltungsjahren, sondern hier hat das nicht nach festen Abschnitten zu begrenzende Schicksal mit inneren und äusseren Wechselfällen seine unberechenbare Einwirkung; hier kann nicht wie beim kaufmännischen Geschäft die Ungunst der Zeit umgangen werden, denn das eheliche Band ist unauflöslich für gute und böse Tage. Auch kann die Gesetzgebung nicht von der Voraussetzung ausgehen, dass in allen Ehen eine genaue Buchführung statt finde, so dass sich am Ende einer auch noch so langen

Gemeinschaft ein sicheres Facit ziehen liesse. Endlich würde es sich dabei um unüberwindliche Schwierigkeiten handeln; man denke nur an den incommensurabelen Faktor des wirthschaftlichen Talents des Mannes. Nach Allem diesem ruht es auf guten inneren Gründen, wenn das Recht die Vermögensvermehrung, welche gegenüber dem Eingebrachten sich bei der Beendigung der ehemännlichen Verwaltung herausstellt, als dem Manne gehörig betrachtet. Auch hier wird es natürlich seinem Gerechtigkeitgefühl anheim gegeben bleiben, wirkliche Ueberschüsse der Früchte des weiblichen Eheguts der Frau ausdrücklich zuzusichern, aber die Gesetzgebung ist in ihrem Rechte, wenn sie im Anschluss an die Verhältnisse der bei Weitem meisten Ehen jenen Grundsatz als Durchschnittsregel aufstellt.

Offenbar ist es diese Gedankenreihe, welche den vielen Gesetzgebungen zu Grunde liegt, die dem Manne einen *Niessbrauch* am Vermögen der Frau gewähren. Diese Formulirung ist freilich schief, unnöthig, und überspringt das Ziel. Denn warum soll z. B. die Frau nicht das Recht haben, diejenigen als solche erweislichen Früchte ihres Vermögens, welche, obschon während der Ehe gewonnen, doch bei der Trennung derselben ungebraucht vorgefunden werden, als ihr Eigenthum anzusprechen?

Wer in dieser Ausführung eine Verletzung der Interessen der Frau erblickt, der möge bedenken, dass es sich bei der Festsetzung eines ehelichen Güterrechts immer nur um Durchschnittsregeln für ein Verhältniss handeln kann, das die Möglichkeit einer unendlichen Mannichfaltigkeit faktischer Verhältnisse einschliesst. Nun lässt sich gewiss nicht leugnen, dass sich die obigen Principien, wie bereits bemerkt wurde, am meisten an die natürliche und sittliche Gestaltung des ehelichen Verhältnisses anschliessen. Gewiss ist es eine berechtigte Normalvoraussetzung, dass der Mann die Bedürfnisse seines und des Lebens seiner Familie zunächst aus den Mitteln eigener Erwerbsquellen befriedige, und die Früchte des Frauenguts mehr nur als einen *Beitrag* anzusehen habe. Ebenso wird man dem obigen System gewiss die Anerkennung gewähren müssen, dass es der im ehelichen Leben erforderlichen Freiheit der Bewegung am wenigsten Eintrag thue. Auch ist zu erwägen, dass eine wesentliche Ergänzung des Systems in der Zusicherung nicht bloss eines umfassenden und unentziehbaren *Erbrechts* des Ueberlebenden, sondern auch eines grösseren oder geringeren Niessbrauchs an dem Anderen zufallenden Theile der Hinterlassenschaft des Verstorbenen besteht. Hierdurch wird eine etwaige Benachtheiligung der Frau meist vollständig ausgeglichen werden *). Endlich bietet die Möglichkeit besonderer Festsetzungen in den Ehepakten, insbesondere die Constituirung eines Sonderguts, ein Correctiv dar, welches bei keinem Systeme des ehelichen Güterrechts entbehrt werden kann, um bei ausserordentlichen Eigenthümlichkeiten der sachlichen und persönlichen Verhältnisse einer nachtheiligen Einwirkung der Gesetzgebung zu begegnen. —

Haben wir im Vorstehenden den allgemeinen Gedanken dargelegt, von welchem das Gütereinheitssystem beherrscht wird, so sollen nun im Folgenden einige der wichtigsten Fragen der Ausführung im Einzelnen besprochen werden.

Wir haben gesehen, der Grundgedanke des Systems liegt in dem Satze: dass die Ehe an der Zuständigkeit des Vermögens der Ehegatten Nichts ändert. Sowie der Mann in der Ehe Eigenthümer, Niessbräucher, Pfandgläubiger, Vasall, Gläubiger, Schuldner in derselben Weise bleibt, wie er es vor der Ehe war, so auch die Frau. Dagegen nimmt der Mann die Güter der Frau mit eigenthümlichen Befugnissen in die

---

*) Dies Erbrecht ist namentlich auch eine Entschädigung für den alleinigen Gewinn der Errungenschaft durch den Mann. Darum ist es aber nicht nothwendig, es als einen Theil dieser letzteren zu constituiren, wie es manche ältere und neuere Statuten gethan haben.

Hand. Das hieraus hervorgehende Verhältniss ist nun näher zu entwickeln.

1) *Stellung des Mannes.* Das Verwaltungs- und Dispositionsrecht über sein voreheliches und sein während der Ehe erworbenes Vermögen wird durch die Ehe in keiner Weise berührt. In Bezug auf das voreheliche und während der Ehe erworbene Vermögen der Frau hat er zunächst die *Verwaltung* anzusprechen. Hiernach ist er zu allen Rechtsgeschäften befugt, welche sich auf die ordnungsmässige Erhaltung desselben beziehen; es ist Sache der gesetzgeberischen Erwägung, zu bestimmen, ob zu seiner Legitimation bei manchen derartigen Geschäften noch die besondere Einwilligung der Frau hinzutreten müsse, z. B. bei der Kündigung und Anlegung von Capitalforderungen, der Cession von Obligationen u. s. w. Zu den Verwaltungsrechten wird regelmässig auch die Befugniss der freien Veräusserung des beweglichen Frauenguts gerechnet, — ein Satz, der einer strengen Beschränkung bedürftig wäre *). Dagegen war es von jeher allgemeiner Grundsatz, dass die Veräusserung von Immobilien nur unter Zustimmung der Frau erfolgen dürfe. Dieser Satz ist gewiss auch heutzutage aufrecht zu erhalten. Denn wenn auch einzelne Gründe des älteren deutschen Rechts jetzt nicht mehr dafür wirksam sind, so fehlt es doch auch jetzt nicht an entscheidenden Gründen; nicht nur erscheint das im Grundeigenthum angelegte Capital als das sicherste, sondern es darf auch behauptet werden, dass es mit der Individualität des Berechtigten in einem näheren und innigeren Zusammenhange steht als ein in Obligationen ruhendes Vermögen. Zu den Verwaltungsrechten des Mannes gehört ferner die Vertretung der Frau in Processen aller Art. Ist nun durch diese Ueberlassung der Verwaltung des Vermögens an den Mann der Forderung des ehelichen

*) Ein solches Veräusserungsrecht sollte nur vom Gesichtspunkte der *Verwaltung* aus zuerkannt werden.

Verhältnisses Genüge geschehen, dass die Frau ihren Rechtskreis nicht getrennt neben den des Mannes hinstelle, so bedarf sie andererseits einer besonderen Sicherheit für die Erhaltung ihres Guts und die Restitution desselben bei der Trennung der Ehe. Eine solche liegt zunächst darin, dass sie an allen Rechten, aus denen ihr Vermögen besteht, die Zuständigkeit bewahrt; sie hat das Eigenthum der Grundstücke, auf ihrem Namen stehen die Forderungen u. s. w. Sodann geniesst sie überall ein Pfandrecht am Vermögen des Mannes, resp. das Recht, eine Hypothek in das öffentliche Grundbuch eintragen zu lassen, zur Sicherung für diejenigen Ansprüche, welche durch die Fortdauer ihres Eigenthums nicht gedeckt sind. Dahin gehört der Ersatzanspruch für den Verlust oder die Werthverminderung von eingebrachten Vermögensstücken, insoweit ein solcher vom Manne durch Ueberschreitung der Grenzen seines Verwaltungsrechts und durch Vernachlässigung der in seinen eigenen Angelegenheiten angewendeten Sorgfalt verschuldet worden ist*). Endlich geben die Gesetze der Frau zu noch grösserer Sicherung das Recht, auf Entziehung der Verwaltung wegen schlechter Wirthschaft, Concurs des Mannes, Scheidung von Tisch und Bett bei Gericht anzutragen, sowie auch die Administration an sie zurückfällt, wenn der Mann aus irgend einem Grunde seine desfallsigen Pflichten zu erfüllen verhindert ist. Ueberhaupt aber bleibt es ihr überlassen, sich für die Restitution ihres Vermögens bei Eingehung der Ehe (durch Inventare u. s. w.) besondere Sicherheit zu verschaffen.

Eine *Verfügungsgewalt*, ein Recht der materiellen Verwendung hat der Mann nur in Bezug auf die Früchte des Frauenguts. Nur insoweit lässt das Recht in der Verfügung über ihre Güter die Frau durch den Mann repräsentirt werden;

*) Sie hat also z. B. keine Ersatzansprüche wegen der Deterioration von Vermögensstücken, welche zum Gebrauche in der Ehe bestimmt waren, und in diesem Dienste verschlechtert wurden.

er soll die Früchte ihres Vermögens an ihrer Stelle gewinnen und als Beitrag für die ehelichen Bedürfnisse verbrauchen. Reichen diese und die eigenen Mittel des Mannes nicht aus, so wird sie nicht widerstreben, auch die Substanz ihres Guts preiszugeben; aber hierzu bedarf es ihrer besonderen Zustimmung.

In jener Verwendung der Früchte des Frauenguts ist der Mann freilich völlig unbeschränkt. Daher ist er auch berechtigt, dieselben zur Bezahlung seiner Schulden, gleich ob vorehelicher oder ehelicher zu verwenden. Insoweit, aber auch nur bis auf diesen Punkt ist der Grundsatz berechtigt: „die den Mann trauet, trauet seine Schuld". Dagegen ist es völlig willkürlich und principlos, wenn viele Statuten die Ehefrau als solche persönlich für die Schulden des Mannes verhaftet werden lassen, oder wenigstens den Gläubigern des Gatten das Recht einräumen, das Frauengut der Substanz nach, oder doch dessen Früchte als Executionsgegenstand zu betrachten*). Der *Mann darf* die Früchte zu dem angegebenen Zwecke verwenden; er ist dazu aber nicht verpflichtet, und die Gläubiger haben kein Recht, ihn dazu zu zwingen, oder sich selbst dieses ihrem Schuldner fremden Vermögens zu bemächtigen, sofern nicht ein besonderer Grund der Mitverpflichtung der Frau vorliegt**). Auch hier zeigt es sich sehr wirksam, ob man das Recht des Mannes als einen Niessbrauch auffasst, oder nicht: denn der Niessbrauch des Ehemannes fällt ohne Zweifel in die Concursmasse***).

*) Die Darstellung in meinem System des D.Pr.-R. §. 231 ist zum Theil anders, weil sie sich an das positive statutarische Material halten musste.

**) z. B. *Negotiorum gestio, versio in rem.*

***) System des D. Pr.-R. §. 235. Die Concursgläubiger können also nach meiner Ansicht die Früchte des Frauenguts als solche (d. h. sofern sie nicht bereits in Errungenschaftsgut des Mannes verwandelt worden sind) nicht zur Concursmasse ziehen; denn sie gehören an und für sich der Frau, und wenn sie der Mann ohne Rechenschaftsablegung verwenden darf, so

2) *Stellung der Frau.* Sie hat ihr Vermögen dem Manne zur Verwaltung mit dem Rechte, die Früchte davon zu ziehen und in der Ehe zu verwenden, übergeben; der Mann hat ein Recht darauf, und die Frau darf es ihm in keiner Weise schmälern. Daher kann sie es nicht, weder ganz, noch theilweise, weder direkt noch indirekt zurückziehen. Sie ist aber darum nicht handlungsunfähig; sie kann Rechtsgeschäfte aller Art gültig abschliessen, testiren, veräussern und sich verpflichten. Haben aber diese Geschäfte eine Wirkung auf das in der Hand des Mannes befindliche Vermögen, so kann, wenn nicht der Mann ausdrücklich eingewilligt hat, eine Execution erst dann eintreten, wenn jenes wieder von den Rechten des Mannes frei geworden ist*). Die entgegengesetzte Ansicht, welche solche Geschäfte der Frau, die sie ohne Zustimmung des Mannes abgeschlossen hat, für nichtig erklärt, beruht auf der fortdauernden Einmischung des Princips einer ehemännlichen Vormundschaft**); wo eine solche nicht durch das Gesetz ausdrücklich sanctionirt ist, kann jene Wirkung als aus dem Wesen der Gütereinheit folgend nicht behauptet werden.

3) *Schuldverhältnisse.* Die Grundsätze darüber ergeben sich aus dem Bisherigen von selbst. Indessen mögen einige besondere Verhältnisse hier berücksichtigt werden. Der *Mann* kann sowohl seine vorehelichen, als die während der Ehe contrahirten Schulden jederzeit aus seinem Vermögen und aus den Einkünften des Frauenguts bezahlen. Die Frau kann er nicht selbstständig und persönlich verpflichten; sie muss ausdrücklich contrahiren, wenn sie obligirt sein soll, — abgesehen natürlich von den Verbindlichkeiten, die der Mann für die

gebührt ihm dies Recht doch immer nur von dem Gesichtspunkte aus, dass er die Frau in Bezug auf die Wirksamkeit ihres Vermögens in der Ehe *vertritt.*

*) Eine Ausnahme leidet dies nur bei Obligationen aus *Delikten.* Diese wirken absolut wegen ihres öffentlichen Charakters.

**) Aber selbst dieser Grund ist ungenügend. *Kraut,* Vormundsch. II, S. 402.

Ehefrau als Vermögensverwalter begründet. Dagegen gibt es ein Gebiet, in welchem die Frau den Mann *) verpflichten kann, nämlich das innere Hauswesen; diese Befugniss beruht nicht auf einem stillschweigenden Mandate des Mannes, sondern auf einem in der Natur des ehelichen Verhältnisses liegenden Repräsentationsverhältnisse, das von der Willkür des Mannes unabhängig ist.

Was die Schulden der *Frau* betrifft, so müssen die *vorehelichen* jederzeit auch während der Ehe aus dem Frauengute getilgt werden, und zwar ohne Unterschied, ob dasselbe schon vor oder erst während der Ehe erworben wurde (a. A. *Kraut* a. a. O. S. 413); denn es wäre widersinnig, zu bestimmen, dass die Gläubiger durch die Verheirathung ihrer Schuldnerin die Realisirbarkeit ihrer Forderungen einbüssen sollten. Contrahirt dagegen die Frau während der Ehe ohne Einwilligung des Mannes Schulden (und zwar eigene, d. h. auf ihren Namen), so braucht der Mann ihr Vermögen, das er in seiner Verwaltung hat, den Gläubigern nicht zur Execution preiszugeben. Dies ist anders, wenn er ausdrücklich zustimmte; aber unrichtig ist es, für diesen Fall sogar von einer Haftung des ehemännlichen Vermögens nach einem allgemeinen deutschen Herkommen zu reden **). Schulden endlich, welche auf einer

*) Insoweit hat *Walter*, D. Pr.-R. §. 193, 7 Recht, wenn er aus solchen Handlungen der Frau nur den Mann verpflichtet werden lässt; denn *sein* Hauswesen ist es, welches die Frau besorgt, und der Vermögensbeitrag der Letzteren ist schon in den dem Manne übergebenen Früchten ihres Guts enthalten. Ich berichtige damit gern eine Ansicht meines D. Pr.-Rechts §. 231, N. 8. — Ein anderes Repräsentationsrecht der Frau, in Fällen der Krankheit und Abwesenheit des Mannes, ist schon oben erwähnt worden. In diesen Fällen kann sie nicht bloss sich, sondern auch ihren Mann wirksam verpflichten. Zu beschränkt fasst dies auf *Runde*, Deutsch. ehel. Güterr. §. 41.

**) So *Walter* a. a. O. §. 193, 12, und *Kraut* a. a. O. S. 415. Man unterscheide natürlich von der *Einwilligung* des Mannes in die Schuld der Frau einen *Auftrag* desselben, für ihn zu contrahiren.

der Frau angefallenen Erbschaft ruhen, kann dieselbe, wenn nicht der Mann ausdrücklich zur Annahme einwilligte, bis zur Trennung der Ehe nur aus den Erbschaftsgütern bezahlen*).

Contrahiren endlich die Gatten gemeinsam, so entsteht eine Obligation mehrerer gemeinschaftlicher Schuldner, deren Wirkung durch das eheliche Güterrecht in keiner Weise berührt wird. Denn der Schuldentheil der Frau gilt als mit seiner Einwilligung begründet. —

Dies sind die Grundideen und Grundzüge des Systems des ehelichen Güterrechts, welches im Wesentlichen als das eigentlich deutsche, dem mittelalterlichen Rechte entsprechende betrachtet werden muss. Aber es steht ihm, wie wir zu zeigen versuchten, nicht bloss das historische Recht zur Seite, sondern es ist auch dasjenige, welches sich als das dem Wesen der Ehe überhaupt am meisten angemessene darstellt. Wenn nun statutarische Willkür und Missverständnisse der Doctrin Vielerlei hinzugesetzt haben, wodurch die eigentliche Natur desselben verdunkelt werden konnte — Niessbrauch des Ehemannes, vollständige Haftung der Substanz des Frauenguts für die Schulden des Mannes, Verschmelzung der ehelichen Güter bei der Trennung der Ehe durch den Tod eines Gatten u. s. w. —, so darf diese Veränderung nicht als die Entwickelung zu einer höheren Stufe der Rechtsbildung (wie man wohl die Gütergemeinschaft bezeichnet) betrachtet werden, sondern als eine Verunstaltung, welche unsere Zeit allen Grund hat mit der Rückkehr zu jenem einfachen System zu entfernen**).

*) Richtig *Walter* a. a. O.

**) Mit richtigem Takte haben auch die beiden grössten Civilgesetzbücher Deutschlands das oben geschilderte Gütereinheitssystem im Wesentlichen angenommen, obschon es in ihnen durch mancherlei Zuthaten entstellt wird. Am nächsten kommt unserer Auffassung der von *Runde* in seiner Monographie über das eheliche Güterrecht ausgearbeitete Entwurf.

II.*)

Als mir vor zwanzig Jahren bei der Ausarbeitung meines Systems des deutschen Privatrechts die Aufgabe entgegentrat, die Lehre vom ehelichen Güterrecht in einer dem Gesammtplane jener Arbeit entsprechenden Weise zu gestalten, hatte ich die Empfindung, dass hier Schwierigkeiten überwunden werden müssten, wie sie kein anderer Stoff jenes Lehrkreises darböte. An keiner anderen Stelle erschien die statutarische und gesetzliche Rechtsproduction mannichfaltiger, willkürlicher und zusammenhangsloser, und somit die Stellung einer dogmatischen Wissenschaft, welche sich die Darlegung *einheitlicher* Entwickelungen zum Ziele setzt, bedenklicher.

Dass dies wo immer möglich das Ziel einer wissenschaftlichen Behandlung des deutschen Rechts in Geschichte und Dogmatik sein müsse, habe ich nach *Eichhorn's* Vorgange damals angenommen, und halte auch jetzt noch daran fest. Ich weiss es wohl, dass die Richtung unserer neuesten Rechtshistoriker theilweise eine andere ist. Während noch *Eichhorn* sich der unendlichen Fülle des partikularen Rechtsstoffs gegenüber nur so verhielt, dass es ihm hauptsächlich auf die Hervorhebung der Punkte ankam, in welchen der Zug einheitlicher Rechtsentwickelung erkennbar war, lehnen wohl neuere Rechtshistoriker eine solche Tendenz als „unfruchtbar" ab und beharren in der selbstgenügenden Betrachtung des Particulären. Es ist natürlich, dass bei einem solchen Standpunkte die oft

*) Zuerst im Drucke veröffentlicht als Leipziger Decanatsprogramm im Februar 1869. Die Abhandlung ist sodann auch in die „Sammlung von Abhandlungen der Mitglieder der Leipziger Jur.-Fac. 1. Bd." aufgenommen worden.

an sich schon dürftigen und matten Linien des Zusammenhangs einheitlicher Principien eine geringere Beachtung finden, als die ausserordentliche Menge der Gegensätze, durch welche sich die vielfachen Gruppen der überreichen deutschen Rechtsbildung von einander scheiden. Einmal einer solchen Richtung ergeben, entdeckt man leicht innerhalb der erkannten Gruppen immer kleinere Bildungskreise, und ist zuletzt wohl geneigt, das grosse deutsche Rechtsgebiet nur noch als ein Aggregat unübersehbarer Ortsrechte zu behandeln, — es wiederholt sich darin im Grunde genommen nur der realistische Zug, der jetzt alle anderen Wissenschaften beherrscht, die Abneigung gegen die Verbindung des Einzelnen zum Ganzen, das Beharren in der Constatirung isolirter Erscheinungen. So wenig nun einer solchen Richtung die wissenschaftliche Berechtigung abgesprochen werden kann, insofern sie im Dienste der historischen Wahrheit die örtlichen Rechtszustände in ihrer wirklichen Beschaffenheit darlegt und vor Täuschungen über nicht erfindliche Rechtsgemeinschaften bewahrt, so sehr kann sie zur Einseitigkeit ausarten, wenn sie die niemals ganz fehlenden Spuren einheitlicher Rechtsentwickelung geflissentlich in den Hintergrund stellt, und der Erforschung und Geltendmachung derselben die Anerkennung als eines gleich berechtigten Strebens bestreitet. Dies gilt zumal von der Dogmatik des deutschen Privatrechts. Es ist bekannt, dass die Fortbildung des Rechts in Deutschland seit dem sechzehnten Jahrhundert fast ausschliesslich der *Wissenschaft* zugefallen ist. Sowie das römische Recht vorzugsweise als wissenschaftliches Recht zur Geltung kam, so wurde seit jener Zeit allmählich auch das deutsche Recht von der an der Aneignung des fremden Rechts herangewachsenen Wissenschaft ergriffen. Aber diese Wissenschaft bedurfte und verlangte dem römischen Rechte gegenüber ein einheitliches Objekt. Sie konnte dies nur gewinnen, indem sie aus den wildwuchernden, aber nicht immer zur Blüthe gelangten Statutarrechten die gemeinsamen Gedanken ermittelte und in deren Entwicklung den Mangel einheitlicher Pflege des deutschen Volksrechts ersetzte. So erwuchs eine Wissenschaft, welche ihr unmittelbares Objekt zwar erst künstlich aus den Statutarrechten herausbilden musste, aber trotzdem seit zweihundert Jahren ein unentbehrlicher Leiter der Praxis aller Orten geworden und auf Gesetzgebung und Rechtssprechung den entschiedensten Einfluss gewonnen hat; ihr allein fiel die Aufgabe der Fortbildung, ja in vielen Stücken auch der Erhaltung des einheimischen Rechts zu. Bei der Eigenthümlichkeit der deutschen Rechtsbildung entsprach jene Wissenschaft einem unabweislichen Bedürfnisse und einem durchaus anzuerkennenden Streben; sie errang sich allmählich in der Praxis eine volle Berechtigung, und wird am wenigsten jetzt, nachdem sie so Bedeutendes für die Herbeiführung eines nationalen Rechts gewirkt hat, durch eine blosse Statistik des Statutenrechts oder Particulargesetzeskunde verdrängt werden. Bei der produktiven Kraft der unendlichen Zahl neben einander wirkender Rechtskreise des deutschen Volks, denen jede zusammenfassende Leitung abging, konnte es nicht fehlen, dass auch eine Masse von Keimen und Schösslingen ohne wirklichen Lebensgrund zu vorübergehender Erscheinung gelangte; um so leichter aber musste sich eine Wissenschaft historische Berechtigung erwerben, welche darauf ausging, alle vereinzelten Rechtsbildungen an dem Gedanken der einheitlich fortschreitenden Cultur des deutschen Volks zu messen, und aus der zerstreuten Fülle derselben diejenigen hervorzusuchen, in denen sich die Constanz des einheitlichen Bildungstriebes kundgibt.

Von diesen Gesichtspunkten aus suchte ich auch die Frage zu beantworten, wie man bei der Gestaltung der Lehre vom deutschen ehelichen Güterrechte in der Dogmatik des deutschen Privatrechts verfahren müsse. Dass eine blosse Nebeneinanderstellung der zahllosen particulären Sonderbildungen dem leitenden Principe dieser Wissenschaft nicht gemäss sein konnte, musste sofort einleuchten; aber auch die

Zusammenfassung derselben in grössere historische Gruppen war schwer zu erzielen, da in den Fällen, in denen solche zu einer gewissen Periode angezeigt werden, die Willkür einer späteren Zeit nicht selten die ursprüngliche Anlage durch völlige Umgestaltungen zerstört hat. Hierzu kommt aber der Einfluss einer allgemeinen Eigenthümlichkeit unserer Quellen in der Bestimmung der ehelichen Vermögensverhältnisse. Fast keins der vielen Statuten macht nämlich den Versuch, diese Verhältnisse durch centrale Principien zu bestimmen; vielmehr begnügen sie sich grösstentheils mit peripherischer und casuistischer Festsetzung der Punkte, welche bei der *Auflösung* der Ehe zur Sprache kommen, also der Rechte des überlebenden Ehegatten gegenüber den Rechten der Kinder oder sonstigen Erben. Es waren dies die Punkte, welche durchaus nothwendig bestimmt sein *mussten;* während die Verhältnisse bei bestehender Ehe unter dem Einflusse der ausgleichenden Kraft des ehelichen Lebens nur sehr selten das Eingreifen richterlicher Thätigkeit veranlassten, war dies ganz anders, wenn beim Tode eines Gatten sich eine Mehrzahl von Interessenten mit collidirenden Ansprüchen gegenüberstand. Wenn nun die moderne Gesetzgebung, welche auf der Zucht unserer jetzigen Rechtswissenschaft beruht, in solchen Fällen so zu verfahren pflegt, dass sie sich bei jeder Einzelbestimmung des Zusammenhangs derselben mit dem das Verhältniss im Ganzen beherrschenden Principe bewusst ist, so war dies doch ganz und gar nicht die Art der statutarischen Festsetzungen des Mittelalters, welche vielmehr in der Regel den einzelnen Fall als isolirtes Objekt praktischer Regulirung auffassten. Dabei durften sie sich, wenig beschränkt durch den Einfluss zwingender Principien, der freien Entwickelung von Zweckmässigkeitsrücksichten hingeben, deren Tragweite nicht über das Interesse der gerade vorliegenden Einzelfrage hinausging, — und es kann keinem Zweifel unterworfen werden, dass gerade hierin einer der hauptsächlichen Gründe der ungemeinen Zersplitterung der Satzungen über eheliches Güterrecht *) zu suchen ist. Wenn nun später die Wissenschaft sich versucht fühlte, statutarische Bestimmungen solcher Art auf centrale Gesichtspunkte zurückzuführen, so konnte es ihr leicht geschehen, dass sie jenen ein höheres Princip überordnete, an welches ihre Urheber selbst nicht gedacht hatten, und auch jetzt noch habe ich die Ueberzeugung, dass das System der materiellen Gütergemeinschaft, so wie es unsere heutige Dogmatik mit ihrem Gesammteigenthum, juristischer Person oder *communio juris* darstellt, dem Mittelalter im Ganzen fremd ist, und meistentheils nur darauf beruht, wie sich die spätere Doctrin jene älteren Statutensätze zurecht legte.

Und doch bildete diese materielle und particuläre Gütergemeinschaft den Mittelpunkt der Darstellungen, welche sich die dogmatische Behandlung des deutschen ehelichen Güterrechts zur Aufgabe stellten. Alle anderen Gestaltungen wurden wenigstens dogmatisch als unselbstständige, nicht zu eigner voller Entwickelung gelangte Bildungen angesehen, welche man geneigt war, als untergeordnete Arten der Gütergemeinschaft (sogenannte formelle Gütergemeinschaft) oder gar als fragmentarische und daher eine Verbindung mit dem römischen Dotalrechte zulassende Erscheinungen zu betrachten. Zwar hatten

*) Es lässt sich nachweisen, dass manche solcher Sätze den Charakter des Stammesrechts haben, indem sie in den Statuten eines gewissen Stammes übereinstimmend wiederkehren. Aber dazu gehören keineswegs alle die Auseinandersetzung des ehelichen Vermögens betreffenden Sätze. Vielmehr war ein grosser Theil derselben jederzeit das Produkt einer von dem Einfluss nationaler Rechtsüberzeugung unabhängigen autonomen Willkür. So reizend jene Versuche sein mögen, nach Stammesrechtsgruppen zu suchen, so ist gewiss die Warnung am Platze, dass dies Streben nicht übertrieben werden und nicht dahin führen dürfe, in allen auch rein äusserlichen Festsetzungen nationale „Systeme" zu wittern. So halte ich es z. B. nicht für berechtigt, für *alle* Statuten, welche den Antheil der Wittwe auf $1/3$ oder $1/2$ bestimmen, sofort die Einwirkung eines nationalen „Drittheils- oder Halbtheilssystem" zu behaupten.

schon *Berck* für das Bremische, *Cropp* für das Hamburgische, *Pauli* für das Lübische Recht nachgewiesen, dass das Güterrecht dieser wichtigen Lokalrechte nicht, wie man vielfach behauptet hatte, die Gütergemeinschaft sei, aber so bedeutend diese Untersuchungen auch erschienen, so hatten sie doch auf die Dogmatik des gemeinen Rechts noch keinen durchgreifenden Einfluss gewonnen.

Vor Allem schien es mir nun nothwendig zu sein, den eigentlichen Grundgedanken des deutschen Rechts zu gewinnen und zu dogmatischer Klarheit zu bringen, wie er sich in den ältesten und bedeutendsten Beurkundungen desselben ausspricht und im Zusammenhange mit dem ganzen sonstigen Rechtssysteme gerechtfertigt erscheint. Ich konnte nicht zweifeln, dass er im Ganzen in dem Principe einer *rechtlichen Organisation des ehelichen Vermögens zu einheitlicher Wirthschaft unter der Mundialgewalt des Ehemannes* enthalten ist. In diesem Principe lag nichts, was zu einer durch die Ehe bewirkten materiellen Eigenthumsgemeinschaft drängte; nur die *Einheit der Wirthschaft* wurde durch die deutsche Anschauung des ehelichen Lebens gefordert und diese in der Weise ausgeführt, dass das Frauengut dem Manne als dem Herrn und Meister des Hauses in die Hand gegeben wurde. Aber die Rechte des Mannes erschienen mir diesem Principe gemäss nicht als absolute Vermögensrechte, etwa als ein Niessbrauch, wie eine spätere weit verbreitete Formulirung sie darstellte, sondern als die durch die Zwecke der Ehe bestimmte Befugniss, die Frau als Ehegenossin in der Disposition über ihr Vermögen zu *vertreten.* Es bedarf kaum der Bemerkung, dass dieses auf der Fortdauer selbstständigen Eigenthums beruhende System auch dadurch geschichtlich gestützt erschien, dass es mit der Herrschaft des mittelalterlichen Stammgutsrechts in vollkommenem Einklang stand*).

---

*) S. *meine* Abhandlung in Gerber's und Jhering's Jahrbüchern. 1. Bd. S. 239 flg. (1857).

Ich nannte dieses System das System der *Gütereinheit.* Ich würde auf die Findung dieses Namens nicht das geringste Gewicht legen. Nur eine Bemerkung *Roth's* *), dass *Puchta* denselben zuerst gebraucht habe, veranlasst mich zu einer kurzen Rechenschaft darüber, wie ich zu ihm gekommen bin. Ich wollte damit dasjenige *positiv* ausdrücken, was der Sachsenspiegel mit seinem „kein *gezweiet* Gut" *negativ* ausdrückt; Gütereinheit sollte den Gegensatz zu *Gütergezweitheit* bilden, und andererseits die bloss *wirthschaftliche* Verbindung im Gegensatze der in dem Worte Gütergemeinschaft liegenden *Eigenthumsgemeinschaft* hervorheben **). Ob *Puchta* ***) mit der kurzen Bemerkung, die Germanisten thäten wohl, die Gütergemeinschaft zur Gütereinheit fortzubilden, wirklich an das eben geschilderte System, ob er nicht vielmehr an etwas davon völlig Verschiedenes gedacht hat, wird wahrscheinlich Niemand mehr nachzuweisen im Stande sein. Mir selbst wäre es die grösste Genugthuung, wenn ich erfahren könnte, ob ich auch hier in die Spur meines unvergesslichen Lehrers gelangt wäre.

Dass das geschilderte System zunächst in den Rechtsquellen der *germanischen* Zeit begründet ist, haben ältere und neuere Untersuchungen übereinstimmend dargethan. Ich darf mich darauf beschränken, auf die neueste Schrift darüber, die Geschichte des ehelichen Güterrechts in Deutschland von *Schröder* †), zu verweisen, der seine Erörterung mit der Bemerkung schliesst: „Weiter erfahren wir über die Verhältnisse während der Ehe Nichts, aber das Wenige genügt, um uns die beiden Grundprincipien, *Vereinigung sämmtlicher Güter in*

---

*) In der Münchener kritischen Vierteljahrsschrift X (1868), S. 170.

**) Schon *Berck* gebraucht in seinem trefflichen Buche über das Bremische Güterrecht der Ehegatten (1832) für denselben Sinn das Wort „Vermögenseinheit".

***) *Puchta,* Vorlesungen über das heut. röm. Recht. 2. Bd. S. 251.

†) *Schröder,* Geschichte des ehel. Güterrechts in Deutschland. 1. Theil 1863, S. 136—142.

Einer Hand mit Verwaltung und Niessbrauch (?) *für den Mann, und daneben die innerliche Gütertrennung*, beide aber jetzt schon hie und da durch die Anfänge einer wahren materiellen Gütergemeinschaft durchbrochen, deutlich erkennen zu lassen", — nur bekenne ich, dass ich für die letztere Bemerkung in den Ausführungen auf S. 84—103 keine genügende Begründung habe finden können. Ich beschränke mich hier auf die Bemerkung, dass Vermögensansprüche der Frau, welche auf besonderer Zuwendung, also auf *Specialtiteln* beruhen, wie die longobardische *quarta* oder die fränkische *tertia pars collaborationis* noch keineswegs ein System wirklicher Gütergemeinschaft anzeigen. Auch *Sandhaas* *) stimmt in der Gesammtauffassung des germanischen Güterrechts völlig mit der bisherigen Ansicht überein; nur behauptet er für das fränkische Recht eine wahre Errungenschaftsgemeinschaft schon während bestehender Ehe im Gegensatz zu der Ansicht, dass das eheweibliche Recht auf das Drittheil der errungenen Güter nur ein festes, d. h. nicht bloss der überlebenden Ehefrau, sondern im Falle ihres Vorversterbens auch ihren Erben gebührendes Wartrecht gewesen sei; indessen werden die schwankenden Gesichtspunkte, welche er S. 89 flg. dafür geltend macht, schwerlich als evidente Beweisführung gelten können. Dabei sei mir die Nebenbemerkung gestattet, dass *Sandhaas*, welcher drei mögliche Meinungen aufstellt, und nun am entschiedensten gegen die erste ankämpft, völlig willkürlich S. 82 meine Ansicht (Gerber und Jhering, Jahrb. I, S. 250, N. 4) unter Nr. 1 locirt, während sie vielmehr nach meiner ziemlich klar ausgesprochenen Intention allein unter die Rubrik Nr. 3 zu stellen gewesen wäre.

Allgemein anerkannt ist es aber, dass das System der Gütereinheit in unserem wichtigsten deutschen Rechtsbuche, im *Sachsenspiegel*, zum vollen Ausdrucke gelangt ist. Ob es

*) *Sandhaas*, fränkisches eheliches Güterrecht 1866, S. 77 flg.

auch der *Schwabenspiegel* enthalte, ist eine Frage, deren Beantwortung bei der Unsicherheit und grösseren Unzuverlässigkeit dieser Compilation von vorn herein von geringerer Bedeutung erscheint; jedenfalls darf man behaupten, dass — von dem Punkte der sogenannten gesammten Hand vorläufig abgesehen — bis jetzt der Nachweis einer *wesentlich* anderen Grundlage seiner Sätze noch nicht mit Erfolg versucht worden ist *).

Wohl aber hat seit oder mit der Zeit der Spiegler eine Rechtsbildung anderer Art begonnen. Es ist richtig und auch von jeher anerkannt worden, dass besonders seit dem vierzehnten Jahrhunderte die statutarische Gesetzgebung der Städte bei einer wesentlichen Veränderung der wirthschaftlichen Verhältnisse erhebliche Umgestaltungen des ehelichen Güterrechts erzeugt hat. Während das mittelalterliche Landrecht in der Hauptsache von den Einflüssen des gebundenen Immobiliarrechts beherrscht war, machte sich im städtischen Leben bald das Mobiliarrecht geltend und vermittelte die Möglichkeit freier Gestaltungen in Eheberedungen der verschiedensten Art, deren Uebung sich allmählich in statutarisches Recht umsetzte. An die Stelle der alten Specialerbrechte trat dann häufig ein Erbrecht des Ueberlebenden nach Quoten, ja selbst hie und da eine Regulirung, die man nicht mit Unrecht eine Gütergemeinschaft von Todeswegen genannt hat, nämlich ein Zusammenwerfen der beiderseitigen Güter beim Tode eines Gatten, mit Gewährung quotaler Rechte des Ueberlebenden an der so gebildeten Masse, — Gestaltungen, an welchen ohne Zweifel der gerade in den Städten wirksame Einfluss eines entwickelteren Schuldrechts seinen erheblichen Antheil hatte. Aber so mannichfaltig auch die Sätze der nach dieser Richtung tastend vorschreitenden statutarischen Gesetzgebung gewesen sind, so erschien doch eine wissenschaftliche Anschauung möglich,

*) *Schröder* (a. a. O. 2. Bd. S. 161) kommt zu dem Ergebniss, dass Nichts übrig bleibe, als alle dem ehelichen Erbrechte des Sachsenspiegels entlehnten Stellen „einfach zu streichen“.

welche in den meisten ihrer Festsetzungen kein grundsätzliches Aufgeben des Princips der Gütereinheit erblickte, sondern nur Anordnungen äusserlicher Art, d. h. Bestimmungen, welche sich auf die schliessliche Auseinandersetzung bei Trennung der Ehe bezögen.

Eine entgegengesetzte Anschauung wird nun in einer Reihe der neuesten Zeit angehörender Untersuchungen vorgetragen. In diesen wird dem Gütereinheitssystem die Bedeutung eines Grundtypus des deutschen ehelichen Güterrechts bestritten und geradezu behauptet, dass es nur einem kleinen, particulären Rechtskreise angehöre*). In einer dieser Arbeiten wird der Nachweis unternommen, dass es nur der Ausdruck einer völlig veralteten Rechtsanschauung gewesen sei, welche kurz nach der Zeit der Rechtsspiegel verlassen und durch grundsätzlich andere Rechtsbildungen ersetzt worden sei. Da nun alle diese Ausführungen auch gegen eine von mir aufgestellte Behauptung gerichtet sind, so fühle ich mich aufgefordert, darüber Rechenschaft zu geben, warum ich trotz derselben im Wesentlichen noch immer an meiner Ansicht festhalte.

Es ist indessen nothwendig, die Besprechung jener Untersuchungen nach dem Gesichtspunkte zu trennen, je nachdem sie auf der Behauptung beruhen, dass in gewissen Gegenden Deutschlands die statutarische Gesetzgebung überhaupt von ganz anderen Grundlagen ausgegangen, oder auf der Behauptung, dass das System des Sachsenspiegels zwar ursprünglich gegolten hätte, aber allmählich zersetzt und schliesslich ganz verlassen worden sei. Es ist natürlich, dass ich mich zunächst der Prüfung der letztgedachten Arbeiten zuwende, da sie sich

*) Am rührigsten bemüht sich für diese Richtung *Roth*, zuerst in einer Abhandlung in Bekker's und Muther's Jahrbuch 3. Bd., S. 313 flg. Unter lebhafter Anerkennung sind ihm *Hänel*, *Schröder*, *v. Gosen*, und in gewissem Sinne auch *v. Martitz* gefolgt, deren Arbeiten sofort wieder von Roth in verschiedenen kritischen Zeitschriften empfohlen werden.

auf das unzweifelhafte ursprüngliche Herrschaftsgebiet des Sachsenspiegels selbst beziehen. Wir haben es hier hauptsächlich mit den Ausführungen *von Martitz* *) zu thun.

Bevor ich jedoch dem Gange der zuletzt genannten Untersuchung folge, möge es mir gestattet sein, einige allgemeine Bemerkungen über die dogmatische Bedeutung des Gütereinheitssystems zur Ergänzung meiner früheren Abhandlung voranzuschicken.

Der Kernpunkt des Systems liegt in dem Gedanken, dass in der deutschen Ehe Mann und Weib gleichmässig an den Lasten der Ehe betheiligt sind, dass nicht bloss, wie nach der Anschauung des römischen Rechts, dem Manne die Aufgabe der Bestreitung der ehelichen Bedürfnisse obliegt, während die Frau mit blosser Einbringung einer *dos* abkommt. Dieser Gedanke führt zu einer wirthschaftlichen Vereinigung der beiderseitigen ehelichen Güter. Diese bedarf aber, namentlich nach Aussen, der rechtlichen Organisation. Eine solche findet sie, unter Anschluss an die natürliche Gestaltung des deutschen ehelichen Lebens, in der Ausstattung des Rechtskreises des Ehemanns, dem die Verwaltung und Verwendung auch des eheweiblichen Guts für die Zwecke der Ehe vertraut wird. Diese Grundideen können nun im Einzelnen in verschiedener Weise durchgeführt sein; insbesondere ist eine grosse Mannichfaltigkeit in der Art und Weise denkbar, wie das Recht die Gütereinheit bei Trennung der Ehe durch den Tod eines Gatten löst **), namentlich der überlebenden Ehefrau die Zurückerstattung ihres Einbringens sichert, sie durch Erbvortheile entschädigt, überhaupt die Stellung des Ueberlebenden besonders den Kindern gegenüber regulirt, — aber soweit auch die

*) *v. Martitz,* das eheliche Güterrecht des Sachsenspiegels und der verwandten Rechtsquellen 1867.

**) Dabei sind namentlich die Unterscheidung der beerbten und unbeerbten Ehe, auch die besondere Berücksichtigung des in der Ehe errungenen Vermögens die Punkte, auf welche die Statuten Rücksicht nehmen.

Statuten in dieser Beziehung auseinander gehen, und so unthunlich es erscheinen mag, alle auf die Bestimmung der letzterwähnten Punkte bezüglichen Varietäten wissenschaftlich zusammenzufassen, so bleibt es immer ein grosser dogmatischer Gewinn, wenn jener dem Wesen unserer deutschen Ehe so sehr entsprechende *Grundgedanke* als das Produkt deutscher Rechtserzeugung constatirt und gerechtfertigt werden kann. Dass dieser Gedanke wirklich nicht bloss eine vorübergehende geschichtliche Erscheinung, sondern ein lebenskräftiges Princip darstellt, das ergibt sich unzweifelhaft daraus, dass er auch in den grossen neueren Particulargesetzen, den Sächsischen und Preussischen — nur in einer etwas anderen Formulirung — festgehalten worden ist.

Eine ganz andere Anschauung findet sich bei *v. Martitz.* Er meint (S. 240), dass das Recht des Sachsenspiegels einer Culturperiode angehöre, welche schon zur Zeit seiner Abfassung wenigstens theilweise überwunden war. Es ist allerdings richtig, dass der Hintergrund seines Güterrechts eine gesellschaftliche Ordnung ist, in welcher der Mann auf seiner Hufe sitzt und die Frau in der Regel nur mit der zur Aussteuer gehörenden Fahrhabe ausgestattet ist, und dass die Institute der Gerade und des Heergewedde (obschon sie sich doch auch noch in späterer Zeit lange erhalten haben) recht eigentlich aus solchen Verhältnissen herausgewachsen sind; es ist ferner richtig, dass eine freiere Gestaltung der ehelichen Güterverhältnisse durch rechtsgeschäftliche Beliebung besonders in dem Einspruchsrechte der Erben erhebliche Hindernisse fand, — obschon die in solchen Umständen liegenden Erschwerungen nicht den wiederholten allgemeinen Ausspruch *Martitz's* rechtfertigen, dass das Sachsenspiegelsrecht seinem inneren Principe nach ein absolutes Recht gewesen sei. Dass die im städtischen Rechte entwickelte grössere Verfügungsfreiheit, die Gleichstellung der Geschlechter im Erbrechte, das ausgebildetere Schuldrecht, mit einem Worte die Ausgleichung des Immobiliar- und Mobiliarrechts von sehr erheblichem Einflusse auf die Ordnung der ehelichen Vermögensverhältnisse, namentlich die Art der Fürsorge für den Fall der Ehetrennung sein musste, leuchtet ein; dagegen lässt es sich nicht begreifen, warum diese Veränderungen auch die oben hervorgehobenen Grundprincipien der Gütereinheit hätten erschüttern sollen, sofern man in ihnen nicht etwa die Anbahnung einer materiellen Gütergemeinschaft erkennt, bei welcher aber, trotz der Veränderung der Eigenthumsverhältnisse, immerhin die Stellung des *Mannes* im Wesentlichen dieselbe bleiben würde. Nach *Martitz* soll indessen der Einfluss des späteren Städterrechts im Umkreise des Sächsischen Rechts nicht die Gütergemeinschaft, sondern das Gegentheil davon, eine immer grössere *Gütertrennung* zur Folge gehabt haben. Sehen wir, wie dieses überraschende Resultat gewonnen wird.

Den Mittelpunkt seiner Ausführung bildet das im späteren Magdeburgischen Rechte erkennbare Hervortreten des weiblichen *Sónderguts*, welches der Gewere, der ehemännlichen Gewalt und dem Mobiliarerbrechte des Ehemanns entzogen war. *Martitz* ist der Meinung, die grösste Neuerung liege darin, dass ein solches Sondergut nunmehr bestellt werden *konnte*, indem es früher absolutes Recht gewesen sei, dass alles Frauengut ohne Unterschied in die Gewere des Mannes zu rechter Vormundschaft habe fallen *müssen*. Dieser Zwang sei nun völlig gebrochen worden; die ehemännlichen Verfügungsrechte am Frauengute hätten sich nunmehr nur noch auf Dasjenige beschränkt, was die Frau nach freier Willkür einer solchen unterstellt habe, sie seien somit nicht mehr die ausnahmslose gesetzliche Regel, sondern nur noch das Produkt besonderer *rechtsgeschäftlicher Bestellung* gewesen. Damit sei aber auch mit Nothwendigkeit eine Auflösung und Zersetzung des Gedankens der ehemännlichen Vormundschaft verbunden gewesen, welche nur so lange habe aufrecht erhalten bleiben können, als sie mit dem Charakter principieller Totalität zur

Geltung gekommen sei. Nach der Meinung des Verfassers wäre hier nun der Punkt gewesen, wo die Rechtsbildung den Gang hätte nehmen müssen, das Recht des Mannes als *Eigenthum* des eheweiblichen Mobiliareinbringens zu formuliren. Mit „historischer Nothwendigkeit" hätte das deutsche Recht zu demselben Ziele kommen müssen, welches das römische Recht ein Jahrtausend früher erreicht habe; allein dem „sinkenden Mittelalter habe die geistige Kraft gefehlt, den kühnen Schritt zu thun, die faktische Uebung der Eigenthumsrechte auch juristisch als Eigenthum zu begreifen, ein Schritt, der mit einem Schlage dem sächsischen Eherechte und seinem so schwankenden Fundamente der Gewere eine andere Gestalt gegeben hätte" (S. 287). Merkwürdiger Weise hätten sich die Romanisten diese Gelegenheit, das römische Dotalrecht ohne Weiteres zu übertragen, entgehen lassen, indem sie vielmehr wieder auf die vormundschaftliche Gewere des Sachsenspiegels zurückgriffen, welche nun allmählich als Niessbrauch dargestellt wurde (S. 289)*). So wird uns die seltene Erscheinung vorgeführt, dass die *Romanisten* es gewesen sind, welche der Gegenwart ein uraltes und bedeutendes Princip des deutschen Rechts gerettet haben, das freilich der Verfasser selbst als ein veraltetes und weiterer Lebensansprüche lediges verurtheilt. Ich glaube, dass dieser Deduction in allen Punkten entgegengetreten werden muss.

Vor Allem glaube ich die ältere Meinung festhalten zu müssen, dass auch das eheliche Güterrecht des Sachsenspiegels nicht ein absolutes Recht sei. Einen direkten Ausspruch darüber haben wir nicht. Der Satz, dass der Mann „all ihr Gut in seine Gewere zu rechter Vormundschaft" nimmt, kann als solcher nicht gedeutet werden; denn auch bloss dispositive Sätze, d. h. solche, welche eine abändernde Parteiverfügung

*) Aehnlich äussert sich schon *Hänel* in der unten zu besprechenden Abhandlung S. 329.

gestatten, pflegen ihre Normalregeln bestimmt auszusprechen, und das Wort „all" (d. h. ihr ganzes Vermögen, sowohl liegendes Gut als Fahrhabe), darf gewiss nicht zu der Bedeutung absoluter Ausnahmslosigkeit gepresst werden. Ich glaube nicht, dass ein Rechtssatz den Vorbehalt eines Sonderguts zur Zeit des Sachsenspiegels gehindert hätte *). Wohl aber hatte der Verfasser dieses Rechtsbuchs keinen Grund, ein solches Ausnahmsverhältniss zu berücksichtigen, da erst durch die wirthschaftlichen Verhältnisse des städtischen Lebens, welche Martitz nach dieser Richtung ganz richtig schildert, das häufige Vorkommen der Bestellung von Sondergütern veranlasst werden mochte, während das ältere Landrecht regelmässig Ehen voraussetzte, in denen die Frau nicht viel mehr als ihre Aussteuer und Hausrath eingebracht hatte. Wenn nun in dem späteren Magdebargischen Rechte eine Reihe von Entscheidungen nachgewiesen werden können (Martitz S. 255 flg.), welche auf das Bestehen eines nicht in die Gewere des Mannes gebrachten Theils des Frauenguts hinweisen, so liegt meiner Ansicht nach darin nicht das grundsätzliche Verlassen eines Princips des älteren Rechts, sondern nur die Thatsache, dass Rechtsverhältnisse, welche auch nach dem Landrechte vorkommen *konnten*, erst in den Städten so wichtig werden, dass sie in das Bereich der rechtlichen Betrachtung eintreten. So wenig als Martitz ein Zeugniss für die Unmöglichkeit der Bestellung eines Sonderguts nach dem Rechte des Sachsenspiegels beigebracht hat, so wenig bringt er ein solches für ein Bewusstsein principieller Rechtsänderung herbei. Ich kann daher auch nicht der Behauptung beitreten, dass nunmehr das alte Rechtsverhältniss nur noch kraft besonderen Rechtsgeschäfts begründet worden wäre; denn wenn in einer Reihe von Schöffenurtheilen Rechtsfolgen daran geknüpft werden, dass die Frau Gut in die Were oder in die Hände des Mannes ge-

*) *Kraut*, Vormundschaft 2. Bd. S. 375.

bracht habe, so nöthigt uns Nichts, ein damit charakterisirtes Einbringen eheweiblichen Guts als etwas Besonderes aufzufassen, wie dies das Vorbehalten eines Sonderguts immer sein würde, sondern wir haben solche Aeusserungen gewiss nur in dem Sinne zu nehmen, dass sie den regelmässigen Fall der Ordnung des ehelichen Lebens beschreiben wollen. Wenn v. Martitz Sätze wie folgenden: „was gutis und geldis eine frawe czu erem Manne brengit und — in sine gewalt antwortet — doran hat der man eine rechte gewere", stets durch eine „nur" ergänzt (z. B. S. 283), so halte ich dies Verfahren nicht für gerechtfertigt. Dass wirklich das Magdeburgische Recht auch in dieser Hinsicht noch auf dem alten Standpunkte verharrte, ergibt sich meiner Ansicht nach insbesondere auch daraus, dass die der Frau angestorbene, aber noch nicht eingebrachte Fahrniss ohne Weiteres dem Manne zufällt, was v. Martitz S. 276 freilich als Ausnahme behandelt. Nur dies scheint aus einzelnen Schöffenurtheilen hervorzugehen, dass, wenn die Frau bei Eingehung der Ehe einen Theil ihrer Fahrhabe an einem fremden Orte liegen und aufbewahren liess, darin der Wille eines Sondergutvorbehalts erkannt wurde.

Liegt nun in der ganzen Reihe von Schöffensprüchen, welche der Verfasser beibringt, Nichts weiter, als die Thatsache, dass öfter Sondergüter vorkamen, so sind wir zunächst deshalb gewiss noch nicht berechtigt, anzunehmen, dass Ehen mit Einhandsgut die Regel gebildet hätten. Jedenfalls fragt man, warum das Vorkommen von Sondergütern die Grundlagen des Gütereinheitssystems habe erschüttern müssen? Ist nicht bei jeder Art ehelichen Güterrechts eine theilweise Sonderrechtsbegründung möglich, welche im Uebrigen das normale Verhältniss bestehen lässt? Verfasser gibt hierauf allerdings eine einschneidende Antwort; er ist der Meinung, dass dadurch das ganze Princip der ehemännlichen *Vormundschaft* erschüttert worden sei. Dies bedarf zunächst einer Besprechung.

Wenn ich den Gedankengang v. Martitz' recht verstehe, so ist er folgender. Ein wesentliches Merkmal des alten Vormundschaftsbegriffs war die Ausschliesslichkeit. Damit stand es nun im Widerspruch, wenn es nach dem Stadtrechte ganz in die Willkür der Frau gestellt war, wie viel von ihrer Fahrhabe sie der ehemännlichen Gewalt unterstellen wollte. Eine Gewalt, die nicht auf Gesetz und unabänderlichem Rechte, sondern auf Willkür und Geschäft beruhte, habe keine vormundschaftliche mehr sein können (S. 287). Indessen ist dies eine, wie mir scheint, nicht begründete Voraussetzung. Bekanntlich hat *Kraut* *) den Versuch gemacht, die verschiedenen Elemente des ehemännlichen Rechts genau zu scheiden, und kommt zu dem Ergebniss, dass die Verwaltung des ehelichen Guts gar kein Ausfluss der ehemännlichen Vormundschaft, sondern der Herrschaft des Mannes im Hause gewesen sei. Schon von diesem Standpunkte aus würde die Martitz'sche Argumentation unhaltbar erscheinen müssen, da eine gewillkürte Beschränkung der hausherrlichen Stellung des Ehemanns durch Vorbehalt von Einhandsgütern wenigstens in dem dadurch nicht berührten vormundschaftlichen Rechte kein Hinderniss fände. Ich glaube aber *Rive* **) beitreten zu müssen, welcher die ehemännliche Herrschaft im Hause mit der Vormundschaft des Mannes in *einen* Begriff zusammenzieht, und in jener nur die natürliche Grundlage der letzteren erblickt. Diese natürliche Grundlage aber fällt im Allgemeinen dem Bereiche freier Willensbestimmung anheim: die Ungezweitheit des ehelichen Vermögens ist die Regel, aber mit der Vormundschaft nicht unzertrennlich verbunden und fliesst keineswegs nur aus dem Begriff der letzteren hervor ***). Darin erkenne ich nicht ein Schwanken des Stadtrechts, sondern nur

*) *Kraut* a. a. O. S. 345, 377 u. s. w.

**) *Rive*, Geschichte der deutschen Vormundschaft 2. Bd. (1866), S. 151 flg.

***) *Rive* a. a. O. S. 153.

eine ungebrochene Fortsetzung des alten Rechts, wenn nach wie vor von der Vormundschaft des Mannes gesprochen wird*); es scheint mir aber eine direkte Widerlegung der Vorstellung von der principiellen Ausschliesslichkeit des ehemännlichen Vormundschaftsbegriffs darin zu liegen, dass die ehemännlichen Rechte über die Immobilien der Frau nach wie vor als vormundschaftliche bezeichnet werden**), da eine solche partielle Festhaltung der Vormundschaftsidee bei den Martitz'schen Voraussetzungen unerklärlich sein müsete.

Ist es nun auch ganz richtig, was Martitz S. 308 ausführt, dass sich der Inhalt des alten Vormundschaftsbegriffs rücksichtlich der personenrechtlichen Wirkungen im Laufe der Zeit abschwächte, und dass die Ehefrau da, wo sie sich Sondergüter vorbehalten hatte, ein Bereich grösserer Selbstständigkeit gewann, so liegt darin doch noch entfernt kein Grund, von einer „vollkommenen Zersetzung" der alten Rechtsbegriffe zu reden. Trotz aller Veränderungen der ehelichen Vermögensverhältnisse in den Städten des Magdeburgischen Rechts, blieb der Ehemann der Herr und Meister des Hauses, verblieb er der gerichtliche Vertreter der Frau, und es war nicht eine anachronistische Romantik, sondern eine durchaus sachgemässe Formulirung des Verhältnisses, wenn man auch jetzt noch die Rechte des Ehemanns in dem Gedanken einer ehelichen Vogtei zusammenfasste. Wie nun der Verfasser***) dazu gelangen kann, die Begriffe einer ehelichen Vormundschaft, einer vormundschaftlichen Gewere für bloss „formale, eines specifischen Inhalts entbehrende Begriffe" zu erklären,

---

*) S. die Stellen bei *v. Martitz* a. a. O. S. 288.

**) *v. Martitz* a. a. O. S. 300, N. 42. — Nur nebenbei will ich hier bemerken, dass ich die Ansicht v. Martitz', wonach der Sachsenspiegel dem Manne ein unbeschränktes Verfügungsrecht über die Immobilien der Frau verstattet hätte, welches erst im Weichbildrechte zu Gunsten der letzteren limitirt worden sei (S. 301), nicht für begründet halte.

***) *v. Martitz* S. 373.

welche allein einer „niederen Volkscultur“ hätten entsprechen können, welche „in sich hätten zusammenbrechen“, „vernichtet“ werden müssen, „als unsere Nation in mächtigem Drange moderner Cultur entgegendrängte“, um dann schliesslich auch auf diesem Gebiete einen Jubelruf über die Reception des römischen Rechts anzustimmen, — kann ich in der That nicht verstehen. Widerstrebt es denn wirklich einer fortgeschrittenen Cultur, wenn dem Manne als dem Haupte der ehelichen Wirthschaft die einheitliche Verwaltung der Ehegüter anvertraut wird? Und ist es denn wirklich begründet, dass die in dem Begriffe der ehelichen Vormundschaft zusammengefassten Verwaltungs- und Verfügungsrechte eine inhaltlose, bloss formelle Schablone darstellen?

Je mehr ich mich gedrängt fühle, in allen diesen Punkten dem Verfasser entgegenzutreten, um so bereitwilliger erkenne ich andererseits das Verdienstliche der sonstigen Untersuchungen v. Martitz' an. Dahin gehört insbesondere der Nachweis der allmählichen Modificirung der alten Specialerbrechte, der Gerade, des Mustheils, des Heergeräthe, und ihrer Umsetzung in wirkliche Erbrechte unter dem Einflusse der immer häufiger werdenden Eheverträge, wie sie das Bedürfniss des städtischen Lebens erzeugte und die grössere Verfügungsfreiheit der neueren Zeit gestattete. Nur glaube ich nicht, dass die damit verbundenen Veränderungen in einen so schroffen Gegensatz mit dem alten Rechte, das der Verfasser als „starres Recht“ zu bezeichnen pflegt, hätten gebracht werden dürfen, da sie sich mit seinen Grundprincipien recht wohl in Einklang bringen lassen, wie dies das neuere, allerdings unter dem Einflusse des römischen Rechts fortgebildete sächsische Recht in so befriedigender Weise gezeigt hat.

Eine weitere grundsätzliche Veränderung im Magdeburgischen Stadtrechte weiss der Verfasser nicht anzuführen. Denn wenn er S. 362 die Stelle der Glosse zu Weichbild 22 anzieht, in welcher eine höchst eigenthümliche Theilung des ehelichen Vermögens erwähnt wird, so fasst er sie ganz richtig als die Schilderung einer öfter vorgekommenen *Willkür* auf, welche auf die Magdeburgische Rechtssprechung selbst ohne Einfluss blieb *), daher es gewiss nicht gerechtfertigt ist, wenn v. Martitz hieran den allgemeinen Ausspruch knüpft: „So waren in Magdeburg selbst, dem Hauptsitze des Sächsischen Rechts, die wesentlichsten Fundamente der ehelichen Gütereinheit aufgegeben.“ Vielmehr ist, wie das spätere Einlenken des Magdeburgischen Rechts in die Bahnen des neueren Sächsischen Rechts beweist, in der That das Gegentheil der Fall gewesen. — Dagegen sucht der Verfasser schliesslich im Leser den Eindruck einer völligen Umwälzung des ehelichen Güterrechts dadurch hervorzubringen, dass er auf die zahlreichen Statuten anderer Städte hinweist, welche, obschon im Herrschaftskreise des Magdeburgischen Rechts gelegen, allmählich das System einer Quotentheilung bei Auflösung der Ehe angenommen haben **). Allerdings haben Statuten dieser Art das System des Sachsenspiegels, insoweit es sich auf die Auseinandersetzung des Eheguts bei der Trennung der Ehe bezieht, völlig verlassen; statt der Zurückgewährung des Eingebrachten nebst dem entsprechenden Specialerbrechte, werfen sie beim Tode eines Gatten das gesammte beiderseitige Vermögen in *eine* Masse und weisen *hiervon* dem Ueberlebenden eine Quote an. Manche Statuten lassen dies Verfahren bei beerbter Ehe, nicht auch bei kinderloser Ehe eintreten. Nach meiner Ansicht enthalten solche Sätze, wie unten ausführlicher entwickelt werden soll, eine willkürlich durchgreifende Regulirung der Auseinandersetzung, welche bei dem Einflusse des neueren städtischen Wirthschaftslebens, insbesondere des neuen

*) *v. Martitz* S. 58, N. 23 und S. 366, N. 49.

**) Es ist wohl ein Versehen, wenn *v. Martitz* das Recht, eine Quote zu erben, als „Theilrecht“ bezeichnet und S. 267 und 361 mit dem „Theilrechte“ in Verbindung setzt, von welchem *Roth* in seinen verschiedenen Abhandlungen spricht, z. B. S. 327 der angef. Abhandl.

Schuldrechts, mit den Sätzen des alten Landrechts nicht leicht in befriedigender Weise zu erzielen und thatsächlich bei Ehen von langer Dauer oft kaum auszuführen war. Nach dem vielleicht langjährigen Vorgange von Eheverträgen dieser Richtung nahm das Statutarrecht jenes Verfahren unter seine Rechtssätze auf; es mochte als allgemeines Durchschnittsrecht namentlich bei der Betrachtung empfehlenswerth erscheinen, dass in der Mehrzahl der Ehen ein grosser Theil des schliesslich vorhandenen Vermögens ein von beiden Theilen gemeinschaftlich *erworbenes* ist*), und dass das vermögensrechtliche Ergebniss eines Ehelebens, zumal wenn Kinder vorhanden sind, am einfachsten und dem Sinne der Ehegatten am meisten entsprechend in der schliesslichen Formirung eines ehelichen Gesammtguts dargestellt werde. So sehr nun auch eine solche Endregulirung dazu anreizen mag, die schliessliche Rechtsgemeinschaft schon für das Verhältniss während bestehender Ehe vorzudatiren, so besteht dafür doch keineswegs eine Nothwendigkeit. Es gibt eine Reihe von Statuten, in denen das eheliche Recht unabhängig ist von diesem schliesslichen Zusammenwerfen, wie dies *Heydemann* **) an mehreren Rechten dieses Kreises nachweist; er braucht dafür den höchst passenden Namen einer Gütergemeinschaft *von Todes wegen.* Ein Statut kann sehr wohl die Gütereinheit gelten lassen, aber statt der daraus bei Auflösung der Ehe hervorgehenden Consequenzen mit eingreifender Willkür eine selbstständige Vermögensgestaltung anordnen, ohne dass der Jurist dadurch an sich schon gezwungen wäre, hieraus rückwärts das ursprüngliche Güterrecht zu interpretiren. Man kann auch nicht sagen,

*) Die Rolle, welche in der mannichfachsten Weise auch in unseren mitteldeutschen Statuten das in der Ehe *errungene* Gut spielt, darf durchaus nicht immer als eine Anbahnung der modernen Errungenschaft betrachtet werden.

**) *Heydemann*, die Elemente der Joachimischen Constitution 1841. S. 123, 142, 177, 219.

dass es ohne rechtliches Interesse sei, diesen Gesichtspunkt aufrecht zu erhalten; man denke nur an den während der Ehe eintretenden Fall des Concurses des Ehemanns, oder den Fall einer Ehescheidung, wo die Differenz beider Systeme bedeutend hervortreten würde. Gewiss aber kann nicht in Abrede gestellt werden, dass gerade die in solcher Weise fortschreitende Entwicklung des Statutenrechts vielfach zu einer so bunten Mannichfaltigkeit der Gestaltungen und zu einer solchen Unsicherheit führte, dass das Eingreifen der Landesgesetzgebungen des sechzehnten Jahrhunderts schliesslich als eine Wohlthat empfunden werden musste. Es fehlt mir jedoch gänzlich an dem überzeugenden Nachweise, dass nur diese mittlere Periode der Rechtsbildung die gesunde oder gar die nationale gewesen sei, da ich vielmehr glaube, dass die Vermögensinteressen des städtischen Ehelebens nach dem Vorgang anderer Städte, vor allen Magdeburgs selbst, in einer weit weniger gewaltsamen Weise hätten befriedigt werden können.

Nur noch eine Bemerkung sei mir hier bezüglich des in dieser Verbindung mehrfach angezogenen *Drittheilsrechts* gestattet. An mehreren Stellen (z. B. S. 28, N. 33, S. 361) fasst *v. Martitz* das Drittheilsrecht des vermehrten Sachsenspiegels und der meissnischen Städte als ein Quotenrecht an dem zusammengeworfenen Vermögen des Mannes und der Frau auf, und stellt es demnach dem Halbtheilungsrechte der märkischen Städte an die Seite*). Indessen ist diese Auffassung für das Rechtsbuch nach Distinctionen nicht begründet, vielmehr war das Drittheilsrecht, wie das dadurch ausgeschlossene Recht auf die Gerade des Sachsenspiegels, ein Recht der Wittwe an dem Vermögen des verstorbenen *Mannes*, während sie ihr *Eingebrachtes* daneben *herauszog*. So heisst es Buch I, VI:

*) Ebenso *Hänel* in der Zeitschr. für Rechtsgeschichte I, S. 325.

„Sterbet aber der vater, unde en had keyn Kinth mit der frouwen elichen, dy frouwe nemmet oren dritten tyl zcuvoren usz, *unde waz sy zcu orem manne bracht had*",

und öfters; zwischen bekindeter und unbekindeter Ehe wird, wie es scheint, hier nicht unterschieden. So sieht es auch *Ortloff* (Rechtsb. n. Distinct. p. XXXIV) und *Göschen* (Goslar. Statut. S. 278) an. Auch das Freiberger Stadtrecht (*Schott* S. 155) scheint den Worten nach dasselbe zu bestimmen:

„Swo ein man stirbet — und lezct eine husvrowen und kindere, und lezit eigen und erbe, hus, hof, vorwerc, hutten und teil koufschatz und schult, und bi namen allerlei varnde habe, daz ist der dritte teil der vrowen und di zwei teil der kindere *)."

Allerdings aber bezeugte der Freiberger Rath später, als er das Stadtrecht gegen die neu erlassenen Constitutionen aufrecht zu erhalten strebte, dass man von jeher angenommen habe, die Wittwe müsse sich mit diesem dritten Theil begnügen und könne ihr Eingebrachtes daneben nicht zurückfordern **). Die weiteren damit zusammenhängenden Statuten des meissnischen Kreises ***) gehen in diesem Punkte auseinander. Einige (wie Stat. v. Gera v. 1487 bei Walch II, p. 116 und Geithayn v. 1553, Walch II, S. 186) stimmen mit der Freiberger Formulirung überein; noch das Eisenberger Recht von 1610 (Walch II, p. 227) lässt die Wittwe ihr Eingebrachtes

---

*) Nur wenn man annehmen darf, dass das Statut in dem, was der Mann hinterlässt, das in dessen Gewere befindliche Frauengut stillschweigend einbegriffen habe, wäre mit den abgedruckten Worten die Ansicht *v. Martitz* verträglich. Aehnlich *Schröder* a. a. O. II, S. 208 u. 222 über die Stadtrechte von Prag und Brünn. Der böhmisch-mährischen Verwandtschaft des Drittheilsrechts war man sich übrigens in Sachsen seit alter Zeit bewusst. S. jetzt auch *Tomaschek*, der Oberhof Iglau in Mähren und seine Schöffensprüche 1868, S. 257, Nr. 337.

**) *Schott*, Sammlung z. d. deutsch. Stadt- u. Landrechten II, S. 102.

***) *Ortloff*, Rechtsbuch nach Distinctionen S. XXXIV, N. 90.

neben dem Drittheil herausnehmen. Später scheint indessen die Meinung, dass das Drittheil vom Gesammtvermögen berechnet werde, allerdings überwogen zu haben, so dass schliesslich das Wahlrecht der Constitutionen als eine Milderung jenes Rechts erschien *). Dieses Wahlrecht mit dem dadurch gewonnenen Begriffe der Collation geht dann auch in die Statuten über, z. B. von Rochlitz v. 1695 (Walch III, p. 286) und Schleiz v. 1625 (Walch VIII, p. 109).

Gedanken der Art, wie sie eben besprochen wurden, finden sich bereits in der Abhandlung von *Hänel* in der Zeitschrift für Rechtsgeschichte Band I S. 273 flg. Es sei mir gestattet, auch diese Arbeit in einigen Bemerkungen zu besprechen, welche sich schon *vor* Martitz die Aufgabe gesetzt hatte, eine Gruppe von Rechten des Sächsischen Kreises der Herrschaft des Gütereinheitssystems zu entziehen. Hänel nennt diese Gruppe, in welcher das Goslarische Recht den Mittelpunkt bildet, die *ostfälische*. An einen Zusammenhang des von ihm gewonnenen Resultats mit dem ostfälischen Rechte der *Lex Saxonum* 47 denkt der Verfasser selbst nicht **). Das in die Gruppe eingeschlossene Lüneburger Stadtrecht passt indessen durchaus nicht in den so bestimmten Rechtskreis hinein, steht sogar in Hauptpunkten in direktem Gegensatze. Daher erfährt es auch vom Verfasser eine ungünstige Beurtheilung, er nennt es S. 307 „das Produkt eines Zusammenstossens zweier Systeme, unfertig in sich selbst und einer einheitlichen juristischen Erklärung unzugänglich“. Da nun auch die Ueber-

*) Dieselbe Unbestimmtheit tritt auch in den meisten der bei *Hoffmann* (*Statuta localia* d. i. ausführliche Beschreibung der Gerade u. s. w. 1733) abgedruckten Statuten hervor, z. B. von Mügeln, Oschatz, Pirna, Schneeberg, Lössnitz, Marienberg (p. 44, 90, 313, 573, 621, 647); Radeburg (p. 490) hat schon Wahlrecht. S. auch *Schletter*, die Constitutionen Kurfürst August's u. s. w. 1857, S. 282.

**) In einem ganz anderen Sinne spricht *Gaupp*, Deutsche Stadtrechte des Mittelalters 1. Bd. 1851, p. XX von einer *ostphälischen* Gruppe, so nämlich, dass der Sachsenspiegel selbst den Mittelpunkt bildet.

einstimmung des Braunschweigischen und Hildesheimischen Rechts bezüglich des sogenannten Systems des gesammten Hand nicht auf direkten Zeugnissen, sondern nur „auf dem allgemeinen Eindrucke" und „der sonstigen vollen Uebereinstimmung mit den Principien des Goslarischen Rechts" beruht, so haben wir es im Grunde doch nur mit dem Goslarischen Rechte zu thun, welchem der Verfasser das Recht von Mühlhausen, Nordhausen und Quedlinburg anreiht. Sonach scheint die Bezeichnung „ostfälische Rechtsgruppe" in *diesem* Sinne kaum empfehlenswerth; sie erregt in einem vielversprechenden Namen Erwartungen, welche nicht zur Befriedigung kommen, und hat mehr eine erborgte, als eine wirkliche geschichtliche Grundlage.

Wir besitzen eine sorgfältige Darstellung des Inhalts der Goslarischen Statuten von *Göschen* in seiner Ausgabe dieses Rechtsbuchs *). Es sind denn auch im Wesentlichen dieselben Materialien, welche Hänel in seiner Abhandlung bespricht; nur kommen beide Schriftsteller zu einem völlig verschiedenen Ergebnisse. Während Göschen (S. 272), obschon er die Verschiedenheiten des Goslarischen Rechts klar und scharf hervorhebt, nicht zu einem principiellen Gegensatze der Fundamentalbegriffe des Sächsischen Landrechts und der Statuten gelangt, findet Hänel in letzteren ein System der materiellen Gütergemeinschaft, bei welchem den Ehegatten während bestehender Ehe ideelle Theile an der gesammten Masse zustehen. Diese Ansicht wird im Anfange der Abhandlung mehr suchend und fragend, aber im weiteren Fortschritt mit immer wachsender Sicherheit ausgesprochen, bis sie S. 317 in der Erklärung abschliesst, dass die Gütergemeinschaft hier schon als ein abgerundetes System auftrete.

In Kürze zusammengefasst, gestaltet sich das eheliche

*) *Göschen*, die Goslarischen Statuten mit einer systematischen Zusammenstellung der darin enthaltenen Rechtssätze u. s. w. 1840.

Vermögensrecht nach den Goslarischen Statuten folgendermaassen. Die Verhältnisse *während bestehender* Ehe werden im Wesentlichen ebenso wie nach dem Sächsischen Landrechte bestimmt, insbesondere wird die Selbstständigkeit der beiderseitigen Vermögenszuständigkeiten wiederholt ausdrücklich betont (Hänel S. 285). Nur in folgenden Eigenthümlichkeiten zeigt sich eine Abweichung der Statuten. *Zunächst* darin, dass der Frau die Ermächtigung gegeben wird, für den Fall, dass ihr der Mann den erforderlichen Unterhalt vorenthält, sich das Nothwendige selbst und zwar sogar mittelst Veräusserung der Grundstücke des Mannes zu verschaffen; *sodann*, dass der Ehemann in der Verfügung nicht bloss über die Immobilien der Frau, sondern auch über die von ihm eingebrachten der Zustimmung der Ehefrau bedarf (Gosl. p. 14, 1); *endlich*, dass das Consensrecht der Erben bei der Veräusserung von Grundstücken sich bei der Geburt von Kindern in *deren* Stammgutsrechte verliert, indem es von dem Rechte dieser am Stärksten Berechtigten gewissermassen aufgesogen wird, um auch nach deren Tode, so lange die Ehegatten als solche verbunden sind, für die entfernteren Verwandten nicht wieder aufzuwachen (Gosl. p. 29, 11).

Bei der *Trennung* der Ehe durch *Scheidung* (Hänel spricht S. 292 mit Unrecht nur von dem Falle der Annullation) löst sich das Vermögensverhältniss ganz nach den Gesichtspunkten der Gütereinheit. „Ne is ire nene liftucht ghemaket, *so behalt se wat se to dem manne brachte.* Is des wat vordan, dat scal man ire irlecghen, of dat dar wesen mach; is des dar nicht, so nimt se half dat dar is, unde de kindere delet se ghelike“ (Goslar. Stat. bei Göschen p. 10, 31 flg.). Bei der Trennung der Ehe durch den *Tod* eines Gatten wird zwischen beerbter und unbeerbter Ehe unterschieden. War die Ehe kinderlos, so erhielt der überlebende Gatte die gesammte vereint gewesene Fahrniss und die in der Ehe erworbenen Güter, am Erbgute des Verstorbenen aber gebührte ihm eine Leibzucht.

„Sterft en man oder vrowe unbeerft, wat dar varendes gutes is, dat erft uppe den anderen. Heft aver de dode ervegut, dar behalt de lebendighe sine liftucht ane; na syme dode valt dat up des neysten erven des dat hadde gewesen" (Gosl. 12, 1). War dagegen die Ehe bekindert, so wird als Regel eine Vermögensgemeinschaft des Ueberlebenden mit den Kindern vorausgesetzt und das Recht desselben erst aus Anlass der Normirung der *Abtheilung* bestimmt; dabei soll nämlich der Ueberlebende nach der älteren Redaction die *Hälfte*, nach der neueren einen *Kindestheil* vom Gesammtvermögen als sein Eigenthum zurückbehalten (Gosl. Stat. 16, 25 flg. u. 12, 5 flg.). Hierbei wird vorausgesetzt, dass nicht für die überlebende Frau schon durch Bestellung einer Leibzucht gesorgt ist.

In dieser Anordnung der Auseinandersetzung und Beerbung bei unbekinderter Ehe wird man nun nach meiner Ansicht eine principielle Abweichung von den Gesichtspunkten der Gütereinheit nicht erblicken können. Dass die Statuten dem überlebenden Gatten die Mobilien des Verstorbenen und das während der Ehe erworbene Vermögen zusprechen, kann doch nur als eine der möglichen Gestaltungen des ehelichen Erbrechts aufgefasst werden, wie sie das Princip der Gütereinheit vollkommen frei lässt. Namentlich ist der Zug, dem Ueberlebenden vor allen anderen Erben das gemeinsam *Erworbene* beim Tode zu sichern, uralt und kehrt immer von Neuem in den mannichfachsten Formen wieder, ohne dass seine Durchführung von einem bestimmten Gütersysteme bedingt wäre. Anders verhält es sich freilich mit den Bestimmungen über die Schichtung des Ueberlebenden mit den Kindern. Hier treffen wir auf eine willkürlich durchgreifende Anordnung. Diese kann zwar gewiss nicht als eine Ausführung der Gütereinheit betrachtet, aber nach meiner Ueberzeugung auch überhaupt nicht auf Gesichtspunkte zurückgeführt werden, welche dem Güterverhältnisse *während* bestehender Ehe entnommen sind. Ich glaube, dass das Statutarrecht lediglich von der Erwägung des für die *augenblickliche* Lage der Sache durchschnittlich Zweckmässigen ausgeht. Wie so viele andere Stadtrechte, sieht es in der fortgesetzten ehelichen Vermögenseinheit die Begründung eines neuen, selbstständigen Familienrechts, und hält sich für ermächtigt, mit einer die Interessen aller Betheiligten wahrenden Ordnung für den Fall einzugreifen, dass sich jenes nicht auf natürlichem Wege, d. h. durch den Tod des Ueberlebenden, sondern durch willkürliche Abtheilung, besonders aus Anlass einer zweiten Ehe, auflöst*). So erklärt es sich, dass das Stadtrecht erst auf die Hälfte, später aber auf den Kindestheil kommt, dass es in gewissen Fällen entweder die Leibzucht an den Gütern des Verstorbenen, oder statt deren die Vermögenshälfte gewährt, — lauter Festsetzungen, deren Motive einer isolirten Erwägung des augenblicklichen Zustands entnommen sind. Ist dem aber so, dann sind natürlich auch diese Bestimmungen für die Frage, ob Gütereinheit oder nicht, ohne Einfluss.

Zu ganz anderen Ergebnissen kommt *Hänel.* Als nächster Ausgangspunkt seiner entgegengesetzten Auffassung erscheint ihm der Satz des Goslar. Rechts (14, 1), wonach der Ehemann auch in der Verfügung über *seine* Immobilien an die Zustimmung der Ehefrau gebunden ist, womit er zwei Stellen der Mühlhäuser Statuten und der von Nordhausen 1470, III, 36 verbindet. Darin findet nun Hänel S. 286 „entschieden das System der gesammten Hand“. Ich kann darin schlechterdings kein „System“, sondern nur einen einzelnen, und wie mir scheint leicht zu erklärenden Rechtssatz erblicken, nämlich den Satz, dass Ehegatten über ihre liegenden Güter, da ihnen gegenseitig daran eine gesetzliche Leibzucht zusteht, nur in beiderseitiger Uebereinstimmung verfügen können. Dies geht

*) Vgl. die Bemerkungen *Pauli's*, die ehelichen Erbrechte nach lübischem Rechte, 1840, S. 139, welcher diese Erscheipung in gleicher Weise erklärt.

namentlich aus der Stelle der Mühlhäuser Statuten*) ganz klar hervor, indem sich die bei Hänel abgedruckten Worte unmittelbar an die bei ihm weggelassene Erwähnung dieses Leibzuchtsrechts anschliessen., So sieht auch Göschen S. 264 die Sache an. — Sodann erscheint es Hänel für seine Auffassung wichtig, dass die *erworbenen* Güter „*ire* wonnene gut“ genannt werden, und er gelangt nach manchen dazwischenliegenden Betrachtungen (S. 293) alsbald zu dem Satze: „Fanden wir schon bei kinderloser Ehe die errungenen Immobilien ausdrücklich als gemeinschaftlich bezeichnet und über ihnen die „gesammte Hand“ stehen, und finden wir jetzt [nämlich wegen der eigenthümlichen Erbrechtsgrundsätze der beerbten Ehe] auch in Bezug auf das sonstige Immobiliarver-

*) *Förstemann*, das alte Rechtsbuch der Stadt Mühlhausen. Nordhausen 1843, S. 21: „*Von liginde guthe ane.* Is daz ein man unde ein vrowi zu samini cumin an rechtir ewi, unde brengin su liginde gut zu einandir, suaz von der vrowin dare cumit ligindis gutis, daz sal die man habi zu sinemi liebi, stirbet die vrowi ani erbin. He in mac iz abir vircoiphi noch virsezzi an der erbin loibin von den iz dari cumin is. Svanni die man dan nich lengir in is, svaz dan von der vrowin dari cumin is an ligindimi guti, daz sal uf uri erbin treti, alsi iz dari cumin is. Svaz von deme manne dari cumin is, daz heit daz selbi recht, daz von der vrowin giscribin is. Wollen su iz abir mit einer gisamtin hant bi urme lebindi liebe bisceide vur uri seeli, edir wollen su iz urin armin vrundin bisceide, daz mugin su tun; iz en mac aber diwedir an den andirin getu, unde su inwollin uz beidi willekore mit einandir.“ — So lautet die Stelle vollständig. Nur nebenbei will ich bemerken, dass noch ein besonderes Moment der Erklärung dieser Stelle und der Stelle der Nordhäuser Statuten in dem Umstande liegen kann, dass es sich um Bestellung eines *Seelgeräthes* handelt, welches überhaupt nach letzteren Statuten mehrfachen Beschränkungen unterworfen ist. — Die von Hänel sonst noch angezogenen Mühlhäuser (bei Grasshof, de orig. Mühlhusae, p. 157) und Quedlinburger Urkunden (bei Erath, Cod. dipl. Quedlinb.) enthalten nur Beurkundungen von Grundeigenthumsveräusserungen, bei welchen auch die Ehefrau neben den sonstigen heredes als einwilligend oder mitwirkend erwähnt wird; je verschiedenartiger aber der Grund gedacht werden kann, um so weniger können sie als Zeugnisse eines Systems der gesammten Hand gelten.

mögen eine volle Gleichgültigkeit gegen seine ursprüngliche Zuständigkeit und wiederum die gesammte Hand, so schliessen wir bei bekindeter Ehe auf eine Gemeinschaft des gesammten Immobiliarvermögens, und zwar auf eine *Gemeinschaft zu ideellen Theilen.*" Diese Gemeinschaft schreite nun auch fort zu den Mobilien und Schuldverhältnissen; in letzterer Beziehung habe aber keine *persönliche* Schuldgemeinschaft, sondern nur eine Vermögenshaftung stattgefunden, wobei — seltsamer Weise — auf die Analogie der Kommanditgesellschaft verwiesen wird. So wächst von Blatt zu Blatt eine sich selbst steigernde Entschiedenheit des Verfassers in der Behauptung seiner Ansicht, — aber schwerlich folgt ihr in gleichem Schritte die Ueberzeugung des Lesers. Wollte man die Verschiedenheit des Erbtheilungsrechts, wie sie auf der Unterscheidung beerbter und unbeerbter Ehe beruht, in die Zeit der Ehe vordatiren, so müsste man ein anderes Rechtsverhältniss annehmen vor, ein anderes nach der Geburt von Kindern, und die sofortige Rückverwandlung in jenes, wenn etwa die Kinder vor den Eltern versterben. Auf S. 304 macht sich Verfasser den Einwand, dass die Statuten selbst die ehelichen Erbrechte nicht als die Realisirung der ideellen Quoten bei Lebzeiten auffassen, sondern von „*erve nemen*" reden. Gleichwohl müsste man die Idee eines Erbrechts verwerfen, „sie führt zu Nichts, wenn wir bereits unter Lebenden eine Gütergemeinschaft zu halber Quote annehmen [das ist gerade die Frage!], denn wo bleibt im Todesfalle eben diese?" Wolle man diese Gemeinschaft leugnen, so werde vielfach der Ueberlebende als Erbe seines eigenen Vermögens erscheinen. Allein hiergegen ist zu erinnern, was oben ausgeführt wurde, dass die Abtheilung nach Quoten in unserem Statute als eine willkürliche Ordnung der endlichen Auseinandersetzung betrachtet werden muss, welche auf der Basis der bei bekindeter Ehe eintretenden Vermögensgemeinschaft zwischen den Kindern und dem Ueberlebendem, als auf einer neuen und selbstständigen Grundlage einsetzt.

Jedenfalls würde die ganze Argumentation des Verfassers nur für die ältere Goslarische Redaction passen, welche dem Ueberlebenden die *Hälfte* gab, nicht aber für die neuere, welche ihm nur einen *Kindestheil* gewährt; denn in einem solchen kann natürlich nicht die Realisirung des schon bei Lebzeiten bestehenden Quotenrechts zur Hälfte gefunden werden. Hänel muss daher diese Veränderung des Halbtheils in Kindestheil und die darin enthaltene angebliche Verkürzung des ehelichen Rechts auf spätere „künstliche Rücksichten" schieben, durch welche das „ursprüngliche und dem einfachen Rechtsbewusstsein entsprechende" Halbtheilsrecht geändert worden sei (S. 305). Es würde mich zu weit führen, wollte ich den Verfasser bei allen seinen Behauptungen, Schlüssen und Anschauungen begleiten; ich denke, das Obige genügt, um zu zeigen, dass seiner Ausführung, wie ich glaube, sehr erhebliche Einwendungen entgegenstehen. —

Diese Erörterungen sind nun bei der in neuerer Zeit von verschiedenen Seiten ausgesprochenen Ansicht angelangt, dass die fränkischen und süddeutschen Rechte mit ihrem sogenannten System der gesammten Hand und Verfangenschaft schon in ihrer Anlage in entschiedenem Gegensatze zu der Gütereinheit stehen. Die Prüfung dieser Ansicht bedarf einer besonderen Ausführung. [Vgl. jetzt mein System des Deutschen Privatrechts, 10. Auflage, §. 136, Note 8.]

X.

Ueber die Gewere in den deutschrechtlichen Quellen des Mittelalters*).

§. 1.

Der Begriff des Wortes *Gewere*, welches in den Rechtsquellen des Mittelalters so häufig gebraucht wird, ist von früheren Schriftstellern über deutsches Privatrecht keiner besonderen Aufmerksamkeit gewürdigt worden. In der Regel sah man darin eine Bezeichnung für faktisches Innehaben, für Detention, und übersetzte das Wort mit dem heutigen: *Gewahrsam* **). Auch *Eichhorn* in der ältesten Auflage seiner Staats- und Rechtsgeschichte ***) erkennt in dem Worte Were oder Gewere nur einen Ausdruck für Besitz einer Sache und insbesondere für den Besitz des Eigenthümers. In *Runde's* deutschem Privatrecht geschieht der Gewere (abgesehen von §. 269 und 272) gar keine Erwähnung. Eine ausführliche Erörterung darüber gab *Vollgraff* †), aber seine Resultate, wonach z. B. „der deutsche Eigenthumsbegriff eine Folge jener

---

*) Zuerst veröffentlicht in der Zeitschr. für Civilr. und Process. N. F. Bd. 11 (1854), S. 1 flg.

**) *Heineccius, Elementa jur. Germ., Tom. I, lib. 2, §. 367 nota. Dreyer,* Sammlung vermischter Abhandl. Bd. 1, Nr. 3, S. 96 flg.

***) *Eichhorn,* D. Staats- und Rechtsgeschichte. Bd. 2, §. 355.

†) *Vollgraff,* im Beilageheft zum Archiv für civilistische Praxis. Bd. 9. 1826.

charakteristisch-deutschen Freiheitsgrundgedanken, jener Gesetzlosigkeit, jener Unbeschränktheit, jener Ungebundenheit war, worin eben die Deutschen von jeher ihre wilde Freiheit erblickten", sind niemals einer besonderen Beachtung gewürdigt worden.

Schon im Jahre 1825 hatte *Cropp* in seiner vortrefflichen Abhandlung über den Diebstahl*) Veranlassung genommen, sich ausführlicher über die Gewere auszusprechen. Nach ihm bedeutet Were, Gewere soviel als *clausura, curtis, intra septes,* und er findet darin den Begriff des besonderen Friedens ausgesprochen, mit dem das ältere germanische Recht den eingehegten Hofraum zu schützen pflege, was er mit der Art der ältesten germanischen Ansiedelungen in Verbindung bringt. Zwar kommt es *Cropp* nur darauf an, die Bedeutung des „dieblichen oder raublichen Bringens aus der *Were* Jemandes" zu erklären, aber doch geht er bei jener Erörterung über diesen unmittelbaren Zweck mit einer kurzen Betrachtung hinaus. Er versucht nämlich, eine Reihe von Wendungen, bei denen das Wort Gewere gebraucht wird, mit jener Idee des besonderen Friedens in Verbindung zu setzen, gesteht aber schliesslich zu, dass der Begriff des Wortes in späterer Zeit erweitert und von seinem Ausgangspunkt entfernt worden sei.

Eine ganz andere Stellung, als bis dahin, nahm das Wort Gewere ein, seitdem *Albrecht***) mit seiner berühmten Schrift über diesen Gegenstand hervorgetreten war, und gleichzeitig *Grimm****) die Etymologie des Wortes festgestellt hatte. Seit dieser Zeit ist die Gewere einer der bedeutendsten Gegenstände germanistischer Forschungen gewesen, dem sich viele Schriftsteller mit besonderer Neigung hingegeben haben. Man

*) *Cropp* in Hudtwalcker's und Trummer's criminalistischen Beiträgen. Bd. 2, 1826, S. 16 flg.

**) *Albrecht*, die Gewere als Grundlage des älteren deutschen Sachenrechts. 1828.

***) *Grimm*, Rechtsalterthümer, S. 555, 602.

erkannte in der Gewere die Grundlage des älteren deutschen Sachenrechts, den Ausgangs- und Kernpunkt des mittelalterlichen Systems der dinglichen Rechte. Es fehlte auch nicht an Schriftstellern, welche dem wieder aufgefundenen Institute eine *praktische* Bedeutung beilegten, wie denn z. B. *Renaud**) in der That eine ganze Reihe von praktischen Wirkungen der Gewere aufzuzählen weiss.

Merkwürdig ist dabei, dass fast jeder spätere Schriftsteller den Begriff der Gewere in anderer Weise auffasst. Bisweilen geschieht es dann, dass die Albrecht'schen Resultate einem ganz anderen Ausgangspunkte unterstellt werden. Insbesondere auffallend ist die Erscheinung, dass sich die meisten Schriftsteller gegen die Grimm'sche Etymologie sträuben und am liebsten von dem Begriffe des *Wehrens* ausgehen möchten. Dies erstrebt namentlich *Phillips***) mit Hülfe eines merkwürdigen etymologischen Kunststücks, das ihm das dritte Glied in der Reihe seiner germanischen Urbegriffe liefert. Dies ist auch wohl der Ausgangspunkt Cropp's, und selbst Albrecht's Ansicht lässt sich darauf zurückführen. Man wird nichts Auffallendes in dieser Uebereinstimmung von der Sache nach sich entgegenstehenden Schriftstellern in Bezug auf das oberste Princip finden können, wenn man erwägt, dass der Begriff des Wehrens und des Geschütztseins einen Inhalt hat, der sich nicht allgemeiner denken lässt und folgeweise zu jeder Art von rechtlichen Erscheinungen, so verschieden sie auch sein mögen, in irgend eine Beziehung gebracht werden kann. Nur wird man sich von vorn herein eines bedenklichen Zweifels gegen die Realität eines Wesens nicht erwehren können, von dessen Charakteristik nur jene Anknüpfung an einen völlig charakterlosen Begriff zur allgemeineren Anerkennung hat gebracht werden können.

---

*) *Renaud,* deutsches Privatrecht. Bd. 1, S. 450.

**) *Phillips,* deutsche Geschichte. 1. Bd. 1832. S. 93.

Es mag gleich hier noch bemerkt werden, dass neuerdings *Renaud**) und *Gengler***) zu der Betrachtung *Cropp's* zurückgekehrt sind; der Letztere hat sich dieselbe mit solcher Innigkeit angeeignet, dass sich seiner Seele das seltsame Schauspiel des Untergangs „der reellen Umgürtung des Bodens mit Zaun und Graben in dem ideellen Rechte hierzu" darstellen konnte. Auch verdient es erwähnt zu werden, dass ein Schriftsteller einen Zusammenhang zwischen der Gewere und dem Particularismus Deutschlands beobachten will ***).

Eine neue Untersuchung über diesen Gegenstand kann, wenn sie gedeihlich sein soll, nach meiner Ansicht nur den Gang nehmen, dass sie zunächst das Material darlegt, aus welchem jene oben erwähnten Theorieen entwickelt worden sind, und es mit unbefangener Beobachtung zu erklären strebt. Erst dann wird es leicht sein, für die Beurtheilung der neueren Ansichten über die Gewere den richtigen Gesichtspunkt zu gewinnen. Es mag indessen nicht unbemerkt bleiben, dass diese Untersuchung möglicherweise zu einem *lediglich* negativen Resultate kommen kann; sie hat nämlich das Eigenthümliche, dass sie nicht etwa die verschiedenen möglichen Auffassungen eines unzweifelhaft bestehenden Rechtsinstituts, sondern vielmehr die Frage prüfen will, ob in den darzulegenden Materialien überhaupt ein Rechtsinstitut enthalten sei?

§. 2.

Die Materialien, aus denen unsere Untersuchung zu schöpfen hat, sind die Rechtsbücher des Mittelalters. Die germanischen Volksrechte können hierbei zunächst nicht in Betracht kommen, da sich bei ihnen das Wort Gewere oder ein ihm *unzweifelhaft* entsprechendes nicht vorfindet; auch kann hieran durch den Umstand Nichts geändert werden, dass

*) *Renaud*, deutsches Privatrecht. S. 434.

**) *Gengler*, deutsche Rechtsgeschichte im Grundrisse. S. 336.

***) *Künssberg*, das Recht der Deutschen. 1846. S. 61 flg.

die neueren Schriftsteller über Gewere ihre Ansichten bisweilen an einzelne Stellen der *Leges* wieder rückwärts anknüpfen, denn es fragt sich immer erst, ob eben diese Ansichten schon an und für sich begründet sind. Einige Spuren der Gewere dagegen, welche aus früherer Zeit als der der Rechtsbücher gefunden werden, sollen unten ihre Berücksichtigung finden.

Die Eigenthümlichkeit des Gegenstands macht aber noch eine weitere allgemeine Bemerkung nothwendig. Es handelt sich hier nicht um ein bestimmtes concretes Rechtsinstitut, sondern um den Sinn, der in dem Gebrauche eines vieldeutigen Wortes enthalten ist. Daher kann nicht die Methode angewendet werden, welche alle Stellen der verschiedenen Rechtsdenkmale ohne Unterscheidung von Verfasser, Zeit und Ort auf einen Punkt zusammenträgt, und davon ausgeht, dass die Gesammtheit der so verschiedenartigen Quellen des 13. und 14. Jahrhunderts eine innerlich conforme Masse, etwa wie die mehreren Bücher *eines* Schriftstellers bilde; hier handelt es sich vielmehr um eine genau auf die Individualität eines bestimmten Verfassers hinweisende Frage, welche nur aus einer Vergleichung der verschiedenen Ausdrucks- und Anschauungsweisen eines und desselben Schriftstellers beantwortet werden kann.

Die Besonderheit des Gegenstandes führt ferner zu der weiteren Betrachtung, dass, wenn überhaupt die Gewere einen so eigenthümlichen und so wichtigen rechtlichen Thatbestand bezeichnet, dieser aus einem Rechtsbuche allein, wie z. B. dem Sachsenspiegel, oder wenigstens dem gesammten Cyklus der sächsischen Rechtsbücher erkannt werden müsste. Es wäre unmöglich, dass, wenn die Albrecht'sche Ansicht begründet wäre, ein Buch, wie der Sachsenspiegel, hätte geschrieben werden können, ohne dass sich in ihm die Spuren eines deutlichen Bewusstseins jener Ansicht mit voller Klarheit kund gäben.

Es sollen in Folgendem zunächst die landrechtlichen und dann die lehnrechtlichen Quellen geprüft werden.

§. 3.

Das *Sächsische Landrecht* gebraucht das Wort »Gewere« für *Besitz*, faktisches Innehaben, an etwa 25 Stellen. Dies geschieht hauptsächlich in folgenden Wendungen:

a) »Dem andern gut in sine gewere laten, ut sinen geweren laten, wisen.« I, 9, 5, 21, 52, 3. II, 24, 1. 29 44, 2. 60, 1. III. 21, 2. 82, 2.

b) »In geweren haben, sitzen, binnen geweren haben, behalten.« I, 15, 1. 22, 3 u. 4. 45, 2. II, 35. 36, 3 u. 8. 70. III, 32, 6. 83, 3.

c) »Siner gewere gewaltigen.« II, 25, 1.

d) »Gewere abgewinnen, brechen.« II, 24, 1 und 2. 70.

e) »roubliche gewere.« II, 25, 1.

f) »In der gewere verstan.« I, 9, 5. In dieser Stelle wird der provisorische Besitz vor der wirklichen Eigenthumsübertragung »gewere« genannt.

g) »ledigliche gewere.« I, 34, 2 und II, 57 (Schwabenspiegel W. 416).

In allen diesen Stellen und den darin gebrauchten Wendungen kann man bei unbefangener Betrachtung nichts Besonderes, Eigenthümliches finden. Das deutsche Recht muss, wie jedes Recht, auch das faktische Verhältniss einer Person zur Sache ins Auge fassen. Das *Haben, Innehaben* einer Sache, das Fordern und Ergreifen des Besitzes ist ihm entweder die thatsächliche Wirkung eines Rechts, sei dies ein dingliches oder persönliches, oder es ist ihm der Zustand des Habens *ohne Recht* (»roubliche gewere«), die blosse Detention (»hebbende gewere« Richtst. Lehnr. 16). Diesem Haben, Besitzen werden auch gewisse rechtliche Wirkungen beigelegt, nämlich einmal der Beweisvortheil im Processe (»De in geweren het, is neger to beholdene, wen jemande af to winnende«); dann durch den Rechtssatz, dass Niemand dem Andern den Besitz mit Gewalt und ohne rechte Klage entreissen solle. Darin liegt aber entfernt noch nicht, dass das deutsche Recht den Besitz zu einem Rechte erhebe ihm einen vom petitorischen unabhängigen Klagschutz verleihe (was nur in einigen späteren Rechten, wie in dem Landfrieden von 1281 und dem Bayr. Landrechte geschieht). Diese Thatsache des Besitzens nun nennt das Landrecht »gewere«. Aber es beschränkt sich nicht auf diesen Ausdruck; es gebraucht statt »in siner gewere haben, halten« u. s. w.: »unter ime haben, finden, halten«; statt: »in die gewere wisen«, kommt vor »in das gut wisen«; überhaupt wird häufig eine andere Wendung gewählt, und ein Rechtsverhältniss ohne Berührung des Besitzes beschrieben. So wenig als in dieser Art der Betrachtung des faktischen Verhältnisses einer Person zu einer Sache etwas Eigenthümliches liegt, so wenig ist dies der Fall mit dem dafür gebrauchten Ausdruck »gewere«.

Was den Ausdruck »*ledigliche* gewere« betrifft, so scheint mir darin die Bezeichnung des vollen freien Besitzrechts des Vasallen und Leibzüchters zu liegen, im Gegensatze der durch das Vorhandensein eines beschränkenden Nutzungsrechts gebundenen Befugnisse des Eigenthümers. S. *Homeyer*, System des Lehnrechts. S. 404. —

Abgesehen hiervon wird das Wort »gewere« im Landrechte auch zur Bezeichnung von Rechtsverhältnissen gebraucht, bei denen es sich nicht um bloss faktischen Besitz, sondern um *Besitzrecht* oder wenigstens Besitz mit Rücksicht auf den Besitztitel handelt. Dies geschieht in folgenden Wendungen:

a) Landr. I, 20, 4: »— ab sie ires mannes und ires selben unbeschulden were daran gezugen mügen«. Diese Stelle spricht von den Voraussetzungen, unter welchen die Frau des verstorbenen Sohnes Morgengabe, Gerade und Musstheil mit grösserem Rechte aus dem Nachlass nimmt, als die im ungezweiten Gute sitzende Schwiegermutter. Die Entscheidung ist die, dass es darauf ankomme, ob die Mutter in dem Gute des verstorbenen Sohnes, oder umgekehrt der Sohn in dem Gute der Mutter sass („Gast sei“, wie sich der Verm. Sachsensp.

I, 13, §. 2 ausdrückt), und nur im ersten Falle soll die Ehefrau des Sohnes jene Rechte haben, sofern sie ihres Mannes und »ires selben unbeschulden were« daran bezeugt, d. h. offenbar, sofern sie im Fall eines Rechtsstreits mit der Mutter nachweist, dass das Gut, von welchem sie jene Theile fordert, Eigenthum ihres Mannes gewesen und ihr davon ein Stück zur Morgengabe wirklich bestellt sei. Hieraus erklärt sich auch die nachfolgende Stelle im §. 6: »morgengabe beheldet dat wif uppen hiligen, die gewere mit gezuge«, welche nur eine Ausführung jener Beweisauflegung ist. Hier bedeutet »gewere« wiederum das Besitzrecht ihres Mannes, das sie mit Zeugen beweisen soll; dass ihr daran eine Morgengabe bestellt sei, soll sie dagegen mit ihrem Eide beweisen — eine Unterscheidung, die ihren guten inneren Grund hat*). Eine andere Erklärung hat *Albrecht*, N. 728, wonach Morgengabe soviel sein soll, als die *causa* ihrer »gewere«; aber welchen Sinn soll es haben, dass die *causa* und das durch letztere entstandene Recht doppelt und in verschiedener Weise bewiesen wird?

b) Aehnlich ist die Stelle II, 18, 1: »wie ein man gut oder die gewere des gutes gezugen soll«. *Homeyer* (Register zum Sächs. Landr. S. 332) hält »gut« für *causa possessionis*, »gewere« für Besitz. Ich glaube, der Sinn ist vielmehr der: wie ein Mann Eigenthum an einem Gute oder ein sonstiges Besitzrecht am Gute beweisen soll. Dahin deutet auch die Stelle III, 88, 3: »— gezug — ez si umbe gut *oder umbe andere* gewere.«

c) Der Mann nimmt »in sine gewere al ir (der Ehefrau) gut to rechte vormundscap«, I, 31, 2. Hier bedeutet »gewere« das Besitzrecht des Mannes, wie es sich auf die verschiedenen ehelichen Vermögensbefugnisse desselben stützt.

d) In der Stelle II, 24 wird der Grundsatz ausgesprochen, dass man Niemand ohne Beweis des Unrechtes aus seiner

*) S. Augsb. Stadtr. v. 1276 bei Walch, IV, S. 261, Art. 252.

Gewere weisen soll; man muss sie ihm mit rechter Klage »brechen« oder »verteilen« („*nullus ausus sit aliquem de aliqua re devestire sine ordine judiciario*" heisst es in den alten Statuten der Normandie bei *Warnkönig*, franz. Rechtsg. Bd. 2, Anhang S. 13). Hier ist offenbar »gewere« soviel, als Besitz mit Rücksicht auf dessen Rechtstitel. Dies ergibt sich auch ganz klar aus der Fortsetzung der Stelle, indem daselbst »seines rechten gutes anic (ledig) werden (z. B. durch Verkauf)« abwechselnd gebraucht wird mit: »der gewere geloset werden«.

e) Nach I, 31, 2 soll der Mann am Frauengute »keine andere gewere gewinnen, wenn her zu deme ersten mit ir empfing to rechter vormundscap«, d. h. der Mann soll sich den Titel seines Besitzrechtes nicht willkürlich verändern können. S. Sächs. Lehnr. 62, 1. Eine Anwendung desselben Gedankens spricht der Sachsenspiegel I, 32 *ohne* Benutzung des Wortes »gewere« so aus: »Nichein wib mag auch zu eigene behalten ir libzucht noch ir erbe nach irme tode, diewile man daz gezugen mag, daz ez ir zu irme libe gegeben sie. Spricht si, daz es ir eigen sie, und wirt sie dar abgewiset mit rechte, si hat beide, eygen und libzucht dar an verloren.«

f) II, 44, 3: »Swer so an sime lene oder an lipgedinge siner muter — ime eigen segt, her muz die eigentliche gewere — gezugen, d. h. er muss sein Eigenthum beweisen. Bisweilen heisst: die Gewere haben, schlechthin soviel als: ein Recht an der Sache haben (III, 21, 2. 82, 2). —

In allen diesen Stellen — und andere von einiger Erheblichkeit finden sich im Landrechte nicht — heisst »gewere« soviel, als Besitzrecht, Recht an der Sache. Aber es würde unrichtig sein, anzunehmen, dass der Sprache zur Bezeichnung des dinglichen Rechts, besonders des Eigenthums, gar kein anderes Wort, kein anderer Ausdruck zu Gebote gestanden habe. An den meisten Stellen sogar wird das Wort »gewere« vermieden und das Rechtsverhältniss mit andern Worten beschrieben. Zu den schon oben angeführten Beispielen füge ich noch folgende: statt »in sine gewere lazen« kommt vor »gut uflazen, eigen vor gericht geben« (I, 9, 2); statt »Gewere« für dingliches Recht, wird gebraucht »sin eigen, sin varende gut, sin gut, morgengabe, des dat gut is, die dar recht to hevet«. Bei der Bezeichnung des Zinsguts-, Leibzuchts-, Satzungsrechts an einer Sache wird im Sachsenspiegel nie der Ausdruck *Gewere* gebraucht (dafür »tinsgut, libzucht, sattunge« *); statt »lenes gewere« steht häufig »lenunge, lene«; das Recht an fahrender Habe drückt der Sachsensp. III, 76, 4 geradezu so aus: »der man behelt *alle des wibes recht in der varenden habe*«. Hiernach reducirt sich der Ausdruck Gewere auf ein sehr geringes Maass; er wird nur in einigen Stellen gebraucht, um ein Besitzrecht *im Allgemeinen*, ohne Bezeichnung seiner speciellen Natur anzudeuten. Ein besonderer eigenthümlicher Rechtsbegriff ist damit überall nicht verbunden; es ist an *einer* Stelle *gebraucht*, an der andern ganz gleichen Stelle *weggelassen*.

Dieser allgemeine Charakter des Wortes ergibt sich auch aus dem mehr technischen Ausdrucke »*rechte gewere*« (I, 15, 1. II, 3, 1. 42, 2. 44, 1. III, 38, 1), womit das durch Ablauf von Jahr und Tag geschützte Besitzrecht, ohne nähere Bestimmung seiner besonderen Natur (ob Lehen oder Eigen) bezeichnet wird. In den zahlreichen Quellenstellen, welche dies bezeugen (vgl. die Zusammenstellung bei *Kraut*, Grundr. §. 112), hat »rechte gewere« die Bedeutung eines Besitzrechts, welches auf gerichtlicher Auflassung, Erbgang oder richterlichem Urtheil beruht, und zu seiner *Vertheidigung* nicht mehr der Unterstützung des »auctor« (Geweren) bedarf, sondern schon durch die Hinweisung auf den unangefochtenen Besitz von Jahr und Tag gegen eine Klage geschützt wird. In keiner einzigen Stelle wird dagegen der rechten Gewere die Bedeutung eines selbstständigen Rechts gegeben, welches die Grundlage einer

*) Es ist mir nur *eine* Stelle bekannt, welche bei der Satzung ausdrücklich einer Gewere erwähnt, nämlich Magdeb. Fragen I, 6, 8. Die Bremischen Statuten (1303) Ord. 123 reden von einem Kistenpfandsrechte.

petitorischen oder (wie dies im französischen Rechte der Fall war) einer possessorischen Klage sein könnte; sie begründet lediglich eine Einrede der Verjährung. —

Ausserdem wird das Wort »gewere« im S. Landrechte noch in folgender Weise gebraucht:

1) Für Gewahrsam, Haus und Hof, mit den Wendungen: in einer Gewere sterben, binnen seinen Geweren erschlagen werden, in seinen Geweren finden, in Jemandes Geweren Gast sein, Thiere »binnen sinen beworchten geweren haben«. S. I, 20, 7. 22, 4. II, 35. 40, 1. 62, 3. III, 7, 3. 90, 1. 91, 1.

2) Für Gefährde leisten bei Anstellung einer Klage. I, 47. 63, 2. II, 15, 1 und 2. 16, 1. III, 14, 2.

3) Für »auctor«. II, 26, 2. 36, 5—7. III, 4, 1 u. 2. 7, 1, 9. 35, 1, 2. 83, 2, 3.

4) Für Beweis. II, 19, 2. 34, 1. 43, 1 (»mit glicher gewere ansprechen«. Dass Gewere hier soviel bedeutet, als Beweis, ergibt sich aus III, 21, 1, wo statt »gewere« gebraucht wird »ansprache«. S. auch Schwabensp. 177. Sächs. Lehnr. 2, 4. *A. A. Homeyer*, Register, S. 328). II, 59, 2. —

Im *Schwabenspiegel* (Landrecht) ist der Gebrauch des Wortes noch seltner, und in der Regel enthalten die betreffenden Stellen nur Wiederholungen des Sachsenspiegels. Es kommen folgende Wendungen vor: a) für *Besitz:* »in siner gewere haben, in sine gewere laten, in der gewere sein« (was mit »in siner gewalt« abwechselt), Schwabensp. (Wackern.) 96. 186. 223. 226. 349, 412. 413. »In stiller gewere haben«, 49. 50; »mit unrecht in der gewere sein«, 164. »roubliche gewere«, 362. »uz der gewere wisen«, 164. 226 412. »gewere brechen«, 196; »mit nutz und gewer haben«, 259. 417. »ledigliche gewere«, 416. b) Für Besitzrecht: »swer ein guot git einem manne und nie gewere daran gewan und wiset ihn ane recht ussen das guot, 357. »Eigenliche gewere« (Sachsensp. II, 44, 3), 377.

Im *Vermehrten Sachsenspiegel*, *Weichbildrecht* und in den

Richtsteigen ist das Wort »gewere« zwar sehr häufig, aber immer nur mit Wiederholung der Wendungen des Sachsenspiegels.

Im *kleinen Kaiserrecht* findet sich ein *einziges* Mal der Gewere Erwähnung (»rechte gewere«), nämlich II, 109.

In den älteren Stadtrechten ist das Wort sehr selten und dann immer ohne besondere Bedeutung. Im alten *Hamburger* Stadtrecht von 1270 (»Lappenberg«) finden sich die Wendungen »in der were haben« I, 14, »ervetins in siner were hevet« II, 1, »in der were bleven ungedelt« II, 2. IV, 6, »gut an sine were bringen« IV, 27, »beholten in siner hebbenden were« VII, 9, dann mehrmals »were« für Gewahrsam und Haus und Hof (z. B. XI, 1). Auch im *Goslarischen* Rechte ist der Ausdruck selten und fast immer nur für Haus und Hof oder Besitz («in siner were, uppe siner were«), wesshalb auch *Göschen* in seiner Bearbeitung dieses Stadtrechts keine besondere Theorie der Gewere mittheilt. Im *Lübischen* Rechte von 1294 (*Cod. Hach II*) findet sich der Gebrauch des Wortes fast gar nicht; eins der wenigen Beispiele ist Art. 19, wo es heisst: »in der were mit den Kindern bliven«. Im alten *Bambergischen* Rechte findet sich der Ausdruck nur zweimal (*Zöpfl's* Bearbeitung S. 202). Im *Augsburgischen* Stadtrecht von 1276 kommt trotz des grossen Umfangs desselben das Wort »gewere« kaum an zwölf Stellen vor, und dann in der Regel zur Bezeichnung eines Nutzungsrechtes durch »nutz und gewer«; für »in geweren finden« wird immer gebraucht »in jemandes gewalt finden, begreifen« (z. B. A. 121. 122 der Walch'schen Ausgabe). Im Art. 235 kommt auch »aigens gewer« vor.

In manchen anderen echt deutschen Rechtsdenkmalen dieser Zeit findet sich das Wort gar nicht. S. *mein* deutsches Privatrecht §. 73, Note 2.

§. 4.

Verhältnissmässig weit häufiger ist der Gebrauch des Wortes »gewere« in den *Lehnrechtsbüchern*. Dies darf nicht auffallen, wenn man bedenkt, dass der Inhalt derselben lediglich auf ein sachenrechtliches Verhältniss Bezug hat, das sich recht eigentlich als ein Besitzrecht, nutzbarer Besitz, »nutz und gewer«, darstellt, und dass es an einem technischen Ausdrucke fehlte, welcher in *einem* Worte das Besitzrecht des Vasallen bezeichnet. Im *sächsischen Lehnrechte*, das hier vorzüglich in's Auge gefasst werden soll, kommt der Ausdruck etwa 85mal vor und zwar in folgenden Wendungen:

1) »In sinen geweren haben, sitzen«: 5, 1 u. 2. 7, 1. 11, 1. 13, 1. 14, 3 u. 4. 30. 35, 1. 38, 2. 40, 1. 45, 2. 52. 56, 1, 2, 7. 57, 1, 2, 5. 74, 1. 75, 2, 3. »In die gewere des gutes kommen«: 2, 3.

2) »Der gewere darven«: 7, 4, 6. 11, 1. 16. 22, 4. 35, 1. 39, 1. 52. 53. 59, 2, 3. 62, 2. «Ane gewere«: 35. 52. 54. 59, 3. »Sunder gewere«: 57.

3) »Von sinen geweren wisen«: 38, 4. »In die gewere wisen«: 43. »Die gewere lien, laten«: 59, 1. 74, 1.

4) »Gewere brechen, ansprechen«: 53. 59, 4. »Gewere erstirbt uppe'n son«: 6. 57. »Gewere« in fremdem Namen: 7, 3.

5) »Gewere mit nut«: 38, 2 (65, 21). Vgl. Art. 14. (*Homeyer*, Syst. S. 403 flg.). »Lenes gewere«: 7, 53. 71, 9. 74, 2. »Gemeine, blote gewere«: 38, 3. 74, 2 (hier ist »gemeine« Gewere gleich: landrechtliche Gewere im Gegensatz zur Lehnsgewere; unrichtig *Albrecht*, S. 8). »Gelike gewere« (gleich dem sonst gebrauchten »tosamene en gut heven«): 32. 35, 2 (wo pleonastisch daneben gebraucht wird »gemeine« = gemeinsame »Gewere«).

6) Bloss für Recht und Besitztitel wird »gewere« gebraucht: 26, 9 (»erre gewere«), 38, 3. 39, 3. 41. 56, 5. 62, 1.

7) »rechte gewere«: 13, 4. 26, 9. 71, 9. 73, 3. Dieser Ausdruck wird nicht immer technisch, sondern auch im Gegensatz von „unrechte G." gebraucht. S. *Homeyer*, S. 409 flg. »unrechte gewere«: 59, 1. 60, 1.

Auch hier also wird das Wort bald für Besitz, bald für

Besitzrecht gebraucht; das Letztere musste hier um so näher liegen, weil in der That das faktische Innehaben der Sache beim vasallitischen Rechte am Lehngute damals das wesentlichste Moment des Verhältnisses war und jedenfalls hier eine ganz andere Bedeutung hatte, als beim Eigenthum. In dieser letzteren Bedeutung würde der Gebrauch des Wortes keinerlei Schwierigkeiten machen; »gewere« ist eine *Bezeichnung*, aber nicht diese, sondern die Natur des bezeichneten *Rechts* ist das Entscheidende. Auch für den *Besitz* beim Lehen an sich ist »gewere« nur ein *Name;* wenn desshalb der Besitz, das faktische Innehaben, hier eine besondere und singuläre Wirkung hat, so würde eine Untersuchung darüber nicht eigentlich die »gewere«, sondern vielmehr den damit bezeichneten Besitz treffen. Dies hat namentlich *Homeyer* verkannt, der in seinem System des Lehnrechts S. 421 eine Reihe von rechtlichen Wirkungen der *Gewere* darstellt, die des inneren Zusammenhanges entbehren und unrichtig werden mussten, weil er, statt an den rechtlichen Thatbestand selbst anzuknüpfen, lediglich von dessen vieldeutiger und auch noch bei ganz fremdartigen Stoffen gebrauchter *Formulirung* ausgeht.

Wenn nun an sich nach der letzteren Bemerkung von einer Untersuchung über die besondere Bedeutung des Besitzes im Lehnrechte Umgang genommen werden könnte, so wird dies doch durch den Umstand widerrathen, dass einige Schriftsteller gerade diesen Gegenstand in ihre Betrachtungen über »gewere« hereingezogen haben und auf ihn einen wesentlichen Theil ihrer Theorieen stützen; daher soll im folgenden Paragraphen hiervon die Rede sein.

§. 5.

Im Sächsischen Lehnrechte 59, 3 heisst es:

»Al len ane gewere darvet der volge und al gewere ane lenunge is unrecht, si ne hebbe beide en man, so sin si beide unrecht.«

Diesen Grundsatz spricht der Sachsenspiegel aus bei Gelegenheit der Behandlung der sogenannten Scheinbelehnung, d. h. dem Rechtsgeschäfte, durch welches ein Vasall nur zum Schein einem Andern die Belehnung gibt, um unter ihrem Deckmantel einem Dritten *gegen* den Willen des Herrn den Besitz und Genuss (»gewere«) des Lehns zu verschaffen. Hier hat weder der Belehnte, noch der Besitzende rechtes Lehnrecht; jener nicht, weil ihm der Besitz (»gewere«), dieser nicht, weil ihm die Belehnung (»lenunge«) fehlt.

Denselben Satz wiederholt das Schwäbische Lehnrecht (Lassberg) A. 106 fast wörtlich aus dem Sachsenspiegel, aber es knüpft ihn sinnlos an die Leihe zu Fluchtsal und die Leihe auf dem Siechbette, offenbar von Art. 58 des Sächsischen Lehnrechts auf dessen Art. 59 abirrend. Ebenso spricht das Schwäbische Lehnrecht jene Regel zum Art. 96 aus, wo sie aber nicht mit der vorhergehenden Bemerkung über die Pfandlehnung in Verbindung zu setzen ist, sondern nur als Einleitung eines anderen Themas betrachtet werden muss, welches, obschon modificirt, aus folgender Stelle des Sächsischen Lehnrechts entlehnt ist (11, 1):

> »Swelk gut en man an sinen geweren nicht ne hevet, unde ime nicht bewiset n'is, deme ne mach he nicht volgen an enen anderen herren, noch erven an sinen son. Svelk gut man aver nimt mit gewalt deme manne, unde he dat irvolget mit rechter klage, dat gut erft he an sinen Son und folget ime selven an enen andern herren, al darve he der gewere, of he der rechten klage getüch hevet.«

Der dritte Fall, bei welchem unser Grundsatz zur Anwendung kommt, ist der des »gedinge«, denn (s. Lehnr. 5, §. 1):

> »An 'me gedinge n'is nen volge.«

Diese drei Fälle bedürfen nun einer genaueren Erwägung, damit der innere Grund jener Entscheidung ermittelt werde.

1) Dass die bloss *simulirte* Belehnung keine Folge gibt, erklärt sich aus der Wirkung der Simulation. Eine solche

Scheinleihe ist ungültig, ja sogar bei Strafe des Lehnsverlustes verboten. Es ist also begreiflich, dass die Dauer eines solchen Verhältnisses im höchsten Falle mit der Dauer der Berechtigung seines Begründers aufhören muss; der Nachfolger ist daran nicht gebunden, er braucht weder das grundlose Besitzrecht des Empfängers, noch die Scheinbelehnung des simulirten Aftervasallen anzuerkennen. Wenn nun der Sachsenspiegel 59, 3 als Grund dafür angibt: »durch dat sie der gewere darbet«, so ist dies offenbar ungenau und unlogisch ausgedrückt. Nicht das Darben der Gewere ist eigentlich der Grund jener Wirkung, sondern die *Simulation;* dass aber eine solche vorhanden war, das zeigt sich allerdings in dem Mangel der Gewere, denn das simulirte Geschäft besteht ja nach seiner Intention wesentlich in einer Belehnung ohne Besitz.

2) Wenn Jemand eine Belehnung erhalten hat, es ist ihm aber noch kein bestimmtes Gut angewiesen (»demonstrare, demandare, bewisen«), so ist da keine Folge und Vererbung daran. Offenbar ist dies der Sinn von Sächs. Lehnr. 11, §. 1—3. Von der blossen Besitzeinweisung in ein schon bei der Belehnung bestimmtes Gut kann die Stelle nicht wohl verstanden werden. Denn hiervon handelt schon der vorhergehende Art. 10, §. 4 und 5; auch geht dies aus der Ausnahme im §. 2 und 3 hervor, wo der Fall behandelt wird, wenn keine Beweisung statt fand, aber der Gegenstand seiner Beschaffenheit und seiner Stätte (»stat«) nach bestimmt war, in welchem Falle doch Vererbung und Folge stattfinden soll. Der Grund jener Regel ist wohl folgender: eine blosse Belehnung ohne Besitzübertragung, ja ohne Nennung eines bestimmten Guts kann offenbar kein Lehnrecht begründen, sondern höchstens einen persönlichen Anspruch an den Lehnsherrn geben. Es ist ein erst halb fertiges Geschäft, das seiner Vollendung wartet, aber ohne diese keine Wirkung für oder gegen die Nachfolger haben soll. Hier ist es nun ganz richtig, wenn als Grund angegeben wird, dass der Belehnte das Gut nicht in

Geweren habe; aber freilich ist dies doch nur eine ganz äusserliche Formulirung, welche nur unter der Voraussetzung treffend ist, dass sie in dem angeführten Sinne gemeint ist.

3) Dass an dem blossen *Gedinge* keine Folge und Vererbung ist — ein Satz, den früher auch das longobardische Lehnrecht hatte (*I feud.* 9)*) — erklärt sich offenbar aus dem beschränkten Umfange, in welchem damals der überhaupt noch so neue Grundsatz der Erblichkeit der Lehen anerkannt war. Die Erblichkeit der Lehen war eine Concession, welche der zwingenden Macht des hergebrachten Besitzstandes gemacht wurde. Einer blossen Anwartschaft fehlte diese Kraft; sie war und blieb lediglich etwas Persönliches, auf der Gnade eines bestimmten Herrn gegen eine bestimmte Person Beruhendes. Nicht Das ist der Grund der beschränkten Wirksamkeit des Gedinge, dass ihm die Gewere fehlte, dies ist vielmehr eine Charakteristik, eine Beschreibung des Gedinge. Man kann nicht sagen, dass ein Gedinge, wenn »gewere« hinzugetreten wäre, die Folge und Vererbung erlangt hätte; denn alsdann wäre es nicht mehr ein Gedinge, sondern ein wirkliches Lehen gewesen.

Wenn nun der Sachsenspiegel aus allen diesen Fällen die Regel abstrahirt »al len one gewere darvet der volge«, so ist dies sehr begreiflich, weil in der That in allen aufgeführten Fällen dies Kriterium hervortrat; es ist aber offenbar eine auf einem ganz äusserlichen und unwesentlichen Umstande beruhende, das innere Moment nicht ergreifende theoretische Abstraction, wie sie sich aus dem öfter bemerkbaren Streben des Sachsenspieglers erklärt, möglichst viele ähnliche Erscheinungen in der Formulirung eines principiellen Satzes zusammenzufassen. Sieht er sich doch selbst genöthigt, sogleich eine Ausnahme zu statuiren, und dem Rechte an sich, auch wenn die »gewere« fehlt, die volle Wirkung beizulegen, 11 §. 1:

---

*) *Laspeyres*, über die Entstehung und älteste Bearbeitung der *libri feudor.* S. 162.

»Svelk gut man aver nimt mit gewalt deme manne, unde he dat irvolget mit rechter klage, dat gut ervt he an sinen sone unde volget ime selven an enen andern herren, *al darve he der gewere*, of he der rechten klage getüch hevet.« (Im Gegensatze hierzu sagt der Schwabenspiegel A. 96: »svem man sine gewer mit gewalte nimt, der verlüeset weder gewer noch lehn«, und A. 77: »ab der herre dem manne sin gut verteilt mit unrechte — daz schadet jenem nit, er habe sine gewer für sich«. Offenbar nimmt hier der Schwabenspiegel das Wort für das materielle Recht, nicht für Besitz; s. auch *Kraut*, Vormundschaft II, S. 348, Note 2; aber jedenfalls ist die Stelle ein Beleg für den Mangel an innerer Nothwendigkeit im Gebrauche des Wortes »gewere«.) —

Ganz anders wird das bisher Dargelegte aufgefasst von *Sandhaas* *), welcher in jenen Aussprüchen des Sachsenspiegels einen Beleg für seine Theorie finden will, dass Besitz und dingliches Recht im deutschen Rechte identisch sei. Diese ganze Lehre soll unten geprüft werden. Aber schon hier möge hervorgehoben werden, dass dieser Schriftsteller sich für seine Theorie auch nicht auf die Wirkung der Theilung der Gesammthänder (S. Lehnr. 32, 1) berufen kann; es ist zwar richtig, dass mit dem Aufgeben ihrer gemeinsamen Gewere ihr gegenseitiges Recht gebrochen wird, aber die Annahme, dass dies eine Folge des Aufgebens der Gemeinschaft des *Besitzes* und nicht vielmehr des *Rechtes* sei, ist lediglich eine *petitio principii.* Uebrigens ist es auch ein Irrthum, wenn Sandhaas das „Darben der Folge und Beerbung“ mit dem Begriffe „Dinglichkeit“ gleichstellt, was sich keineswegs deckt.

Die Folgerungen, welche sich aus diesen Ausführungen gegen die *Homeyer*'sche Behandlung der Gewere ergeben, sollen unten geprüft werden. Es mag hier nur noch bemerkt werden, dass *Albrecht* (S. 283) wohl ohne Grund und Erfolg bemüht

*) Germanistische Abhandlungen 1852, S. 106 flg.

ist, zu erweisen, dass hier »gewere« soviel bedeute, als *rechte* Gewere.

Schliesslich soll hier noch eine Stelle interpretirt werden, welche schon oft verschiedene Auslegungen erfahren hat, nämlich Sächs. Lehnr. 6, 1:

»Die vader erft uppe'n sone die gewere des gudes mit sament deme gude; darumme ne bedarf die sone nicht, dat man ime des vader gut bewise.«

Diese Stelle erklärt sich aus dem Zusammenhange mit dem vorhergehenden Art. 5, in welchem der Gegensatz von Dem, welcher wirklich mit Besitz (»gewere«) belehnt ist, und Dem, welcher bloss das Gedinge erhalten (also »len one gewer«), also erst nach dem Tode des Besitzers die »gewere« hinzu erwirbt, und insbesondere die Verschiedenheit des Beweises der beiderseitigen Rechte (der Lehnung mit und ohne Gewere) besprochen wird. Hieran anknüpfend will der Verfasser nun folgendermaassen fortfahren: Der Sohn eines verstorbenen Vasallen bedarf eines solchen Beweises, dass er Lehen *mit* Gewere habe, nicht, denn er hat schon von seinem Vater die Gewere mit dem Gute erworben, von ihm leitet er die Gewere ab, der Beweis für diesen gilt zugleich für ihn. (Andere Erklärungen haben *Albrecht* S. 34 und *Sandhaas* S. 145.)

§. 6.

Kehren wir nun zu unserer Aufgabe zurück. Es ist oben gezeigt worden, dass Gewere (abgesehen von den anderweiten, hier nicht näher in Betracht kommenden Bedeutungen von »auctor«, Haus und Hof, Beweis) bald soviel heisst, als Besitz, bald soviel als Besitzrecht, und zwar das letztere zunächst ohne Unterscheidung seiner besonderen Natur; es ist ferner angenommen worden, dass diese *Bezeichnung* an dem Wesen des bezeichneten Begriffs Nichts ändert, da sie nicht nach einem bewussten, auf der Idee der Nothwendigkeit ruhenden Principe angewendet wird, sondern ganz willkürlich, indem sie hie und da gebraucht, hie und da bei der gleichen Veranlassung *nicht* gebraucht wird. Zunächst ist hier nun weiter die Frage zu beantworten, woher dieser Gebrauch des Wortes »gewere« stamme, und welche Anschauung er voraussetze?

Gewere ist nach *Grimm's* Nachweis abzuleiten von dem althochdeutschen Worte »warjan, werjan« (gothisch »vasjan«), und bedeutet *vestire* *). Die wörtliche Uebersetzung ist in den älteren lateinischen Urkunden *investitura*, oder *vestitura*, wie durch die bekannten Stellen der althochdeutschen Uebersetzung des Capitulare v. 819 und die Stelle der *Trad. fuld.* 1, 92 (verglichen mit 1, 91 daselbst) vollständig bewiesen wird. Auch lässt sich sonst ein ziemlich häufiger Gebrauch des Wortes *vestitura* in Urkunden des neunten Jahrhunderts nachweisen, welcher vollständig dem des Wortes Gewere mit seinen Beiwörtern in den späteren Quellen des Mittelalters entspricht, z. B. *res, quae in nostra vestitura sunt*, ferner *legitimam vestituram habere.* Vgl. *Dufresne, Glossar. s. v. vestitura.*

Cap. a. 817 *c.* 2 (*Pertz*, 3, 217).

Cap. Wormat. a. 829 *c.* 8 (*Walter* 2, 381) „*vestitura triginta annorum*".

Cap. a. 819 *c.* 6 (*Pertz*, 3, 227).

Vgl. auch die Stellen bei *Kraut*, Grundr. §. 99.

Zugleich macht *Grimm* a. a. O. S. 602 darauf aufmerksam, dass »gewere« auch bedeute: leisten, gewährleisten (übersetzt: waranda); es sei dies aber ein davon völlig verschiedenes Wort, abzuleiten von einem ganz anderen Stamme. Noch weniger stehe das Wort *wehren* (*prohibere, defendere*) mit jenem Worte und Begriffe in irgend einer Verbindung.

Schon oben wurde bemerkt, dass neuere Schriftsteller dieser Ableitung abgeneigt sind und sich lieber der von dem Begriffe *wehren* zuneigen. *Gaupp* **) dagegen neigt zur An-

---

*) Ihm stimmt vollständig bei *Graff*, althochdeutscher Sprachschatz, 1. Bd. 1834, S. 929.

**) *Gaupp* in der Zeitschrift für deutsches Recht, Bd. 1, S. 96 flg.

nahme einer Verwandtschaft zwischen Gewere = *vestitura* und Gewere = warandia, und es muss anerkannt werden, dass beide Begriffe häufig in einem gemeinschaftlichen Dritten zusammentreffen können, woraus sich die häufige Uebersetzung des ersteren Wortes mit »warandia« erklären mag, die übrigens schon beim *vetus auctor de benef.* gewiss eine ungenaue war. Indessen glaube ich, dass auch zu dieser Annahme kein innerer Grund nöthigt. Vielmehr bin ich der Ansicht, dass die Grimm'sche Etymologie ganz richtig ist und zur Erklärung der fraglichen Erscheinung genügt. Der Begriff des Wehrens, des Schutzes liegt als solcher in jedem Rechtsbegriffe und folglich secundär auch in dem von *investitura;* greift man aber von Anfang an auf ihn zurück, so generalisirt und verflacht man die eigentliche Idee des Wortes.

Meine Gedanken über den Gebrauch des Wortes sind folgende.

»Gewere« heisst ursprünglich Einkleidung, und wird bloss gebraucht von der feierlichen Einweisung in den Besitz. Dass man das Wort mit *investitura* oder *vestitura* übersetzte, beweist, dass man sich der ursprünglichen Bedeutung von »Gewere« bewusst war. Es liegt nahe, dass man sich allmählich von der strengen Erinnerung an den Ursprung des Wortes entfernen und den im Laufe der Zeit in der Rechtssprache sehr geläufig gewordenen Ausdruck nicht mehr bloss für den Akt der Besitzübertragung, sondern auch für dessen Wirkung, das durch feierliche Besitzeinweisung begründete Haben einer Sache, gebrauchen konnte. So kam es, dass das Wort allmählich ganz allgemein für Besitz gebraucht wurde.

Besitz ist aber die regelmässige Form, in welcher sich das Recht an der Sache selbst äusserlich darstellt. So wird noch heutzutage in der Rechtssprache des Volks mit dem Worte Besitz das Eigenthum bezeichnet, indem es das faktische, der sinnlichen Betrachtung näher liegende Moment gegenüber dem innerlichen unsichtbaren hervorhebt. Auf demselben

Wege konnte das Wort »gewere«, nachdem es einmal die Bedeutung von *Besitz* erlangt hatte, recht wohl auch zur Bezeichnung des *Rechtes* gebraucht werden; in zahllosen lateinischen Urkunden des Mittelalters findet sich dafür das Wort *possessio*. Dies zunächst da, wo das Recht selbst sich hauptsächlich im körperlichen Innehaben und Geniessen der Sache bethätigt, wie beim Lehen. Wenn es aber auch auf Fälle der Bezeichnung eines dinglichen Rechtes verwendet wird, in welchen geradezu von der Thatsache des Besitzes abgesehen werden muss, so bin ich geneigt, hier doch einen in Gedanken fortlebenden Zusammenhang mit der ursprünglichen Bedeutung des Wortes anzunehmen, nach welcher darin die allgemeine Idee der sicheren und ordnungsmässigen *Begründung* eines Rechtes ausgesprochen ist. So heisst es in einer Urkunde von 1180 (*Mon. Boi.* 7, 479): *et ille dedit ei, quod dicitur gewere, potestativa manu*; und in einer Urkunde bei *Kindlinger*, Münster. Beitr. III, 57: — *qui datum habet in usucapione, quod vulgo dicitur gewere.* Urkunden des vierzehnten Jahrhunderts reden von dem „Sitzen in stiller nutzlicher geruhiger Gewere", „Uebertragen in eine rechtliche, mächtliche, ganz volkommentliche und besitzliche Gewehr" (*Senkenberg sel.* T. V. p. 600). Eine Urkunde Carl's IV. (*dipl. Francof. an.* 1372) überträgt „am Walt die — Gewehre und Besitzung, dass sie die halten, haben und besitzen sollen, und der auch geniessen und gebrauchen". Noch andere Beispiele bei *Haltaus*, *Glossarium* p. 705 sq. Die unbewusste Entwicklung der Rechtssprache, wie der Sprache im Volke überhaupt, schliesst die Möglichkeit des Zusammenwirkens verschiedener Motive in keiner Weise aus.

Wenn man so aus der einfachen Wurzel ohne Zwang zu einem genügenden Resultate gelangen kann, so gebe ich doch gern die Möglichkeit einer stillschweigenden, secundären Einwirkung der gleichlautenden, aber dem Stamme nach verschiedenen Worte zu.

So kann es recht wohl sein, dass »gewere« in seiner

Bedeutung für *Gewährleistung* zur Unterstützung des zuletzt angegebenen Sprachgebrauchs beigetragen habe. Etwas entfernter liegt freilich die Möglichkeit einer Einwirkung von »were« in der Bedeutung von Haus und Hof (Hofwehr), ohne Zweifel abstammend von wehren, *defendere;* eine Annäherung beider Begriffe könnte nur bei den Ausdrücken »in siner gewere haben, in die gewere wisen« gedacht werden, ohne dass deren Annahme irgend nothwendig oder auch nur rathsam erschiene.

Immer aber bleibt es doch eine eigenthümliche Erscheinung, dass sich die Sprache der mittelalterlichen Rechtsquellen zur Bezeichnung eines Besitzrechts bisweilen statt des betreffenden individuellen Rechtsausdrucks selbst eines Wortes bedient, welches nur das allgemeine Moment des rechtlich geschützten Habens einschliesst, und wir fühlen uns dabei aufgefordert, nach dem tieferen inneren Grunde zu suchen. Ich räume hierbei gern ein, dass man in Bezug auf *diese* Frage nach dem Stande der Quellen zu verschiedenen Ansichten gelangen kann; es handelt sich dabei um die Reproducirung einer mittelalterlichen Anschauung, für welche kein klarer Ausdruck, kein unmittelbares Zeugniss erwartet werden kann, einer Anschauung, deren Eigenthümlichkeit den Zeitgenossen beim Mangel des Gegensatzes selbst nicht zum Bewusstsein kam, und die wie ein unentwickeltes geistiges Motiv nur aus dem Gesammteindrucke der Quellen geschlossen werden darf. Ich glaube nun, dass ich dies an einem anderen Orte*) richtig bezeichnet habe.

Das mittelalterliche Recht hat noch keine juristische Herrschaft über die Mannichfaltigkeit der Rechtsinstitute gewonnen. Es begnügt sich, das Recht realisirt zu sehen in der *formellen Anerkennung* von thatsächlichen Zuständen, von *Rechtsverhältnissen*, wie sie durch den Willen des Interessenten

*) System des deutschen Privatrechts §. 72.

ohne den Gedanken ihres juristischen Charakters im Leben begründet werden, »eigen, len, tinsgut, morgengabe, gerade«. Statt nun aus jedem dieser Verhältnisse einen individuellen Rechtsbegriff zu formuliren, der in sich selbst das Gepräge seiner allgemeinen juristischen Natur trägt, greift es, indem es nach einem juristischen Ausdruck ringt, zu dem Begriffe der »gewere«, der ihm diese Analyse erspart und dem fraglichen Verhältnisse den juristischen Stoff äusserlich beimischt. Wenn daher der Sachsenspiegel fragt, wie Jemand seine Were am Gute beweisen soll, so heisst dies, wie er die Rechtmässigkeit seines Habens als Eigenthümer, Vasall u. s. w. nachweisen soll; wenn es heisst, es solle Niemand eine andere Gewere, als die ihm von Anfang an zustehende am Gute erwerben, so ist dies wiederum nur eine allgemeine Bezeichnung für die verschiedenen Möglichkeiten eines rechtlichen Verhältnisses zur Sache; wenn der »lenes gewere« die »gemeine gewere« entgegengesetzt wird, so soll damit nur die gegensätzliche Art des Habens einer Sache nach landrechtlichen Rücksichten bezeichnet werden; wenn es in den Magdeburger Fragen (1, 6, 8) heisst: »Wirt einem erbe vor gericht gesatzt, der hat eine rechte gewere« daran, oder in einer Urkunde bei *Ludewig* (*reliqu. manuscr.* V. p. 210): »ich habe sie (die Käufer) sulcher tzinze in eine gerugliche, nützliche und habende gewere gesetzt,« so geht aus allen diesen Stellen hervor, wie man das Juristische (das rechtlich Begründetsein) als etwas äusserlich zu dem faktischen Thatbestand Hinzutretendes betrachtete. Noch deutlicher wird dies endlich aus den Ausdrücken »lenes gewere« und »eigentliche gewere«, zur Bezeichnung für Lehnrecht und Eigenthum, und aus einer Urkunde von 1272 (bei *Guden* T. III, p. 1146), in der in Betreff der besonderen Privilegien eines ritterschaftlichen Gutes erwähnt wird: *quod Rittersgewer vulgariter appellatur.*

Das Resultat dieser Ausführungen ist dies, dass die »gewere« in den Rechtsbüchern nur etwas Formelles ist, und dass jeder Versuch, an diese blosse mittelalterliche Formulirung des Sachenrechts materielle Rechtsprincipien anzuknüpfen, von vorn herein als ein Irrthum erscheinen muss.

Gerade der Umstand, dass diese Trennung des *Wortes* »gewere« von den unterliegenden *materiellen* Rechtsstoffen von Seite der meisten Schriftsteller nicht geschehen ist, ist auch der hauptsächliche Grund der Unrichtigkeit ihrer Theorieen. So greift *Albrecht* auf das dingliche Klagerecht zurück, gründet auf dessen deutschrechtliche Besonderheit sein System und nennt dieses ein System der Gewere; so will *Sandhaas* eine eigenthümliche Besitzlehre begründen und nennt sie eine Theorie der Gewere. Wenn nun in Folgendem diese Ansichten einer näheren Prüfung unterworfen werden sollen, so muss freilich das eigentliche Gebiet unserer Untersuchung verlassen und auf das materielle Gebiet des Rechts übergeschritten werden. Hierbei ist aber vorerst eine allgemeine Erörterung über einen Rechtssatz nothwendig, der in der Literatur über die Gewere die wichtigste Rolle spielt.

§. 7.

Der Rechtssatz, den man jetzt durch das Sprichwort „*Hand muss Hand wahren*“ ausdrückt, ist fast immer als der Ausgangs- und Kernpunkt der neueren Theorieen angesehen worden, welche aus der Gewere eine eigenthümliche Gestaltung des mittelalterlichen Sachenrechts bilden wollen. Offenbar ist es der Punkt, von dem aus *Albrecht* auf den Gedanken eines vom Rechte abgelösten Klagerechts, und *Sandhaas* auf seine Meinung über die Bedeutung des Besitzes im deutschen Rechte gelangt ist; hier glauben Beide die unzweifelhafte Bestätigung ihrer Lehren zu finden und zugleich die nothwendige Beruhigung gegenüber der Bedenklichkeit sonstiger Beweisgründe.

Als Grundlage der ganzen Entwicklung des Grundsatzes wird stets die Stelle des Sachsenspiegels II, 60 angesehen:

»Svelk man enen anderen liet oder sat perde, oder en kleid, oder jenegerhande varende have, to svelker wis he die ut von sinen geweren let mit sime willen, verkoft sie die, die sie in geweren hevet, oder versat he sie, oder verspelet he sie, oder wert se ime verstolen oder afgerovet; jene die sie verlegen oder versat hevet, die ne mach dar nene vorderunge up hebben, ane uppe den, deme he sie leich oder versatte« (Homeyer's Text).

Als materielles Motiv des Rechtssatzes betrachtet man in der Regel die Worte: »to svelker wis he die ut von sinen geweren let mit sime willen«, und argumentirt also: weil er die Sache aus seiner Gewere gelassen hat, fehlt ihm die Klage; daraus geht folgeweise hervor, dass Gewere soviel ist, als eine vom Eigenthum (das ja beim Verleiher zurückbleibt) unabhängige dingliche Klage, oder es geht daraus nach Sandhaas hervor, dass Gewere (Besitz) dem deutschen Rechte soviel gilt, als dingliches Recht, da mit dem Aufgeben der Gewere auch die Klage, das sichere Zeichen des Rechts übergeht. Dazu wird dann noch die paraphrasirende Stelle vom Vermehrten Sachsenspiegel VI, 42, 14 zu Hülfe genommen, um das Bewusstsein des Gegensatzes zwischen dinglicher (»anfang«) und persönlicher Klage (»forderung«) noch augenscheinlicher zu machen, wogegen freilich schon mehrfach mit Recht bemerkt worden ist, dass dieser Gegensatz und das Technische dieser Ausdrücke sich aus dem mittelalterlichen Rechte gar nicht erweisen lässt.

Im Gegensatz hierzu muss vielmehr angenommen werden, dass die oben hervorgehobenen Worte in keiner Weise von der Bedeutung eines materiellen Entscheidungsgrunds sind, sondern lediglich den Charakter eines erklärenden Zwischensatzes, einer Parenthese haben. Dies ergibt sich zunächst daraus, dass nach der richtigen Lesart die oben hervorgehobenen Worte nicht durch ein »oder« eingeleitet werden (s. *Cropp* a. a. O. S. 259, N. 32); dieses Wort hat der bei

Albrecht S. 86 citirte Text, und es muss der Letztere darauf ein grosses Gewicht legen, weil dadurch der fragliche Zwischensatz zur gleichen Bedeutung mit dem vorhergehenden Vordersatz erhoben, und die ganze Regel im weitesten Umfange generalisirt wird. Es ist ferner nicht zu übersehen, dass *alle* anderen Rechtsquellen, welche das »ut sinen geweren laten« enthalten (z. B. Verm. Sachsensp. a. a. O., Verdener Statuten Art. 57, Magdeb. Schöffenurth. b. *Walch* 8, 275, Bremer Statuten bei *Pufendorf* II app. S. 91 flg.), lediglich Wiederholungen der Stelle des Sachsenspiegels sind. Dazu kommt noch, dass das ganze Princip keineswegs in allen den Fällen von Wirksamkeit ist, in denen unzweifelhaft ein »ut sinen geweren laten« stattfindet, — ein Umstand, gegen dessen Bedeutung sich *Albrecht* S. 93 flg. nur auf eine angebliche Billigkeitsrücksicht berufen kann.

Dass der Rechtssatz der Regel „Hand muss Hand wahren" im deutschen Rechte des Mittelalters wirklich bestanden habe, kann, glaube ich, nicht bezweifelt werden, und es ist wohl unnöthig, jetzt noch gegen die Bedenken *Schilter's* (*praxis juris Romani etc. exerc.* 25, §. 6) und *Eichhorn's* zu streiten. Die Frage ist nur die, welches der innere Grund der Regel gewesen sei, und wie sie demgemäss für die Rechtsanwendung bestimmt und beschränkt werden müsse.

Vor Allem ist hierbei hervorzuheben, dass es rein *willkürlich* ist, wenn man die Stelle des Sachsenspiegels II, 60 zum Ausgangspunkte nimmt. Es kann freilich nicht geläugnet werden, dass sie für die *spätere* Entwicklung der Frage entscheidend gewesen ist, indem spätere Statuten und die spätere Doktrin sich immer an diese Fassung der Regel angelehnt haben. Wenn es sich aber handelt um die Erforschung des ursprünglichen Grundes des Rechtssatzes, so dürfen wir wohl jene theoretische Fassung des Sachsenspieglers um ihre Herkunft befragen. Hierbei wird sich herausstellen, dass die genannte Stelle wiederum einen Beleg für das schon oben bezeichnete Streben des Verfassers jenes Rechtsbuchs ist, eine Reihe äusserlich ähnlicher rechtlicher Erscheinungen unter einen einheitlichen, principiellen Gesammtausdruck zu bringen, und so eine generalisirende Formulirung zu gewinnen, die aber freilich, weil sie ungenau und willkürlich ist, ohne stete Berücksichtigung der mehreren dadurch formulirten *Rechtssätze*, ein ganz unrichtiges Resultat liefern würde. —

Es ist eine unbestreitbare Wahrheit, dass die mittelalterlichen Rechtsquellen als den, zwar nicht alleinigen, aber doch jedenfalls regelmässigen Fall einer Klage auf Wiedererlangung abhanden gekommener fahrender Habe die Klage auf Zurückgabe *gestohlnen* und *geraubten* Guts betrachten, wobei sich der Kläger dazu zieht »uppe'n hiligen selve dridde vulkomener lüde an irme rechte, die dat weten, dat it ime düflike oder roflike geloset si« (Sachsenspiegel II, 36). So sagt das Freiburger Stadtprivileg. v. 1120, §. 32:

Nemo rem sibi quoquo modo sublatam vendicare poterit, nisi juramento probaverit, sibi furto vel preda sublatam.

Ferner *Ed. Rothar. c.* 235:

Si quis caballum emerit et auctorem ignoraverit, et venerit certus homo, qui ipsum caballum suum dicit esse, tunc ille homo, qui emit — si auctorem non habuerit, et nescit, de quo comparasset, praebeat sacramentum, quod in eo nec fur esset, nec collega furis — —.

Bei der Beschreibung des Klagerechts des Verleihers gegen den Entlehner, der die Sache über die bestimmte Zeit hinaus behält, fühlt sich der Verfasser des Sachsenspiegels veranlasst, ausdrücklich zu bemerken:

»düve noch roves ne mag man ine nicht tien daran, wende he it ime leich.«

Vergl. auch Augsb. Stadtr. bei Walch IV, S. 148 u. a. m. Von einer bewussten Unterscheidung zwischen Vindication der Sache und persönlicher Klage auf Zurückgabe ist dabei keine

Rede, namentlich ist, wie schon oben hervorgehoben wurde, ein solcher Unterschied in den Worten »anfang« und »forderung« nicht zu suchen; jenes bezeichnet die Forderung gestohlnen und geraubten Gutes, dieses ist ein ganz allgemeines, nicht technisches Wort für Klage, Ansprache.

Fragt man nun nach dem Grunde dieses einseitigen und seltsamen Gesichtspunkts, so wird man die Antwort aus einer Erwägung der damaligen Rechtsanschauung überhaupt erwarten müssen. An und für sich fällt es schon dem Ungebildeten schwer, den sittlichen und strafrechtlichen Gesichtspunkt bei der Vorenthaltung beweglicher Sachen von dem rein privatrechtlichen zu unterscheiden. Wenn nun in einer bestimmten Zeit der Umfang des beweglichen Vermögens des Einzelnen so gering zu sein pflegt, dass jedes Stück nach seiner Beschaffenheit und nach der Geschichte seiner Erwerbung in der Regel genau bekannt ist, und daher auch der spärliche Zuwachs sorgfältig überwacht werden kann, so muss es nahe liegen, dass man einen um so höheren Grad von Aufmerksamkeit bei dem Erwerb fahrender Habe in Anspruch nimmt, und gern geneigt ist, dem ungerechtfertigten Besitz nicht sowohl einen Irrthum, als eine betrügerische und diebliche Absicht unterzulegen. Es ist nicht gesagt, dass dieser einseitige Gesichtspunkt der absolut herrschende gewesen sei, wohl aber war er der überwiegende, mit welchem jede andere Auffassung als eine ausnahmsweise, besondere zu ringen hatte. Dies tritt sehr klar hervor im Sachsensp. III, 89:

»Swer des andern swert oder cleit oder becken oder schermezzer, sime glich nach mer lute wane, von me stuben treit, oder sac itel oder vol von der mulen vurt, oder satel oder vilz oder zoum oder sporn oder ander gut eines andern mannes nimt vor daz sine, sineme glich, oder bette oder kussen oder slaflachen, das ir mer zu samene ligen, oder ander gut, zwaz ez si, vor das sine nimet und daz sine dar let; helt erz danne in dem wane, daz ez sin sie unverholn und tar he dar sinen eid zu tun, anevangen mag man ez wol und under im beklagen. Dube aber oder roubes, ab man in des schuldiget dar an, des entschuldiget her sich uffen heyligen, ab her des gezug hat, daz erz unhelinge gehalden habe.«

Dies scheint mir der innere Grund jener Erscheinung des mittelalterlichen Rechts zu sein, welche sich schon in der Stelle des vermehrten Sachsenspiegels IV, 42, 1 sehr gemildert, und im Richtsteig Landrechts 11 a. E. entschieden bekämpft findet:

»Wete aber, dat etliche seggen, dat anefang an nenen dingen to rechte scheen moge, wen an deme, dat eme verstolen, edder genomen were; des is nicht; wen ein esslich mot sik des synen met rechte wol unterwinden, war he dat syt.«

Auch liegt ferner darin eine Opposition des Richtsteigs gegen jenen alten einseitigen Gesichtspunkt, dass er die peinliche Klage mit Cumulation des Civilanspruchs („vermengte Klage"), von welcher ihm der »anfang« eine Species ist, von der „schlichten Ansprache" unterscheidet; indessen ist darin nicht etwa ein schon im älteren Rechte bestehendes Klagensystem, sondern nur eine vielleicht schon unter Einfluss des römischen Rechts entstandene Systematisirung des späteren mehr theoretisirenden Rechtsbuchs zu erblicken*).

Wenn nun hierdurch das *Zurücktreten* der rein privatrechtlichen Vindication hinter eine zugleich mit Deliktsansprüchen versehene Forderung erklärt wird, so erhellt auch daraus, dass man diese letztere Klage nicht bloss dem Eigen-

*) Eine völlig verschiedene Entwicklung der Vindication behauptet Renaud in der Zeitschrift für Rechtswissenschaft und Gesetzgebung des Auslands, Bd. 17 (1845), S. 140 flg. Nach ihm hat es im germanischen Rechte anfangs gar keine Vindication der Mobilien gegeben; erst allmählich hat man bei Diebstahl und Raub den „anevank" zugelassen, später auch beim dieblichen Behalten u. s. w.

thümer, sondern auch einem Nichteigenthümer geben konnte, dessen Interesse durch das Entwenden der Sache zunächst verletzt erscheint. Es ist nun nicht mehr eine Verfolgung des Eigenthums, sondern eine Verfolgung der durch den Diebstahl geschehenen Vermögensverletzung, bei welcher ebenso gut als bei der Klage des Eigenthümers der Eid geschworen werden konnte, »dass es ihm dieblich oder raublich geloset sei«. Und so ist es in der That ein entschiedener Grundsatz des deutschen Rechts, dass *zunächst* nur demjenigen die Klage gegen den Besitzer der gestohlnen Sache gebührt, welcher dem Eigenthümer für ihren Verlust einstehen*) muss, und erst eventuell dem Eigenthümer selbst.

Dies spricht zunächst sehr bestimmt, obschon mit Beimischung einer willkürlichen *ratio* folgende Stelle aus:

Ll. Liutpr. Longb. R. 6, 78: *Si quis res suas commendaverit in cujuscunque casa —, et contigerit, ut adveniens fur ipsas res furatus fuerit —, nos ita statuimus, ut qui res alienas commendatas susceperit, et eas perdiderit, restituat ei ipsas, cujus fuerunt; et postea furtum ipsum si inventum fuerit, ei componat ipse fur, de cujus casa ipsas res rapuerit, aut furatus fuerit. Quod ideo sic prospeximus, quoniam si ille componat furtum ipsi, cujus res fuerunt, postea ille, cujus casam rupit, quaereret ei rupturam casae suae, et non possumus in una causa duas calumnias imputare. Ideoque sic nobis justum visum est, ut ille, qui res suas commendavit, recipiat eas ab ipso, de cujus casa perierunt, et ipse de cujus casa ipsum furtum exivit ab ipso furone quaerat compositionem et tollat.* —

Ebenso wird der Rechtssatz, obschon zu allgemein, klar ausgesprochen im Schwabensp. W. 91:

»Unde lihet ein man dem andern einen silbernen napf oder ander guot, der sol dez baz hueten dan sin selbes guot.

*) S. über diese Entschädigungspflicht Schwabenspiegel (W.) 189.

unde wirt ez ime verstolen, er muoz imz gelten. — — *Unde ist daz mir ein guot verstolen wirt daz min niht ist, da sol ich der klager umbe sin. unde stirbe ich oder entwich ich von der klage, so sol der dar nach klagen, dez ez da ist.*

Der Beweis dieses Rechtssatzes selbst ist, wie mir scheint, vollständig und anschaulich geliefert worden von *Cropp* a. a. O. S. 341 flg. Daselbst sind auch zugleich die nach den verschiedenen Statuten und Zeiten sehr schwankenden Modificationen desselben (z. B. beim Depositum; Goslar. Statuten bei *Göschen*, S. 82, Z. 22 flg.) erörtert. Auf diese Ausführung kann hier vollständig verwiesen werden.

Dies ist nun der eine Theil von dem, was der Sachsenspiegel II, 60 sagen will. Es soll hier weder ausgesprochen werden, dass der Eigenthümer durch Entleihen völlig klaglos werde, noch gar, dass er mit Aufgebung der Detention sein Recht verliere.

Allein die Stelle des Sachsenspiegels enthält neben dem Falle, da dem Entlehner die Sache gestohlen oder geraubt wird, auch noch einen andern, welchen sie mit jenem gleichstellt, nämlich den, da der Entleiher selbst die Sache betrüglich durch Verkaufen, Versetzen u. s. w. dem Eigenthümer entfernt. Es sind hier zwei *ähnliche*, aber doch wieder sehr verschiedene Fälle zusammengefasst und in eine gemeinsame Formel gebracht. Im ersten Falle wird dem Eigenthümer die Klage gegen den Dritten deshalb versagt, weil der Entlehner als der zunächst durch den Diebstahl Beeinträchtigte und daher auch zuerst zur Verfolgung des Diebs Berechtigte erscheint, im letzteren dagegen ist offenbar ein anderer Gesichtspunkt massgebend. Durch Veräusserung der *geliehenen* Sache hat sie der Entlehner selbst dem Eigenthümer entzogen; in einem solchen Falle, nämlich bei dem eigentlichen *Leihen* im technischen Sinne des Worts (*nicht* beim Depositum, beim Hingeben an das Gesinde oder an Handwerker zur Verarbeitung, oder bei der Verkaufscommission) nimmt nun das deutsche Recht nicht an, dass die Sache in der Hand des dritten Besitzers (dem sie verkauft oder versetzt ist) Diebs- oder Raubgut sei, d. h. mit dem Anfang verfolgt werden könne, so dass mithin der Leihende allein durch seine Klage gegen den Entlehner gesichert ist. Ausser unserer Stelle (Sachsensp. II, 60) sagt dies indirect schon Sachsensp. III, 22 und Verm. Sachsensp. IV, 42, 5, da in beiden Stellen der Anfang gegen den unterschlagenden Entlehner abgesprochen wird, und zwar aus einem Grunde, der offenbar auch für Verneinung des Anfangs gegen den dritten Besitzer sprechen muss, welcher sein Recht vom Entlehner als »auctor« ableitet. Directe Quellenzeugnisse sind dafür das alte Lübische Recht *Cod. Hach. II*, 194:

> »Ein jewelic mensche se weme he sines dinghes oder ghudes wat lene, wante cumt it so dat de, deme it gelenet is, it verkoft oder vorsettet unde ofte it bekummeret wert oder holt it jement up, de deme anderen dat gelenet hevet, de is plichtich it to losende ofte het weder hebben wil, unde de gene de it unter sic hevet, mag et bet beholten nach stades rechte, den degene, de deme andern dat gelenet hebet.«

Vgl. auch die alten *Leges Wallicae Lib.* 3, §. 38 (*ed. Wotton p.* 215), und Bayr. Landr. bei *Heumann*, S. 152. Ich verweise in Bezug auf den obigen Rechtssatz auf die Ausführungen von *Göschen*, Goslar. Stat. S. 500 flg. und *Cropp* a. a. O. S. 62—68, S. 272, N. 50.

Scheinbar im Widerspruch mit dem obigen Satze steht die schon citirte Stelle des Sachsenspiegels III, 22:

> »Sve dem andern liet en perd oder kledere to bescedenen dagen, halt he it over den dach, und wert he darume beklaget, he sal't altohant weder geven und beteren, of he it geergeret hevet. Düve noch roves ne mach man ine nicht tien dar an, wende he it ime leich. Unterwinden mut sik ok wol en man sines gudes, svar he't süt, mit rechte, dat man ime mit unrechte vor unthalte over bescedene tiet.«

Einen Widerspruch hat man in dieser Stelle gefunden und sie desshalb wegzuräumen versucht, weil man irrthümlich in dem Worte »unterwinden« die technische Bezeichnung für »anfang« finden wollte. Allein die richtige Erklärung hat schon *Gaupp* a. a. O. S. 132 gegeben, indem er die letzten Worte so interpretirt: Kömmt dem Eigenthümer die ihm über die bestimmte Zeit vorenthaltene Sache zufällig vor Augen, so kann er sie, ohne eine Rechtsverletzung zu begehen, an sich nehmen.

Wenn es nun auch nach dem Bisherigen nicht bezweifelt werden kann, *dass* das deutsche Recht im Falle einer treulosen Veräusserung durch den Entlehner dem Eigenthümer die Diebstahlsvindication (»anefang«) gegen den dritten Besitzer absprach, da sein Haben nicht als diebliches Behalten angesehen wurde, und dass es ferner nur eine Forderung gegen den Entlehner übrig liess, so fehlt es doch noch an dem Nachweis eines inneren Grundes, wie wir denselben für den ersten Fall der Stelle des Sachsenspiegels II, 60 darlegen konnten. Diesen inneren Grund drückt Sachsenspiegel III, 22 so aus: »wende he it ime *leich*«; also im *Leihen*, im technischen Sinne des Worts (*Cropp* S. 71, N. 48) muss er gefunden werden. Ohne Zweifel betrachtet man nämlich dies als ein Rechtsgeschäft, bei welchem, wie beim eigentlichen Darlehen, nicht sowohl auf die wirkliche Zurückgabe der Sache selbst, als vielmehr auf diese Zurückgabe *oder* die Leistung des Werths von vorn herein gerechnet wurde. Dadurch war der Erfolg einer Disposition des Entlehners über die geliehene Sache im Interesse des ferneren Erwerbers gesichert. Dies spricht z. B. geradezu aus das Lübische Recht, *Cod. Brokes* 333:

»Ein jewelk minsche see tho, weme he sin gut belove; lenet en dem andern wat, und werdt it bekumert mit rechte, — so kan de dat nicht wedder fryen, de dat uthgelenet heft, men idt mot tho den schulden denen, deme idt gelenet is, *he mach dat ok wol verkopen, deme wat gelenet is, sunder broke.*«

Schon oben sind einige Fälle hervorgehoben worden, bei denen diese Auffassung des Verhältnisses ausgeschlossen ist, z. B. beim Depositum. Obwohl nun in Bezug auf diese Begrenzung der Wirkung jener Anschauung ein so klares Zeugniss der in dieser Hinsicht theilweise schwankenden Quellen nicht gefunden werden kann, dass man sie in der Form eines bestimmten Princips aussprechen könnte, so muss doch anerkannt werden, dass hier einer der wenigen Fälle vorliegt, in denen die so verschiedenartige Masse der deutschen Rechtsquellen von einem gemeinsamen Gedanken entschieden beherrscht wird.

Das Uebereinstimmende dieser beiden an sich so verschiedenen Rechtssätze liegt also lediglich darin, dass in beiden der Eigenthümer einer Sache nur an den ersten Empfänger derselben gewiesen ist. Beide Fälle werden nun in der Stelle des Sachsenspiegels II, 60 zusammengefasst.

Wenn man nun daraus die Regel bildete „Hand muss Hand wahren", und ihr den Charakter eines allgemeinen Rechtsprincips beilegte, wenn man ihr dann den modernen rechtspolitischen Gedanken unterlegte, dass dadurch der Verkehr geschützt werde, wenn unter dem äusseren Schein des Rechtes abgeschlossene Geschäfte über die „unstäte" Fahrhabe als gesichert angesehen würden, — so sind dies alles Gedanken, die dem älteren deutschen Rechte fremd sind. Noch weniger aber steht die Rechtsregel mit der Gewere oder mit dem Besitz als solchem in irgend einer Verbindung; auch hätte sie keine Veranlassung geben sollen zu der nun verklungenen Ansicht, dass dem deutschen Rechte das Eigenthum an beweglicher Habe gemangelt habe, zu schweigen von der seltsamen Deduction *Gengler's*, der die Rechtsregel auf die „*Uranfänge der Gewere*" zurückführen will *). —

*) Grundriss der deutschen Rechtsgesch. S. 341, N. 11.

Ich wende mich nun zu dem anderen Theile der Aufgabe dieser Abhandlung, nämlich zur Prüfung der wichtigsten über die Gewere aufgestellten Theorieen.

§. 8.

Albrecht geht in seiner bekannten Schrift von der ganz richtigen Bemerkung aus, dass Gewere zunächst soviel bedeute, als Besitz, *detentio;* nur erklärt er einige Ausdrücke (z. B. »gemeine, ledigliche g.«) in einem andern, als dem von mir angegebenen Sinne. Er wirft nun weiter (S. 9) die Frage auf: wie kam Gewere zu der Bedeutung von *Besitz?* Diese Frage scheint vorauszusetzen, dass Albrecht von einem bereits festgestellten Begriffe der Gewere ausgegangen sei, und diesen nun mit der Bedeutung als Besitz in Uebereinstimmung zu bringen versuche. Dem ist aber nicht so; vielmehr soll die Beantwortung der Frage erst auf den wahren Begriff der Gewere *führen* (Note 30b). Er findet nun, dass die „äussere" Seite des Besitzes, nämlich die Befugniss des Besitzers, die Einwirkung Anderer auf die Sache von dem Ausgange eines Processes, in welchem er die Rechte des Beklagten geniesst, abhängig zu machen, und jeden thatsächlichen Angriff durch Selbsthülfe zu hintertreiben, dass dies der Punkt sei, durch welchen die Vereinigung der Grundidee des Wortes Gewere mit Besitz gegeben werde. Den Beweis dafür sollen die, die Thätigkeit eines Beklagten bezeichnenden Ausdrücke geben: die Sache *vertreten*, *verantworten*, *verstehen*, ferner die nothwendig anzunehmende Verwandtschaft zwischen seiner Gewere und Gewere in der Bedeutung von »auctor«.

Es ergibt sich hieraus, dass Albrecht wahrscheinlich als den etymologischen Ausgangspunkt das Wort w e h r e n, *defendere* annimmt, eine Ansicht, die nach der Grimm'schen Forschung doch wohl unrichtig ist; und gleichwohl beherrscht sie den ganzen Ideengang der Albrecht'schen Untersuchung. Der Rechtssatz, dass Niemand auch den unrechtmässigen Besitzer anders als durch richterliches Erkenntniss austreiben soll, und dass Letzterer, wenn er mit gewaltthätiger Selbsthülfe angegriffen wird, sich dagegen vertheidigen darf, — wird von Albrecht als eine Erscheinung ganz besonderer Art angesehen, die eine höchst eigenthümliche Gestaltung des deutschen Privatrechts voraussetze, während er sich doch der unbefangenen Betrachtung in der That nur als die gewöhnlichste im öffentlichen Interesse gebotene Regel des privatrechtlichen Schutzes darstellt. Wäre sie wirklich privatrechtlich *entwickelt*, so würde sie in den Rechtsbüchern in der Gestalt eines eigentlichen *Besitzschutzes* auftreten. Dies glaubt auch Albrecht; er ist der Ansicht, dass der Besitz als solcher eine Klage habe, und stützt sie auf zwei Gründe, nämlich 1) darauf, dass, wenn auch kein bestimmtes Zeugniss vorhanden wäre, jene Ansicht jedenfalls als nothwendig vorausgesetzt werden müsse, weil der Besitzschutz das Mittel zur Realisirung des Verbots aussergerichtlicher Dejection sei, und 2) auf das Zeugniss einer Stelle des Bayrischen Landrechts (N. 41). Indessen beide Gründe sind jetzt durch *Bruns* *) so richtig und vollständig beseitigt, dass ich mich darauf beschränken kann, auf dessen Ausführungen zu verweisen.

Es mag hier nur noch hervorgehoben werden, wie wenig das Verfahren Albrecht's gebilligt werden kann, wenn er den Versuch macht, die Wirkungen seiner Gewere nachzuweisen. So nimmt er nicht nur die Existenz einer Besitzklage an, sondern er untersucht auch ihre besondere juristische Natur, und bedenkt sich dabei nicht, Stellen zu citiren, in denen von Wiederherstellung entzogenen Besitzes gar nicht gehandelt, oft nicht einmal der Gewere gedacht wird, z. B. die Stellen der Note 43:

Sächs. Landr. III, 43: »was sich ein man mit unrechter gewalt unterwindet, das im dann wider mit recht

*) *Bruns*, das Recht des Besitzes im Mittelalter, 1848, S. 324 flg. S. auch *Homeyer*, System des Lehnrechts S. 406.

abgewonnen wird, er muss es mit busse und gewette lassen.«

Landr. III, 47: »wer dem andern icht des *seinen* nimt mit gewalt oder ohne seine wissenschaft, das soll er im widergeben mit busse.«

Es handelt sich in diesen Stellen lediglich um einen petitorischen Anspruch des *Eigenthümers*, und von einer blossen Besitzklage findet sich nicht die geringste Andeutung. Es wird damit freilich eines der wesentlichsten Bedenken gegen die Albrecht'sche Schrift bezeichnet, welches von vorn herein gegen die Zuverlässigkeit derselben einnimmt. Um nämlich seine Abstractionen über die Bedeutung der Gewere zu beweisen, beruft sich Albrecht vielfach auf Stellen, welche gar nicht von der Gewere handeln. „Es ist unvermeidlich", sagt er (N. 38), „auf Stellen zu verweisen, von denen man nicht ohne Schein behaupten könnte, sie sprächen nur vom Eigenthümer, oder nur vom Besitzer im eigenen Namen, nicht von jedem Besitzer überhaupt." Dies Verfahren ist wissenschaftlich wohl kaum zu begründen. Es trifft ferner auch hier zu, was schon oben als eine nicht zu billigende Methode der Untersuchung bemerkt worden ist, dass nämlich die so verschiedenartigen deutschen Quellen ohne Rücksicht auf ihre inneren Gegensätze unterschiedslos, wie die mehreren Stellen *eines* Buches von Albrecht gruppirt werden.

Eine weitere Wirkung der Gewere (in seiner Bedeutung von *Besitz*) soll darin bestehen, dass in der Gewere an der Immobilie zugleich die Gewere an aller fahrenden Habe enthalten sei, die sich in dem Umkreise der Immobilie befinde; daher habe man sich auch ohne richterliche Hülfe einer Sache, die im Besitze eines Andern aber innerhalb unserer Gewere sei, eigenmächtig bemächtigen dürfen, ohne einen Friedensbruch oder einen Frevel zu begehen, wozu indessen nach Note 49 ein rechtliches Interesse gehört habe. Die Beweise dafür werden in zwei Rechtssätzen gefunden, welche inzwischen schon eine andere Erklärung erhalten haben, nämlich dem Satze des Jüt. Lowbuch II, 74, 1 und dem Pfändungsrechte *). Dass aber auch der Satz: »de it in geweren het, is neger to beholtene, wenn jemande af to winnende«, auf ganz anderen Gründen, als auf einer ausgebildeten Besitzlehre ruht, hat neuerdings auch *Bruns* a. a. O. S. 300 flg. genügend dargethan.

Ergibt sich nun aus Vorstehendem, dass die Meinung Albrecht's, die »gewere«, als Besitz, habe einen Schutz durch eine selbstständige Klage gehabt, unbewiesen geblieben ist, so fällt damit auch seine weitere Theorie, welche sich lediglich auf dieser Meinung aufbaut. Es kommt zunächst darauf an, diese Theorie scharf zu bestimmen.

Wir haben oben gesehen, dass Albrecht das Eigenthümliche der Gewere in der Befugniss der Anstellung einer schützenden Klage findet; dies zunächst zur Festhaltung des bloss faktischen Besitzes (von ihm sogenannte *faktische Gewere* genannt). Hieran knüpft sich nun seine weitere Entwickelung an. Er findet, dass diese dingliche Klagebefugniss, welche er nun ohne weiteres »gewere« nennt, auch in einigen anderen Fällen stattfinde, in welchen ein wirklicher Besitz nicht vorhanden ist; er nennt dies *juristische Gewere*. So kommt er zu der Ansicht, *dass das deutsche Recht dem dinglichen Rechte an sich* (Eigenthum u. s. w.) *gar nicht die Wirkung einer dinglichen Klage beilege, sondern dass diese Wirkung, das dingliche Klagerecht, ganz unabhängig von dem materiellen Charakter des Rechts an Sachen nach eigenen Regeln im Gebiete des Sachenrechts vertheilt sei* (S. 125), dass es kein rechtliches Verhältniss zu einer Sache gebe, welches nicht in die Lage kommen könne, der dinglichen Klagbarkeit in gewissem Grade theilhaftig zu werden, und umgekehrt gebe es, wenigstens an fahrender Habe, kein Recht, welches nicht ohne selbst unterzugehen, jene Eigen-

*) Ich darf mir wohl erlauben, hier auf *meine* Bemerkungen in *Schneider's* kritischen Jahrb. 1846, S. 787 zu verweisen.

schaft wiederum verlieren könne (Hand muss Hand wahren). Es scheint ihm, dass das deutsche Recht die Zutheilung einer dinglichen Klage zum Schutz eines Rechtsverhältnisses von dem Gesichtspunkte einer Fortsetzung oder Anticipirung des faktischen Besitzes geschehen lasse (S. 26); indessen modificirt er diese Auffassung sogleich dahin, dass Beides: der Gewerenschutz für Besitz und der für Nichtbesitz, nicht in der Art identisch sei, dass letzterer nur eine Fiction des ersteren wäre, sondern Beides sei vielmehr eins, nämlich nur verschiedene Formen des einen Rechts der *Vertretung einer Sache* (S. 28).

Für diesen Satz müssten wir, wenn wir an ihn glauben sollten, einen so schlagenden Beweis erhalten, dass jeder Zweifel dadurch abgeschnitten würde. Er enthielte eine Eigenthümlichkeit unseres Rechtes, welche mit der natürlichen Auffassung der Verhältnisse im Widerspruch stände. Denn offenbar ist es doch das Natürliche, das Klagerecht als den Ausfluss, als die Wirkung des Rechts an der Sache, ja als dieses Recht selbst in seiner Anwendung, seiner Geltendmachung zu betrachten, und die Befugniss zur Klaganstellung, sowie ihre Grenzen durch den inneren materiellen Grund der Herrschaft über die Sache bestimmt zu sehen. Eine Theorie, welche dem *Rechte* seinen Schutz versagte, es als etwas an und für sich todt Liegendes ansähe, dem erst das Leben und die eigentliche Wirkung durch ein anderes, vom Rechte selbst ganz verschiedenes Moment gewährt werden müsste, — das wäre doch gewiss eine äusserst auffallende Theorie. Dies ist die Albrecht'sche Ansicht. Nach ihm lässt das deutsche Recht das Eigenthum u. s. w. fast ohne Wirkungsfähigkeit liegen; es bedarf, um thatkräftig zu werden, der Zutheilung eines in der Luft schwebenden Wesens, Vertretungsrecht, Gewere, und diese Zutheilung hängt meist von gewissen formalen Voraussetzungen ab; erst wenn und nur so weit und so lange sie vorhanden ist, gibt es ein dingliches Klagerecht, — das von jedem inneren Grunde wenigstens der Regel nach durchaus unabhängig ist, und dem unredlichen Besitzer ebenso wie dem Eigenthümer zukommt.

Zunächst fragen wir: wie lässt es sich mit dieser Ansicht vereinbaren, dass in so vielen Stellen unserer germanischen und späteren deutschen Rechtsquellen die Vindication und die Vertheidigung durch Einreden so deutlich und klar an das Eigenthum und seinen materiellen Grund angeknüpft wird? Es mögen hier folgende Anführungen genügen:

L. Bajuvariorum XV, 11, §. 1: *Si mancipium aliquis intertiaverit, dicens: istud mancipium ego comprehendi extra terminum ubi dux exercitum duxit, vel alibi dux illum per debitam et justam culpam tulit, et mihi licenter tradidit. Aut si aliqua ornamenta sint, dicit: quod mancipia mea ex propria mea materia laboraverunt et fecerunt, aut fabri hujusmodi si fuerint, propterea tradidi et firmabo.* — §. 4: *Pater meus reliquit mihi in hereditatem, aut: ego in propria domo enutrivi illud, de propriis meis mancipiis natum.* —

VII, 1, §. 2: — *Cur invadere conaris territorium, quod ego juste jure hereditatis donavi. Ille alius contra: non ita, sed mei antecessores tenuerunt et mihi in alodem reliquerunt.*

Sachsensp. II, 36. Nach dieser Stelle vertheidigt sich der mit der Vindication Angegriffene durch den Beweis: »of it laken is, he hebbe't geworcht laten, of it en perd is oder ve, he hebbe't in sinem stalle getogen.« Vgl. Richtsteig. Landr. 17.

Der Kläger bei der Vindication muss schwören, dass das ihm gestohlne Gut *sein* sei. Schwabensp. 57. Lübische Stat. *Cod. Hach.* III, 397. Goslar. Stat. IV, 2, 3. Bamberg. Stadtr. 110. Augsburger Stadtr. 134. 159. Hamburger Stadtr. v. 1270, XII, 5, 2. (Eine schiefe Erklärung gibt *Trummer*, Vorträge u. s. w. 2. B., S. 204 flg.) S. Weichbildrecht (Thüngen) 88. 91.

Der gerichtliche Schutz findet unter Berufung auf das Recht des Auctors statt, wenn ein derivativer Erwerb vorlag. Sachsensp. II, 42.

Hierzu will ich noch eine Stelle eines echt deutschen Statuts fügen, nämlich des Stadtrechts von *Gent* (v. J. 1296), abgedr. bei *Dierix*, *Memoires sur les lois etc. des Gantois*, *Gand* 1818. 2. Bd. Daselbst heisst es im Art. 118: »Ende niemene ne mag andren afwinnen erve no huus, hi ne mag toeghen dats hem toecommen es bi *versterfenessen*, of bi *coepe*, of bi *ghifte*, of bi *wetteliken eygendomme*.«

Und wie steht es nun mit den positiven Beweisen Albrecht's? Er selbst macht sich den Einwand, man könne glauben, dass da, wo von einer Klage aus der Gewere geredet werde, eine Klage aus dem dinglichen Rechte gemeint sei; allein, so argumentirt er, man würde alsdann eine unbegreifliche Armuth der Sprache voraussetzen, wenn man annehmen wollte, es habe für Besitz (er will hier sagen: dingliches Klagerecht) und Recht nur *einen* Namen gegeben, — ein Grund, der wohl nicht entscheiden kann. Dann verweist er in Bezug auf das *Mobiliarsachenrecht* auf die Rechtsregel „Hand muss Hand wahren“, nach welcher Demjenigen, der nicht aufgehört Eigenthum, aber wohl die Gewere zu haben, die dingliche Klage abgesprochen werde. Darüber ist schon im vorigen Paragraphen gehandelt worden. Was die *Immobilien* betrifft, so verzichtet Albrecht selbst auf die Möglichkeit eines vollständigen Beweises, und gibt zu, dass alle Stellen, in denen an die Gewere eine dingliche Klage geknüpft werde, solche seien, in welchen der Kläger zugleich als Eigenthümer oder als Inhaber eines dinglichen Rechts erscheine (N. 201). Auf der anderen Seite muss er für Immobilien, für welche der Grundsatz „Hand muss Hand wahren“ nicht gilt, zugeben, dass, wenn der Eigenthümer Jemand sein Grundstück zur Satzung u. s. w. auflässt, er als solcher eine Gewere und ein Klagerecht behält, obschon er auch dem Satzungsgläubiger eine solche überträgt, dass also hier die *causa* des Rechts das Entscheidende sei (§. 99). Wenn aber die Albrecht'sche Theorie wirklich begründet wäre, so müssten nothwendig Fälle nachgewiesen werden können, in denen die beiden nach ihm ganz verschiedenen juristischen Wesen, das materielle Recht und das formelle Klagerecht, nicht zusammenträfen, weil zwar wohl die Bedingungen des letzteren, nicht aber auch die des ersteren erfüllt wären, und umgekehrt; in diesem Nachweis würde die Probe für die Richtigkeit seiner Theorie liegen. Einen solchen Fall glaubt er nun wirklich in dem Grundsatz „Hand muss Hand wahren" gefunden zu haben; dagegen für die andern Fälle, nämlich die dingliche Klage des unrechtmässigen Besitzers einer Sache und des Pächters (denen ja ohne Zweifel trotz ihres Mangels an einem dinglichen Rechte eine faktische Gewere zugeschrieben werden müsste), — für diese allein entscheidenden Fälle erklärt er sich ausser Stande, einen Beweis führen zu können (N. 60 und 203).

Aber auch in den *einzelnen* Fällen seiner juristischen Gewere und ihrer Ausführung kann ich wenigstens keinen Beweis obiger Theorie erblicken. Denn in allen diesen Fällen handelt es sich um die Begründung oder um die Fortdauer eines Rechts an der Sache und einer diesem entsprechenden Klage (sich der Sache unterwinden, zu einer Sache ziehen, gewältigt werden). Jenes Recht wird nun in den angezogenen Quellenstellen bisweilen *Gewere* genannt, bisweilen auch nicht; daraus, dass es so genannt wird, kann aber doch nicht geschlossen werden, es sei hier bloss ein von der materiellen *causa* ganz unabhängiges Klagerecht gemeint. Ja wenn Albrecht vorher den Beweis erbracht hätte, dass *Gewere* diese Bedeutung und zwar nur diese habe, dann würde jetzt eine blosse Hinweisung auf den Gebrauch des Wortes genügen. Dieser Beweis ist aber, wie wir oben gesehen haben, in der That kaum versucht worden. Es ist wahr, dass Derjenige, dem seine Sache mit Gewalt entführt wird, sein Recht ungekränkt behält (»das sol dem unschuldig sein an seiner gewere«), dass der Erbe sich beim Tode des Erblassers der Sache unterwinden kann, und dass er dies schon bei Lebzeiten des Erblassers im Falle einer Veräusserung des Grundstücks thun darf; es ist ferner richtig, dass die deutschen Rechtsquellen durch den Richterspruch in der Regel das in ihm anerkannte oder zugetheilte Recht ohne Weiteres wirksam werden lassen, und es ist nicht zu bestreiten, dass die gerichtliche Auflassung mit oder ohne Session der Gewere am Grundstücke lediget und sie dem Empfänger des Grundstücks überträgt; — aber was hilft dies Alles der Albrecht'schen Theorie? Ja, es kann sogar hervorgehoben werden, dass die Reihe der Albrecht'schen Fälle *von seinem eigenen Gesichtspunkte aus* durch *Homeyer's* Darlegung (System des Lehnrechts S. 423) durchbrochen worden ist.

Der ganze zweite Theil der Schrift Albrecht's, welcher höchst schätzbare Untersuchungen enthält, könnte die Theorie des ersten Theils füglich entbehren. Er enthält die Darstellung der Fälle, in denen „eine Gewere die andere immer nur so weit ausschliesst, als ihre *causa* mit der andern vereinbar ist, in denen also, insoweit dies der Fall ist, an einer Sache *zwei Rechte* mit dem Charakter einer Gewere bestehen (S. 126)." Es ist zu bedauern, dass Albrecht diese Forschungen an jene Theorie angeknüpft hat, welche die Anschauung des wirklichen Bestandes des mittelalterlichen Sachenrechts durch Dazwischenschieben eines zweifelhaften Mediums trübt und den Zusammenhang seiner Sätze zerreisst, indem sie diese willkürlich an ein angeblich nach eigenen Regeln vertheiltes, substanzloses Klagerecht anknüpft.

§. 9.

Das Albrecht'sche Buch hat seither eine so wahrhaft zwingende Macht in der germanistischen Literatur ausgeübt, dass jede Betrachtung des deutschen Rechts, die sich der trüben Vermittlung der Gewere entledigte und unmittelbar der Sache selbst gewidmet war, für eine ungründliche, in das innere Verständniss nicht eindringende gehalten zu werden Gefahr lief.

Dieser grosse Erfolg beruht keineswegs bloss auf der Unklarheit, mit welcher spätere Schriftsteller die Idee Albrecht's auffassten, die darin eine fügsame Form für allerhand Träume fanden und so zu einer Summe halbwahrer zum Theil abenteuerlicher Sätze gelangten, welche dem Urheber jener Idee wohl selbst ganz fremd waren. Jener Erfolg beruhte vielmehr einmal auf den wirklich ausgezeichneten materiellen Untersuchungen, welche im ersten Theile gelegentlich, im zweiten aber durchgängig angestellt werden; dann aber vorzüglich darauf, dass in jener Schrift zum ersten Male der immerhin bedeutende Versuch gemacht war, aus dem deutschen Rechte des Mittelalters eine höchst originelle Rechtsidee von grösserer principieller Tragweite zu entwickeln *).

Dagegen fehlte es auch nicht an einer treffenden, aber immer zu wenig beachteten Kritik. Abgesehen von einigen Bemerkungen *Eichhorn's*, welche in den neueren Auflagen

*) Dass die *Albrecht*'sche Theorie auch keine Unterstützung in der *saisine* des französischen Rechts findet, wie man nach der bekannten Arbeit von *Klimrath* annehmen durfte, dies ergibt ein einziger Blick in die neueste wissenschaftliche Literatur über die Lehre von den Besitzklagen nach französischem Rechte. Ich verweise beispielsweise auf die Schrift: *Etudes historiques et critiques sur les actions possessoires par Esquirou de Parieu. Paris* 1850. Daselbst heisst es S. 71: „*Saisine est en effet synonyme de possession; et si cette expression remplace presque toujours au moyen âge celle qu'avait léguée le vocabulaire du droit romain, c'est probablement parce que l'idée de possession s'était compliquée de certaines conditions nécessaires pour operer la tradition et donner un caractère parfait et légal à la detention des choses.* Sehr merkwürdig ist auch die daselbst angeführte Aeusserung des *Cinus* (geb. 1270): „*prehendere Galli saisire dicunt, sicut et possessionem saisinam vocant.*" Es ist ganz richtig, dass *saisina* das analoge Wort für Gewere in Frankreich war; aber so wenig als die deutschen Rechtsquellen zu der Albrecht'schen Ansicht führen, so wenig ist dies der Fall bei den französischen. Vergl. auch *Alauzet, Histoire de la possession etc. Paris* 1849, p. 77, namentlich p. 84 sq.

seiner Schriften Albrecht entgegengestellt wurden, hat besonders *Gaupp* in einer unvollendet gebliebenen Abhandlung (Zeitschrift für deutsches Recht Bd. 1, S. 36 flg.) den Irrthum Albrecht's ganz richtig dargelegt, und namentlich den Mittelpunkt seines Beweises, nämlich seine Benutzung der Regel „Hand muss Hand wahren“ mit Erfolg angegriffen; zum Theil gilt dies auch von einer Abhandlung *Brackenhöft's* (Zeitschr. für deutsches R. Bd. 5, S. 133 flg.). Ueber die Bedeutung der Gewere hat sich *Gaupp* dahin erklärt, dass er in ihr die allgemeine Bezeichnung für Besitz und dingliches Recht findet.

In sehr eigenthümlicher Weise stellt sich *Homeyer* zu den Albrecht'schen Resultaten. In seinem System des Lehnrechts (S. 402—420) stellt er die Bedeutungen des Wortes Gewere in denjenigen Rechtsquellen, deren Bearbeitung er sich zur Aufgabe gemacht hat, zusammen. Hiernach heisst Gewere soviel als Besitz, faktisches Innehaben; dann aber auch ein Recht ohne Besitz, nämlich 1) wenn ein Anderer statt des eigentlichen Besitzers und für ihn den Besitz hat; 2) wenn das einmal begründete Lehnrecht durch Tod oder Veräusserung übergeht, so werde dem Erben und Erwerber noch vor der Besitzergreifung eine Gewere zugeschrieben. Was nun die Bedeutung dieser Gewere betrifft, so „fällt sie mit dem Rechte der Folge und des Vererbens nicht stets zusammen“, vielmehr ist sie manchmal dafür nothwendig, manchmal nicht nothwendig, und manchmal genügt sie nicht einmal (S. 422). Und doch ist die Wirkung der Folge und des Vererbens, abgesehen von den Wirkungen der gar nicht hierher gehörenden rechten Gewere, die einzige von den im §. 32 aufgezählten rechtlichen Folgen der Gewere, welche allenfalls auch aus einer anderen Beziehung zur Sache, als dem blossen faktischen Innehaben, hervorgehend, mithin als etwas wirklich Eigenthümliches gedacht werden könnte; denn alle übrigen Wirkungen (A, B, 1—4) beziehen sich lediglich auf den körperlichen Besitz der Lehnssache. Das Resultat Homeyer's kann demnach kein anderes sein, als dies: Gewere heisst Besitz, und dieser hat gewisse rechtliche Wirkungen; Gewere heisst aber bisweilen auch das Recht ohne den Besitz, aber hier lassen sich keine bestimmten Wirkungen nachweisen, welche mit der Gewere zusammenhingen. Bei einem solchen Resultate hätte sich Homeyer doch wohl kaum beruhigen dürfen; vielmehr hätte ihn die Principlosigkeit dieses Ergebnisses zu der Ansicht führen müssen, dass es sich hier nicht um ein Rechtsinstitut handele. Dazu musste auch der oben hervorgehobene Umstand leiten, dass der Schwabenspiegel (77) in demselben Falle die Gewere fortdauern lässt, in dem sie nach dem Sachsenspiegel untergeht, sowie ferner, dass im Art. 35, §. 1 des Sächs. Lehnrechts den Kindern die Gewere an des verstorbenen Vaters Gute ausdrücklich abgesprochen wird, welche ihnen andere Stellen so förmlich beilegen. Solche und andere schon oben §. 5 dargelegte Momente mussten andeuten, dass es sich hier nur um eine äusserliche Formulirung handele; indem dies Homeyer verkennt, gelangt er dazu, der Willkürlichkeit im Gebrauch eines *Ausdrucks* die Bedeutung innerer Nothwendigkeit beizulegen, und aus der Summe der gewissenhaft zusammengetragenen Beispiele der Anwendung einer zufälligen *Form* ein materielles Rechtsinstitut zu bilden.

Noch näher der Albrecht'schen Theorie steht *Kraut* *); insbesondere erkennt er das Grundprincip derselben, Gewere bedeute das dingliche Klagerecht, vollständig an. Nur will er die Gewere bloss dem Besitzer, und ausserdem nur Demjenigen schon *vor* der Besitzergreifung zuschreiben, der die Sache geerbt hat, oder dem sie gerichtlich aufgelassen ist. Bei beweglichen Sachen soll sie durch blosse Besitzübertragung verloren gehen (Hand muss Hand wahren), während das gewerlose Eigenthum in seiner Schwäche **) zurückbleibe. Bei unbe-

*) *Kraut*, Vormundschaft 2. Bd., S. 346 flg.

**) S. 350, Not. 3, wo die Ansicht *Budde's Diss. de vindic. rer. mob.* p. 35 wiederholt wird.

weglichen Sachen dagegen wird sie erst mit gerichtlicher Auflassung verloren, bei der man sich aber eine Gewere zurückbehalten kann, wenn nicht die Uebertragung derselben in ihrem vollen Umfange beabsichtigt wird.

Einen ganz neuen Weg geht *Trummer* *). Nach ihm kannte das deutsche Recht die Begriffe Eigenthum und Besitz nicht; Eigenthum und sein gerichtlicher Schutz sind ihm Institute des *römischen* Rechts. Dafür bestanden zwei alte Nationalrechte, die er wohl auch als Nationalvorurtheile bezeichnet, das Recht der Gewalt und Selbsthülfe, und das Recht der Gewere, deren gegenseitiges Verhältniss jedoch aus seiner Schrift nicht klar wird. Auch er geht davon aus, dass die Gewere ursprünglich ein *Vertheidigungsrecht* der befriedeten Ansiedelungen der Germanen und der darin befindlichen Sachen gewesen sei. Dagegen kämpft er heftig wider die Meinung, dass die Ausdrücke: Etwas in seiner Were haben und Etwas aus seiner Were lassen, irgend eine lokale Beziehung hätten, — was man nach seinem Ausgangspunkte doch sehr auffallend finden muss. Gewere habe nun nicht sowohl das Recht auf Schutz, d. h. ein *passives* Verhalten, sondern vielmehr die positive Befugniss bezeichnet, sich selbst, oder die Sache oder Person, die sich mit uns in derselben Gewer befand (abgesehen von einer speciellen Localität oder Detention) vertheidigen zu dürfen (S. 186). Weiter erklärt er Gewere dahin, es sei das Recht gewesen, eine Sache als Diebs- oder Raubgut bei einem Dritten anzusprechen, und zwar ohne processualisches Verfahren und Gericht (S. 193). So erklärt er auch das alte Hamburgische Ordel IX, 21. Welche Voraussetzungen nun dieses Recht der Gewere gehabt, wem und unter welchen Bedingungen es zugestanden habe, darüber hat Trummer sich näher auszusprechen keine Veranlassung gefunden. Ich glaube

*) Vorträge über merkwürdige Erscheinungen in der Hamburger Rechtsgeschichte, 2. Bd., 1847, S. 177 flg.

nicht, dass diese vage Entwickelung den wahren Sinn und Zusammenhang des alten Rechts irgend wie getroffen habe.

§. 10.

Wenn wir absehen von einer allgemein als unhaltbar anerkannten Ansicht *Brackenhöft's* *), nach welcher es ausser der Gewere in der Bedeutung des faktischen Besitzes, nur eine sogenannte rechte Gewere gegeben habe, d. h. dingliches, auch ohne Hülfe des Auctors vertretbares Recht, welche nicht bloss im Falle des ungestörten Besitzes von Jahr und Tag angenommen wird, — wenn wir hiervon absehen, so bleibt nur noch die Beurtheilung der Theorie übrig, welche in jüngster Zeit *Sandhaas* **) entwickelt hat.

Diese Schrift charakterisirt sich durch eine schon oben angedeutete Eigenthümlichkeit, welche ihrem Verfasser selbst wohl nicht klar geworden ist, aber nicht wenig dazu beiträgt, den Grund mehrfacher darin enthaltener Irrthümer aufzuklären. Die Abhandlung ist überschrieben: Ueber die Gewere. Aber der Verfasser ist weit entfernt, in der Gewere ein eigenthümliches Rechtsinstitut oder auch nur einen eigenthümlichen Rechtsbegriff zu erkennen; vielmehr sieht er darin nur die *Bezeichnung* verschiedener juristischer Gegenstände, wie Besitz, dingliches Recht, Besitz und dingliches Recht zusammen. Er handelt nun nicht etwa von dieser *Bezeichnung*, sondern von dem mit dem Worte nur ausgedrückten Begriffe *Besitz* und dessen Beziehung zum *dinglichen Rechte*; mitunter wechselt er aber die Stellung, und aus dieser Mischung der Aufgabe erklärt sich theilweise die grosse Willkürlichkeit in der Beweisführung für die in dieser Abhandlung niedergelegten Gedanken.

Schon *Gaupp* hat in der oben angeführten Abhandlung ganz richtig hervorgehoben, dass das deutsche Recht ein sehr

---

*) Zeitschrift für deutsches Recht, Bd. 3, S. 1 flg.

**) Germanistische Abhandlungen 1852, S. 81 flg.

grosses Gewicht auf die äussere, sinnliche Seite der Herrschaft über Sachen, auf das faktische Innehaben lege; dieser Gedanke ist gewiss richtig, sofern er nicht als leitendes Princip, sondern als Erklärungsgrund mancher Eigenthümlichkeiten des deutschen Sachenrechts betrachtet wird. *Sandhaas* indessen sieht darin den eigentlichen Ausgangspunkt des deutschen Sachenrechts, das ihm lediglich ein Besitzrecht zu sein scheint, so dass dem dinglichen Rechte an sich, ohne Rücksicht auf den Besitz, fast gar keine Bedeutung übrig bleibt. Besitz, d. h. das blosse faktische Innehaben, gibt nach ihm dem Verhältniss einer Person zur Sache allein den Charakter des dinglichen Rechts; Besitzerwerb ist Erwerb des dinglichen Rechts, Besitzverlust dessen Zerstörung; auch das bloss persönliche Recht wird durch Besitzerwerb zum dinglichen.

Schon vom allgemeinen Gesichtspunkte aus wird man gegen diese Theorie bedeutende Bedenken nicht unterdrücken können. Es würde gewiss als eine aussergewöhnliche Erscheinung betrachtet werden müssen, wenn das Recht eines Volks sich in dem Maasse veräusserlichte, dass es auf die innere Beschaffenheit des rechtlichen Willens gar keinen oder nur einen sehr untergeordneten Werth legte, dagegen das ganze Gewicht dem bloss zufälligen äusseren Umstande des faktischen Innehabens *) zuschriebe. Der Behauptung einer solchen Eigenthümlichkeit dürfte es gewiss an keinem vollständigen Beweise fehlen, wenn sie auf einige Anerkennung rechnen will. Dieser Beweis ist aber vom Verfasser nicht im Entferntesten erbracht worden, wie dies im Folgenden gezeigt werden soll.

I. Besitz, so behauptet der Verf. (101), gebe einer Reihe von Verhältnissen, welche wir heutzutage als bloss persönliche anzusehen pflegen, den Charakter dinglicher Berechtigung. Dies soll bewiesen werden 1) durch Berufung auf den Satz,

*) Nur dies versteht der Verf. unter Besitz; denn einen eigenen Besitzschutz, durch welchen der Besitz selbst als Recht anerkannt würde, spricht er nach Bruns dem deutschen Rechte ausdrücklich ab.

dass, wenn Jemand einem Andern fahrendes Gut leiht u. s. w., dieser letztere allein zur Anstellung der dinglichen Klage berechtigt sei, mit andern Worten: durch Berufung auf die Consequenz der Regel Hand m. H. w. Allein hiergegen ist zu bemerken, dass die Klage des Empfängers gewiss nicht immer eine dingliche, eine Vindication ist; denn wenn sie dies auch im Fall des Diebstahls ist, würde sie es auch sein können in dem Falle der eigenen Veruntreuung des Empfängers? Würde der Empfänger auch die Eigenthumsklage anstellen können, wenn er selbst durch unredlichen Verkauf die Sache aus seinem Besitze gelassen hätte? Ueberhaupt aber hat die Beschränkung der Vindication bei Hand m. H. w. ihren Grund gar nicht in dem Verluste der Gewere oder des faktischen Innehabens, folglich die Klage des Empfängers ein ganz anderes Fundament, als den faktischen Besitz. Dies ist oben näher begründet worden; es mag hier nur noch auf die zwei Punkte aufmerksam gemacht werden: a) wenn die Detention das persönliche Recht zum dinglichen stempeln soll, so ist nicht zu begreifen, woher die *Fortdauer* dieser Dinglichkeit, die dingliche Klage, im Falle des *Verlustes* der Detention kommen soll, und b) wenn die Detention als solche jene Wirkung hervorbringen soll, warum soll dies bloss in den besonderen einzelnen Fällen, für welche die Regel H. m. H. w. angenommen werden kann und nicht vielmehr überall, wo zum persönlichen Rechte die Detention hinzutritt, stattfinden? — Der Verf. beruft sich 2) auf den in einigen deutschen Rechtsquellen vorkommenden Satz, dass Kauf Miethe *nicht* breche; aber es ist falsch, zu sagen, das Recht des Miethers werde schon durch diesen Rechtssatz ein dingliches Recht (vgl. auch *Göschen*, Goslar. Stat. S. 226), und dann wäre überhaupt erst noch zu beweisen, dass jener Rechtssatz lediglich in dem *Besitze* des Miethers seinen Grund habe.

II. *Besitz* allein soll nach dem Verf. dingliches Recht *übertragen*, und Besitzverlust dingliches Recht *zerstören.*

Natürlich bildet hier wieder Hand muss Hand wahren den Ausgangspunkt; der Eigenthümer, der seine Sache leihet u. s. w., hat damit sein dingliches Recht verloren, denn an fahrender Habe gibt es ohne Besitz nur ein persönliches Recht (S. 153). Was nun bei beweglichen Sachen gilt, warum soll es, meint der Verf., nicht auch bei unbeweglichen gelten? „Denn es müsste (S. 103) von vornherein auffallend erscheinen, wenn dasselbe Recht, das bei Mobilien die rechtliche Herrschaft in so maasslosem Umfange von der faktischen abhängig macht, bei Immobilien das rechtliche von dem thatsächlichen Elemente vollständig emancipirt hätte.“ An einer andern Stelle (S. 127) muss dann wieder das, was bei Immobilien gilt, bei Mobilien *nicht* gelten; „jene können nicht von der Stelle getragen werden, wenn also auch die körperliche Innehabung fehlt, immer bleibt die Gewissheit, dass dieselbe wieder erlangt werden mag; die Fahrniss dagegen wandert von Ort zu Ort u. s. w.“ Die weiteren Beweise dafür, dass allein das faktische Haben ein dingliches Recht an Immobilien gebe, liegen dem Verf. nun 1) darin, dass der Besitz dem Miether ein dingliches Recht verleihe, dann darin, dass sich das deutsche Recht die Satzung lange Zeit nur als mit dem Besitze verbunden denken konnte (Gründe, deren Unerheblichkeit wohl nicht nachgewiesen zu werden braucht), 2) darin, dass das Lehnrecht an den Besitz eine Reihe rechtlicher Wirkungen anknüpft; darüber ist das Nöthige schon oben (§. 5) ausgeführt worden. 3) Für das *Landrecht* soll dann die Analogie des Lehnrechts sprechen. Ein Zeugniss dafür, dass durch Besitzverlust das dingliche Recht verloren werde, weiss er freilich nicht zu finden (S. 114), wohl aber soll der Beweis, dass das dingliche Recht an Immobilien schon durch Besitz allein entstanden sei, durch den Nachweis geführt worden sein, dass das ältere deutsche Recht zum Eigenthumserwerb feierliche Besitzeinweisung verlange (das kann man natürlich bereitwillig zugestehen, ohne damit für das deutsche Recht mehr behauptet zu haben, als dass

z. B. nach römischem Rechte zur Eigenthumsübertragung unter anderem auch Tradition nothwendig ist).

Der Verfasser macht sich aber selber einige Einwendungen, die er für sehr gewichtig ansieht; nämlich *einmal* sei es gewiss, dass in Deutschland von jeher die Uebertragung des Besitzes an den Inhaber abgeleiteter Berechtigungen (Satzung, Leibzucht) die dingliche Berechtigung des Uebertragenden nicht aufgehoben habe; *zweitens* sei später keine Besitzeinweisung, sondern die blosse *Erklärung* zur Begründung des dinglichen Rechts genügend gewesen; *drittens* der Rechtsatz: der Todte erbt den Lebendigen. Man sollte glauben, dass diese Einwendungen dem Verf. die Unhaltbarkeit seiner Ansicht einleuchtend gemacht hätten. Aber in der That beunruhigen sie ihn wenig, er weiss sich zu helfen. Hier kommt ihm die Gewere herrlich zu statten; in jenen Fällen nämlich *bleibt* oder *entsteht* eine *juristische Gewere*, und diese ist nichts weniger und nichts mehr als — Besitz. Damit ist er aller dieser störenden Bedenken ledig. Freilich ist dies nun zu *beweisen.* Aber auch dies wird dem Verfasser nicht schwer. Da muss man vor allen Dingen den Besitz nicht in der „beschränkten Auffassung“ des körperlichen Innehabens denken; man muss sich zu der „freieren Auffassung“ des Besitzes als der blossen Möglichkeit des faktischen Innehabens emporschwingen; danach bin ich fortwährend Besitzer, wenn ein Anderer in abgeleiteter Weise (z. B. als Satzungsgläubiger) besitzt; danach bin ich Besitzer, wenn der Richter sagt, ich soll als Besitzer gelten, und bei der gerichtlichen Auflassung hilft das *constitutum possessorium.* Hatte denn der Verfasser oben, da er dem Miether, dem Commodatar durch Besitz ein dingliches Recht entstehen liess, auch schon diese „freiere Auffassung“, oder hielt er es für gut, einstweilen noch bei der „beschränkten Auffassung“ stehen zu bleiben?

Nach dieser Schwenkung des Verfassers hätte es eigentlich gar keiner weiteren Beweise bedurft. Sein Satz, ist auf diese

Weise nicht nur für das deutsche, sondern auch für das römische Recht bewiesen. Wie leicht musste es ihm nun werden, seine Aufgabe zu lösen, zumal da das Wort Gewere nach seiner eigenen Meinung bald Besitz, bald dingliches Recht heisst, und bisweilen sogar die besondere Gefälligkeit hat, Beides zugleich nach beliebiger Auswahl zu bedeuten. Der Verfasser kennt auch noch andere Mittel zur Aushülfe, wo jene nicht ausreichen, z. B. wird der Besitz in die Gewere des Lehnsvormunds durch die Annahme einer Personeneinheit des Vormunds und der Frau hineingebracht (S. 132).

Indessen sollen noch einige seiner Beweisgründe hervorgehoben werden.

Als „positive Beweise“ gelten ihm (S. 134) die Besitzwirkungen, welche das deutsche Recht an die juristische Gewere anknüpft, z. B. der Innehaber der juristischen Gewere durch Stellvertretung hat das Recht auf Bussen für Frevel, welche auf dem Grundstücke begangen werden (die angeführte Stelle, S. Lehnrecht 14, 1 [vergl. Landr. II, 57], sagt gerade das Gegentheil, indem sie jenen Anspruch dem besitzenden Vasallen beilegt, s. *Homeyer* S. 403 flg.); der Lehnsherr beim *feudum oblatum* brauchte später nicht Jahr und Tag zu besitzen, um das offerirte Gut dem Offerenten gültig als Lehngut zu verleihen; der nicht besitzende Erbe hatte ein Unterwindungsrecht (die angezogene Stelle S. Lehnr. 6, §. 1 gehört nicht hierher) und konnte sich den Besitz des Vorgängers anrechnen; der Unterlehnsherr wird im Rechtsstreite gegen den Aftervasallen als Der genannt, welcher möglicherweise die Vortheile des Beweises hat, und der mit Gewalt seines Besitzes Entsetzte soll diese Vortheile behalten (vergl. dagegen *Bruns* a. a. O. S. 308). — Daraus soll also geschlossen werden, dass das Recht an der Sache als Besitz gedacht oder fingirt werde.

Weitere Beweise sind ihm endlich folgende. Lehnsgewere, welche faktischen Besitz bedeutet, gebe dem Rechte des Vasallen dingliche Wirkung; da nun die letztere auch bei einem Besitze durch Stellvertreter erreicht werde, d. h. mittelst juristischer Gewere, so folge, dass sie gleich sei: Besitz (offenbar folgt daraus nur, dass der Obersatz falsch ist). Dann beruft er sich auf die Stelle des S. Lehnr. 6, 1 und Schwäb. Lehnr. 96, über welche schon oben (§. 5) das Geeignete bemerkt worden ist.

Dass sich endlich der Verfasser für seine Theorie nicht auf die neueren oben angeführten französischen Schriftsteller über die Besitzklagen berufen durfte, davon überzeugt eine Einsicht in dieselben auf den ersten Blick. Zum Ueberfluss möge hier eine Stelle der *anc. cout. d'Artois tit.* XX, p. 29—30 Platz finden: *car li droit de le propriété trait à lui la saisine, me ce ne fait mie le saisine le propriété.*

[Zusatz.] Seit dem Erscheinen dieser Abhandlung ist die Frage über das Wesen des mittelalterlichen Sachenrechts unausgesetzt Gegenstand der eingehendsten Untersuchungen geblieben. Eine Auseinandersetzung mit dem *heutigen* Stande der Lehre würde eine neue selbstständige Bearbeitung fordern, auf welche der Verfasser zur Zeit verzichten musste.

XI.

Ueber Handelsgebräuche*).

„In Handelssachen kommen, insoweit dieses Gesetzbuch „keine Bestimmungen enthält, die Handelsgebräuche, und in „deren Ermangelung das allgemeine bürgerliche Recht zur „Anwendung."

Dieser Artikel, mit welchem das deutsche Handelsgesetzbuch eingeleitet wird, hat die Aufgabe, das Rangverhältniss der Entscheidungsmaterialien zu bestimmen, welche bei der rechtlichen Beurtheilung von Handelssachen in Frage kommen können. Die Fassung des Entwurfs hat nur insofern eine Veränderung erfahren, als vor dem Worte „Handelsgebräuche" das Wort „anerkannten" hinweggelassen, und statt der Worte „die allgemeinen bürgerlichen Gesetze" die Worte „das allgemeine bürgerliche Recht" angenommen worden sind. So einfach auch der Inhalt des Artikels zu sein scheint, so hat er doch bei den Auslegern sehr verschiedene Auffassungen erfahren. Insbesondere besteht ein nicht unerheblicher Gegensatz der Meinungen in Bezug auf den Sinn des Wortes „*Handelsgebräuche*". Gerade dieser Streit ist aber von so allgemeinem rechtswissenschaftlichen Interesse, dass eine erneute Besprechung berechtigt erscheint.

---

*) Zuerst im Druck veröffentlicht als Leipziger Decanatsprogramm im Februar 1871.

Der Artikel will, dass überall, wo das *Handelsgesetzbuch* Bestimmungen über Handelssachen*) enthält, diese ausschliesslich zur Anwendung kommen sollen. Damit soll insbesondere auch gesagt sein, dass ein Rechtssatz des Handelsgesetzbuchs das Entstehen eines denselben Rechtsinhalt betreffenden abändernden Gewohnheitsrechtssatzes ausschliesst, m. a. W. dass es dem Gesetzbuche gegenüber kein derogirendes Handelsgewohnheitsrecht geben solle. Denn darüber, dass in dem Ausdrucke „Handelsgebräuche" das Gewohnheitsrecht einbegriffen sei, besteht allgemeine Uebereinstimmung. — Wenn man auch sonst den Werth einer solchen beschränkenden Bestimmung für sehr zweifelhaft halten muss, so wird man ihr an dieser Stelle die Billigung kaum versagen können. Das Motiv aller jener dem Gewohnheitsrechte feindseligen Sätze, mit welchen die neueren Gesammtcodificationen ausgestattet zu sein pflegen, ist häufig genug eine unrichtige Beurtheilung der Bedeutung dieser Rechtsquelle und eine überspannte Schätzung des mühsam zu Stande gebrachten Gesetzesrechts; man meint wohl, man müsse einen glänzenden Spiegel vor schädlichem Roste bewahren. Im Handelsgesetzbuche aber hatte ein auf den Ausschluss der derogatorischen Kraft des Gewohnheitsrechts gerichteter Satz allerdings seine Berechtigung. Seine Aufgabe war nicht bloss, ein ungenügendes und unsicheres Recht durch ein dem jetzigen Bedürfnisse des Handelslebens entsprechendes und klar gestelltes zu ersetzen, sondern vor Allem, gegenüber einem grösstentheils in partikulären Satzungen aufgehenden ein für ganz Deutschland *einheitliches* Handelsrecht herzustellen. Wollte man diesen Gedanken der Rechtseinheit energisch ausführen, so musste man vor Allem die Pforte schliessen, durch welche sich die alten örtlichen Gewohnheiten gar bald wieder Eingang verschafft haben

*) Einen Unterschied zwischen absoluten und dispositiven Sätzen trägt völlig willkürlich hinein *Dietzel* im Archiv f. Wechselr. Bd. 7, S. 251.

würden, zumal darunter nicht wenige waren, welche das Handelsgesetzbuch mit scharfem, blutigem Schnitte, nicht ohne schmerzliche Berührung örtlicher Interessenkreise beseitigt hatte. Wer erinnert sich nicht der Bemühungen, mit welchen vor Jahren der Augsburger Handelsstand das durch die Wechselordnung eingeführte sogenannte prompte Accept für Augsburg wieder ausser Geltung zu setzen verstand, bis die Nürnberger Novellen solchen Versuchen ein Ende machten.

Aber nicht bloss das war der Zweck des im Preussischen Entwurfe vorgeschlagenen Artikels, die Bedrohung der Rechtseinheit durch gewohnheitsrechtliche Bildungen zu beseitigen, — vielmehr wollte er auf der anderen Seite dem Gewohnheitsrechte*), soweit jene Gefahr nicht vorhanden war, zugleich eine weitere Anerkennung sichern, als das bisherige Partikularrecht, insbesondere das Preussische Recht zugelassen haben würde. Denn ausdrücklich erkennt unser Artikel die Kraft und Geltung des Handelsgewohnheitsrechts ohne jede Beschränkung an, sofern es sich auf Fragen bezieht, welche durch das Handelsgesetzbuch eine Beantwortung nicht erfahren haben. Bei der Abfassung eines solchen Gesetzbuchs, führen die Motive aus, sei es nicht möglich, alle in Uebung befindlichen Normen zu erforschen und zu fixiren; da aber die Fortentwickelung des Handelsrechts durch die Codification nicht gehemmt werden dürfe, so müsse das Handelsgewohnheitsrecht als Ergänzung des geschriebenen Rechts zugelassen werden, und zwar ganz allgemein, nicht bloss für einzelne im Voraus bestimmte Fälle.

Wie schon bemerkt, liegt dieser Bestimmung insbesondere eine Rücksicht auf das bis dahin geltende Preussische Recht zu Grunde. Sie will dem Handelsgewohnheitsrechte günstiger sein, als das letztere dem Gewohnheitsrechte überhaupt ist.

---

*) Und zwar nicht bloss einem gemeinen, sondern auch einem localen Gewohnheitsrechte, — was ohne Grund bestritten worden ist.

Zwar hat das Preussische Landrecht (Einleit. §. 3 u. 4) schliesslich eine Fassung erhalten, welche jener Rechtsquelle doch noch mehr Raum zu gönnen scheint, als die Redactoren ursprünglich beabsichtigt haben*); aber eben wegen des Widerspruchs der Motive und der schwankenden Bestimmung des angeführten §. 4 ist die Preussische Rechtspraxis noch immer unsicher darüber, in welchem Umfange sie wenigstens eine „*consuetudo praeter legem*“ anzuerkennen ermächtigt sei. Diese Unsicherheit will nun der Artikel beseitigen.

Etwas weiteres als dies hat unser Artikel über das Gewohnheitsrecht nicht festsetzen wollen. Insbesondere enthält er keine Vorschrift über die Regeln, nach welchen die Art der Entstehung, die Erkenntnissmittel und der Beweis des Gewohnheitsrechts zu bestimmen sind. Alle diese müssen daher demjenigen Rechte entnommen werden, dessen örtlichem Herrschaftsgebiete ein behauptetes Handelsgewohnheitsrecht überhaupt angehört. Freilich stellt *v. Hahn* (Commentar I, S. 3) die Meinung auf, dass über solche Fragen „im ganzen Gebiete der Geltung des Handelsgesetzbuchs die von der *gemeinrechtlichen Doctrin* entwickelten Grundsätze Anwendung“ finden müssten; und ebenso spricht sich *Goldschmidt* in seinem Handbuche des Handelsrechts I, S. 255 aus. Aber es fehlt dieser Ansicht die erforderliche Begründung. Selbst in dem Falle, dass sich aus den Berathungsprotokollen eine unzweideutige Anerkennung dieser Anschauung in der Conferenz nachweisen liesse, würde jene Meinung abgelehnt werden müssen, da das Gesetz selbst unterlassen hat, derselben durch Aufnahme einer entsprechenden Bestimmung Ausdruck zu geben. Denn eine ausdrückliche Festsetzung würde unent-

*) *Bornemann*, system. Darstellung des Preuss. Civilr. 2. Aufl., 1. Bd., S. 30; *Heydemann*, Einl. in das System des Pr. Civilr. 2. Aufl., 1. Bd., S. 71 flg.; *Förster*, Preuss. Privatr. 1. Bd., S. 69 flg.; *Savigny*, System des heut. röm. Rechts 1. Bd., S. 198.

behrlich sein, wenn nicht bloss der wirklich ausgesprochene Satz gelten sollte, dass ein auf Handelsrechtssachen bezüg liches Gewohnheitsrecht eine das Gesetzbuch ergänzende Kraft hat, sondern auch der Satz, dass abgesehen hiervon die in einem Lande über das Entstehen und Erkennen von Gewohnheitsrechten geltenden Normen bei Handelsgewohnheiten ausser Kraft gesetzt und durch die gemeinrechtliche Doctrin ersetzt sein sollten. Ein solcher Satz versteht sich nicht von selbst. Auf einzelne bei der Conferenzverhandlung gefallene Aeusserungen kann er nicht gestützt werden, ganz abgesehen davon, dass auch die entgegengesetzte Ansicht dabei ihre Vertretung gefunden hat (Protokoll in der ersten Hälfte von Seite 11). Leider ist gerade in diesem Punkte das Protokoll besonders unglücklich ausgefallen und daher wenig brauchbar. Es werden nämlich die Differenzen über die Frage, ob bloss eigentliches Gewohnheitsrecht im Gegensatze zu sogenannten bloss thatsächlichen Uebungen gelten solle, und die Meinungsverschiedenheiten über die Frage, ob das Gewohnheitsrecht rücksichtlich der Bedingungen seiner Entstehung nach particularrechtlichen Vorschriften (z. B. dem Verlangen der Verjährungszeit), oder nach gemeinem Rechte beurtheilt werden müsse, fortwährend confundirt. Wenn endlich *Goldschmidt* a. a. O. S. 253 für seine Ansicht die Bemerkung des ersten Preussischen Entwurfs anführt, er wolle die Gebräuche und Gewohnheiten in Handelssachen „in ihre alten Rechte“ einsetzen, so bedeutet dies doch wohl nur, dass er die landrechtlichen Beschränkungen der Wirksamkeit des Gewohnheitsrechts durch volle Anerkennung seiner das Gesetz ergänzenden Kraft beseitigen, nicht aber auch, dass er die gemeinrechtliche Theorie über Entstehung und Erkenntniss des Gewohnheitsrechts einführen wolle. Ich muss daher *Thöl* beistimmen, wenn er in seinem Handelsrecht I, S. 67 sagt: „Mit Unrecht wird — behauptet, die Bestimmungen der Partikularrechte über die Voraussetzungen eines gültigen Gewohnheitsrechts seien durch Art. 1 beseitigt*)." — Eine eigenthümliche Wirkung muss unser Artikel freilich in Ländern äussern, in welchen das Gewohnheitsrecht ganz aus der Reihe der Rechtsquellen gestrichen ist, wie in Oesterreich (Landrecht §. 10) und im Königreich Sachsen (Bürgerl. Gesetzbuch §. 28). In diesen ist das Handelsgewohnheitsrecht als ergänzende Rechtsquelle ein vom Handelsgesetzbuch gemachtes Geschenk. Da dies aber nur in dem Satze besteht, dass Handelsgewohnheitsrechte neben dem Gesetze gelten sollen, und weder das Handelsgesetzbuch noch auch das Partikularrecht ihre Voraussetzungen und Bedingungen feststellt, so bleibt in solchen Ländern dem Juristen nichts Anderes übrig, als die hierauf bezüglichen Fragen aus dem Begriffsinhalte des Wortes zu beantworten. Es ist dann wohl zu erwarten, dass seine Entwickelungen mit den Ergebnissen der gemeinrechtlichen Theorie zusammenfallen werden — nicht weil letztere für ihn eine formell bindende Kraft hätte, sondern lediglich wegen ihrer inneren Wahrheit. Da nun aber meines Wissens überhaupt nur wenige Partikulargesetze existiren, welche die Lehre von der Entstehung und dem Beweise des Gewohnheitsrechts zum Gegenstande haben, vielmehr die meisten sich auf die Frage seiner *Wirksamkeit* beschränken, so ist die ganze Streitfrage in der That ohne erhebliches praktisches Interesse. —

Von einer grösseren Bedeutung als die bisher besprochenen Punkte ist aber für uns die Frage, was unter dem vom Gesetzbuche gebrauchten Worte „*Handelsgebräuche*" zu verstehen sei. Es stehen sich zwei Ansichten gegenüber. Nach der einen, welche namentlich von Goldschmidt und v. Hahn vertreten wird, soll damit nur Handelsgewohnheitsrecht, nach

*) Gegen die unmittelbar vorher gehende Behauptung Thöl's dagegen, dass durch den Art. 1 nur die *bisherigen* widersprechenden Gewohnheiten aufgehoben, nicht aber auch die Versagung der derogatorischen Kraft *künftig* entstehender Gewohnheiten bestimmt sei, — will ich nicht unterlassen, auch meinerseits Widerspruch zu erheben.

einer anderen soll damit zugleich noch etwas Anderes, was ich vorläufig „Gebrauch" nennen will, bezeichnet werden. Es ist vor Allem nothwendig, diese beiden Begriffe und ihr Verhältniss zu einander zu erläutern.

Die Handlungen, welche die Parteien im Rechtsverkehr vornehmen, bilden den Thatbestand, auf welche sich die Herrschaft der geltenden Rechtsnormen bezieht. Diese Herrschaft beruht auf der selbstständigen und völlig unabhängigen Wirksamkeit ihrer Kraft; die Anwendung bestehender Rechtsnormen erfolgt, einerlei ob sich die Parteien derselben bei der Ausführung ihrer Rechtsgeschäfte bewusst waren oder nicht. Dies gilt nicht bloss von Rechtssätzen des Gesetzes-, sondern auch von solchen des Gewohnheitsrechts. Auch der zum Abschluss gelangte Satz des Gewohnheitsrechts ist eine objektive Norm, welche ohne Rücksicht darauf, ob sie zugleich im concreten Falle durch bewussten Parteiwillen ergriffen worden ist, zur Geltung kommt. Dass bei der *Bildung* und *Entstehung* eines Gewohnheitsrechtssatzes die Uebung im Rechtsverkehr ein mitwirkender Faktor gewesen ist, steht damit selbstverständlich in keinem Widerspruche, zumal diese Uebung nicht das bewusste *Machen* eines Gewohnheitsrechts, sondern die Aeusserung einer unbewusst wirkenden Rechtsüberzeugung war.

Die Art und Weise, wie die Parteien ihre *Rechtsverhältnisse* handelnd gestalten, ist lediglich Sache ihres individuellen Willens. Dieser Wille wird häufig mit ausdrücklichen Worten, oft aber auch durch concludente Handlungen, wie man zu sagen pflegt, erklärt, d. h. durch thatsächliches Vorschreiten, welches mit Nothwendigkeit auf eine gewisse Willensrichtung schliessen lässt. Unter den Motiven des die Rechtshandlungen bestimmenden Willens spielt nun eine besonders wichtige Rolle der Einfluss des *Vorgangs Anderer*, welche in ähnlichen oder gleichen Verhältnissen gehandelt haben. Es ist nicht nöthig, die Gründe dieses Einflusses zu analysiren; es genügt, darauf hinzuweisen, wie das kaufmännische Geschäftsleben eines Handelsplatzes mit innerer Nothwendigkeit zu einer gewissen Uebereinstimmung erprobter Geschäftsformen und einer Gleichheit des geschäftlichen Verfahrens hindrängt, indem dadurch der kaufmännische Verkehr nicht bloss an Sicherheit und Bestimmtheit, sondern auch an Raschheit und Leichtigkeit unendlich gewinnen muss. Bei dem natürlichen Zusammenhange, in welchem der kaufmännische Geschäftsbetrieb sowohl der einzelnen Plätze als ganzer Länder steht, müssen sich nothwendig eine Menge von mehr oder weniger allgemeinen Gebräuchen ausbilden, welche sich theils auf das Verfahren beim Contrahiren, theils auf die Art und Weise der Geschäftsvollziehung beziehen. Nicht immer entstehen solche Gebräuche auf dem stillen Wege der fortgesetzten Nachahmung erprobter Vorgänge, oft beruhen sie auf bewusster That und Einführung durch die einflussreichsten und tonangebenden Personen einer Börse, eines Handelsplatzes. Wer nun aus einem mit solchen Gebräuchen ausgestatteten Geschäftskreise heraus handelt, *will* regelmässig im Sinne jener Gebräuche handeln; er erklärt dies nicht immer ausdrücklich, vielmehr will er, dass der Gebrauch als stillschweigende Ergänzung seines Willens gelten solle.

Die Verschiedenheit der Bedeutung eines Gewohnheitsrechtssatzes und einer durch „Gebrauch", „Usance" eingeführten Regel leuchtet nun sofort ein. Jene ist eine objektive Rechtsnorm, welche auf einen Thatbestand des Verkehrslebens ohne alle Rücksicht darauf angewandt wird, ob die Parteien bei ihrem Handeln eine subjektive Beziehung zu ihr gehabt haben, — diese dagegen ist eine Regel, welche als ein Bestandtheil des concreten Rechtsverhältnisses selbst gilt, weil ihr Inhalt als eine Ergänzung des Willens der Parteien vorausgesetzt wird. Man kann dies praktisch auch so ausdrücken, dass man sagt, der Handelsgebrauch ist ein Mittel der Auslegung des Parteiwillens. Dies ist der Gesichtspunkt, welchen das Handelsgesetzbuch in seinem Artikel 279 hervorhebt, indem es bestimmt: „in Beziehung auf die Bedeutung und Wirkung von Handlungen und Unterlassungen ist auf die im Handelsverkehr geltenden Gewohnheiten und Gebräuche Rücksicht zu nehmen."

So offenbar nun auch die *rechtlichen* Unterschiede von Regeln des Gewohnheitsrechts und Regeln des Gebrauchs sind, so ist doch nicht zu verkennen, dass sich ihr beiderseitiger *praktischer Erfolg* sehr nahe berühren kann. Wir denken uns die Wirkung eines Handelsgebrauchs in folgender Weise. Es ist über ein zwischen A und B bestehendes Rechtsverhältniss zu urtheilen, ohne dass die Parteierklärungen eine vollständige Darlegung der Willensbeziehungen der Betheiligten enthalten; aber in dem Geschäftskreise des A besteht ein Handelsgebrauch, welcher sich auf die Art und Weise des in seiner jetzigen Lage üblichen Verfahrens bezieht. Hier wird der Richter die lückenhafte Erklärung des Parteiwillens des A aus diesem Handelsgebrauche ergänzen, indem er voraussetzen darf, A habe im Sinne des letzteren handeln wollen. Diese Auffassung wird so lange berechtigt sein, als nicht thatsächliche Momente vorgebracht werden, welche jene Voraussetzung als unberechtigt, d. h. einen effektiv anderen Willensinhalt als diesen vorausgesetzten nachweisen. Vergleichen wir nun einen Augenblick hiermit den Erfolg eines dispositivrechtlichen Gewohnheitsrechtssatzes. Wir nehmen an, dass ein solcher über Rechtsverhältnisse der Art, wie das Rechtsverhältniss zwischen A und B ist, besteht. Alsdann ist das letztere seiner Norm als der beherrschenden Autorität unterworfen, so lange nicht die Parteien, was sie ja können, dieselbe durch ein entgegengesetztes in Worten oder concludenten Thatsachen ausgedrücktes Wollen abgelehnt haben. Man sieht, dass zwar der rechtliche Standpunkt des Richters bei der Anwendung eines Gewohnheitsrechts und der Berücksichtigung eines Handelsgebrauchs verschieden ist, dass aber im schliesslichen praktischen Ergebnisse Beides fast zusammentreffen kann.

Ist es bei dieser *praktischen* Verwandtschaft der Wirkung von Gewohnheitsrecht und Gebrauch nun nicht natürlich, dass eine Gesetzgebung, welche das erstere regelt, gleichzeitig auch eine Ordnung für letzteren aufstellt? Wenn ein Gesetzgeber zu dem Entschlusse kommt, die derogatorische Kraft des Gewohnheitsrechts aufzuheben, so kann es kaum auffallend erscheinen, wenn sich daran folgende weitere Erwägung anschliesst. Die derogirende Kraft des Gewohnheitsrechts soll um der Bewahrung der Rechtseinheit willen ausgeschlossen sein; da nun Handelsgebräuche, welche dem Gesetze widersprechen, auf einem anderen juristischen Wege nicht minder eine Gefährdung der Rechtseinheit bewirken würden, so erscheint es nothwendig, auch diese Bedrohung durch den Satz abzuschneiden, dass der Richter den Willen der Parteien nicht durch Berücksichtigung von Handelsgebräuchen ergänzen dürfe, welche mit einer Bestimmung des Gesetzes im Widerspruch stehen. Bleibe es auch der *individuellen* Willensentschliessung der Parteien unbenommen, in jedem *einzelnen concreten Falle* einen gesetzlichen Dispositivsatz auszuschliessen, so solle dies doch nicht durch Vermittlung der *Massenwirkung* eines örtlichen oder allgemeineren Handelsgebrauchs geschehen dürfen, welche sich praktisch dem Erfolge eines derogatorischen Gewohnheitsrechts annähern würde. Ich meine, im Zusammenhange dieser Gründe und Erwägungen könnte eine Verbindung beider Sätze in einem Gesetze als wohl berechtigt erscheinen. Ich will ganz absehen von dem weiteren Grunde, dass eine in jener wichtigen Beziehung verschiedene Behandlung des Gewohnheitsrechts und der Gebräuche dem Richter fort und fort die unter Umständen so ausserordentlich schwierige Bestimmung der Linie aufnöthigen würde, welche den Uebergang des Gebrauchs in ein wirkliches Gewohnheitsrecht kennzeichnet.

Es fragt sich nunmehr, ob unser Artikel wirklich eine Bestimmung dieses Inhalts hat? Diese Frage muss nach meiner

Ansicht gemäss des darin gewählten Ausdrucks „Handelsgebräuche“ bejahend beantwortet werden. Wüssten wir über die Entstehungsgeschichte des Artikels gar nichts, so würde schon die Wahl dieses Wortes zu einer Bejahung obiger Frage führen müssen. Der Ausleger würde sich fragen, warum in einer Zeit, in welcher der Ausdruck „Handelsgewohnheitsrecht“ in seiner scharfen wissenschaftlichen Bedeutung in voller Uebung ist, nicht dieser, sondern ein viel weiterer, mehr umfassender genommen worden sei, und er würde dann von selbst zu dem Ergebniss kommen, dass der Gesetzgeber damit beabsichtigt habe, den Schutz der Codification nicht bloss gegen unmittelbare Abänderungen durch Gewohnheitsrecht, sondern auch gegen jene indirekte Beeinträchtigung durch Handelsgebräuche sicher zu stellen. Es ist ohne Zweifel eine mögliche und zulässige (obschon nicht immer zu empfehlende) Art der Gesetzredaction, *zwei* Rechtssätze in *einem* Satze durch die Wahl eines beide Rechtssätze gemeinsam regierenden Wortes zum Ausdrucke zu bringen. In der That aber braucht sich der Ausleger nicht auf Das zu beschränken, was sich aus dem *Worte* „Handelsgebrauch“ entwickeln lässt, vielmehr geben ihm die Protokolle — so unvollkommen sie im Uebrigen sind — erhebliche Anhaltspunkte. Denn wer wollte leugnen, dass es ein volles Bewusstsein der doppelten Bedeutung unseres Wortes bezeugt, wenn (Protokoll S. 11) beantragt wurde, statt des Wortes „Handelsgebräuche“ das Wort „Handelsgewohnheitsrecht“ zu setzen, „weil jener Ausdruck zu weit sei, indem er nicht bloss Gewohnheitsrechtssätze umfasse, sondern auch jene bloss faktischen durch Sitte oder stillschweigende Uebereinkunft entstehenden Beliebungen, welche der Richter als die thatsächlichen Grundlagen der Rechts g e s c h ä f t e zwar auch anerkennen müsse, welche aber nicht als Rechts q u e l l e in diesem Paragraphen aufgeführt werden könnten.“ Bedenkt man nun, dass dieser Antrag mit 9 gegen 5 Stimmen *abgelehnt* wurde, so wird man kaum in Abrede stellen können, dass die

Majorität das umfassendere Wort mit klarer Erkenntniss seiner Doppelbedeutung *gewollt* hat *).

Goldschmidt, welcher den Unterschied zwischen Handelsgewohnheitsrecht und Handelsgebrauch in seinem Handbuch des Handelsrechts 1. Bd. S. 233 flg. mit gewohnter Gründlichkeit und Schärfe in trefflicher Weise darlegt, stellt nun a. a. O. S. 255 unserer Auslegung einen Einwand entgegen, welcher beim ersten Anblicke sehr beachtenswerth zu sein scheint. Er sagt: „Der Wille der Majorität *kann* auf nichts Anderes (als auf eigentliches Gewohnheitsrecht) gegangen sein, weil im entgegengesetzten Falle das Gesetz etwas Unmögliches bestimmen würde. Denn nur Uebungen rechtlichen Inhalts und auf Rechtsüberzeugung beruhende können *Quelle von Rechtssätzen* sein und als solche — wie hier geschehen — *neben* dem Handelsgesetzbuch und dem bürgerlichen Recht genannt werden." In der Note 10 beruft er sich noch darauf, dass von den Handelsgebräuchen an einer anderen Stelle des Gesetzbuchs, nämlich in Art. 279 die Rede sei, und auf die Rechtsregel: *in ambigua voce legis ea potius accipienda est significatio, quae vitio caret.* In demselben Sinne hatte sich Goldschmidt schon früher in seinem Gutachten über den Entwurf zweiter Lesung (1860) S. 13 flg., und in ähnlicher Weise v. Hahn in seinem Commentar I, S. 3 geäussert.

Wenn ich Goldschmidt recht verstehe, so will er Folgendes sagen. Der Art. 1 soll das Verhältniss der verschiedenen *Rechtsquellen* zu einander bestimmen; nun ist zwar das Handelsgewohnheitsrecht, nicht aber auch der Handelsgebrauch

*) Dass dieser Antrag im Protokolle nur mit der Motivirung mitgetheilt wird, als wenn es dem Antragsteller bloss um die redactionelle Reinheit des Gesetzes zu thun gewesen wäre, und es danach scheinen könnte, als wenn die Majorität mit ihrer Abstimmung weiter nichts als ihre Gleichgültigkeit gegen die Correctheit des Styls hätte zu erkennen geben wollen, — daraus wird man gewiss kein Argument in dieser Sache, sondern nur den Beweis für die Mangelhaftigkeit der Aufzeichnung entnehmen können.

eine Rechtsquelle, folglich kann hier Handelsgebrauch nur im Sinne von Handelsgewohnheitsrecht gemeint sein. Und wenn es nun doch anders wäre, würde man dann sagen können, dass das Gesetz etwas Unmögliches bestimme? Man würde ihm nicht den Vorwurf machen können, dass es etwas in sich Sinnloses festsetze, da der Satz: „Die Geltung einer Bestimmung des Handelsgesetzbuchs soll weder durch ein Gewohnheitsrecht noch durch einen Handelsgebrauch beeinträchtigt werden," an sich vernünftig und möglich ist. Man würde höchstens tadeln können, dass das Gesetz unlogischer Weise zwei verschiedene Dinge, das Verbot der derogirenden Kraft des Gewohnheitsrechts und das Verbot einer Ergänzung des Parteiwillens durch dem Gesetze widersprechende Handelsgebräuche, zusammengefasst und einer gemeinsamen, aber nur zum Theil passenden Rubrik unterstellt habe. Hätte dies das Gesetz gethan, so würde man indessen immerhin sagen müssen, es hat hier zwar eine unlogische Anordnung und Redaction stattgefunden, aber trotzdem *gilt* das, was das Gesetz in dieser unlogischen Form wirklich bestimmt. Niemand zweifelt daran, dass der §. 28 des Sächsischen bürgerlichen Gesetzbuchs, welcher so lautet:

„Durch Gewohnheiten können weder Gesetze aufgehoben „oder abgeändert, noch neue Vorschriften mit Gesetzeskraft „eingeführt werden. Soweit Rechte durch die Willkür der „Betheiligten begründet werden können, sind Gewohnheiten zu „berücksichtigen, wenn anzunehmen ist, dass die Betheiligten „das in gleichartigen Fällen Gewöhnliche beachten wollen,"

— dass dieser §. 28 wirklich gilt, obschon er unter der allgemeinen Abschnittsrubrik „von den bürgerlichen Gesetzen" steht. Aber ist denn jener Vorwurf für das Handelsgesetzbuch überhaupt begründet? Die drei ersten Artikel haben nicht die Rubrik „von Handelsrechtsquellen", oder „von Handelsgesetzen", sondern die ganz unbestimmte Ueberschrift „*Allgemeine Bestimmungen*", und jeder darunter gesetzte Artikel enthält etwas völlig Verschiedenes und Selbstständiges. Ist es da nun so anstössig, wenn das Gesetz die Bestimmung der Wirksamkeit zweier *juristisch* zwar verschiedenen aber *praktisch* einander sehr ähnlichen Dinge in *einen* Artikel zusammenfasst? Auch v. Hahn nimmt a. a. O. bei der Beurtheilung unseres Artikels einen Ausgangspunkt, der von vorn herein die Ansicht darüber trüben muss. Er sagt, unter Handelsgebrauch *könne* nur ein Handelsgewohnheitsrecht verstanden werden, selbst wenn die Conferenz beschlossen hätte, dass der bloss faktische Gebrauch eine Rechts q u e l l e sein solle. Das hat allerdings die Conferenz weder beschlossen noch beschliessen können, dass der faktische Handelsgebrauch die Bedeutung einer Rechtsquelle haben solle. Der Inhalt des Artikels ist vielmehr allein die Bestimmung der Grenzlinien *sowohl* des Gewohnheitsrechts *als* der Usance unter *einer* Beides zusammenfassenden *Bezeichnung*. Wenn das Gesetzbuch im Art. 279 nochmals ganz allgemein auf die Berücksichtigung des Handelsgebrauchs bei Auslegung des Parteiwillens hinweist, so wird damit die höchst bedeutende Bestimmung des Art. 1, wonach von diesem Auslegungsmittel abgesehen werden soll, wenn der Handelsgebrauch einer Vorschrift des Gesetzes widerspricht, keineswegs erledigt; es ist mithin *kein Grund* gegen unsere Annahme, wenn gesagt wird, der Art. 279 und nicht der Art. 1 sei der Platz, an welchem von „Handelsgebräuchen“ die Rede sei. Bei der entgegengesetzten Ansicht würde ein, wie mir scheint, nichts weniger als unerheblicher Rechtssatz des Gesetzbuchs ganz verschwinden.

XII.

Ueber die Theilbarkeit deutscher Staatsgebiete *).

1.

Territorien werden getheilt in Folge unglücklich geführter Kriege und darauf gegründeter Friedensschlüsse, oder in Folge siegreicher Revolutionen, welche mit der Lostrennung einzelner Provinzen aus ihrer bisherigen Verbindung endigen. Vorgänge dieser Art gehören nicht in das Bereich der nachfolgenden Betrachtung. Sie haben zunächst keinen eigentlich staatsrechtlichen Charakter, sondern sind geschichtliche Ereignisse, welche durch schliessliche völkerrechtliche Beglaubigung zur rechtlichen Existenz gelangen.

Die Theilung eines Staatsgebiets könnte möglicherweise auch auf Grund eines willkürlichen und freien Entschlusses der Staatsgewalt geschehen. Die deutschen Verfassungsurkunden **) schliessen indessen diese Möglichkeit in der Regel ausdrücklich aus, indem sie den Grundsatz der Untheilbarkeit des Landes an die Spitze stellen, und als einzige Ausnahme die zum Zwecke einer Grenzregulirung nothwendigen Gebietsabtretungen anerkennen; zum Mindesten bestimmen sie, dass

*) Zuerst veröffentlicht in *Argidi's* Zeitschrift für deutsches Staatsrecht. 1. Bd., 1. Heft (1865), S. 5 flg.

**) Bayer. V.-U. Tit. III; Sächs. V.-U. §. 1 und 2; Bad. V.-U. §. 3; Württemb. V.-U. §. 1 in Verb. mit §. 85; Preuss. V.-U. Art. 2; Hannöv. V.-U. §. 1 u. 2 u. a. m.

Gebietsveränderungen nur mit Zustimmung der Stände stattfinden können. In normalen Verhältnissen wird eine vom Staate selbst gewollte Territorialzerstückelung und Gebietsabtretung kaum anders als zu dem angeführten Zwecke einer Grenzabrundung, namentlich mittelst Vertauschung einzelner vom Nachbarstaate enclavirter Stücke, vorkommen. Auch hiervon soll indessen in dieser Erörterung nicht die Rede sein.

Die Frage, mit welcher wir uns im Nachfolgenden beschäftigen wollen, ist die: *ob die Theilung eines deutschen Staatsgebietes rechtlich gefordert werden kann, damit eine Mehrheit gleichmässig zur Thronfolge Berechtigter beim Eintritt ihres Successionsfalls befriedigt werde?* Der Fall ist einfach. Ein Thron ist durch den Wegfall der bisherigen Herrscherfamilie erledigt und fällt nun mehreren neben einander zur Nachfolge Berechtigten zugleich zu, — einerlei, ob diese Berechtigung auf agnatischem Rechte, auf dem Verhältniss der gesammten Hand, auf Eventualbelehnungen, Heimfallsrechten oder Erbverbrüderungen beruht*). *Unter* den zugleich Berufenen be-

*) *Reichard* in der Tübinger Zeitschr. f. d. gesammte Staatswissenschaft, Jahrgang 1844, S. 551, gibt folgende Uebersicht über die jetzt noch auf *Erbverbrüderungen* beruhenden gegenseitigen Successionsrechte: 1) zwischen den Häusern Sachsen und Braunschweig; 2) zwischen Sachsen und Hessen; 3) zwischen Sachsen und Hessen auf der einen und Brandenburg auf der anderen Seite (?); 4) zwischen Schwarzburg und dem Hause Stolberg. — Ferner folgende Uebersicht über die noch gegenwärtig bestehenden Successionsrechte kraft besonderer Verträge, Mitbelehnungen, Eventualbelehnungen und Heimfallsrechte: 1) Ansprüche des Hauses Oesterreich wegen dereinstigen Rückfalls der Oberlausitz an die Krone Böhmen; 2) Ansprüche Preussens auf dereinstigen Anfall der mecklenburgischen, anhaltischen, nassauischen und holsteinischen Lande; 3) Ansprüche Sachsens auf dereinstigen Anfall einzelner Theile von Schwarzburg; 4) Ansprüche Hessens auf Waldeck und Antheile an Lippe-Schaumburg; 5) Ansprüche Braunschweigs auf Pyrmont und Theile von Oldenburg; 6) Ansprüche Anhalts auf Lauenburg. — Diese Uebersicht ist nicht vollständig; auch können alle hier mitgetheilten Ansprüche weder für unbestrittene noch für unbestreitbare gelten.

steht keine von jenen Ordnungen, durch welche eine Individualsuccession begründet wird.

Indessen bedarf die aufgeworfene Frage doch noch einer weiteren Begrenzung. Die Prätension einer Territorialtheilung beim Abgange eines Herrscherstamms kann gleichzeitig aus ganz verschiedenen Rechtsgründen entstehen. Es ist möglich, dass einzelne Bestandtheile eines Territoriums mit diesem gewissermaassen nur resolutiv, nämlich so lange als der bestimmte Stamm eines Hauses blüht, verbunden sind; fällt dieser Stamm weg, so wird die Beantwortung der Frage, ob das Rückfallsrecht bezüglich jener Theile auch heutzutage mit der Wirkung der Auflösung eines jetzt bestehenden Territorialbestandes zur Geltung kommen müsse, von der Erledigung thatsächlicher und rechtlicher Vorfragen abhängen, welche gar nicht im Allgemeinen besprochen werden können. Wir scheiden daher diesen Fall, wo die Theilungsfrage aus der objektiven staatsrechtlichen Verschiedenheit der Territorialtheile entspringt, von der nachfolgenden Erörterung aus, indem wir uns allein auf die Untersuchung des Falles beschränken, wenn der Theilungsanspruch lediglich auf die Mehrheit der *Subjekte* eines nach Grund und Objekt *gleichartigen* Folgerechts gestützt wird.

Für das in den letzten Jahrhunderten des deutschen Reichs geltende Staatsrecht konnte die Bejahung unserer Frage kaum einem Zweifel unterliegen. So äussert sich *Moser**) in Beantwortung der Frage, ob ein Territorium, das bisher nach einer nur für den Mannsstamm geltenden Primogeniturordnung besessen wurde, nach Abgang der männlichen Linie an die Cognaten ebenfalls nach Primogeniturrecht oder nicht, also unter Umständen zu *Theilen* anfallen müsse, gegen Cramer dahin: „Er setzet als etwas unläugbares zum Grunde: *Individuitas Terrarum* seye der zweite *finis principalis Primogeniturae:*

*) *Moser*, Familienstaatsrecht I, S. 925 ff. Vgl. auch S. 726 ff. und 519.

Dieses dörffte aber schwerlich jemalen zu erweisen sein. Man sehe alle oben häuffig angeführte Primogenitur-Dispositionen, und die darin enthaltenen Bewegursachen an; so reducirt sich alles auf einen einigen *finem*, nemlich das *Lustre* des Hauses. Weil aber dieser Zweck nicht erhalten werden kan, ohne die Lande zusammenzuhalten, so bedienet man sich dessen freilich, aber nur als eines Hülffs-Mittels, zu besagtem einigem Zweck zu gelangen; wenn also jener Zweck wegfällt, so cessiret das Hülffs-Mittel von selbsten." *Pütter* *) sagt: „*Si — uni domino territoriali succedunt plures filii, nepotes agnative jure divisionis: haec si vel maxime non plane aequales in partes fiat, singuli tamen successores in sua cujusque portione non minus superioritatem territorialem adquirunt, quam immedietatem retinent, adeoque in locum unius tunc plures succedunt domini territoriales.*" Auch die letzten Schriftsteller über deutsches Reichsstaatsrecht **) finden in der Bejahung unserer Frage kein Bedenken, obschon sie die Nothwendigkeit der Vertheilung von „Landesportionen" nicht ohne Bedauern aussprechen.

Eine besondere Veranlassung, auf die Untersuchung unserer Frage einzugehen, war bei dem Aussterben des Hauses Sachsen-Gotha im Jahre 1825 gegeben, und in der That wird sie in den meisten der zu der zahlreichen Literatur dieses Falles gehörenden Schriften mehr oder weniger eingehend besprochen ***). Eigentlichen Rechtsausführungen begegnet man

---

*) *Pütter, Institut. jur. publ.* §. 450.

**) *Leist*, Lehrb. d. deutschen Staatsr. 1803, §. 30; *Gönner*, deutsch. Staatsr. 1804, §. 235. Man unterschied eine sogenannte gemeine, d. h. die Simultansuccession, von der besonderen oder particulären Individualsuccession. So sollte man jetzt freilich nicht mehr unterscheiden.

***) Gegen die Theilbarkeit sprachen sich aus: (*Brunquell*), staatsrechtliche Erörterungen über den Vorzug der Linealordnung nach Stämmen u. s. w. Ilmenau 1823. *Wahrlieb*, die Theilung des Herzogthums Sachsen-Gotha-Altenburg. Leipzig 1825. (*K. E. Schmid*), über die Ordnung der Regierungsnachfolge in dem herzogl. Hause Sachsen-Gotha. Leipzig 1825, S. 37 ff. (Dieser jedoch nur bedingt.)

freilich selten, sondern mehr nur den aus dem Wohle der Unterthanen und dem politischen Interesse des deutschen Bundes entlehnten Argumenten. Nur *Pfeiffer* *) versucht den Beweis zu führen, dass das Primogeniturrecht das ausschliesslich deutsche Staatssuccessionsrecht sei, neben welchem die privatrechtliche Beurtheilung der Thronfolge keinen Platz habe. Der thatsächliche Ausgang des berühmten Streites stand nun freilich mit dieser Ausführung im Widerspruche **).

Unter den neuesten Schriftstellern über deutsches Staatsrecht scheinen sich *Zachariä* ***) und *Zöpfl* †) für das Theilrecht der nicht in der Primogeniturordnung begriffenen mehreren gleichberechtigten Agnaten zu entscheiden, während *Reichard* ††), *Held* †††) und *v. Kaltenborn* †*) entschieden das Gegentheil vertreten.

Auch ich bin der Meinung, dass eine Territorialtheilung zur Befriedigung der Mehrheit von Successionsberechtigten nach dem heutigen deutschen Staatsrechte *nicht* gefordert werden kann; aber es soll versucht werden, für diese Ansicht einen juristischen, d. h. nicht auf bloss politischen Erwägungen und bloss allgemeiner Berufung auf die Natur des heutigen Staatsrechts beruhenden Beweis zu erbringen. Das Material desselben ist bekannt. Bei der Untersuchung staatsrechtlicher

---

*) *Pfeiffer*, über die Ordnung der Regierungsnachfolge in den monarchischen Staaten des deutschen Bundes. Kassel 1826. 2 Bände.

**) Es handelte sich keineswegs um einen *blossen* Austausch.

***) *Zachariä*, deutsches Staats- und Bundesrecht. 2. Aufl. I. §. 71 und 72, Note 3 (mit einer Beschränkung rücksichtlich der Erbverbrüderten und Cognaten, welche von *diesem* Standpunkte aus kaum gerechtfertigt werden könnte).

†) *Zöpfl*, Grunds. des allg. und deutsch. Staatsrechts II, §. 251 a. E. — Hierher gehört auch *Weiss*, Syst. d. deutsch. Staatsr. 1843, §. 241.

††) *Reichard* in der Note 2 angef. Abh.

†††) *Held*, System des Verfassungsrechts. II. (1857), S. 204 ff. 247.

†*) *v. Kaltenborn*, Einleitung zum constitutionellen Verfassungsrechte, 1863, S. 327.

Principien, die den Gegenstand lebhaftester öffentlicher Discussion bilden, darf überhaupt völlige Neuheit des Stoffs selten erwartet werden. Was aber noch erwartet werden kann, ist die Verwerthung des politischen Stoffs im Sinne einer strengeren juristischen Wissenschaft.

2.

Es ist eine schon oft gemachte, aber noch nicht nach allen Richtungen verwerthete Wahrnehmung, dass das deutsche Territorialstaatsrecht dieses Jahrhunderts in einem vollen Gegensatze zu demjenigen der Reichszeit stehe. Gerade in Bezug auf die wichtigsten Punkte des Staatsrechts tritt dieser Gegensatz in unvermittelter Schroffheit auf; oft besteht der Zusammenhang der älteren Zeit und der Gegenwart nur in der Conservirung einzelner Schalen und Hüllen des älteren Rechts, aber der Stoff, mit dem sie gefüllt sind, ist ein durchaus neuer geworden. Aus einem privatrechtlich zerklüfteten, aus sehr verschiedenartigen Bestandtheilen zusammengesetzten, mit den heterogensten Rechtstiteln besessenen Herrschaftscomplexe ist der Begriff einer organischen Gemeinschaft hervorgegangen, in welcher sich jeder einzelne Theil als ein dem Ganzen verbundenes und dienstbares Glied fühlt, und jedes öffentliche Recht als eine zur Vertretung des Gesammtzwecks gegebene Vollmacht auftritt.

Bei weitem der grösste Theil der durch diesen Gegensatz getroffenen Seiten des öffentlichen Rechts hat nun auch in unseren modernen Verfassungen eine Gestaltung empfangen, in welcher sich jene Umwandlung auf das Positivste ausprägt. Es erscheint fast überflüssig, Belege dafür anzuführen. Wer denkt nicht, um nur Einiges hervorzuheben, an das ganz veränderte Princip der Stellung der Gemeinden zum Staate, wie es unser heutiges Staatsrecht in seinen allgemeinen Communalordnungen festsetzt; an die modernen Stände, die eigentlichen Zeugen der politischen Verschmelzung unseres Volkes, welche nicht sowohl eine Fortbildung der altständischen, auf dem Princip staatsfeindlicher Individualisirung beruhenden Einrichtung, als vielmehr ihr vollständiger Gegensatz sind*); vor Allem aber ist es der Staatsbegriff selbst, welcher jene Umwandlung erfahren hat.

Wir denken uns den Staat als einen Organismus, in welchem die sittlichen Kräfte des Volks zur Erreichung der höchsten gesellschaftlichen Zwecke zusammengefasst sind, und bekleiden denselben, da er ein wollendes und handelndes Wesen ist, mit der Idee der Persönlichkeit. Die Seele desselben ist die Staatsgewalt; sie ist der Mittelpunkt eines richtigen Systems des Staatsrechts**), dessen vorzüglichste Aufgabe die Beantwortung der Frage ist: was kann der Staat wollen, und in welcher Weise kann er seinen Willen kund geben? Hierbei verlegen wir die rechtliche Natur der Staatsgewalt, als der Willensmacht des Staats, in den Begriff des *Beherrschens*. *Beherrschung* ist die umfassendste Art der Willensfähigkeit, welche das Recht überhaupt kennt; sie ergreift die Glieder eines ganzen Volkes und verlangt innerhalb der Grenzen des Staatslebens eine vollständige Hingebung und Unterwerfung. Nur einmal, nämlich als das specifische Attribut des *Staats****),

*) Eine Methode, welche das moderne Staatsrecht unmittelbar an das ältere in der Art anschliessen würde, als wenn es derselbe stille Fluss wäre, ohne zu erkennen zu geben, dass ein ganz neues Fahrwasser von völlig anderem Wellenschlag begonnen hat, hätte nur den *Schein* des historischen Verfahrens an sich; die blosse Aneinanderreihung von Thatsachen ist noch keine Geschichte.

**) Die einzelnen Hoheitsrechte oder Gewalten sind nichts Anderes als die systematischen Kategorien der Formen, in denen die Staatsgewalt je nach der Mannigfaltigkeit ihrer Zwecke wirksam wird.

***) Die obrigkeitliche Gewalt der Gemeinden erscheint im *heutigen* Staatsrecht als eine abgeleitete, und die Kirchengewalt ist etwas so Besonderes und Eigenartiges, dass sie hier ganz ausser Betracht bleiben kann. — Ich fasse also den Begriff „Beherrschung“ als einen dem Staatsrechte specifisch eigenthümlichen auf, und würde es für einen wissenschaftlichen Gewinn halten, wenn er aus dem Privatrechte verschwände.

statuirt das Recht eine solche Willensmacht. Das heutige Privatrecht kennt eine der Beherrschung ähnliche Willensfähigkeit nicht; es unterwirft nicht, wie der staatliche Wille, dem undeterminirbaren Anspruche für einen höheren allgemeinen Zweck, es ergreift nicht die verpflichtete Persönlichkeit in ihrer Totalität, sondern beschränkt sich zumeist auf die Forderung einzelner Leistungen für individuell begrenzte Interessen. Daher gehört auch die Persönlichkeit des Staats nicht unter die Kategorie der juristischen Personen des Privatrechts, deren Existenz sich nur in der Sphäre des privatrechtlichen Wollens bewegt. Vielmehr ist sie ein Unicum, das keine Verwandtschaft im Rechtsgebiete hat und eine Unterstellung unter einen allgemeinen Begriff nicht duldet*).

Es ist natürlich, dass dieser Begriff des Staats und der Staatsgewalt, der bei den letzten Schriftstellern der Reichszeit

*) Ich habe also noch jetzt im Wesentlichen dieselbe Ansicht, welche sich schon in *meinen* öffentlichen Rechten (Tübingen 1852) S. 14 ausgesprochen findet, und bin durch den mannigfach erfahrenen Widerspruch nicht von ihrer Unrichtigkeit überzeugt worden. Auch ich fasse jetzt übrigens, wie man sieht, den Staat als eine Persönlichkeit auf, nur nicht als eine den privatrechtlichen juristischen Personen analoge (dies nur für den Fiscus). Die richtige Auffassung findet sich auch bei *Grotefend*, System des deutsch. Staatsrechts. 1. Hälfte (1863), S. 91 flg. — Eine neue Ansicht stellt *Lüders* (das Gewohnheitsrecht auf dem Gebiete der Verwaltung, 1863, S. 3 ff.) auf. Hiernach sei die Persönlichkeit des Staats etwas mit der Persönlichkeit der privatrechtlichen Corporationen Gleichartiges, indem das allgemeine, ja ursprüngliche Wesen der juristischen Person nicht in der Vermögensfähigkeit, sondern in der „selbstständigen souverainen Willensherrschaft bestehe, welche sie über die in ihrer Sphäre begriffenen Objekte ausübe, mögen diese nun in einem Vermögensinbegriffe, oder in einer Vereinigung von physischen Personen bestehen.“ Diese Ansicht verlegt den Streit auf das Gebiet des Privatrechts. Denn für den Staat ist jene Bestimmung zuzugeben. Ob es aber auch angehe, die privatrechtlichen juristischen Personen dadurch zu charakterisiren, dass man sie als gleichartige, wenn auch unvollkommene Species eines im Staate zur vollen Entfaltung kommenden Begriffs hinstellt, dies zu untersuchen liegt nicht in der Aufgabe dieser Abhandlung.

höchstens als das Ziel einer zukünftigen Entwickelung geahnt wird, erst zur vollen Klarheit und Anerkennung gelangen konnte, nachdem die patrimonialen Elemente der fürstlichen Herrschaft vollständig aus dem Kreise der der Staatsgewalt gehörenden Attribute geschieden waren *). Dies ist allmälig in diesem Jahrhunderte geschehen, in den grösseren deutschen Staaten rascher, langsamer in den kleineren und in den kleinsten Territorien, welche von der Aufgabe, ihre naturgemässere Existenz als Patrimonialherrschaften mit der staatlichen Organisation zu vertauschen, gewissermaassen überrascht wurden. Wie nun in Folge dieses unermesslich wichtigen Umschwungs die ganze Verfassung und Verwaltung sich völlig anders gestaltet hat, wie namentlich die Justiz-, Militair- und Finanzverfassung (Trennung des Staatsvermögens vom fürstlichen Familien- und Privatgut) einen ganz neuen Charakter erhalten hat, bedarf hier keiner weiteren Auseinandersetzung. Man darf getrost behaupten, dass kaum *ein* wichtigeres staatsrechtliches Institut, dass kaum *ein* staatsrechtlicher Begriff von dem Einflusse dieser grossen Veränderung unberührt geblieben ist. Wir wollen nur beispielsweise noch an den Begriff der Gebietshoheit erinnern; wie schwer wurde es der früheren Staatslehre **), den Inhalt desselben von der Einmischung eines

*) Noch am Ende des vorigen Jahrhunderts fragte man sich, ob nicht die Staatsgewalt eines grösstentheils im fürstlichen Eigenthume stehenden kleinen Ländchens grösser sei, als die des Fürsten eines grossen Landes? *Ludolf* sagte, jene würden *modo magis herili* regiert. S. *Häberlin*, Handb. des deutschen Staatsrechts Bd. 2 (1794), S. 11 ff.

**) *Posse*, über die Sonderung reichsständischer Staats- und Privatverlassenschaft, 1790, S. 18, charakterisirt dies schon treffend, indem er sagt: „Wenn man die Formeln betrachtet, mit welchen die reichsständischen Lehngerechtsame ausgedrückt werden, so sollte man freilich mit Itter, Stryk, Struv, Horn, Titius, Buri und Anderen glauben, dass Berg und Thal, Wald und Feld, Mensch und Vieh dem landesherrlichen Lehnseigenthume, im longobardischen Sinne, unterworfen sey. — — Wahrlich es musste den Leuten bey so offenbar dunkeln Begriffen unmöglich sein, zu sagen, dass privatrechtlichen Immobiliarrechts frei zu erhalten, während seine richtige Bestimmung — das Recht auf Anerkennung der örtlichen Grenzen der Staatsgewalt — sich nunmehr gewissermaassen von selbst entgegendrängt*).

Dem Zweck dieser Abhandlung am Nächsten liegt aber eine Verwerthung jenes Gedankengangs zur näheren Bestimmung eines der wichtigsten Begriffe des Staatsrechts, nämlich der rechtlichen Natur der *Thronfolge.* Hierüber soll jetzt gehandelt werden.

3.

Das Recht, welches die fürstliche Stellung und Gewalt gab, konnte im früheren deutschen Staatsrechte recht wohl nach der Analogie privatrechtlicher Befugnisse beurtheilt werden. Dieselben Rechtstitel, mit welchen man Privatrechte inne hatte, vermittelten auch die Zuständigkeit des Fürstenrechts. Der grösste Theil der fürstlichen Rechte war in der Regel lehnbares Vermögen seines Inhabers, wie insbesondere die vom Reiche verliehenen Regalien. Andere Theile wurden wohl als freie Grundherrschaften nach allodialem Stammgutsrechte besessen. Juristisch betrachtet schien sich das Rechtsverhältniss nur durch die Grösse und Bedeutung des Objekts von dem eines Grundbesitzers zu unterscheiden; wenigstens wurde das Besondere, was darin lag, nicht in dem Maasse empfunden, dass man die Anwendung privatrechtlicher Principien für unzulässig erklärt hätte. Man ging davon aus, dass das Fürstenthum in der individuellen Willenssphäre des fürst-

---

sich die Landeshoheit über Alles, was zur Mark und den angeführten Ländern gehöre, erstrecken solle. Um diese Idee nur einigermaassen an den Tag zu legen, krochen sie Wald und Wiese durch, verfehlten dennoch ihren Zweck und verrückten überdies noch der Nachwelt den rechten Gesichtspunkt. Dieser Belehnung zufolge wäre kein Halm in der Mark, der nicht des Landesherrn Lehn, wenigstens sein Unterlehn wäre; welch erschrecklicher Unsinn!“

*) Richtig *Grotefend* a. a. O. S. 81 ff.

lichen Herrn liege, daher auch, soweit nicht Lehn- oder Stammgutsrecht hindere, seiner Disposition unterworfen sei; er konnte es veräussern, vertauschen, verpfänden, theilen *). Starb er, so war das Fürstenthum Theil des Nachlasses, und fiel seinen Erben nach denselben Grundsätzen zu, nach denen sonst Lehn-, oder Stamm-, oder Allodialgüter vererbt werden. Waren der Erben mehrere, so wurde das Land, abgesehen von den mit der Kurwürde behafteten Territorien, getheilt, sofern nicht durch eine Primogeniturordnung solche „dem Ansehen des fürstlichen Hauses nachtheilige Zersplitterungen" ausgeschlossen waren **).

Es ergibt sich hieraus, dass die Thronfolge im älteren deutschen Staatsrechte in der Hauptsache nach den Grundsätzen des privatrechtlichen Erbrechts beurtheilt wurde. Unter den verschiedenen hierbei möglichen Normen hatte sich nach und nach das Recht der *Lehnserbfolge* die Bedeutung eines im deutschen Fürstenrechte zwar nicht ausschliesslich, aber doch regelmässig und hauptsächlich maassgebenden Princips erworben. Nach den Grundsätzen derselben wurde im Zweifel die Successionsordnung, auch wohl die Successionsfähigkeit, wie nicht minder die allgemeine Rechtsstellung des Thronfolgers beurtheilt. Auch den Satz, dass der fürstliche Erbe *ipso jure* Inhaber des durch den Tod erledigten Thrones werde, so wie die Unabhängigkeit seines Rechts von jeder willkürlichen Verfügung seines Vorgängers pflegte und pflegt man noch jetzt ***) als Folgerungen aus dem Principe der *successio ex pacto et providentia majorum* zu betrachten.

*) Von dem geringen Einflusse der älteren Landstände kann hier abgesehen werden.

**) Ich beschränke mich darauf, bezüglich dieses allbekannten Entwicklungsganges auf das Buch von *Schulze*, das Recht der Erstgeburt in den deutschen Fürstenhäusern 1851, zu verweisen.

***) *Zachariä*, deutsches Staats- und Bundesrecht, §. 65 (S. 304); *Zöpfl*, Grundsätze des allgem. u. deutsch. Staatsrechts §. 248. — S. auch *Weiss*, System §. 238.

Muss man auch einräumen, dass der staatsrechtliche Gesichtspunkt namentlich in den grösseren Territorien hie und da schon früher, besonders in der Vertretung durch die Landstände, gegenüber dem privatrechtlichen, zur Geltung kam, so gebührt doch erst dem Staatsrechte unserer Zeit das Verdienst, ihn zur ausschliesslichen Herrschaft gebracht und das Thronfolgerecht von jenen privatrechtlichen Zuthaten völlig gereinigt zu haben.

Mit der Idee des Staats, wie wir ihn jetzt auffassen, ist der Gedanke, dass er ein in der Willenssphäre eines Individuums befindliches Objekt sei, völlig unvereinbar. Wir construiren uns das Monarchenrecht als das Recht auf Innehabung des obersten regierenden Willens *im* Staate. Uns ist der Staat eine durchaus selbstständige, auf eigener ethischer Grundlage ruhende Ordnung, und der Monarch ein innerhalb derselben wirkendes Organ. Das Recht des Thronfolgers ist das Recht, dieses Organ zu sein; aber die Realisirung dieses Rechts führt nicht zu einer Sphäre privatrechtlicher Willensfreiheit und individueller Willkür, sondern zu einem durch die objektive Ordnung des Staats begrenzten und durch seine ethischen und rechtlichen Maasse regulirten Willenskreise. Das Objekt des Thronfolgerechts ist nicht das Territorium, auch nicht Theile eines solchen, auch nicht vereinzelte Hoheitsrechte, sondern lediglich die Innehabung der monarchischen Stellung *im* Staate, d. h. in dem grossen Volksorganismus, der, wenn er auch immer in der monarchischen Institution seinen wichtigsten plastischen Faktor hat, doch keineswegs in ihr aufgeht und völlig erschöpft wird *).

Hieraus folgt, dass von einem *eigentlichen Erbrechte*, als der rechtlichen Vermittelung der Thronfolge, jetzt nicht mehr

*) Diese Gedanken sind von mir schon in *meinen* öffentlichen Rechten (1852) S. 65 angedeutet worden. Ganz übereinstimmend ist auch *Held* a. a. O. S. 204 ff., besonders S. 209 ff., der das Wesen der Thronfolge sehr richtig bestimmt.

die Rede sein kann. Der Thronfolger, der nach dem Ausscheiden des bisherigen Monarchen den Thron einnimmt, empfängt damit nicht den Nachlass eines Verstorbenen, erhält damit nicht einen zum Vermögen eines Menschen gehörenden Gegenstand, sondern übernimmt, und zwar als eigenes Recht, eine Vollmacht rechtlichen Handelns, in welcher die an und für sich bestehende Staatsgewalt ihre körperliche Erscheinung erhält. Zwischen den einzelnen auf einander folgenden Monarchen findet mithin nur das Verhältniss einer *zeitlichen* Succession statt. Die rechtliche Natur des Verhältnisses des jetzigen Monarchen zum früheren ist ganz dieselbe, wenn der neue Thronfolger, wie man sagt, durch Erbrecht, oder wenn er durch Wahl berufen wird.

Sonach zieht sich das erbrechtliche Moment der Thronfolge in Erbmonarchieen auf ein ganz anderes Gebiet zurück und gewinnt eine ganz andere Bedeutung. Wir haben gesehen, dass das Wesen der Thronfolge in der Uebernahme einer nach den Regeln des staatlichen Gesammtorganismus bestimmten Vollmacht rechtlichen Handelns besteht. Es bedarf aber einer festen und unverbrüchlichen Ordnung, nach welcher die Berufung zu dieser Uebernahme stattfindet. Diese *Berufungsordnung* wird vom Erbrechte entlehnt; ob hierbei das Lehnserbrecht, oder das fürstliche Allodialerbrecht als Regulator auftrete, ob sich die Ordnung nach agnatischem oder cognatischem Rechte bestimme, ob sie auf Eventualbelehnungen, Erbverbrüderungen oder lehnsherrlichen Heimfallsrechten beruhe, — ist für die Beurtheilung unserer Frage gleichgültig. Immer ist dies sogenannte Erbrecht kein Recht auf vermögensrechtliche Succession, sondern nur eine Anordnung des *zeitlichen Nacheinander*. Es handelt sich also nicht um eine Verwendung des Erbrechts nach seinem materiellen Wesen, sondern um die Erborgung einer im Erbrechte für ganz andere Zwecke ausgebildeten *formellen* Ordnung. Wenn es gestattet ist, an privatrechtliche Analogien zu erinnern, so möchte ich an die Function des Erbrechts zur Bestimmung der Reihenfolge der gesetzlichen Vormünder, oder der Reihenfolge der zum Genuss einer modernen Familienstiftung Berufenen erinnern, indem auch hier nur eine nach der äusseren Ordnung der Erbfolge bestimmte zeitliche Nachfolge ohne Eintritt in das Recht eines Verstorbenen vorliegt. Auf diese rein formelle Function ist die Verwendung des Erbrechts bei der Regulirung der Thronfolge zu beschränken. Daher ist es auch gewiss nicht zu billigen, wenn man auch jetzt noch die zwei der deutschen Staatssuccession eigenthümlichen Grundsätze aus dem materiellen Wesen der Lehns- und Fideikommisserbfolge erklären will, nämlich 1) dass der Thronfolger *ipso jure* und ohne eine besondere Antrittserklärung Monarch wird, und 2) dass sein Recht gegen jede willkürliche Disposition des Vorgängers geschützt ist. Zwar ist es richtig, dass diese beiden Sätze auch in den Principien der *successio ex pacto et providentia majorum* enthalten sind, aber sie gelten jetzt nicht mehr *deshalb*, haben also nicht eine nur durch zufällige historische Gründe gerechtfertigte Existenz, sondern sie gelten, weil sie durch die Natur unseres monarchischen Staatsrechts gefordert werden: der erste Satz, weil der Staat keine Unterbrechung seiner höchsten Willensvertretung gestattet, der andere, weil die Ordnung in der Reihenfolge der Thronfolger jeder Willkür und dadurch bedingten Unsicherheit entrückt sein muss.

Als die wichtigste Consequenz dieser Auffassung der Thronfolge erscheint die Art und Weise, in welcher die alte, so oft aufgeworfene, so verschieden beantwortete und früher für so schwierig befundene Frage gelöst werden muss, nämlich über die Nothwendigkeit der Anerkennung der Regierungshandlungen eines Vorgängers durch den Thronfolger. Diese Frage verschwindet ganz und gar bei unserer Auffassung; sie kann streng genommen gar nicht mehr gestellt werden. Was in einem Staate unter der verfassungsmässigen Mitwirkung des Monarchen zu Stande gekommen, ist ein allein nach den

Grundsätzen des objektiven Rechts zu beurtheilender Thatbestand. Monarch werden heisst: von jetzt an in den Willenskreis eintreten, welchen die Verfassung eines bestimmten Staats als den Machtumfang ihres obersten Organs festsetzt, — heisst: von jetzt an zu denjenigen Functionen berufen sein, welche der Staat von diesem seinem höchsten Gliede zu seiner Lebensäusserung erwartet und bedarf. Ein Recht der Retractation des schon vorher rechtlich Entstandenen, gleich als ob es noch nicht entstanden wäre, ist mit dieser Vorstellung völlig unvereinbar. In der Idee der wirklichen Staatssuccession liegt nur der Eintritt eines Thronfolgeberechtigten in die vacant gewordene Stelle eines Monarchen und in den concreten Staatsorganismus, wie er jetzt rechtlich gestaltet ist, — nicht *er* empfängt den Staat, um ihn in sein individuelles Rechtsgebiet zu bringen, sondern der Staat nimmt *ihn* in sich auf, damit er die ihm nach Maassgabe der bestehenden objektiven Rechtsordnung zukommenden Functionen ausübe. Wenn ein bisher absoluter Fürst eine constitutionelle Verfassung gibt, so würde die Ansicht des Thronfolgers völlig unrichtig sein, der darin eine das Recht der legitimen Familie verletzende Disposition erblicken wollte*); denn es handelt sich nicht um eine Verfügung über ein dem Rechte der Familie unterworfenes Objekt, sondern um die rechtliche Entwickelung des staatlichen Organismus, und die Mitwirkung des Monarchen ist nicht die einer privatrechtlich disponirenden Person, sondern eines mit dem Ganzen verbundenen Gliedes. Das erbrechtliche Moment der Thronfolge bedeutet nicht, dass eine gewisse Substanz monarchischer Befugnisse das unangreifbare Patrimonium einer Familie bildet, sondern nur, dass aus einer bestimmten Familie nach einer festen Reihenfolge die zur monarchischen Würde berufenen Personen zu nehmen sind; das Monarchenrecht selbst aber empfängt seine rechtliche Gestaltung und seinen

*) Inconsequent ist *Stahl*, Philos. des Rechts II, 2, S. 268.

zeitlichen Machtumfang allein in und mit der Entwickelung des Staats. Wenn manche unserer Verfassungen vom Thronfolger bei seinem Regierungsantritte die Erklärung fordern, er wolle die Verfassung anerkennen und halten, so mag diese Vorschrift politisch auch jetzt noch gerechtfertigt sein, rechtlich aber ist sie ohne Bedeutung, da der Rechtsbestand einer Verfassung von der erneuten Anerkennung des Thronfolgers unabhängig ist. — Wie ganz anders die Entscheidung lauten müsste, wenn dem Thronfolgerechte die Bedeutung eines materiellen Lehns- oder Allodialerbrechts beigelegt würde, zeigt die ältere Literatur über unsere Frage, die bei allem guten Willen, den Forderungen des Staatslebens gerecht zu werden, zu einer klaren, principiellen Auffassung nicht zu gelangen vermochte*).

4.

Der Zusammenhang der so eben besprochenen Frage mit unserem Thema liegt in dem Momente der Unabhängigkeit der Gestaltung des Monarchenrechts von dem individuellen Willen Derer, welchen das Recht auf seine Innehabung zusteht.

Von der grössten Bedeutung ist nun die Beantwortung der Frage, woraus wir diese heutige Selbstständigkeit des Monarchenrechts als constitutionelle Institution erkennen? Gehört diese Erscheinung zu denen, welche in den neueren Verfassungen ihren *positiven* Ausdruck gefunden haben, oder handelt es sich bloss um eine *Anschauung*, die auf dem Wege der Abstraction gewonnen ist? Ohne Zweifel ist das Erstere anzunehmen, wie sich aus Folgendem ergeben wird.

Durch die modernen Verfassungen sind Volk und Land wirklich zu staatlichen Organismen gestaltet worden. „*Das Königreich bildet einen unter einer Verfassung vereinten untheil-*

*) S. *v. Kamptz*, Erörterungen der Verbindlichkeit des weltlichen Reichsfürsten aus den Handlungen seines Vorfahren, 1800, §. 37 ff. Jetzt aber *Zachariä* a. a. O. §. 76.

baren Staat", sagt der erste Paragraph der hannoverschen, sächsischen, im Wesentlichen auch der bayerischen Verfassungsurkunde, und es stimmen darin die deutschen Grundgesetze (stillschweigend oder ausdrücklich) überhaupt zusammen. Damit ist ausgesprochen, dass sich das Volk als ein staatliches Ganze fühlt, dass es die Zufälligkeit seines historischen Bildungsprocesses abgestreift hat, dass die speciellen geschichtlichen Titel der Zusammengehörigkeit der Territorialstücke auf der neuen staatsrechtlichen Grundlage ausgeglichen sein sollen. Das ganze Volk ist zu *einer* gegliederten Gemeinschaft erwachsen, es hat in dieser eine selbstbewusste Persönlichkeit errungen und einen Herzpunkt gefunden, in den es die Kraft seiner Regierung verlegt; es hat eine Ordnung erhalten, welche alle nationalen Kräfte in diesem Punkte vereint, damit sie von dort aus zur Erfüllung der staatlichen Aufgaben zurückwirken. Das Territorium erscheint hierbei nicht mehr als das principale Objekt eines fürstlichen Rechts, dem die Unterthanen gewissermaassen als Pertinenzen anhängen, sondern es ist ein Faktor in dem Begriffe des Staats geworden; es bildet das körperliche Fundament des Staats, die örtliche Basis seiner Existenz. Dass diese Entwickelung eine Wahrheit sei, kann Niemand verkennen, der den rechtlichen Zustand unserer deutschen Staaten auch nur oberflächlich betrachtet. Ich erinnere an die principielle und systematische Centralisation der Verwaltung, an die Stellung der Stände, die nicht als Vertreter ihres Bezirks, sondern des ganzen Landes gelten, an die allgemeine Wehr- und Steuerpflicht, an die gleichmässige Behandlung der Gemeinden nach den Regeln einer allgemeinen Communalordnung. In der Consequenz dieser Entwickelung liegt aber vor Allem die Nothwendigkeit, die höchste regierende Gewalt als eine constitutionelle Anstalt, eine dauernde Einrichtung auszubilden, deren Wesen allein aus ihrem Zusammenwirken mit den übrigen Kräften des Ganzen bestimmt wird. Denn in einem Organismus beruht Alles auf der grossen Wechselwirkung der

Kräfte, jedes Glied wirkt für das Ganze und besteht nur für dieses, und so kann nicht ein einzelnes, am wenigsten das wichtigste Organ dieser Verbindung entzogen werden und unter dem gestaltenden Einflusse einer fremdartigen Willenskraft verbleiben.

Und wirklich sprechen denn auch unsere Verfassungsurkunden das Wesen des Monarchenrechts in diesem Sinne aus, und bestimmen es ein für allemal als objektiv fixirtes Rechtsinstitut. „*Der König ist das souveraine Oberhaupt des Staats, vereinigt in sich alle Rechte der Staatsgewalt und übt sie unter den durch die Verfassung festgesetzten Bestimmungen aus*“ (sächsische, bayerische, württembergische, im Wesentlichen auch die hannöverschen und anderen Verfassungsurkunden). Darin liegt zunächst, dass das monarchische Recht ein durchaus einheitliches, nicht aus verschiedenen trennbaren Bestandtheilen zusammengesetztes ist; es ist damit der Gedanke einer blossen Aggregation vereinzelter Hoheitsrechte in Folge des Zusammentreffens verschiedener Erwerbstitel durchaus abgelehnt. Die königliche Stellung — ihr Mehr und Weniger — unterliegt nicht mehr dem Einflusse subjektiver Momente, sondern ist aus der Fügung des Gesammtorganismus heraus gebildet. In jener Bestimmung ist Nichts zu entdecken, was noch an eine Art von Immobiliarrecht erinnern könnte. Sie bringt die Thatsache der vollzogenen organischen Staatsbildung zum rechtlichen Ausdruck, indem sie das Königthum mit der gesammten Staatsmacht ausstattet und die Persönlichkeit des Staats selbst in der persönlichen Vertretung durch den Monarchen verkörpern lässt.

Endlich prägt sich dieser Charakter des Monarchenrechts formell in der Thatsache aus, dass alle Verfassungen das *Primogeniturrecht* aufstellen. Sie wollen damit sagen, dass der Staat auf seinem eigenen inneren Fundamente ruht und seine Gestaltung nicht der Zufälligkeit der fürstlichen Familienverhältnisse preisgibt, dass der Staat ein politisches Gemeinwesen ist, das sich in der Einheit des monarchischen Organs abschliesst. Nicht mehr die Interessen des fürstlichen Hauses und Vermögens sind jetzt die Motive dieser Primogeniturordnungen, vielmehr sind diese selbst eine unabweisbare Consequenz des nun gewonnenen Staatsbegriffs. Das Primogeniturrecht gehört zu den objektiven Ordnungen des Staatsrechts *).

5.

In der bisherigen Ausführung ist nun die Antwort auf unsere Frage bereits enthalten. Sie kann nicht anders lauten als dahin, dass von einem Anspruche auf Theilung eines Territoriums (d. h. nach Obigem: eines Staats) wegen der Mehrheit successionsberechtigter Agnaten unter keinen Umständen die Rede sein kann.

War auch zu der Zeit, in der die Successionsansprüche erstmals begründet wurden, welche, durch eine lange Reihe von Generationen als eventuelle Rechte fortgeleitet, nun zur Verwirklichung kommen sollen, — war auch in dieser Zeit die privatrechtliche Behandlung des Territorialfürstenrechts herrschend, so hat sich dies doch nun vollständig geändert und damit die Natur des Successionsrechts selbst; war auch damals wirklich die Territorialbildung wesentlich durch die Beschaffenheit des fürstlichen Rechts bedingt, so ist doch schon längst das umgekehrte Princip zur rechtlichen Herrschaft gekommen, dass der Charakter des fürstlichen Rechts unter dem gestaltenden Einflusse der Kräfte steht, welche aus der lockeren Verbindung von Land und Leuten den organischen Volksstaat hervorwachsen liessen. Oder könnte man glauben, dass der ganze Process der modernen Staatsbildung, die zum recht-

*) Am entschiedensten prägt sich dies in der bayerischen Verfassungsurkunde aus, welche die Geltung des Primogeniturrechts durch alle Eventualitäten durchführt. Aber auch viele andere Grundgesetze drücken jenen Gesichtspunkt damit aus, dass sie auch die eventuelle Cognatensuccession primogeniturrechtlich regeln.

lichen Bewusstsein gekommene und in Verfassungsgesetzen bethätigte Einheit des Volks im Staate, keinen Anspruch auf Anerkennung als ein rechtlich bestehendes Verhältniss machen, dass er etwa gar nur jederzeit als bedingt berechtigt gelten könne? Könnte man annehmen, dass die Erbinteressen fürstlicher Familienglieder stark genug seien, um den ganzen politischen Entwickelungsgang eines Volkes zu suspendiren, und einem trotzdem ausgebildeten lebensvollen Staatswesen in einer der wichtigsten Fragen den Gesichtspunkt aufzunöthigen, dass es doch nur für eine mittelalterliche Patrimonialherrschaft gelten könne? Denn was Anderes könnte es heissen, wenn eine Mehrheit von Agnaten verlangen wollte, dass ein Staat, d. h. ein mit Persönlichkeit bekleideter Organismus, in Stücke zerschnitten und mithin als solcher vernichtet würde, damit jeder zu der erwarteten „Landesportion" gelange?

Der Inhalt eines Rechts kann dadurch eine Veränderung leiden, dass sein Objekt in quantitativer oder qualitativer Hinsicht verändert wird. Diese Möglichkeit kennt selbst das Privatrecht *). Aber in noch weit umfassenderer Weise tritt sie bei *öffentlichen* Rechten hervor. Als isolirt und darum für alle Zeiten absolut fixirbar können diese gar nicht gedacht werden, da sie in steter Wechselwirkung und Wechselempfänglichkeit den Einflüssen aller Kräfte eines politischen Volkslebens ausgesetzt sind. Veränderlichkeit in der allgemeinen Entwickelung ist eine charakteristische Eigenschaft ihres Wesens. Diese Auffassung hat keine Gemeinschaft mit der Theorie, welche *Mejer* **) treffend charakterisirt, indem er sagt: „sie denkt den Staat als eine ihrem Wesen nach *faktische* Constellation coexistirender Parteikräfte, deren gegenseitiges Verhältniss und gemeinsame Richtung immer blos jeweilig durch diejenige Kraft normirt werden, der es für den Augenblick gelingt, sich

*) *Windscheid*, Pandekten, I, §. 64.

**) *Mejer*, Einleitung in das deutsche Staatsrecht, 1861, S. 233.

als die stärkste geltend zu machen und die übrigen zur Unterordnung unter das von ihr für zweckmässig Gehaltene zu bewegen", — denn ich bin weit davon entfernt, ein öffentliches Recht als ein des Rechtsschutzes entbehrendes bloss thatsächliches Machtverhältniss anzusehen, vielmehr erkenne ich es in seinem Bestande als ein wirkliches Recht an, aber ich finde, dass eine gewisse Relativität und damit zusammenhängende Wandelbarkeit elementar zu seinem Wesen gehört. In ganz besonderem Maasse gilt dies aber von dem Monarchenrechte. Jede Veränderung, Entwickelung, Umgestaltung des Staatswesens muss nothwendig auf den Inhalt dieses höchsten öffentlichen Rechtes reagiren, dessen Ausstattung ja so recht eigentlich als Gradmesser des inneren Staatszustandes gelten kann. Jeder später zur Thronfolge berufene Agnat findet eine veränderte Gestalt des königlichen Machtkreises vor, und die Verschiedenheiten wachsen mit der zeitlichen Entfernung der Vergleichungspunkte, zumal wenn sie ganze Perioden grosser geschichtlicher Entwickelung einschliessen. Diese Umbildungen sind aber nicht etwa *heimliche* Vorgänge, die nach einem stillen Verlaufe plötzlich mit ihrem unerwarteten Resultate hervortreten, sondern offenkundige, in der Regel lange im Staatsleben vorbereitete und endlich im Verfassungsgesetze festgestellte Thatsachen; auch beruhen sie keineswegs auf *willkürlichen* und daher als präjudicirlich anfechtbaren Handlungen, sondern sind das Ergebniss einer *natürlichen* Entwickelung; endlich handelt es sich hierbei nicht etwa bloss um eine Veränderung politischer *Ideen* und *Gesichtspunkte*, sondern um wirkliche *Rechtsbildungen*, welche in positiven Sätzen der Verfassung ausgedrückt sind. So wird aus dem patrimonialen Fürstenrechte im Verlauf des Staatslebens das Recht des eigentlichen Staatsoberhaupts, aus dem absoluten Herrscherrechte das Recht des constitutionell beschränkten Monarchen, und aus dem theilbaren fürstlichen Territorialbesitze der untheilbare Staatsorganismus mit einheitlicher monarchischer

Institution. Das agnatische Successionsrecht besteht noch immer *), aber es hat im Anschlusse an diese Entwickelung allmählich sein Objekt und damit seinen Inhalt verändert, und diese Veränderung ist absolutes, nicht etwa bloss relativ wirkendes Recht geworden.

Der Satz des jetzt bestehenden deutschen Territorialstaatsrechts ist demnach der, *dass von einer Mehrheit gleichmässig zur Thronfolge Berechtigter immer nur Einer zur Succession gelangen kann.*

Sehr befriedigend wäre es nun, wenn sich zugleich eine allgemeine Regel darüber begründen liesse, *welcher* von den mehreren Successionsberechtigten **) in einem solchen Falle den Vorzug geniesse. Aber man wird vergeblich nach einer solchen suchen. Manche haben wohl gemeint ***), dass auch hier jederzeit das einmal in das Staatsrecht aufgenommene Primogeniturrecht entscheiden müsse. Aber mit Unrecht. Die Primogeniturordnung hat eine doppelte Function. *Zunächst* ist sie, wie oben gezeigt wurde, ein Institut des objektiven *Verfassungsrechtes*, durch welches das Princip der Einheitlichkeit des Monarchenrechts zur Ausführung gebracht wird. In dieser Seite des Instituts liegt nur, dass beim Ausgange des

---

*) Diese Entwickelung des Staatsbegriffs fordert selbstverständlich nur *Modification*, niemals *Aufhebung* der aus der älteren Zeit stammenden Successionsrechte, da eine weiter gehende Wirkung gar nicht im Bedürfniss des Staates liegen kann. Nur insoweit könnte ich den von *Zachariä*, das Successionsrecht im Gesammthause Braunschweig-Lüneburg 1862, S. 147 ff., ausgesprochenen Ansichten beitreten.

**) Dieser Fall kann, wenn die Primogeniturordnung nur für den ausgegangenen Zweig der Familie galt, sowohl dann eintreten, wenn im Gesammthause die Gradualordnung, als auch wenn die Lineal- oder Lineal-gradual-Ordnung gilt. Selbstverständlich ist, dass die Primogeniturordnungen innerhalb der einzelnen Linien für die in diesem engeren Kreise vorkommenden Fragen entscheidend sind.

***) Dieser Irrthum findet sich z. B. bei *Pfeiffer* a. a. O. Bd. 1, §. 29 und 30, sodann bei *Reichard* a. a. O. S. 534 u. A.

bisherigen Fürstenstamms immer nur Einer der mehreren Anwärter zur Thronfolge berufen wird, dass aber dieser Eine, sobald er als Monarch in den Staat eingetreten ist, sofort wieder das Primogeniturrecht als die Berufungsordnung seiner Nachkommen anerkennen muss. *Sodann* ist eine bestehende Primogeniturordnung zugleich die *hausgesetzliche* Regulirung der Successionsrechte des derzeitigen Fürstenstamms. In dieser Bedeutung beschränkt sich aber ihre Wirksamkeit auf den *Descendentenkreis* derjenigen Stammhäupter, von denen sie ursprünglich ausgegangen ist; sie sagt nur: unter den Nachkommen dieses bestimmten Fürsten soll immer das Erstgeburtsrecht entscheiden. Rechtsverhältnisse — mögen sie sich auf Verwandtschaft oder andere Titel gründen —, welche *vor* der Einführung der Primogenitur in einem bestimmten Fürstenhause entstanden sind, liegen ausserhalb ihres Herrschaftskreises als hausgesetzlicher Norm. Mithin kann nur von einer Einwirkung der Primogenitur als *staatsrechtlicher* Ordnung die Rede sein. In dieser Beziehung ist aber der Anspruch des Staats, wie bemerkt, schon befriedigt in der Forderung, dass nur Einer der Mehreren unter sofortiger Erneuerung der Primogenitur eintrete; wie dieser Eine beim ersten Anfall zu bestimmen sei, darüber hat er in seinem Verfassungsrechte keine Norm. Sonach fehlt es überhaupt an einem allgemeinen Rechtssatze zur Entscheidung dieser Collision. Das alte Recht der Simultansuccession ist durch die grundsätzliche Veränderung des Monarchenrechts beseitigt, und ein neues ergänzendes Recht über die Entscheidung der Frage des ersten Anfalls hat sich nicht gebildet. Es wird darauf ankommen, ob die besonderen Umstände des concreten Falles danach angethan sind, irgend eine befriedigende Ausgleichung auf dem Wege der *Verhandlung* zu ermöglichen; dass hierbei auch den Ständen eine bedeutsame Rolle zufallen würde, bedarf kaum der Bemerkung.

6.

Die ganze vorstehende Erörterung beruht auf der Voraussetzung, dass der Staat, für welchen unsere Frage aufgeworfen wird, wirklich diejenige Stufe der Entwickelung erreicht hat, auf welcher die politische Einheit des Volks zum maassgebenden Regulator aller seiner Verhältnisse geworden ist. Kann man nun behaupten, dass dies jetzt schon bei allen deutschen Staaten der Fall ist?

Im vorigen Jahrhunderte hatten nur wenige deutsche Fürstenthümer jenen Standpunkt erreicht. In den meisten wurden einzelne Bestandtheile sowohl in Rücksicht auf Verfassung als auf Verwaltung staatsrechtlich unterschieden, und ihre Einheit beruhte oft nur auf ihrer zufälligen Vereinigung in der Hand eines Fürsten. Noch im Anfange dieses Jahrhunderts bestand selbst in Preussen neben einigen sogenannten Fachministerien eine Reihe von Provinzialministern*). Bei einer solchen Lage der Dinge musste die Theilung der vereinigten Herrschaftsgebiete als eine Möglichkeit vorschweben, der man keinenfalls durch Gründe, wie sie hier entwickelt worden sind, begegnen konnte. Diese Anschauung musste sodann ihre Bestärkung erhalten durch die massenhaften Mediatisirungen, Gebietsabtretungen, Theilungen und Tausche, welche seit dem Reichsdeputationshauptschlusse bis zum Wiener Congresse stattfanden. Vorübergehend konnten sie der Meinung Eingang verschaffen, dass das deutsche Staatsgebiet recht eigentlich zu einer Sache des freiesten und willkürlichsten Verkehrs gemacht sei, — freilich eine nur auf der Oberfläche haftende Beurtheilung, da unter den inneren Motiven jener Umwälzung doch offenbar der Gedanke der Vorbereitung wirklicher Staatsbildungen eine hauptsächliche Rolle spielte.

Nachdem sich aber die deutschen Staaten auf dieser

*) *Pertz*, Leben Stein's Bd. 1, S. 271 ff.

neuen Grundlage consolidirt hatten, trat bald überall jener innere Verschmelzungsprocess ein, von dem dann eine ganz neue Periode des Staatsrechts datirt. Ein Vorgang, wie die vorübergehende Zertheilung seiner Territorien in zwei besondere Staaten durch König Friedrich von Würtemberg, hat sich nicht wiederholt. Unter den in jenem Processe hauptsächlich maassgebenden Einflüssen gebührt die erste Stelle den Codificationen des Verfassungsrechts in den deutschen Verfassungsurkunden, so wie überhaupt der modernen constitutionellen Organisation, mit ihrer Berufung des Volks zur Theilnahme an der Lösung der gemeinschaftlichen Aufgabe, ihrer Ausgleichung provinzieller Gegensätze durch die Vereinigung aller Volkskräfte zu einer grossen ergänzenden Gemeinschaft. Auf dieser Grundlage entwickelte sich die Einheit des Staatshaushalts, der Justizverfassung und der Verwaltung; bald durchdrang die Lebenswirkung einer organischen Staatsgewalt alle Theile des Volkskörpers und begründete in kurzer Zeit die allgemeine rechtliche Ueberzeugung vom Dasein einer unlösbaren Verbindung. Jetzt ist dies Alles nun so weit gediehen, dass man den geschilderten Rechtszustand als den für die deutschen Bundesstaaten als allgemeine Regel geltenden behaupten muss, so dass man in der Lage ist, einen Gegenbeweis dahin erwarten zu dürfen, dass jener Process in einem oder einzelnen Staaten aus irgend einem Grunde nicht zum Abschluss gekommen sei.

Auf einem Verkennen der eigenthümlichen Natur des Staatsrechts würde es beruhen, wenn man eine rechtliche Deduction aus diesem Gebiete deshalb beanstanden wollte, weil sie Momente von vorzugsweise *politischer* Natur benutzt. Im Staatsrechte ist die politische Entwickelung das Faktische, oder, um mit *Leist* zu reden, das naturale Element, das sich schliesslich in Rechtssätzen niederschlägt, wie dies im Privatrechte die Antriebe des individuellen sittlichen Lebens sind. Noch weniger ist eine Beanstandung deshalb berechtigt, weil hier ganz neue, unter unseren Augen entstandene Bildungen zur Begründung von Rechtssätzen benutzt werden; denn der Körper, den das öffentliche Recht als sein juristisches Gewand umschliesst, ist in steter Entwickelung und Umbildung begriffen, und die Institute des inneren Staatsrechts werden sich bei einem lebensvollen Volke nicht in gleicher Weise abschliessen und so dauernd fixiren, als die Institute des neutralen Privatrechtsgebiets, welche der isolirten Sphäre des individuellen Willens angehören.

7.

Die Darstellung bewegte sich bisher nur innerhalb des Kreises des Territorialstaatsrechts. Es soll nun noch in der Kürze untersucht werden, ob nicht auch aus dem Rechte des *Reichs-* und *Bundesverbandes* Sätze gewonnen werden können, durch welche unsere Frage beantwortet wird.

Die bekannteste Festsetzung des älteren Reichsrechts ist die viel besprochene Bestimmung Kaiser Friedrich's I. von 1158 bezüglich der Reichslehen: „*Praeterea ducatus, marchia, comitatus de cetero non dividatur*“ (*II. feud.* 55). Dieser Satz ist später auch in die Rechtsbücher aufgenommen worden; Sachsenspiegel Lehnr. 20, §. 5 sagt: »Bishope gut und vanlen sal die koning ganz lien und nicht tveien« (vgl. Schwabensp. Lehnr. 41 und Schwäb. Landr. 121 Lassb.). Nicht minder ist er in mehreren kaiserlichen Urtheilsprüchen mit Entschiedenheit zur Geltung gebracht worden. Eine weitere Bestimmung des Reichsrechts ist die der goldenen Bulle Cap. 25, wonach verboten wird, die Kurlande zu theilen („*scindi, dividi seu quavis conditione dismembrari non debeant, sed ut potius in sua perfecta integritate perpetua maneant; primogenitus filius succedat in eis, sibique soli jus et dominium competat*“)*). So lange das Reich

*) Vgl. statt Aller die Darstellung bei *Schulze* a. a. O. S. 96 ff. und 313 ff.

die deutsche Fürstenwürde noch unter dem Gesichtspunkte des Amts betrachtete, musste es den Territorialbestand derselben als constitutionell fixirt ansehen. Nur für die eigentlichen Kurlande erhielt sich diese Auffassung bis in die spätere Zeit, während im Uebrigen von Seiten des Reichs der Verwandlung des Fürstenamts in ein privatrechtliches und theilbares *dominium terrae* kein Hinderniss mehr entgegengesetzt wurde.

In den Grundgesetzen des Deutschen Bundes findet sich eine direkte Beantwortung unserer Frage nicht. Mittelbar aber ist aus der Wiener Schlussakte Art. 6 deutlich zu ersehen, dass sich das Bundesrecht gegenüber einer Veränderung des Bestands eines deutschen Bundesgebiets insoweit gleichgültig verhalten will, als damit nicht zugleich auch Veränderungen in den Rechten und Pflichten gegen den Bund verknüpft sein würden; nur dies letztere würde der Zustimmung der Gesammtheit der Bundesglieder bedürfen. Die Abtretung eines Bundesgebiets an einen Mitverbündeten, so wie der Uebergang eines Bundesgebiets auf ein anderes Bundesglied kraft Erbfolge wird in der Wiener Schlussakte Art. 6 und 16 ausdrücklich als möglich und zulässig erwähnt; *nur die* Frage bedarf wiederum einer Entscheidung durch den Bund, ob etwa die auf jenen Besitzungen haftende Stimme im Plenum auf den neuen Besitzer übergehen solle. Wendet man diese Sätze auf die durch eine *Gebietstheilung* bewirkte Veränderung an, so ergibt sich Folgendes:

1) Es wäre denkbar, dass mehrere Agnaten, welche bisher noch in keinem Bundesgebiete regierten, zur Succession gelangten, und nun den bisher einheitlichen Staat durch Theilung in mehrere selbstständige Staaten zerlegen wollten. Würden sich alsdann die mehreren Fürsten zu einer Anordnung vereinigen, nach welcher dem *Bunde* gegenüber das jetzt getheilte Gebiet rücksichtlich aller Bundespflichten (insbesondere der Matrikularbeiträge und des Bundescontingents) und insbesondere

auch des Stimmverhältnisses ganz und gar dieselbe Stellung einnähme, welche früher das ungetheilte Gebiet inne gehabt hätte, so würde die Theilung als ein innerer Vorgang betrachtet werden müssen, welcher von der Einwirkung des Bundesrechts frei ist.

2) Sind aber die succedirenden Agnaten schon bisher souveraine Fürsten in Bundesgebieten gewesen, und wollen sie die ihnen zufallenden Landestheile ihren schon besessenen Territorien z. B. durch Incorporation anschliessen, so würde auch dieser Vorgang ausserhalb der Bundescompetenz verbleiben, sofern sie sich mit dem gänzlichen Wegfalle der Plenarstimme des bisherigen Gebiets begnügen und nicht eine Uebertragung derselben auf Einen unter sich in Anspruch nehmen wollten. Vorausgesetzt natürlich, dass im Uebrigen an der Fortdauer der auf dem getheilten Territorium haftenden Bundespflichten Nichts geändert würde. So wurde es angesehen, als die Theilung des Fürstenthums Gotha der Bundesversammlung am 25. Januar 1827 zur Kenntniss gebracht wurde.

Zum Bundesrechte gehört der Schutz der Integrität sowohl des *gesammten* Bundesgebiets, als der *einzelnen* Bundesterritorien gegenüber jedweder *Rechtsverletzung;* dagegen hat der Bund keineswegs auch die Fortdauer des gegenwärtigen Bestands der Bundesterritorien innerhalb des deutschen Gesammtgebiets gegenüber begründeten Rechtsansprüchen garantiren wollen, so wie er auch nicht auf der Unveränderlichkeit der gegenwärtigen *Zahl* der Bundesglieder besteht *).

Ein ganz anderer Gesichtspunkt ist folgender. Wenn das Theilungsrecht überhaupt bestände, so könnte es, falls sich darauf hin bei vielen Bundesgebieten Zersplitterungen wiederholten und fortsetzten, dahin kommen, dass trotz der formellen Wahrung der seitherigen Bundespflichten doch *materiell* die

---

*) S. auch *Pfeiffer* a. a. O. S. 290 ff., der daselbst einige auf eine falsche Auffassung des Art. 11 der B.-A. gestützte Ansichten widerlegt, die einer Widerlegung kaum bedürfen.

Bundesmacht im höchsten Grade verringert und geschwächt, ja dass das ganze politische Fundament der Bundesverbindung erschüttert würde. So bedeutend dieser Gesichtspunkt auch ist, so enthält er doch nur ein politisches Motiv, das nach Umständen zur Festsetzung einer bundesrechtlichen Beschränkung führen könnte, bisher aber noch nicht dazu geführt hat. Auch wird hierzu nach den obigen Erörterungen keine Veranlassung eintreten.

Es ergibt sich hieraus, dass unsere Frage lediglich eine Frage des Territorialstaatsrechts, nicht aber des Bundesrechts ist.

XIII.

Ueber Privilegienhoheit und Dispensationsgewalt im modernen Staate*).

1.

Durch das *Privilegium* wird von der Staatsgewalt für ein individuell bestimmtes Subjekt eine Befugniss unmittelbar begründet. Die Natur der Befugnisse, welche durch Privilegien geschaffen werden können, lässt sich im *Allgemeinen* nicht bestimmen; es ist namentlich Nichts gewonnen, wenn man sie als Ausnahms- oder Sonderrechte charakterisiren will, da sich in vielen Fällen der Gegensatz der allgemeinen Regel, deren Durchbrechung sie enthalten sollen, nur in höchst gezwungener Weise darstellen lässt. In unseren staatsrechtlichen Systemen pflegt man die Privilegienhoheit mit einer anderen ausserordentlichen Ermächtigung der Staatsgewalt in Verbindung zu bringen, nämlich mit dem Rechte, *Dispensationen* zu ertheilen, d. h. die Einwirkung bestehender Rechtssätze auf concrete Thatbestände zu hemmen. Es sind verschiedene, obschon verwandte Erscheinungen. Nur ein geringes Gewicht ist auf den äusseren Unterschied zu legen, dass die Wirkung des Privilegiums regelmässig eine dauernde, die der Dispensation meist eine nur vorübergehende ist, da es ohne Zweifel auch Privilegien von kurzer Dauer und andererseits lange Zeit fort-

*) Zuerst veröffentlicht in der Tübinger Zeitschr. für Staatswissenschaften. Jahrg. 1871, S. 430 flg.

wirkende Dispensationen geben kann. Entscheidend für die Charakteristik beider Akte bleibt immer, dass die Dispensation eine Verfügung über die Art der Vollziehung eines Rechtssatzes ist, aus welcher eine subjektive Berechtigung des Begünstigten erst secundär hervorgeht, während das Privilegium das subjektive Recht unmittelbar und primitiv constituirt. Am Anschaulichsten tritt Letzteres bei Privilegien in einer Sphäre des Rechtslebens hervor, in welcher das bestehende Recht die Möglichkeit des Rechtserwerbs durch private Erwerbshandlungen ausschliesst.

Das ältere deutsche Staatsrecht schrieb die Befugniss, Privilegien zu ertheilen, dem Kaiser nicht weniger als den Landesherren zu. Bei der ganzen Natur der älteren Staatsverfassung sowohl des Reichs als der Territorien musste das Privilegium eine ausserordentlich bedeutende Rolle im Rechtsleben spielen. Das deutsche Reich war wie das deutsche Fürstenthum zum geringsten Theile auf planmässigen Grundlagen auferbaut worden. Ohne überlegte Organisation war es aus einer Summe von Individualrechten erwachsen, welche nur allmählich eine gewisse Verbindung zum Ganzen fanden und bis zur Gründung des modernen Staats den Gegensatz feudaler Sonderrechte zur allgemeinen Ordnung behaupteten. Ein solcher Rechtszustand war die natürliche Heimath des Privilegiums. Jeder Einzelne folgte dem Alles beherrschenden Streben, seinen individuellen Rechtskreis zu erweitern und zu befestigen; er konnte dies, da nur wenige Regeln die Entwicklung des Einzelrechts beschränkten, am besten durch Erwirkung von Privilegien erzielen. Eine Reihe von Rechtsgebieten, welche jetzt durch Verfassungsgesetze, Gewerbe- und andere Ordnungen gedeckt werden, waren damals gesetzleere Räume, und das Privilegium erschien darin als die unbestrittene Autoritätsform zur Begründung und Befestigung der Rechte.

Es fehlte nun zwar nicht ganz an Regeln, welche die Ausübung der Privilegiengewalt bestimmen sollten, aber sie waren so dürftig, unbestimmt und schwankend, dass kaum ein Punkt des älteren deutschen Staatsrechts zweifelhafter und unklarer sein konnte. Eine gewisse Gattung von Privilegien sollte der Kaiser kraft seines Reservatrechts allein im Reiche zu verleihen haben. Aber es war keineswegs unbestritten, welche Privilegien dahin zu zählen seien; nahmen doch im vorigen Jahrhunderte einzelne Reichsstände selbst das Recht der Adelsverleihung *) in Anspruch. Bezüglich anderer Privilegien, z. B. der Münz- und Zollrechte **), sollte der Kaiser nicht ohne Gehör der Kurfürsten vorschreiten. Bestritten war es ferner, ob der Kaiser auch solche Privilegien an Landesunterthanen verleihen könne, zu deren Ertheilung der Landesherr selbst berechtigt sei, wenigstens liess die Beschränkung des kaiserlichen Rechts auf „hergebrachte" Privilegien in der Wahlcapitulation Art. VII, 4 — Zweifel genug übrig. Auch den Landesherren wurde, weil ihnen die gesetzgebende Gewalt gebühre, das Privilegienrecht innerhalb des Territoriums beigelegt, um so mehr, als man im vorigen Jahrhunderte allmählich den Grundsatz vertheidigte: *quidquid imperator facere potest in toto imperio, id quilibet status potest facere in suo territorio.* Die Frage, ob sie bei Ausübung dieses Rechts den Landständen einen Einfluss gestatten müssten, konnte bei der grossen Verschiedenartigkeit und theilweisen Unbestimmtheit der landständischen Verhältnisse wenigstens gemeinrechtlich nicht mit Klarheit beantwortet werden. Im Allgemeinen meinte man, dass die Landesherrn hinsichtlich der Privilegien freier gestellt seien, als hinsichtlich der Erlassung von Gesetzen ***).

---

*) Freilich fanden solche Nobilitirungen immer eine zweifelhafte Aufnahme. Ueber die Art, wie die öffentliche Meinung *Herder's* kurpfälzisches Adelsdiplom beurtheilte, s. Schiller's Briefwechsel mit Körner, 4. Bd., S. 306.

**) Wahlcapitulation K. Franz II. Art. VIII, 2 und IX, 11.

***) *Häberlin,* Handb. des teutschen Staatsrechts (1794). II, S. 190.

*Moser**) beschränkt sich auf die vieldeutige Bemerkung: „wenn aber der Landesherr Jemandem Gnaden ertheilt, die wider die Verfassung seines Landes oder die Gerechtsame eines Dritten verstossen, so seynd die Landstände befugt, Vorstellungen dagegen zu thun, und wenn selbige Nichts verfangen, die Sache auch der Mühe werth ist, höheren Orts deswegen zu klagen", — und an einer anderen Stelle: „er hat auch nicht nöthig, von seinen Landständen Gutachten darüber zu fordern, oder mit ihnen zu communiciren, ausser wenn die Sache die Landesverfassung, oder derer Unterthanen Rechte (?) berührt, oder sonst von Wichtigkeit ist (?), und der Herr in dergleichen Fällen überhaupt Nichts ohne der Landstände Wissen und Willen verfügen kann (?); oder wenigstens kann alsdann die Wirkung des *privilegii* sich nicht auf dieselbigen erstrecken." *Leist***) spricht sich entschieden dahin aus, dass das Recht, Privilegien zu ertheilen, von den Landesherren ohne alle Mitwirkung der Landstände ausgeübt werde, wenn nicht wegen des besonderen Gegenstands des Privilegiums oder wegen ausdrücklicher Gesetze und Observanzen das Gegentheil angenommen werden müsste. Uebrigens dürften Privilegien weder gegen absolut disponirende Reichsgesetze, noch gegen die Landesverfassung oder wohl erworbene Rechte Dritter verstossen.

2.

So ist das Recht, Privilegien zu ertheilen, aus dem älteren deutschen Staatsrechte in das neue, wie es sich nach Auflösung des deutschen Reichs gestaltet hat, übergegangen. Es galt nunmehr als ein unzweifelhafter Bestandtheil der Territorialstaatsgewalt, und zwar erschien es um das Recht zur Ertheilung derjenigen Privilegien bereichert, deren Gewährung vormals das ausschliessliche Reservatrecht des Kaisers ge-

*) *Moser*, v. d. Landeshoheit in Gnadensachen. 1773. S. 4, 40.

**) *Leise*, Lehrb. d. deutschen Staatsrechts. 1803. §. 97.

wesen war *). Auch darin stimmten die Staatsrechtslehrer im Ganzen überein, dass die Ausübung dieses Theils der Staatsgewalt vorzugsweise dem Monarchen gebühre. Dagegen vermisst man in der Literatur einen befriedigenden Aufschluss darüber, *wie überhaupt der Einfluss des modernen Verfassungsrechts auf die Privilegiengewalt zu bestimmen sei* **). Die Verfassungsurkunden geben uns über diese Frage keine unmittelbare Auskunft. Einige übergehen das Privilegienrecht ganz; andere bestimmen ohne weitere Erläuterung, dass der Landesherr die Befugniss habe, „gesetzlich zulässige" Privilegien zu ertheilen, noch andere beschränken sich auf eine Festsetzung über die Gewährung von Handelsmonopolen und Patenten, indem sie solche ganz ausschliessen, oder nur für gewisse Zeit, oder nur unter der Voraussetzung ständischer Zustimmung zulassen ***).

Je weniger die direkten Aussprüche unserer Quellen befriedigen, um so mehr drängt sich die Frage auf, ob sich nicht ihrem sonstigen Inhalte entscheidende Gesichtspunkte für eine neue Grundlegung dieser Lehre entnehmen lassen. In der That begegnet man nicht selten folgender in dieser Richtung versuchten Argumentation. Die Privilegienhoheit, sagt man,

---

*) Der Potenz nach ist das Recht Privilegien zu ertheilen innerhalb der Sphäre ihrer Competenz auch der neuen deutschen Reichsgewalt beizulegen. In wie weit aber eine Ausübung dieses Rechts im Einzelnen geschehen kann, richtet sich ebenfalls nach den unten §. 4 angegebenen Gesichtspunkten.

**) *Klüber*, öffentl. Recht des deutschen Bundes und der Bundesstaaten, §. 483 flg.; *Weiss*, System des deutschen Staatsrechts, §. 314; *Zachariä*, deutsches Staats- u. Bundesr. II, §. 164; *Zöpfl*, Grunds. des allgem. und deutschen Staatsr. §. 481; *v. Rönne*, Staatsrecht d. Preuss. Monarchie. I, §. 50. In den meisten dieser Schriften finden sich richtige Andeutungen, aber sie bleiben meist zu schwankend und allgemein.

***) Vgl. die Braunschw. V. U. I, 10, Württembergische 31, Kurhessische 25, Oldenburgische 58, Hessen-Darmstädtische 104, Coburg-Gothaische 37.

sei ein Theil der gesetzgebenden Gewalt; nachdem nun alle unsere neuen Verfassungen den Grundsatz aufgenommen hätten, dass ein Gesetz nur mit Zustimmung der Stände entstehen kann, so sei damit auch ausgesprochen, dass die Ertheilung eines Privilegiums künftig nur mittelst ständischer Verabschiedung geschehen dürfe. Hiergegen ist indessen Folgendes zu bemerken. Es ist richtig, dass unsere ältere und neuere *) Literatur das Privilegium als einen Ausfluss der gesetzgebenden Gewalt betrachtet, wie denn die bekannte Darstellung Ulpians im *Titel de constitutionibus Principum* (D. I, 4) überall als axiomatisch behandelt wird. Es bestand auch in der That kein Interesse, die verschiedenen Bestandtheile der höchsten rechtsetzenden Auctorität im Staate zu differenziren, so lange das „*quod principi placuit, legis habet vigorem*" eine Wahrheit war; auch unser älteres deutsches Staatsrecht vereinigte ja alle Formen der staatlichen Rechtsschöpfung fast ohne Beschränkung in dem einen und ausschliesslichen Rechte des Landesherrn. Nachdem aber der moderne Staat eine verfassungsmässige Regelung der Staatsgewalt nach der Richtung einer genauen Abgränzung des Gebiets erfahren hat, auf welchem den Ständen ein Recht der Mitwirkung zukommt, ist die Nothwendigkeit entstanden, den Inhalt der staatlichen Willensmacht nach diesem Gesichtspunkte begrifflich zu sondern. In voller Uebereinstimmung geben unsere neuen Verfassungen den Ständen einen Antheil an dem Rechte des Staats, *Gesetze*

---

*) Noch in unseren neuesten Darstellungen des Pandektenrechts wird die Lehre vorgetragen, das Privilegium sei ein Act der gesetzgebenden Gewalt, beruhe auf „Rechtssatz" u. s. w. Richtig ist dies natürlich bei dem sogenannten *jus singulare*, welches ja auch oft Privilegium genannt wird, — von dem aber in dieser Abhandlung gar nicht die Rede ist. — Es scheint, als wenn die Ansicht, dass die gesetzgebende Gewalt nicht der gesammte Inhalt der rechtschaffenden Potenz der Staatsgewalt, dass sie nur der eine allerdings stärkste Zweig eines Stammes, nur der eine Ausläufer eines allgemeineren höheren Sammelbegriffes sei, mit einem energischen Vorurtheile wird zu kämpfen haben.

zu erlassen. Aber es ist sofort klar, dass die Absicht nicht ist, jenen Antheil auf Alles zu erstrecken, was die bisherige *Doctrin* als Inhalt des Gesammtbegriffs „gesetzgebende Gewalt“ hinstellte, sondern nur auf *einen Theil* dieses Inhalts, auf eine *gewisse Classe* von Aeusserungen der *allgemeinen rechtschaffenden Staatsgewalt.* Ein Blick auf die tägliche Staatspraxis beweist, dass unsere Regierungen fort und fort eine Menge von Verfügungen ohne ständische Mitwirkung ergehen lassen, welche die Doctrin als Ausfluss der gesetzgebenden Gewalt behandelt, ohne dass von irgend einer Seite an den Vorwurf einer Verfassungsverletzung gedacht wird. Um also den Antheil der Stände an der Ausübung der gesetzgebenden Gewalt nach der Absicht unserer Verfassungen zu bestimmen, ist es nothwendig, den Begriff des „Gesetzes“ in einem engeren Sinne zu nehmen. So schwierig diese Abgränzung nun auch in anderen Beziehungen sein mag, so scheint doch darüber kein Zweifel bestehen zu können, dass die Verfassungen zu den Gesetzen dieser Art nicht rechnen wollten staatliche Verfügungen, welche subjektive Rechtszuständigkeiten für einzelne Individuen begründen. Von jeher war der Sprachgebrauch der, dass unter „Gesetz“ eine Verfügung der Staatsgewalt verstanden wurde, durch welche *Rechtsnormen* eingeführt werden, und wenn ich nicht irre, soll vorzugsweise dieser Gedanke zum Ausdrucke gebracht werden, wenn unsere Verfassungen die Betheiligung der Stände auf die Erlassung von *„Landesgesetzen“*, *„allgemeinen Gesetzen“*, *„allgemeinen Landesgesetzen“*, beschränken. So die Bayrische V. U. VII, 2, die Badische §. 65, Meiningische §. 85, Altenburgische §. 201, Braunschweigische §. 98, Anhaltische §. 87 u. a. Die Württembergische Verfassungsurkunde §. 88 und nach ihr die Königl. Sächsische §. 86 sprechen zwar schlechtweg von „Gesetzen“, aber aus ihrem sonstigen Inhalte, insbesondere der selbstständigen Regulirung des Privilegienrechts im §. 31 der Württ. V. U., ergibt sich deutlich, dass auch hier nur an jenen engeren

Begriff von „Gesetz" gedacht ist. Die der belgischen Phrase entlehnte Formulirung der preuss. V. U. §. 62 „die gesetzgebende Gewalt wird gemeinschaftlich durch den König und durch zwei Kammern ausgeübt" scheint freilich für eine rechtliche Differenzirung des Inhalts keinen Raum zu lassen; aber es ist dies nur scheinbar, wie neuerdings *Laband* richtig ausgeführt hat *).

Man wird es demnach aufgeben müssen, die Frage über das Verhältniss des Privilegienrechts zur heutigen Staatsordnung durch Aufstellung einer allgemeinen formellen Regel zu beantworten. Vielmehr wird man dieselbe durch eine Betrachtung des materiellen Charakters der einzelnen Privilegien zu lösen versuchen müssen.

3.

Prüft man die Privilegien, welche früher am häufigsten vorkamen, so erkennt man sogleich, dass viele derselben mit unserem gegenwärtigen Rechtszustande unverträglich, andere in Folge der Veränderung des Rechts gegenstandslos sein würden, dass dagegen manche auch heutzutage unbeanstandet verliehen werden können. Dies soll nun im Einzelnen gezeigt werden.

Der ältere, aber bis in dieses Jahrhundert fortdauernde Rechtszustand kannte eine Menge von Privilegien des *öffentlichen Rechts*, insbesondere Zoll- und Steuerfreiheiten, Militär- und Quartierbefreiungen, patrimoniale Gerichtsbarkeit und Polizei, privilegirten Gerichtsstand, Exemtionen vom Gemeindeverbande u. s. w. Nicht alle derartigen Freiheiten beruhten freilich auf Specialprivilegien **), und überhaupt auf Verleihungen durch die Staatsgewalt. Die neue Begründung solcher Exemtionen durch staatliche Privilegienertheilung ist nun durch das

*) *Laband*, das Budgetrecht nach der Preuss. V. U. 1871, S. 10 flg.

**) Vielfach waren sie *jus singulare* ganzer Ständeclassen.

moderne Verfassungsrecht entweder unmittelbar oder mittelbar zum grössten Theile ausgeschlossen, indem es dieselben namentlich, oder in Consequenz der proclamirten Gleichheit der staatsbürgerlichen Lasten, oder der ausnahmslosen Allgemeinheit neuer Gerichtsverfassungen, Gemeindeordnungen u. s. w. für unzulässig erklärt. Denn derartige Sätze unserer Verfassungsurkunden oder sonstigen organischen Grundgesetze wollen in der Regel als unbeugsame Regulatoren des Staatswillens gelten. Auch erscheint eine willkürliche Dispositionsgewalt über die Substanz der Hoheitsrechte, wie sie sich in manchen jener Privilegien kund gibt, nur mit dem Wesen des Patrimonialstaats, nicht aber mit dem des organisirten Volksstaats vereinbar. Bald werden die Verhältnisse der landesherrlichen Familien und der Mediatisirten den letzten Rest der an solche Privilegien erinnernden Rechtszustände darstellen.

Immerhin fehlt es auch im modernen Staate nicht an einzelnen Privilegien des öffentlichen Rechts, deren Statthaftigkeit Niemand bestreitet. Es gehört dahin die Verleihung von Staatsehren — Orden, Titel, Standeserhöhungen. Auch die Verleihung politischer Vollmachten durch den Monarchen, wie sie sich in der Berufung zu Staatsämtern, der Ernennung zu Mitgliedern des Herrenhauses u. s. w. kund gibt, kann dahin gerechnet werden. Solche Privilegirungen unterbrechen und stören die Einheit der staatlichen Ordnung nicht, ja sie bilden eine planmässig gewollte und mit Bewusstsein eingeführte Art ihrer Ergänzung und Vollziehung.

Eine ungemein häufige Verwendung fand das Privilegium im Bereiche des *gewerblichen* Lebens. Abgesehen von den Zunftordnungen fehlte es fast ganz an allgemeinen Regeln, nach welchen gewerbliche Existenzen zu gründen seien; wer nicht durch das Recht der Zunft, deren Mitglied er war, geschützt wurde, oder in dem Erwerbe einer schon bestehenden Realgerechtigkeit die rechtliche Grundlage seiner Gewerbthätigkeit fand, musste die Sicherung seines Betriebs im landesherrlichen Privilegium suchen. Je weniger aber die Privilegienhoheit auf diesem Gebiete durch feste Normen bestimmt war, desto willkürlicher und planloser mussten ihre Ergebnisse sein, wie sie sich in der Menge von hemmenden Bannrechten und Monopolen darstellen, deren Entfernung erst der verdienstvollen Arbeit unserer Zeit gelungen ist. Die heutigen Gewerbeordnungen stellen allgemeine Regeln auf, nach welchen Einzelne wie Genossenschaften ihre gewerbliche Niederlassung einrichten können; sie verlegen die das gewerbliche Recht erzeugende Kraft aus der Sphäre der staatlichen Privilegiengewalt in die gesetzlich geordnete Thätigkeit der Betheiligten und beschränken die staatliche Einwirkung auf den Vollzug einer durch das Gesetz geregelten Aufsicht. Selbst die noch ausnahmsweise etwa erforderlichen obrigkeitlichen Genehmigungen oder Concessionen sind nicht Privilegien, sondern nur Akte der Ausübung eines gesetzlich angeordneten Prüfungsrechts. Daher genügt zur Gründung eines gewerblichen Geschäfts und zwar selbst in dem Umfange des grösseren gesellschaftlichen Betriebs in der Regel die Anzeige des Willens der Betheiligten bei der Obrigkeit. Eine Privilegiengewalt, welche die grossen Grundsätze dieser auf dem Principe der Gewerbefreiheit beruhenden Gesetze willkürlich stören oder durchbrechen könnte, besteht daneben nicht mehr. Dies folgt von selbst aus dem Charakter unserer neuen Gewerbegesetze; es bedürfte nicht einmal einer ausdrücklichen Festsetzung dieses Inhalts *). Damit ist die Erneuerung jener gewerblichen Monopole, Zwangs- und Verbietungsrechte, an welchen das ältere Recht so reich war, für die Zukunft beseitigt und aus dem Bereiche der rechtlichen Möglichkeiten gestrichen. Selbst die noch bestehende Ausnahme der Erfindungspatente wird verschwinden, wenn der Schutz des Erfinderrechts allgemein

---

*) Die norddeutsche Gewerbeordnung vom 21. Juni 1869, Art. 10, enthält überdies eine ausdrückliche Bestimmung in dieser Richtung.

als schon an und für sich vorhanden anerkannt, und die Thätigkeit der Staatsgewalt hierbei auf Controle und Kundbarmachung beschränkt sein wird. Es wird dann eine ähnliche Entwicklung eintreten, wie bei den Rechten der Urheber literarischer und künstlerischer Werke. So lange der Schutz derselben nicht als ein schon kraft Rechtssatzes bestehender anerkannt war, konnte er nur auf dem Wege des Privilegiums geschaffen werden. Nunmehr ist auch Nachdrucksprivilegien der Raum verlegt, zumal das Gesetz des norddeutschen Bundes vom 11. Juni 1870 im §. 60 ein über den gesetzlichen Schutz hinausgehendes Privilegium ausdrücklich ausgeschlossen hat.

Das *Privatrecht* kennt einige Privilegien, welche allgemein als die natürliche Ergänzung seines Systems betrachtet werden, und durch bestimmte Rechtssätze regulirt sind. Dahin gehört die *Legitimation* Unehelicher und Bescholtener durch landesherrliches Rescript, ferner die Ertheilung der *venia aetatis*, welche von Manchen ohne hinreichenden Grund der Classe der Dispensationen unterstellt wird. An der fortdauernden Berechtigung dieser Privilegien ist nicht zu zweifeln.

Zu den privatrechtlichen Privilegien ist sodann die staatliche Verleihung der *juristischen Persönlichkeit* zu rechnen. Allerdings geht eine zum Theil schon in der Gesetzgebung anerkannte Strebung dahin, auch die Gründung juristischer Personen, insbesondere der Corporationen einer gesetzlich geregelten, rechtsschöpferischen Thätigkeit der Privaten anheim zu geben, die Mitwirkung der Staatsgewalt aber auf die amtliche Verlautbarung und Evidenz (Eintragung in öffentliche Register!) der geschehenen Gründung zu beschränken.

Die auch gemeinrechtlich geforderte Mitwirkung der Regierung bei der Errichtung von *Familienfideikommissen* und früher auch von *Aktiengesellschaften* dagegen habe ich nie für eine Privilegienverleihung gehalten, sondern nur für eine Thätigkeit der staatlichen Oberaufsicht und Rechtspolizei.

ich glaube, dass die entgegengesetzte Auffassung vielfach auf einer falschen Begränzung des Systems unseres bürgerlichen Rechts beruht hat. Bei dieser fand man in dem Kreise der anerkannten objektiven Rechtsinstitute für jene Erscheinungen keinen Raum, und meinte sie nun ausserhalb des Systems als völlige Anomalien hinstellen und in jedem einzelnen Falle auf eine staatliche Originalschöpfung stützen zu müssen.

Zu den dem Privatrechte verwandten Privilegien gehören ferner die Verleihungen *regaler Gerechtigkeiten*. Es handelt sich dabei um Rechte, welche nur durch staatliche Verleihung begründet werden können, da der Begriff des Regals gerade darin besteht, dass ein Rechtserwerb bestimmter Art aus dem Bereiche der privaten Erwerbsmöglichkeit zu Gunsten des staatlichen Verfügungsrechtes eximirt ist. Es lässt sich aber nicht verkennen, dass auch diese Privilegien ihrem Ende entgegen gehen, da die neuere Rechtsentwicklung der Regalität ungünstig gesinnt ist. Ein erheblicher Theil früherer Regalien ist schon jetzt beseitigt. Auch im Bergrechte hat die staatliche Verleihung nach den neuesten Bergordnungen einen wesentlich anderen Charakter empfangen; sie erscheint danach nur noch als die gesetzlich vorgeschriebene *Form* der Begründung eines Bergbaurechts *).

Während die Verleihung der meisten der obengenannten Privilegien heutzutage trotz aller Wandlungen unserer staatlichen Rechtszustände ohne Beanstandung in alter Weise, ja selbst in den alten Formen fortgesetzt wird, so gibt es privatrechtliche Privilegien, welche von den Regierungen nicht mehr mit dem vollen Gefühle der Sicherheit gewährt werden, da die rechtliche Zulässigkeit der Begründung derselben durch einseitigen Regierungsakt lebhaft bestritten wird. Ich meine die privatrechtlichen Vergünstigungen, welche unsere Regierungen

---

*) S. *Achenbach*, das gemeine deutsche Bergrecht u. s. w. 1. Bd. 1871, S. 427.

gewissen gemeinnützigen Anstalten, z. B. Leihhäusern, Sparkassen, Rentenanstalten u. s. w. zu gewähren pflegen. Sie bestehen theils in einem Schutze gegen die Vindication eingelegter Gegenstände, theils in einem Schutze gegen deren Abforderung zur Concursmasse, theils in ausserordentlichen Retentionsrechten, theils in einem besonderen Schutze gegen Arrestverfügungen und gerichtliche Inhibitionen. Aehnlich verhält es sich mit der Privilegirung von Genossenschaften, durch welche diese zu Expropriationen, oder zur zwangsweisen Majorisirung Widerstrebender ermächtigt werden*). In allen diesen Fällen handelt es sich um Vergünstigungen, welche sich durch wirthschaftliche Interessen rechtfertigen lassen; indem sie aber in das allgemeine bürgerliche Recht eingreifen und die darin begründeten Ansprüche Dritter zu Gunsten gewisser Anstalten hemmen, treten sie mit unseren heutigen Vorstellungen von der staatlichen Garantie der Privatrechte in Widerspruch. Hierauf stützt sich denn ein oft erhobener Anspruch, dass die Bedingungen derartiger Privilegien durch allgemeines Gesetz festgestellt werden müssten, und die Regierung nur in der Vollziehung einer hierdurch gegebenen gesetzlichen Ermächtigung vorschreiten dürfe. Vielleicht könnte der angeführten Gruppe noch manches Aehnliche, z. B. das Bankprivilegium zum Rechte der Notenemission angefügt werden.

4.

Die vorstehend aufgeführten Privilegien umfassen, wenn ich nicht irre, den grösseren Theil derjenigen, welche bisher im Rechtsleben üblich waren. Bei ihrer Durchmusterung erhält man den Eindruck, dass sich der Umfang, in welchem die Privilegiengewalt des Staates thätig ist, mit der Entwicke-

*) *v. Rönne*, Preuss. Staatsr. §. 50, Note 5, wo die lehrreichen Verhandlungen der Preussischen Ständeversammlung über Wassergenossenschaften angeführt werden.

lung der modernen Verfassungsverhältnisse und Gesetzgebung stetig verengt hat. Je mehr sich der Staat zum wirklichen Rechtsstaate ausbildet, um so mehr werden an die Stelle uncontrolirter Privilegienwillkür gesetzliche Ordnungen der Erwerbsverhältnisse treten. Das Privilegium wird sonach allmählich auf einen immer kleineren Raum zurückgedrängt werden und schliesslich nur noch da seine Stelle behaupten, wo es das allgemeine Gesetz selbst als Hülfsinstitut begehrt, indem dieses für gewisse Fälle das Bedürfniss unmittelbaren ergänzenden Eingreifens der Regierungsgewalt anerkennt. Auf diesem Standpunkte erscheint dann die Privilegienhoheit nicht mehr als *ausserhalb* des Gesetzes, sondern als *unter* demselben stehend, und bildet nur ein bisweilen sogar selbst wieder gesetzlich geregeltes *Mittel seines Vollzugs.* Diese Umwandlung der Stellung des Privilegienrechts ist die allmähliche Folge eines veränderten politischen Systems; sie macht sich in entschiedenster Weise in ihren Wirkungen geltend, aber man hat sich mitten im Laufe des Entwicklungsprocesses nur selten entschliessen können, ihr durch einen definirenden Rechtssatz in unseren Verfassungsurkunden Ausdruck zu geben.

Das also ist die zukünftige Stellung des Privilegiums im modernen Verfassungsstaate, dass es eine vom Gesetze selbst geregelte Begründung von Rechten durch unmittelbare staatliche Verleihung in Fällen bedeutet, in welchen das Recht aus irgend einem Grunde dem Einzelnen die private Erwerbsmöglichkeit entzieht und einer höheren Autorität unterordnet. Die Beweggründe dafür können sehr verschieden sein. Meist wird es sich, wie insbesondere bei privatrechtlichen Privilegien, um Fälle handeln, in welchen eine das öffentliche Interesse wahrnehmende oder besondere Umstände abwägende Prüfung nothwendig erscheint; bei anderen Rechten, wie z. B. Standesrechten, Staatsehren, der Mitgliedschaft des Herrenhauses, der Inhabung öffentlicher Amtsrechte, bringt es die Natur der Sache mit sich, dass die Verfassung ihren Erwerb von dem

Willen des Staatsoberhaupts abhängig macht. Bei der Ertheilung neuer Gesetze wird man von diesem Gesichtspunkte aus die staatliche Privilegiengewalt fort und fort ins Auge fassen, und die Frage beantworten müssen, in wie weit die Regierung mit besonderen derartigen Ermächtigungen gesetzlich ausgestattet werden soll, und es wird sich, wenn man diese Entwicklung als vollzogen voraussetzt, nicht bezweifeln lassen, dass Privilegienverleihungen der allgemeinen Classe der *Verwaltungshandlungen* angehören.

Verlangt man aber eine Entscheidung darüber, in wie weit *gegenwärtig* die Regierung noch zur selbstständigen Ertheilung von Privilegien befugt sei, so wird man zumal für das sogenannte gemeine deutsche Staatsrecht sich nur bedingt zu äussern vermögen. Es wird, wenn das Verfassungsrecht in Gesetz oder Gewohnheitsrecht*) darüber keine Bestimmung enthält, überall im Einzelnen zu prüfen sein, ob nicht die Rechtsordnung, in deren Gebiet das fragliche Privilegium fallen soll, nach ihrem Sinn und Geist ein unmittelbares Eingreifen der Regierung ausschliesst. Schon jetzt unterscheidet sich demnach das heutige Staatsrecht vom älteren wenigstens dadurch, dass die Untersuchung nicht mehr von einem *abstrakt allgemeinen subjektiven fürstlichen Privilegienrechte*, sondern von der *objektiven Beschaffenheit der Rechtsordnung*, welche durch das beabsichtigte Privilegium berührt werden soll, auszugehen hat. Ergibt diese Prüfung, dass die Verfassung oder das sonstige im Staate geltende Recht**) eine Durchbrechung durch das Privilegium nicht zulässt, so kann die Regierung zur Ertheilung eines solchen nur dann schreiten, wenn sie *vorher durch ein ausdrücklich hierauf gerichtetes Gesetz die Ermächtigung dazu erworben hat.* Es ist nur eine Abkürzung der Ausführung,

---

*) Ueber einen Fall desfallsigen Gewohnheitsrechts s. *Gerber*, Grundzüge §. 6, Note 8.

**) Wie dies am Schlusse des vorigen §. bezüglich einer Reihe von Privilegien angedeutet worden ist.

wenn dies so geschieht, dass das Privilegium selbst gleich in die Form eines Gesetzes gekleidet wird. —

Im Bisherigen ist die Frage unerörtert geblieben, ob auch zukünftig Privilegien, insoweit sie überhaupt zulässig sind, von der Regierung allein, oder nur unter Mitwirkung der Stände ertheilt werden sollen? Diese Frage ist ganz unabhängig von der, ob Privilegien „Gesetze" seien. Eine Regierungshandlung, welche nach der Verfassung nur in der Form der Verabschiedung mit den Ständen vorgenommen werden kann, ist darum allein noch kein „Gesetz". Die ständische Verabschiedung ist nur das *formelle* Kriterium der Gesetzgebung; aber der Begriff des Gesetzes hat zugleich sein *materielles* Kennzeichen. Verwaltungshandlungen, wie Aufnahme von Staatsanlehen, Veräusserungen von Staatsgut, Dotationen aus Staatsmitteln, bleiben das, was sie sind, nämlich Rechtsgeschäfte, obschon sie mit Zustimmung der Stände vorgenommen werden*). Und so würde auch das Privilegium deshalb noch kein Gesetz werden, weil etwa zu seiner Ertheilung ständische Verabschiedung erfordert würde. Die entgegengesetzte Ansicht, welche jetzt freilich weit verbreitet ist, beruht auf einer völlig verwirrenden Vermengung der materiell verschiedenartigsten Functionen der Staatsgewalt. Sie ist durch den Einfluss des englischen Staatsrechts hervorgerufen worden. In England wird bekanntlich die Thätigkeit des Parlaments nach den Rubriken „*Public Acts*" und „*Private Acts*" oder Privatbills classificirt. Zu den letzteren gehören z. B. Naturalisationen, Namensänderungen, Genehmigung von Grundstückstheilungen, Eisenbahnconcessionen, früher auch allgemein Ehescheidungen u. s. w. Es ist ein besonderes Verfahren für die Verhandlung solcher Privatbills eingerichtet. Aber es leuchtet sofort ein, dass hier dem Parlamente eine Function beigelegt wird, welche nach

*) S. *Gerber's* Grundz. des deutsch. Staatsr. §. 51. 53, 5; ferner besonders *Laband* a. a. O. (oben Note 8).

deutschem Staatsrechte den Ständen gar nicht, oder doch im Wesentlichen nicht zusteht; offenbar handelt dasselbe in der Ertheilung solcher Privatbills als eine oberste Verwaltungsbehörde. Die Uebertragung eines von diesem Standpunkte aus gerechtfertigten Sprachgebrauchs auf unsere ganz verschiedenartigen continentalen Verhältnisse müsste eine völlige Verwirrung der Begriffe und damit des Rechts zur Folge haben.

Es ergibt sich hieraus, dass für uns die Frage, ob bei der Verleihung gewisser Privilegien zukünftig eine Mitwirkung der Stände stattfinden soll, lediglich eine Frage der *Zweckmässigkeit* ist. So wenig ihre Beantwortung aus einer vorausgesetzten Gesetzesnatur des Privilegs zu entnehmen ist, so wenig führt sie zur Annahme einer solchen zurück. Privilegien bleiben uns das, was sie an sich sind, einerlei, ob sie allein von der Regierung, oder zugleich von den Ständen ausgehen.

Im Allgemeinen lässt sich aber auf unsere Frage wohl nur dies aussprechen, dass gewisse Privilegien, wie Standes-, Ordens-, Dienstverleihungen, sodann die meisten Privilegien des Privatrechts auch zukünftig ohne Bedenken der Regierung und ihrer verantwortlichen Verwaltung überlassen werden können, während es bezüglich anderer, wie Eisenbahn-, Expropriations-, Bank-, Leihanstaltsprivilegien, Ertheilung der Corporationsrechte an geistliche Orden u. s. w., sofern ihre Verleihung überhaupt ohne vorherige gesetzliche Specialermächtigung statthaft ist, gewiss dringend wünschenswerth wäre, die Mitwirkung der Stände vorzuschreiben.

5.

Es wurde oben ausgesprochen, dass der Begriff der *Dispensation* die Hemmung der Wirksamkeit eines bestehenden Rechtssatzes in der Beherrschung eines concreten Thatbestandes bedeutet. Von einer Dispensation in rechtsfreien Gebieten kann demnach nicht die Rede sein. Wo die Wirkung der Dispensation als eine vorübergehende Gunst empfunden wird, ist sie leicht vom Privilegium zu sondern, wo sie dagegen ihre Wirkung dauernd fortsetzt, erscheint die begünstigte Lage des Dispensirten wohl als ein subjektives Recht und verliert die von der Situation eines Privilegirten unterscheidenden Kennzeichen. So erklärt es sich, dass bezüglich der Zuweisung einzelner Fälle zur Classe der Dispensationen oder zur Classe der Privilegien manche Verschiedenheit der Meinungen bestehen kann. So werden z. B. Moratorien bald als Dispensationen, bald als Privilegien aufgefasst.

Das ältere deutsche Staatsrecht betrachtete das Dispensationsrecht ebenfalls als ein unzweifelhaftes Recht des Landesherrn, und die Beschränkungen, welche es aufführte, waren ebenso unbestimmt und schwankend als die Beschränkungen der Privilegiengewalt. Ein allgemeines Dispensationsrecht erschien als die natürliche Folge der Stellung des Landesherrn als Gesetzgebers. Er allein hatte die Macht, Gesetze zu geben, die gegebenen aufzuheben oder zu ändern, — von seinem Willen allein war die fortdauernde Wirksamkeit des Gesetzes abhängig. Indem man in solcher Weise dem Landesherrn eine allgemeine Herrschaft über das Leben des Gesetzes beilegte, konnte man nicht zweifeln, dass ihm auch die Befugniss zustehe, die Anwendung des Gesetzes im Einzelnen zu bestimmen und unter Umständen sogar seinen Vollzug zu hemmen.

Aber eben hier setzt eine grundsätzliche Veränderung ein, welche unser modernes Verfassungsleben hervorgebracht hat. Dadurch, dass heutzutage verfassungsmässig den *Ständen* ein Antheil an der Ertheilung von Gesetzen beigelegt wird, ist der fortdauernde Zusammenhang des Gesetzes mit dem einseitigen und individuellen Willen des Monarchen gelöst, — es hat sein eigenes unabhängiges Dasein erhalten und nimmt die Bedingungen seiner Wirksamkeit allein aus sich selbst. Diese Veränderung bezieht sich nicht bloss auf die künftig entstehenden Gesetze, sondern auch auf das früher entstandene Recht, sofern es seinem materiellen Inhalte nach dem heutigen verfassungsmässigen Begriffe des Gesetzesrechts entspricht. Wer *nach* dieser entscheidenden Veränderung noch immer ein allgemeines und schrankenloses Dispensationsrecht des Landesherrn behaupten wollte, von dem müsste man, wie es scheint, den Nachweis einer *neuen*, erst *seitdem* begründeten Vollmacht des Landesherrn erwarten, welche ihn zu diesem Einflusse auf das Leben des Gesetzes ermächtigt.

Viele unserer neuen Verfassungsgesetze übergehen die Frage des Dispensationsrechts völlig mit Stillschweigen. Es ist das begreiflich. Man fühlte wohl, dass eine grundsätzliche Veränderung eingetreten sei, aber man glaubte den Umfang derselben noch nicht mit derjenigen Bestimmtheit schätzen zu können, welche zur Aufstellung eines abschliessenden Rechtssatzes nöthig erscheint. Einige Verfassungen wagen sich an die Bestimmung des Dispensationsrechts heran, aber es geschieht zum Theil mit einer Unsicherheit und Aengstlichkeit, welche ein deutliches Zeugniss davon ablegt, wie unvollendet die Erwägungen ihrer Urheber geblieben sind. Am weitesten gehen die Coburg-Gothaische Verfassung, welche in §. 128 das landesherrliche Dispensationsrecht anerkennt, soweit es nicht durch besondere gesetzliche Bestimmungen ausgeschlossen sei, und die Braunschweigische Verf. U., welche es (I, 6) zulässt, soweit nicht Rechte Dritter verletzt würden. Die Schwarzburg-Sondershausensche Verf. U. §. 65 dagegen will es nur insoweit aufrecht erhalten, als es „den Gesetzen nach zulässig sei" (?). Die Kurhessische Verf. U. v. 1852 §. 70 unterscheidet zwischen Dispensationen von den schon bestehenden Gesetzesvorschriften und von zukünftig zu erlassenden verfassungsmässigen Gesetzen; jene sollen künftig nur mit „Vorsicht", diese nur dann, wenn sie das Gesetz ausdrücklich gestattet, ertheilt werden. Auf das Dispensationsrecht beziehen sich auch einzelne Beschränkungen unserer Verfassungsurkunden bezüglich des landesherrlichen Rechts zur Ertheilung von Moratorien, Abolitionen und Begnadigungen.

Der staatsrechtlichen Natur des Gesetzes im modernen Verfassungsstaate entspricht allein der Satz, dass nur noch in denjenigen Fällen dispensirt werden könne, wo das Gesetz, oder überhaupt das geltende Recht dies ausdrücklich zulässt *). Hat einmal die Staatsgewalt im Zusammenwirken von Regierung und Ständen ein Gebiet menschlichen Handelns durch Gesetz geregelt, so soll nun dies die allein entscheidende Norm sein. Der gesetzgeberische Antheil des Monarchen ist bei der Sanction des Gesetzes zur Geltung gekommen; eine noch weitere und fortgesetzte persönliche Herrschaft über das Gesetz, welche seinen Vollzug hemmen oder beschränken könnte, liegt nicht mehr in den Attributen des heutigen constitutionellen Monarchen. Damit soll indessen keineswegs gesagt sein, dass unser gegenwärtiges Staatsrecht die landesherrliche Dispensationsgewalt principiell ausschliesse, vielmehr erkennt auch unser heutiges Recht seine Nothwendigkeit zur Geltendmachung des Billigkeitsprincips im Rechtsleben an. Aber ihre Ausübung ist nicht mehr der Willkür und einem uncontrolirbaren Belieben anheim gegeben, sondern darf nur geschehen, wenn sie für das einzelne Gesetz gewissermaassen als Selbstcorrectur seiner Anwendung im Leben zugelassen ist. Sowie unser Recht schon bisher besondere Rechtssätze über einzelne Dispensationsfälle kannte, durch welche die Voraussetzungen und Grenzen landesherrlicher Gesetzentbindung bestimmt wurden (man denke an die Dispensationen im Eherechte, manche Fälle der Begnadigung, Moratorien), so werden sich künftig

*) Z. B. auch ein Gewohnheitsrecht. Noch in *meinen* Grundzügen des deutschen Staatsrechts S. 166, 2 trug ich Bedenken, diesen Satz aufzustellen.

alle Gesetze, für deren Wirksamkeit der Nachlass einer gewissen Dispensationsgewalt wünschenswerth erscheint, ausdrücklich darüber erklären und bestimmen müssen. Dies aus inneren Gründen deducirte Ergebniss ist dasselbe, welches in England durch die ausdrückliche Festsetzung der *Bill of Rights* erreicht worden ist.

Druck von Fischer & Wittig in Leipzig.

Printed in Dunstable, United Kingdom

91220133R00281